우울한 청소년을 위한

대인관계치료

Laura Mufson · Kristen Pollack Dorta
Donna Moreau · Myrna M. Weissman 공저
신수경 역

학지사

Interpersonal Psychotherapy for Depressed Adolescents, Second Edition
by Laura Mufson, Kristen Pollack Dorta, Donna Moreau,
and Myrna M. Weissman

역자 서문

나는 1990년대 중반에 임상심리전문가 수련을 받았다. 수련받은 곳의 환자들은 조현병 및 양극성 장애로 진단받고 아주 오랫동안 만성 정신장애로 고통받고 있었다. 수련생이었던 나는 당시 그곳이 '땅 끝' 같았다. 만성 정신장애 환자와 그 가족의 아픔에 공감하며 함께 눈물을 흘렸다. 수련을 끝내고 첫 직장이었던 대학병원에서는 많은 환자를 만났는데, 대부분이 DSM-5 진단 체계에 속한 정신질환을 가진 환자였다. 그때 나는 '대학병원이어서 환자가 많은 걸까? 아니면 우리 주변에 정신장애 환자가 많기 때문인 걸까?' 하는 의문을 가졌었다. 두 번째 직장이었던 중독센터에서는 향정신성 약물 사용자, 유해화학 물질 사용자, 정신증적 상태에서 범죄를 저지른 사람, 소아기호증 범죄자 등 다양한 범죄자를 만났다. '정신장애'와 '범죄'가 만나는 곳이었기에, 이곳이 정말 '땅끝'이 아닐까 생각했었다. 그곳보다 더 힘들고 어려운 곳은 어디에도 없을 것 같았다.

세월이 흘러 지금은 대학에 있다. 나는 마음이 아픈 내담자를 도와주고 싶어 하는 상담 전공 학생들을 주로 만난다. 대학에 들어온 후 4~5년 동안 나는 대학 내외의 상담기관에서 상담 재능 봉사를 하였다. 그 기간에 만난 대부분의 젊은 대학생 내담자는 우울해했으며, 특히 성격 특질과 혼합되어 나타나는 우울함이 많았다. 이들의 우울함은 주기적이고 반복적이었고, 호전도 무척 더디면서 재발도 잦았다. 몇몇 사례에서는 내담자의 우울함으로 인해 상담이 조기 종결되기도 하였다. 학생들은 강의실에서 공개적으로 혹은 사적으로 자신의 개인적인 아픔을 많이 털어놓았다. 가정 문제, 경제 문제, 대인관계 문제, 진로 문제, 종교 문제 등에 관한 아픔이었다. 그중에서 가장 공통적으로 대학생들이 고통을 드러내는 어려움이 있었는데, 바로 우울이었다. 우울로 인해 수업 중에, 과제를 하는 중에 그리고 개인적인 접촉에서 어떤 학생은 눈물을 보였고, 어떤 학생은 약물치료 중이라고 하였으며, 어떤 학생은 충동적이거나 짜증스러운 모습을 보였다. 또한 어떤 학생은 피곤하고 기력이 없고 지친 모습을 보였고, 어떤 학생은 우울하여 침체되었다가 경미한 경조증을 보이며 평소보다 살짝 들뜬 모습을 보이기도 하였다. 젊은 청년들이 자신의 우울함과 힘겹게 싸우면서 학기를 보내고, 방학 동안 지친 몸과 마음을 추스른 후, 개학과 동시에 다시 새로운 전쟁터로 나오는 것 같았다. 학기 동안 우울함이 점점 심해졌다가 방학 동안 우울함이 약간 호전되는 양상을 반복하며 4년을 보내고 있었다. 젊은 청년들이 왜 이렇게 우울할까? 그리고 우울한 젊은 청년들이 왜 이렇게 많을까? 젊은 청년들의 우울함은 왜 이리 깊고 어두울까? 지금 내가 만나고 경험하는 이곳 역시 '땅끝'이다.

임상가로서 나는 젊은 청년들의 우울함을 보며 그들의 고통이 깊고 만성적이라고 생각한다. 그들의 고통은 일시적이고 단기적인 것이 아닌 오래된 내적인 갈등 혹은 부적응적인 대인관계와 소통에서 비롯되는 것 같았다. 젊은 청년들의 우울함에는 여러 이유가 있다. 인격적인 경계선을 넘은 부모의 의사소통 방식을 그대로 받아들여 자신의 관계나 소통에 활용하거나, 대학이라는 좀 더 넓은 세상이나 자신들이 생활해 온 것과 다른 이질적인 문화에 적응하지 못하거나, 새롭게 시작된 이성관계를 포함한 다양해진 대인관계 패턴에 녹아들지 못하거나, 제3의 희생자를 만들어 가족 갈등 문제를 완화해 온 노력들이 더 이상 효과를 발휘하지 못하거나, 교조적인 부모의 영향 아래에서 몸에 밴 습관이 관계와 소통에서 어려움을 초래하거나, 완벽주의 혹은 성취욕구가 증가한 반면 실제적인 결과는 미흡하거나, 자신이나 가족이 설정한 기대를 충족시키지 못하거나, 중독적이고 학대적인 가족 구성원으로 인한 문제나 갈등이 지속되고 있거나, 예상치 못한 사건으로 인한 변화에 적절히 대처하지 못하거나 혹은 가족이나 자신에게 있는 문제를 똑바로 직면하지 못하고 부정 또는 회피하거나 타인이나 환경 탓으로 얼버무리려 하거나, 종교적 교리나 가치관으로 인한 적응력과 융통성이 부족하거나, 학비, 용돈, 아르바이트 등 경제적인 고민이나 어려움에 허덕이는 등의 여러 가지 삶의 내용과 모습들이 뒤섞여 있었다. 이러한 삶의 내용과 모습들이 젊은 청년들의 우울증의 원인이자 우울증의 촉진 및 지속 요인이 되고 있는 것 같았다.

나는 젊은 청년들의 우울함을 보며 이들을 효과적으로 도와줄 수 있는 방법을 찾았다. 그 노력 중에 Mufson, Dorta, Moreau와 Weissman이 쓴 『Interpersonal Psychotherapy for Depressed Adolescents (2nd ed.)』를 만났다. 이 책의 저자들은 청소년 우울증의 한 가지 원인 혹은 촉진 및 유지 요인을 대인관계 갈등과 소통의 어려움으로 보았다. 또한 우울한 청소년의 대인관계 갈등과 소통을 원활하게 도우면 이들의 우울감이 완화된다고 하였다. 지금까지 우울증 치료에는 인지행동치료가 단연코 우세하지만, 나는 우울증의 완화를 위해 부적응적 사고의 전환이 아닌 대인관계와 의사소통의 전환에 초점을 두는 대인관계치료가 분명히 젊은 청년들의 우울함에 도움을 줄 수 있을 것 같았다. 어떤 우울한 젊은 청년에게는 인지행동치료가, 어떤 이에게는 대인관계치료가, 어떤 이에게는 정신역동적 심리치료가, 어떤 이에게는 그 외 심리치료가 도움이 될 것이다. 대인관계치료가 젊은 청년들의 우울함을 도울 수 있는 유일한 길은 아니다. 하지만 우울증의 원인이나 촉진 및 유지 요인에는 분명히 대인관계 및 의사소통 곤란이 포함되어 있다. 임상가 혹은 상담가 자신이 돌보는 청소년 내담자가 우울하다면, 대인관계치료를 한번쯤 고려해 볼 만하다. 누구나 경험하였거나 경험할 가능성이 높기에 우울증을 '마음의 감기'라고 표현하기도 한다. 그러나 우울증은 절대 가벼운 병이 아니다. 우울증은 생각보다 무섭고 지속적이며 재발이 잦고 파급력이 강한 병이다. 적어도 내가 지금까지 만나 왔던 환자와 내담자들은 그러하였다. 특히 아동·청소년기부터 시작된 우울증이 적절한 때에 완화되거나 해결되지 못하면 성인기 전반에 걸쳐 영향을 미칠 수 있다. 우울증이 한 개인의 사소하고 작은 행복과 보람, 즐거움과 만족스러운 대인관계를 소홀하게 만들거나 경험하지 못하게 할 수도 있다. 이러한 불만족감과 불행감이 다시 우울증을 초래할 수도 있다.

우울한 내담자를 만나고 이들의 우울함을 돕고자 하는 임상가와 상담가에게『우울한 청소년을 위한 대인관계치료』가 도움이 되길 바란다. 내담자의 대인관계 및 의사소통 양상이 우울증을 해결하는 한 가지 실마리가 되기를 바란다. 대인관계치료로 도움 받은 환자나 내담자가 보다 만족하고 편안하고 행복감을 즐기는 삶을 살기를 바란다. 또한 환자나 내담자의 인생에서 많은 즐거움과 행복을 경험하게 해 주는 대인관계와 의사소통이 더욱 풍요로워지기를 바란다. 아마 이런 마음과 바람은 실무 현장에서 뛰고 있는 모든 임상가와 상담가의 바람일 것인데, 우리 임상가와 상담가의 간절한 바람이『우울한 청소년을 위한 대인관계치료』를 통해 이뤄지길 소망한다.

신부동에서
신수경

저자 서문

이 책의 목표는 세 가지다. ① 청소년 우울증의 성격과 현재 치료 기법에 관한 일반적인 개관을 제공하는 것, ② 우울한 청소년을 위한 대인관계치료(interpersonal psychotherapy for depressed adolescents: IPT-A)의 이론적 토대와 실천적 적용에 대한 정보를 경험이 풍부한 청소년 전문가에게 소개하는 것, ③ 우울증을 앓고 있는 수많은 청소년을 치료하기 위해 10년 동안 매뉴얼을 사용한 경험을 담아 1993년에 출판된 IPT-A 원판 치료 매뉴얼을 업데이트하는 것이다. IPT-A는 매주 전화 연락을 포함한 면대면 회기로 구성된 12주 심리치료다. 치료는 주로 우울한 청소년에게 초점을 두고 있지만 부모도 종종 치료에 참여한다. 성인을 위한 원판 IPT에서 개발한 네 가지 문제 영역이 청소년에게도 적용되며, 이는 애도, 역할 갈등, 역할 전환과 대인관계 결손이다.

이 책의 제1부에서는 청소년 우울증의 진단, 평가, 임상 과정 및 기타 치료를 포함한 청소년 우울증에 대해 간략히 개관한다. 청소년 우울증을 치료하는 데 IPT를 적용하는 것에 대한 이론적 배경도 제시한다. 제2부에서는 청소년 심리치료를 실시하도록 훈련받은 임상가를 위해 작성한 치료 매뉴얼이다. 대인관계치료에서 세 가지 치료 단계의 치료 과제를 설명한다. 제3부에서는 청소년과 작업할 때 생기는 특별한 문제와 그것을 IPT-A의 치료적 틀 안에서 어떻게 다룰지에 대해 논의한다. 제3부에는 IPT-A의 현재 및 향후 연구에 관한 논의도 포함되어 있다.

IPT-A의 효과성 연구와 푸에르토리코에 있는 IPT 연구 집단이 수행한 연구에서 밝혀진 것은 IPT-A가 청소년의 우울증 치료에 유용하다는 점이다. 학교 기반 건강 클리닉에서 우울한 청소년에게 적용한 기존 치료와 비교한 IPT-A의 효과성 연구에서 지역사회 장면과 우울장애 스펙트럼에 속한 청소년 치료에 IPT-A가 효과적이라고 하였다. 최근 저자들은 다양한 치료적 배경을 지닌 치료자들의 훈련 경험과 통찰을 얻어 훈련과 슈퍼비전에 다양한 제약이 있는 여러 치료 장면을 연구하였다. 이 책에는 IPT-A를 진행한 다양한 임상가를 훈련하면서 얻었던 수많은 통찰이 녹아 있다. IPT-A의 효과성에 관한 연구는 다양한 지역사회 장면에서 행해진 대규모 연구와 이질적 표본 연구가 더 많이 필요하다.

현재 연구 장면과 독립된 IPT-A의 공식적인 훈련 프로그램은 거의 없다. 저자들은 IPT-A의 다양한 훈련 수준을 제공하는 더 많은 훈련 기관이 생겨나길 바란다. 저자들은 공식적인 훈련 프로그램이나 전문단체가 후원하는 워크숍에 참석하지 않더라도 청소년을 치료한 경험이 있는 임상가가 이 책에서 제시한 매뉴얼을 검토하면서 IPT-A 접근 요인을 적용할 수 있을 것으로 믿는다. 마찬가지로 저자들은 경험이 부족한 전문가도 이 책을 통해 IPT-A를 접하고 이후에 IPT-A 훈련을 더 받고 임상 실천에서 활용하기를 희망한다. 저자들의 궁극적인 목표는 더 많은 임상가가 IPT-A를 접하고 연구와 임상 실천에서 IPT-A를 활용하는 것이다. 왜냐하면 IPT-A가 청소년에게 적용 가능하고 효과적인 치료 모델이라고 믿기 때문이다.

이 두 번째 판은 IPT-A를 적용하려는 독자를 돕고자 새롭고 더 광범위한 축어록과 임상 사례를 제공하고 IPT-A를 적용한 임상 연구 결과의 효과성에 대해 업데이트하였다. 이번 판 매뉴얼의 가장 중요한 변화는 한부모 가정 문제 영역을 제거하고 이 문제를 역할 전환의 하위 집단 범주에 포함시킨 것이다. 이런 수정은 이 매뉴얼을 꾸준히 사용한 경험의 결과다. 또한 이는 한부모 가정의 청소년 문제가 거의 대부분 역할 전환의 맥락에 해당하기 때문이다. IPT-A를 시작할 당시, 저자들은 가족 구조의 변화를 다루는 특별한 문제는 청소년을 위해 다른 문제 영역과 분리되어야 한다고 느꼈다. 꾸준한 실천 경험이 저자들의 인식을 변화시켰다. 한때 한부모 가정에서 다루어졌던 문제가 역할 전환의 맥락에 속한 특별한 상황으로 가장 잘 이해된다는 결론을 내렸다.

그렇지만 저자들은 여전히 그 환경이 대체로 특유하고 역할 전환 문제와는 어느 정도 분리되어야 한다고 믿는다. 가족 구조의 변화와 관련된 전환은 대체로 청소년의 통제를 벗어나며 규범적이거나 일반적으로 예상되는 일은 아니다. 구조 변화로 생긴 문제는 보통 부모의 변화나 전환 협상에서 생긴 어려움의 결과이고 이러한 어려움은 청소년에게 스트레스와 우울증을 유발시킨다. 또한 청소년이 이러한 스트레스를 다루려고 할 때, 보통 새로운 가족 구조로 전환하는 데 어려움을 겪고 보호자와 양육권이 없는 부모 간의 많은 갈등 속에 처해 있는 자기 자신을 발견한다. 이 문제를 역할 전환의 문제 영역에 통합하여, 저자들은 가족 구조의 변화가 한부모 가정에서 생겨나는 것과 더불어 재혼과 입양 가정의 청소년이 적응하는 과정에서 직면하는 문제로 특징지어질 수 있다고 보았다. 따라서 저자들은 IPT-A의 네 가지 문제 영역 모델로 되돌아왔으며, 역할 전환 문제 영역 아래에 가족 구조의 변화라는 특별 하위 문제 영역을 두었다.

우울한 청소년과의 지속적인 임상 작업과 지역사회에 치료를 보급할 때 저자들이 직면한 도전 과제가 이 책을 개정하는 데 추진력을 제공하였다. 저자들은 지난 10년 동안 우울한 청소년을 치료하고 많은 임상가를 훈련시키면서 귀중한 경험을 얻었다. 그래서 원판 매뉴얼을 개선할 수 있었고 임상가와 연구자들이 보다 접근하기 쉬운 치료를 만들 수 있다는 강한 느낌도 받았다. 저자들은 실제로 우울증이 청소년에게 잠재적으로 미치는 치명적인 영향을 알고 있다. 그리고 저자들은 더 많은 임상가에게 효과적인 치료 보급을 증진시키기 위해 동기를 부여해 왔다. 우울한 청소년이 먼저 비특정적 심리치료를 받으면 몇 주 내에 증상이 호전될 것이다. 치료자 편에서 치료를 계속 유지하려고 협동적 노력을 기울이지만 청소년은 치료를 떠날 것이다. 이런 대부분의 청소년은 그 이후에 우울 삽화로 인해 다시 치료를 받으러 올 수 있지만, 많은 청소년이 치료를 받기 위해 다시 오지 않는다. 대신 후자에 속한 집단이 수년 후에 성인이 되어 다시 치료를 받으러 오기 전까지 우울 삽화로 인한 사회적 손상과 대인관계의 어려움으로 고통을 받을 것이다. 저자들은 IPT-A가 특별히 청소년의 발달 과제에 맞추어 청소년 우울증에 효과적인 치료적 필요를 다룰 수 있기를 희망한다. 저자들은 또한 치료 회기를 구조화하는 기술, 전략 및 지침에 대해 좀 더 개선시킨 설명을 활용하여, 임상가가 일반적인 임상 실천과 새로운 연구 노력에서 IPT-A 원칙과 기술을 쉽게 사용할 수 있기를 바란다.

업데이트

2004년 첫 번째 출판 이래, 저자들은 우울증 위험이 있는 청소년을 위한 예방 프로그램, 양극성 장애로 고통받는 청소년을 위한 예방 프로그램 그리고 체중 증가 위험이 있는 여자 청소년을 위한 예방 프로그램으로서, IPT를 청소년 우울증을 위한 IPT-A로 적용하려는 새로운 프로젝트에 착수하였다. 저자들은 또한 심각한 부모-아동 갈등이 있는 청소년을 위해 부모의 치료 참여를 늘린 IPT-A의 적용을 모색하였다. 이러한 적용의 대부분이 여전히 예비 평가 단계에 머물러 있지만, 저자들은 IPT-A가 다른 대상에게도 유익하다는 것이 밝혀지길 바란다. 저자들은 지역사회 정신보건센터와 학교 기반 정신건강 프로그램에서 개정된 매뉴얼을 활용하여 IPT-A를 시행하려는 지역사회 기반 임상가를 훈련시키는 프로젝트를 진행하였다. 2004년 출판 이래, 청소년을 위한 치료 모델인 IPT는 APA 태스크포스로부터 심리치료 지침의 홍보와 보급에 관한 '효과성이 잘 확립된' 것으로 인정받았다(David-

Ferdon & Kaslow, 2008). 저자들은 치료 모델에 대한 경험적 지지와 일반적인 임상 실천과 더불어 새로운 연구 노력에서도 임상가의 IPT-A 사용이 촉진될 것으로 확신한다.

참고문헌

David-Ferdon, C., & Kaslow, N. J. (2008). Evidence-based psychosocial treatments for child and adolescent depression. *Journal of Clinical Child and Adolescent Psychology*, *37*, 62-104.

차례

제1부 개관

제2부 우울한 청소년을 위한 대인관계치료의 적용

제14장 종결 단계 / 255

제3부 청소년 치료의 특별한 문제

제15장 치료자-환자 관계의 임상적 문제 / 283

제16장 특별한 임상적 상황 / 301

제17장 위기 관리 / 317

제18장 IPT-A와 약물치료 / 327

제1부

개관

Interpersonal Psychotherapy for Depressed Adolescents, Second Edition

제1장

청소년 우울증의 특성

이 장은 아동 및 청소년 우울증의 역학, 특성 및 과정과 더불어 우울장애와 관련된 연구 결과를 개관한다. 이 책의 주요 주제가 청소년인 만큼, 청소년 우울증에 관한 발달적 관점을 알아보기 위해 아동과 청소년에 관한 연구 결과를 알아보는 것이 중요하다. 청소년 우울증의 진단적 복합성과 치료와 관련하여 공존 병리의 영향에 대해서도 논의한다.

모든 청소년이 우울하지는 않다

전통적인 정신분석과 심리 이론에서는 일반적으로 모든 청소년이 '청소년기 격동'이라 불리는 내부 갈등을 경험하기 때문에 우울증을 겪는다고 하였다. 이런 갈등을 겪는 것은 정상적인 발달 단계로 간주되었다. G. Stanley Hall(1904)이 처음으로 이 개념을 '질풍노도'라고 불렀다. Hall은 정상적인 청소년도 기분 변화의 기복이 심하고 기능 수준이 쉽게 변하지만 이는 정신병리가 아니라고 하였다. Eissler(1958)는 청소년을 충동의 노예로 기술하였고, 그들이 반사회적 행동을 보이고 불안하고 우울한 경향이 있다고 하였다. 청소년기 격동을 정상적인 상태로 보는 개념은 폭넓은 임상적 지지를 받았다(Blos, 1961; Freud, 1958).

그러나 최근 종단 및 역학 연구는 청소년기 격동이 규범적이라는 관점을 반박하였다(Offer, 1969; Offer, Ostrov, & Howard, 1982; Rutter, Graham, Chadwick, & Yule, 1976). 청소년이 외롭고 또래로부터 고립감을 느끼고 가족과 선생님과 갈등을 경험하는 시기가 있기는 하지만, 대부분의 청소년은 이런 시기가 지속되지 않거나 기능 손상도 심각하지 않다. 지역사회 기반 청소년 표본 연구는 현재 청소년 격동이 현저히 줄었다고 밝혔다(Offer, 1969). 와이트섬 연구에서 Rutter 등(1976)은 청소년기 격동의 일부는 사실이지만, 부모와 자식 간의 소외감과 중요한 대인관계의 손상은 정신과적 문제를 보이는 청소년에게 보다 더 일반적인 특성이라고 밝혔다.

중요한 연구 및 임상 과제는 '정상적인' 청소년과 주의가 필요한 정신과적 어려움이 있는 청소년을 구별하는 것이다. Offer(1969)와 Rutter 등(1976)이 주장하는 바는 극적인 기분 변화, 인지적 왜곡, 부모와 또래와 갈등이 증가하여 사회적으로 철수된 청소년이 정신의학적으로 좋지 않을 가능성이 더 높다는 것이다. 처음에는 이러한 장애가 청소년기 이전에 생길 수 있다는 사실을 믿지 않았다. 이 관점은 청소년기에 나타날 수 있는 증상이 아동 및 청소년에게도 존재하지만 행동 곤란으로 나타난다는 신념으로 대체되었다. '가면우울증'으로 알려진 장애는 감정 및 행동 곤란을 언급하기 위해 만들어졌다(Cytryn & McKnew, 1972). DSM-III는 청소년 우울증의 원인과 치료에 관한 연구 방법에 길을 열었고, 질병을 밝히고 아동 및 청소년이 경험하는 우울증을 개념화하였다(Waslick, Kandel, & Kakouros, 2002).

청소년 우울증의 정의

임상 양상

아동 및 청소년 우울증의 평가는 또래 친구, 가족이나 학교 관계자에게 분명히 드러날 수 있는 행동 및 기분 증상의 개수를 토대로 이뤄진다. 때로 청소년은 견딜 수 없는 슬픔과 무망감을 보고하고 도움의 필요를 성인에게 경고한다. DSM-IV에 기술되어 있는 바와 같이 우울장애는 여러 요인으로 구성되어 있다. 아동 및 청소년은 하루 중 상당한 시간 동안 그리고 한 주 내내 슬픔을 드러낼 수 있다. 슬픔은 극단적인 우울, 성마름과 심지어 삶의 대부분에서 흥미를 잃거나 만연한 권태감으로 나타날 수 있다. 어떤 경우에는 이런 감정이 청소년 주변 인물에게는 매우 분명하게 드러나지만, 다른 경우에는 아동이나 청소년에게 직접적으로 질문할 때만 분명해질 수 있다.

슬픔은 수면의 어려움, 밤 동안 수면을 지속하는 것의 어려움 혹은 아침에 너무 일찍 깨고 다시 잠들지 못하는 것과 같은 수면 곤란을 동반한다. 마찬가지로 식욕이 너무 없거나 식욕이 너무 많은 식욕 곤란도 있다. 아동 및 청소년이 경험하는 우울증의 다른 증상은 다음과 같다. 즉, 미래에 대한 무망감, 학업에 대한 집중 곤란과 빈번한 성적 하락, 자주 눈물을 글썽이거나 울음을 터트림, 낮은 자존감, 에너지 혹은 동기 결여, 우울장애의 원인이 될 수 있는 과거 혹은 현재에 무언가를 잘못하고 있다는 죄책감, 어떤 청소년의 경우 자살 혹은 자해 사고다. 모든 청소년이 모든 증상을 경험하지는 않는다. 그리고 증상 경험은 청소년에 따라 심각도와 손상 수준이 다르다.

우울증의 일반적인 결과나 전구 증상은 학업 곤란이다. 이는 낮은 학업 성취, 학교 출석 부진 혹은 실제의 학업 실패 형태로 일어난다(Hammen, Rudolph, Weisz, Rao, & Burge, 1999). 우울증은 주의 집중과 동기 곤란을 야기할 수 있는데, 이는 청소년이 가정과 수업에서 학업을 따라잡지 못하게 하고 병전 기능 수준을 유지하지 못하게 한다. 극단적인 경우, 심각한 등교 거부(King & Bernstein, 2001)나 중퇴를 초래한다. 결국 진단이 내려지지 않은 학습 문제는 낮은 자존감과 좌절감, 무망감과 무력감을 유발할 수 있으며, 이는 우울한 기분의 진행을 예측할 수 있다.

진단 기준

청소년이 경험할 수 있는 우울장애의 유형은 두 가지 이상이다. 청소년은 불쾌한 기분과 심각한 여러 증상을 경험하지만 뚜렷한 손상이나 오랫동안 지연된 증상 경험 혹은 특정 우울장애 진단 기준에 맞는 심각도 수준은 아닌 아증후군적 우울증(subsyndromal depression)을 경험할 수도 있다. 다양한 우울 관련 장애가 DSM-IV에 설명되어 있고 이 장애에 포함되는 것은 주요우울장애, 기분부전장애, 달리 분류되지 않는 기분장애와 우울한 기분을 동반한 적응장애다. 우울 관련 장애는 증상의 심각도 수준, 급성 혹은 만성 과정, 특정 스트레스원의 반응 여부에 따라 감별된다.

성인에게 적용되는 진단 기준을 아동 및 청소년에게 사용하는 것이 적합한지 여부는 현장에서 계속 논의되고 있다. DSM-IV는 아동 및 청소년의 우울증에 대한 별도의 진단 범주가 없다. 주요우울장애로 진단되기 위해서는 청소년이 적어도 2주 동안 매일 거의 하루의 대부분을 수면 곤란, 식욕 곤란, 낮은 자존감, 정신운동 지체 혹은 자살 사고의 네 가지 증상이 동시에 지속되는 것과 더불어 슬픈 기분, 무쾌감증 혹은 과민성을 보고해야 한다(American Psychiatric Association, 2000a). 주요우울장애가 있는 아동 및 청소년을 진단하기 위해 성인의 진단 기준에서 수정된 부분은 일차적인 기분 상태인 우울한 기분이 과민성으로 대체된 것이다. 그리고 아동 및 청소년의 정상적인 성장과 체중 증가에 대한 기대치를 설명하면서, 정상적으로 예상되는 성장과 체중 증가를 유지하지 못하는 부분을 포함시키기 위해 체중 감소에 대한 기준을 재개념화한 것이다. 기분부전장애로 진단되기 위해, 청소년은 우울한 기분과 두 가지 이상의 우울 증상을 보고할 수 있다. 기분부전장애는 우울 증상이 좀 더 오랫동안 경험되는 경향이 있다. 기분부전장애 진단 기준은 증상의 지속 기간과 관련하여, 지속기간이 성인의 경우 2년이지만 아동 및 청소년의 경우 1년으로 조정하여 적용된다. 기타 주요우울장애와 기분부전장애에 관한 진단 기준은 아동, 청소년과 성인 모두 동일하다.

발달적으로 조정된 진단 기준을 사용하지 않아 일부 아동 및 청소년의 우울증을 놓치고 있는 것은 아닌지 의문이 들 수 있다. 시간 경과에 따라 인지 및 감정 표현의 발달적 변화가 우울증의 발현에 미치는 영향에 대해서는 아직 완전히 설명되지 못했다. 아동기부터 청소년기까지, 주로 신체적 증상보다 더 내적 · 심리적 혹은 인지적 증상으로 전환되어 나타난다. 죄책감과 내적 정서 경험을 평가하는 능력은 보통 아동의 제한된 인지적 및 언어적 기술로 인해 더 복잡해진다. 청소년은 아동에 비해 절망의 깊이, 부정적인 자기인식, 무망감, 수면 및 식욕 곤란, 자살 경향, 불안과 초조를 동반하며 성인의 증상과 유사해지기 시작한다(Bemporad & Lee, 1988; Birmaher, Ryan, Williamson, Brent, & Kaufman, 1996b; Kashani, Rosenberg, & Reigh, 1989; Ryan et al., 1987). 청소년과 성인의 다른 점은 전반적인 쾌감 상실이 적고, 외적 상황이나 스트레스원에 보다 더 반응적이고, 우울한 기분보다는 때로 짜증스러우며, 삼환계 항우울제에 대한 약물 반응성이 약하다는 것이다(Carlson & Strober, 1979; Mitchell, McCauley, Burke, & Moss, 1988). 연구자들(Birmaher et al., 1996b; Kovacs, 1996; Ryan et al., 1987)은 아동기 및 청소년기에 걸쳐 일어나는 발달 변화가 주요우울증을 앓고 있는 아동의 몇몇 정서적 증상 표현 개수에 경미-보통 정도로만 영향을 미쳤을 뿐이며, 대부분의 경우 청소년과 성인에게 요구하는 감별 진단 기준은 유의미하게 다르지 않다고 결론 내렸다.

청소년 우울증의 과정

임상 표본의 종단 연구는 아동 및 청소년의 발병에서부터 회복에 이르기까지 주요우울 삽화가 지속되는 기간의 중앙값는 7~9개월이라 보고한다(Kovacs, Feinberg, Crouse-Novak, Paulauskas, & Finkelstein, 1984; Kovacs, Devlin, Pollack, Richards, & Mukerji, 1997a; McCauley et al., 1993). 청소년의 20%는 15개월 이상 우울 삽화가 지속된다. 삽화의 과정은 삽화가 급성인지 또는 만성인지에 따라, 그리고 증상의 심각성에 따라 다르다. 임상적으로 보다 더 전반적이고 우울증이 오랫동안 지속되는 성인과 비교하여, 청소년은 삽화에서 우울증이 심한 기간에도 증상이 호전되는 시기가 간혹 나타난다(Angst, Merikangas, Scheidegger, & Wicki, 1990). 기분부전장애가 있는 청소년의 우울 삽화 지속기간의 중앙값은 대략 4년이다(Kovacs, Akiskal, Gatsonis, & Parrone, 1994). Keller, Beardslee, Lavori와 Wunder(1988)는 1년 후까지 우울증이 지속될 가능성은 20%이고 2년 후까지 지속될 가능성은 10%이라고 보고하였다. 대략 70~80%의 청소년이 1년 후에 주요우울증에서 회복되고 2년 후에는 86~98%까지 회복이 증가한다(Kovacs, 1996; Kovacs et al., 1997a; Kovaks, Obrosky, Gatsonis, & Richard, 1997b; McCauley et al., 1993). 이 비율은 성인 우울증에서 발생하는 만성 및 회복률과 비슷하다(Keller et al., 1988).

아동기 우울증은 청소년기에 심각한 재발 위험을 초래한다(Garber, Kriss, Koch, & Windholm, 1988; Kovacs et al., 1984; Pine, Cohen, Gurley, Brook, & Ma, 1998). 학교, 친구와 가족과의 심리사회적 기능 손상은 주요우울증의 경험과 관련 있고 우울 삽화가 해결된 후에도 지속될 수 있으며, 청소년이 향후 부정적 사건과 재발의 위험에 처하게 된다(Puig-Antich et al., 1985a, 1985b; Rao et al., 1995; Williamson et al., 1998). 청소년 우울증의 과정을 철저히 밝힌 연구는 거의 없지만 기분장애의 조기 발병이 기분 삽화의 재발을 예측하는 것으로 밝혀졌고, 청소년들의 70%가 주요우울장애의 첫 발병 후 5년 내에 재발을 경험하는 것으로 나타났다(Kovacs et al., 1994; Rao et al., 1995). 또한 우울한 청소년은 수년 내에 조증 혹은 경조증으로 발전할 위험이 높은 듯하다(Geller, Zimmerman, Williams, Bolhofner, & Craney, 2001; Kovacs et al., 1994). 이와 유사하게, 청소년기에서 성인기로 이어지는 연구(Angst et al., 1990; Lewinsohn, Rohde, Klein, & Seeley, 1999; Rao, Hammen, & Daley, 1999; Warner, Weissman, Fendrich, Wickramaratne, & Moreau, 1992)와 아동기에서 성인기로 이어지는 연구(Harrington, Fudge, Rutter, Pickles, & Hill, 1990; Weissman et al., 1999b)에서도 성인기에 30~50%의 재발률과 만성적인 심리사회적 문제가 나타난다고 밝혔다(Garber et al., 1988; Kandel & Davies, 1986; Keller et al., 1988; Kovacs et al., 1984; Puig-Antich et al., 1993).

위험 요인

위험 요인은 특별히 우울증의 원인을 증가시키기보다 우울증의 발병이나 재발을 증가시키는 조건 혹은 특징이다(Costello et al., 2002). 우울증과 관련된 위험 요인은 발병 연령, 여성, 낮은 사회경제적 지위, 가족력과 가족 관계다. 우울증의 유병률에서 연령과 성별의 중요성에 대해서는 이미 논의되었다. 낮은 사회경제적 지위 상태는 성인의 우울 증상과 관련되고(Cytryn, McKnew, Zahn-Waxler, & Gershon, 1986), 최근에는 우울증을 포함한 아동 및 청소년의 정신장애와도 관련된다(Costello et al., 1996). 일반적으로 빈곤과 낮은 사회경제적 지위 상태는 다양한 정신건강 문제의 위험 요인으로 보이지만 아동 및 청소년의 우울증과 특별하고 독특한 관련성이 있다는 증거는 거의 없다. 연구는 주요우울증이 있는 아동과 청소년의 부모-자녀 관계에서 낮은 온정과 낮은 가족 응집력과 더불어 높은 과민성, 분노 및 처벌적인 특징을 지닌 부모 경향이 두드러진다고 일관성 있게 보고한다(Fendrich, Warner, & Weissman, 1990; Kashani, Burbach, & Rosenberg, 1988; Puig-Antich et al., 1985a; Reinherz et al., 1989, 1993). 주요우울증이 가족 내에서 발생하며 우울한 부모의 아이가 주요우울증을 갖게 될 위험이 높아질 수 있다는 고위험 가족 연구에 대한 강한 증거가 더 증가하고 있다(Angold et al., 1987; Beardslee et al., 1983; Hammen, Burge, Burney, & Adrian, 1990; Klein, Lewinsohn, Seeley, & Rohde, 2001; Kovacs et al., 1997a; Orvaschel, 1990; Puig-Antich et al., 1989; Weissman, Leckman, Merikangas, Gammon, & Prusoff, 1984a; Weissman et al., 1987a). 청소년 우울증과 관련된 공존 병리는 심리치료적 및 정신약물학적 개입을 고려하는 것이 중요하다. 위험 요인에 대한 전체 고찰은 Costello 등(2002)의 연구를 참조하라.

공존 병리

공존 병리는 두 가지 이상의 정신장애가 동시에 발생하는 것이다. 그것은 우울한 아동 및 청소년에게 흔히 발생한다. 아동 및 청소년 우울증은 다른 장애에 선행하거나, 다른 장애를 수반하거나, 다른 장애로 이어질 가능성이 높다(Pine et al., 1998). 청소년기에 주요우울장애와 관련된 것으로 밝혀진 장애는 주의력결핍 과잉행동장애(ADHD; Biederman et al., 1987), 불안장애(Alessi, Robbins, & Dilsaver, 1987; Bernstein & Garfinkel, 1986; Kovacs, Gatsonis, Paulauskas, & Richards, 1989), 행동 및 품행 장애(Alessi & Robbins, 1984; Marriage, Fine, Moretti, & Haley, 1986)와 섭식장애(Swift, Andrews, & Barklage, 1986)다. 많은 연구에서 장애가 발병한 나이의 순서를 조사하였고, 단극성 우울증은 보통 청소년기의 중후반에 함께 발생하는 물질 남용과 공황장애를 제외한 다른 장애의 발병 나이와 비슷하다고 하였다(Costello, Erkanli, Federman, & Angold, 1999; Kessler & Walters, 1998; Rohde, Lewinsohn,

& Seeley, 1991). 주요 정동장애가 있는 아동 및 청소년 중에서 약 1/3 정도가 품행장애나 이와 유사한 행동 문제와 관련된 공존병리 진단을 받는다(Carlson & Cantwell, 1980; Kashani et al., 1987; Kovacs et al., 1989; Puig-Antich, 1982). Ryan 등(1987)은 청소년의 25%에서 경미한 행동 문제가 발생하고, 청소년의 11%만 파괴적인 행동을 보였다고 하였다. 품행장애를 동반한 우울증은 더 큰 기능 손상과 관련이 있다(Kovacs et al., 1989). Angold, Costello와 Erkanli(1999)는 유병률에 관한 연구 결과들을 메타 분석한 결과, 불안장애가 우울하지 않는 아동 및 청소년에 비해 우울한 아동 및 청소년에게서 8.3배 더 많이 경험한다고 하였다. 이들은 또한 우울하지 않는 아동 및 청소년에 비해 우울한 아동 및 청소년이 적대적 반항장애와 품행장애를 각각 6.6배와 5.5배 더 많이 경험한다고 하였다.

공존 장애가 기능 손상에 미치는 상호작용적 효과와 공존 장애의 장기적 과정에 대한 정보는 아직도 불분명하다. 그러나 공존 병리는 치료 기간이 짧을수록 회복을 더 어렵게 만들어 치료 결과를 복잡하게 만든다. 공존 병리가 있는 우울한 청소년에 대한 더 많은 임상 연구가 필요하고, 연구는 이제 공존 병리에서 드러나는 복합한 문제를 가장 잘 다루는 개입에 관한 질문에 응답하기 시작하고 있다.

우울증의 결과

보통 자살 시도나 자살 사고에 대한 표현은 청소년이 정신건강 시스템에 처음으로 관여하게 하는 일이 될 수 있다. 우울한 청소년이 자살을 시도하거나 누군가에게 자살 욕구나 삶을 살아갈 가치가 없고 죽는 것이 더 낫겠다는 생각을 더 자주 표현하는 것은 드문 일이 아니다. 우울증은 자살 사고, 자살 시도(Gould et al., 1998), 자살 성공(shaffer et al., 1996b)을 유도하는 위험 요인으로 인식되어 왔지만 모든 자살 행동이 기분장애와 관련되지는 않는다. 청소년 중 5~10%는 주요우울증의 초기 삽화를 경험한 후 15년 이내에 자살을 시도한다(Rao, Weissman, Martin, & Hammond, 1993; Weissman et al., 1999a). Levy와 Deykin(1989)은 청소년에게서 주요우울증이 나타났을 때 치료받지 않은 대상에서도 남성과 여성 모두 청소년의 자살 사고율이나 자살 행동률이 두드러지게 더 높았다고 하였다. 자살을 시도하여 입원했던 학생의 절반은 어느 시점에서든 주요우울증의 진단 기준을 충족시키지 않았다. 우울한 아동과 청소년의 추후 종단 연구에서 Weissman 등(1999a)은 우울한 아동과 청소년의 자살 성공률은 거의 8%에 가까우며, 이는 일반 대상과 우울하지 않은 집단과 비교하여 유의미하게 더 높은 성공률이라고 하였다. 자살 위기를 드러내는 청소년의 기분장애 평가가 반드시 필요한 것처럼, 자살성향(suicidality)에 대한 평가는 기분장애 평가에 절대적으로 필요한 구성 요소다.

결론

다른 우울장애와 더불어 주요우울증은 아동과 청소년에게 발생한다. 우울증은 뚜렷한 손상과 사망률과 관련이 있다. 가장 중요한 것은 많은 아동과 청소년에게 우울증은 성인기에 다시 나타나는 재발성 장애라는 것이다. 급성기에서 발생하여 회복된 이후에도 계속되며 성인기까지 지속되는 심각한 심리사회적 손상이 있다. 이러한 심리사회적 손상은 대인관계 유형 중 하나이거나 대인관계 어려움을 초래한다. 가족이 정서장애 이력이 있고 대인관계 문제가 있는 청소년이 우울증에 걸릴 위험이 크다.

임상적으로 의뢰된 대상과 의뢰되지 않은 대상 모두에서 청소년 우울증에 대한 낮은 인식과 치료 수준이 두드러진다(Keller, Lavori, Beardslee, Wunder, & Ryan, 1991). 그 손상률과 재발률은 우울증의 생물학적 기반과 유전 요인이 무엇이든 간에, 개인의 의료적 자원 내의 청소년 우울증과 대인관계 손상을 치료하기 위한 심리사회적 개입의 중요성을 강조한다. 우울증이 급성적으로 발병한 청소년일수록 질병이 더 빠르게 해결되고 현재 문제에 단기치료가 더 도움이 될 수 있다. 이러한 청소년은 장기치료를 받으면서 환자 역할을 하는 것보다 치료가 필요할 때 치료를 받으러 다시 오는 것이 더 좋다. IPT-A는 이러한 이유로 많은 청소년에게 매력 있는 단기 집중치료다. 보다 만성적인 우울장애의 유형은 더 긴 치료 기간을 필요로 한다(Goodman, Schwab-Stone, Lahey, Shaffer, & Jensen, 2000; Kovacs et al., 1994). 그러나 이에 대해서는 연구가 더 필요하다. 다음 장에서는 다양한 유형의 우울장애에 치료 목표가 될 수 있는 우울한 아동을 위한 치료 유형에 대해 개관한다.

제2장

청소년 우울증을 위한 현대 심리사회적 치료

임상 실천에서 우울한 청소년은 성인에게 효과가 있는 것으로 밝혀진 심리치료를 주로 받는다(Hersen & Van Hasselt, 1987). 우울한 청소년에게 경험적으로 검증된 치료의 수는 적지만, 많은 치료가 임상적으로 사용된다. 우울한 청소년을 위한 심리사회적 개입에 관한 연구에는 많은 사례 연구, 소수의 단일 피험자 연구 설계가 포함되어 있다. 최근까지 과학적으로 엄격한 무선화된 임상 통제 연구 결과는 부족하였다. 최근 대부분의 임상 연구는 인지행동치료의 효과성에 대한 연구였고 대인관계치료에 관한 연구의 수는 적었다. 임상 연구는 일반적으로 우울 증상이 있는 아동과 주요우울증과 기분부전증이 있는 청소년을 대상으로 하였다. 많은 임상 연구는 방법론적 제한으로 인해 반복 검증이 필요하다. 그런 제한으로는, ① 작은 표본 크기, ② 의뢰된 아동 vs. 의뢰되지 않은 아동 혼합 집단, ③ 경도-중증도 증상 vs. 중도 증상 치료, ④ 우울 증상 치료 vs. 준거 기반 진단, ⑤ 이미 검증된 다른 치료와의 비교 부족이 있다(Kovacs, 1997).

증거 기반 치료

심리학적 절차의 촉진과 보급에 대한 태스크포스(Task Force on Promotion and Dissemination of Psychological Procedures)의 지침(1996)은 효과적인 치료로 간주되기 위해 충족되어야 할 몇 가지 조건을 명시하고 있다. ① 치료는 매뉴얼을 기반으로 해야 한다. ② 연구 표본의 특성이 상세히 기술되어야 한다. ③ 치료는 무선화된 임상 연구로 검증되어야 한다. ④ 적어도 두 가지 다른 연구 팀에서 개입을 검증해야 한다(Kaslow & Thompson, 1998). '청소년을 위한 우울증 치료 과정의 대처'라는 오직 한 연구(Lewinsohn, Antonuccio, Steinmetz, & Teri, 1984)만이 확립된 기준을 잘 충족시켰다(Lewinsohn, Clarke, Rohde, Hops, & Seeley, 1996). 이러한 개입 관련 연구의 제한점은 적용 면에서 대부분의 치료 접근이 성인 치료 양식의 하향 확장(downward extensions)이고(Mueller & Orvaschel, 1997), 이 연령대의 발달 적응에는 적합하지 않다는 것이다.

우울한 청소년은 주로 서비스를 잘 받지 못하는 저소득층이라는 증거가 있다(Burns, 1991; Hoberman, 1992; Keller et al., 1991; Wu et al., 1999). 이는 부분적으로 이들 청소년의 치료적 접근에 대한 경제적 · 사회적 · 개인적 · 가족적 및 문화적 장애물들 때문이고 부분적으로 보통 이들이 잘 파악되지 않기 때문이다. 청소년 우울증을 치료하기 위해 다양한 심리치료를 사용한다. 그러나 그중 소수의 심리치료만이 임상 연구에서 효과적으로 밝혀졌다(Mufson & Velting, 2002). 치료 관리의 발전과 치료 관리 기준의 확립으로, 일반적인 임상 실천뿐만 아니라 연구를 위해서도 '증거 기반' 치료를 사용할 것이 강조되었다. 청소년 우울장애의 상당한 비율과 그에 수반되는 부정적인 발달 궤도를 고려하여, 새로운 치료를 개발하고 청소년 우울증에 대한 이러한 치료와 다른 치료의 효과성을 더 공고히 하는 것이 중요하다.

태스크포스 지침을 적용한 잘 확립된 치료와 전체 치료 기준에는 꼭 부합하지는 않지만 증거 기반을 갖춘 치료가 있다. 이러한 치료가 인지행동치료(CBT)와 대인관계치료(IPT)다. 다양한 유형의 CBT가 심리치료에서 가장 폭넓게 연구되었다. 그 밖에 일반적으로 사용되는 치료는 정신역동 심리치료, 정신분석, 행동치료, 가족치료와 집단치료다. 각 치료의 목표는 문제에 기여하고 있는 환자의 행동, 사고나 태도를 변화시키기 위해 다양한 기술을 사용하여 심리 증상을 완화하고 기능을 증진시키는 것이다. 구체적으로 치료의 단기 목표는 우울 증상의 고통을 덜어 주는 것이다. 치료의 장기 목표는 증상으로 인한 기능 손상을 제한하고(예: 부족한 대인관계, 가족 갈등, 등교 거부) 우울 삽화의 재발과 만성화를 막는 것이다. 우울장애의 구체적인 원인은 알려지지 않았다. 따라서 우울증의 단일 원인이 없을 가능성이 높고 우울한 사람 모두에게 적용 가능한 한 가지 치료도 없을 가능성이 높다. 이 장에서는 청소년 우울증을 위한 IPT-A 이외 다른 치료에 대해 간략히 소개한다.

인지치료

인지치료의 특징은 지시적이고 구조화되어 있고 보통 시간 제한적인 것으로 정의되며 행동적 사건 및 문제 해결 기술과 관련된 인지 변화를 강조한다(Kovacs, 1979; Matson, 1989). 기본 구조는 사람의 인지가 기분을 결정한다는 것이다(Emery, Bedrosian, & Garber, 1983). Aaron Beck이 처음 개발한 일반적인 인지적 신조는 몇 가지 수정되었다(Beck, 1967).

인지치료의 목표는, ① 증상을 완화하는 것이고, ② 우울증을 유발하는 신념을 밝히고 그러한 신념에 대해 현실 검증을 하는 것이다(Emery et al., 1983). 이 목표를 달성하기 위해 사용하는 기술은 부정적인 인지 관찰하기, 인지 · 정서 및 행동을 연결하도록 돕기, 역기능적 신념을 파악하고 바꾸도록 배우기다(Beck, Rush, Shaw & Emery, 1979). 인지치료의 목표는 청소년의 역기능적 인지의 강화를 감소시키는 것이다.

인지치료는 치료자가 무의식적 요인을 해석하지 않는다는 점에서 정신역동치료와 다르다. 인지치료는 역기능적 신념 체계에 초점을 둔다는 점에서 우울한 청소년을 위한 대인관계치료(IPT-A)와 다르다. 반면, IPT-A는 역기능적 대인관계의 의사소통 과정에 초점을 둔다. 몇 가지 다른 인지행동치료(CBT) 매뉴얼이 개발되었지만 이 매뉴얼들은 모두 동일한 이론적 토대를 기본적으로 공유하고 있다. 청소년의 우울증 치료에 대한 CBT의 효과성에 대한 상당히 좋은 증거가 있다(Harrington, Whittaker, & Shoebridge, 1998; Lewinsohn & Clarke, 1999; Reinecke, Ryan, & DuBois, 1998). 그러나 개선해야 할 부분이 여전히 남아 있다. 연구 결과에 대한 개관은 Mufson와 Velting(2002)의 논문을 참조하라.

행동치료

CBT의 행동적 요소는 강화 이론에 뿌리를 두고 있다. 우울증의 주요 행동이론 중 한 가지는 정적 강화의 상실에 초점을 둔다. Lewinsohn, Weinstein과 Shaw(1969)는 우울한 사람은 강화가 전혀 없거나 적합한 기술이 부족하며 강화에 접근하지 못하는 개인의 무능력 때문에 충분한 정적 강화가 부족하다는 것을 알아냈다. 개인의 행동에 대한 낮은 정적 보상이 우울증을 유발할 수 있다. 결국 이후에 드러나는 우울한 감정은 그 사람의 행동에 정적 강화를 받을 기회를 감소시켜 우울증을 더욱 악화시키거나 증가시킨다. 행동치료의 목표는 직접적인 즐거운 활동과 그것의 부수적인 결과가 될 수 있는 대인관계를 증진하여 정적 강화를 높이는 것이다. 우울증을 위한 Lewinsohn의 치료는 즐거운 활동의 증가, 문제 해결, 사회 기술, 자기주장 훈련과 감정 조절하기와 같이, 우울한 피드백 순환을 끊기 위해 정적 강화를 얻는 데 필요한 기술을 가르치는 데 초점을 둔다(Lewinsohn, Clarke, Hops, & Andrews, 1990).

정신역동적 심리치료

정신역동적 심리치료는 우울한 청소년을 치료하기 위해 흔히 사용된다. 임상가를 이끌어 온 사려 깊은 많은 논문에서 우울한 청소년을 위한 심리치료에 관한 임상 경험과 이론적 관점을 설명하였다(Bemporad, 1988; Cytryn & McKnew, 1985; Kestenbaum & Kron, 1987; Liebowitz & Kernberg, 1988; Nissen, 1986). 정신역동적 심리치료의 원리는 정신분석 이론에서 유래한다. 간단히 말해서, 이 원리는 부적응적 스트레스 증상은 무의식적 갈등의 결과라는 전제를 토대로 한다. 이러한 증상은 직면, 명료화 및 해석과 같은 개입을 통해 다룰 수 있고 감소시킬 수 있다(Liebowitz & Kernberg, 1988). 정신역동적 심리치료의 이론적 틀 내에는 여러 가지 유형의 정신역동적 심리치료가 있다. 아동 정신분석, 표현적 혹은 탐색적 아동 심리치료, 지지 심리치료와 표현적 지지 아동 심리치료가 그것이다. 이들 치료 각각의 구체적 적용과 목표는 아동을 위한 정신역동적 심리치료에 관한 Liebowitz와 Kernberg(1988)의 훌륭한 개관 연구에 설명되어 있다.

IPT-A는 청소년을 대상으로 시간 제한적 틀 내에 있다는 점에서, 정신 내적 문제보다 현재의 대인관계 문제에 초점을 두고 있다는 점에서, 그리고 실제 치료 회기에서 좀 더 지시적인 치료자의 태도에 초점을 둔다는 점에서 정신역동 심리치료와 다르다. 지금까지 우울한 청소년과 함께하는 정신역동적 심리치료에 대한 통제된 임상 연구는 없다.

가족치료

가족치료자는 우울증을 가족 체계 내에서 생기는 것으로 개념화한다. 가족치료 모델은 개인이 사회적 맥락이나 가족 체계의 산물이라는 믿음에 기초한다. 또한 큰 맥락에 대한 어느 정도의 이해 없이 개인을 단독으로 이해하지 못한다는 신념에 기초한다(Nichols, 1984). 가족 간의 불균형, 부적절한 동맹 관계 혹은 의사소통 곤란으로 인해 우울증으로 가족의 문제를 드러내는 확인된 환자가 생길 수 있다. 따라서 치료자는 가족 체계의 병리를 다루어 청소년의 우울증을 치료한다. 가족치료 양식은 가족체계 치료(Haley, 1976), 구조적 가족치료(Minuchin, 1974)에서부터 맥락적 가족치료(Boszormenyi-Nagy & Krasner, 1986)에 이르기까지 여러 유형이 있다. 아동 및 청소년 우울증과 이어져 있는 역기능적 가족의 특정 모델은 없다.

경험적 연구 고찰에서 '가족치료'라는 용어 대신에 '가족 기반 치료'라는 용어가 많이 활용되었다. 이러한 용어의 전환은 세 가지 가족 중심 치료의 통합이 증가하고 있음을 반영하는데, 그것은 행동치료, 심리교육과 체계치료다(Diamond, Serrano, Dickey, & Sonis, 1996). 아동 및 청소년 우울증의 발달, 유지 및 재발에서 가족이 하는 역할에 대한 경험적 · 이론적 지지가 있음에도 불구하고, 우울한 청소년을 위한 가족 기반 치료에 관한 연구는 거의 없다. Fristad, Gavazzi와 Soldano(1998)는 다른 치료와 함께 사용 가능한 가족 기반 심리교육 프로그램을 개발하였다. 그러나 이 접근의 효과성에 관한 연구 결과는 아직 밝혀지지 않았다. Diamond와 Siqueland(1995)는 가족 및 환경적 스트레스 요인은 우울증을 일으키거나 악화시킬 수 있고, 애착장애와 부정적 가족 환경이 이러한 스트레스 요인을 다루기 위해 필요한 아동의 대처 기술을 발달시키지 못하게 한다는 가정을 토대로 애착 기반 가족치료(attachment-based family therapy: ABFT)를 개발하였다. 이 치료의 목표는 애착장애의 해결책을 찾고, 부모가 더 좋은 양육자가 되기 위해 치료받고, 청소년과 부모 간의 의사소통을 개선하여 우울증을 감소시키는 것이다(Diamond, Reis, Diamond, Siqueland, & Isaacs, 2002). 청소년 우울증을 위한 이 치료 모델의 효능성 연구는 진행 중이다.

집단치료

거의 모든 정신과적 문제에 대한 집단치료의 한 가지 주요 목표는 청소년이 자신과 비슷한 어려움을 겪고 있는 또래와 접촉하고, 서로 지지하고, 새로운 대인관계 기술을 서로 연습할 기회를 제공하는 것이다. 집단치료의 구체적인 목표는, ① 자신의 욕구와 타인의 욕구가 비슷하다고 지각하기, ② 특정 갈등에 대한 대안만들기, ③ 보다 효과적인 사회 기술을 학습하기, ④ 타인의 욕구와 감정에 대한 인식을 증진시키기다(Corey, 1981). 사회기술 집단과 같은 많은 집단은 목표를 정하고 시간 내에 달성해야 하는 프로그램으로 시간 제한적인 반면, 어떤 집단은 보다 개방적이다. 사회기술 집단은 IPT-A와 다르다. 왜냐하면 집단 형식이 개별 청소년의 특정 대인관계 문제에 초점을 더 많이 두지 않고, 각 청소년의 특정 대인관계 문제를 성공적으로 해결할 수 있는 기회를 덜 제공하기 때문이다. 앞에서 논의한 바와 같이 어느 정도 효과가 밝혀진 사회기술 집단과 더불어(Fine et al., 1989; Fine, Forth, Gilbert, & Haley, 1991), 우울한 청소년을 위한 구조화된 인지행동 집단에 대한 임상 연구가 있었다(Clarke, Hops, Lewinsohn, & Andrews, 1992; Clarke, Hawkins, Murphy, & Sheeber, 1995; Clarke, Rohde, Lewinsohn, Hops, & Seeley, 1999; Lewinsohn et al., 1990; Reynolds & Coats, 1986). 우울한 청소년을 위한 대인관계 집단치료(IPT-AG; Mufson, Gallagher, Dorta, & Young, 2004b)의 효능성은 현재 연구 중이다.

약물치료

우울 삽화가 청소년에게 미치는 영향은 매우 광범위하기 때문에 치료적 개입은 약물치료와 심리사회적 전략을 선택 사항으로 포함시켜야 한다. 임상가는 일반적으로 우울증의 생물화학적 기반에 관한 부모와 청소년의 질문을 다룰 수 있어야 하고 심리사회적 및 대인관계 손상을 다룬 치료 개입의 필요성을 강조할 수 있어야 한다. 청소년 우울증을 위한 약물치료의 초기 연구는 삼환계 항우울제로 진행되었다. 삼환계 항우울제는 일반적으로 우울한 성인에게 효과가 있었던 만큼 청소년에게는 효과적이지 않았다(Birmaher & Brent, 2002). 보다 최근 연구는 선택적 세로토닌 재흡수 억제제(SSRIs)에 초점을 두고 있다. 청소년 우울증 치료를 위한 여러 임상 연구에서 파록세틴(paroxetine; Keller et al., 2001), 플루옥세틴(fluoxetine; Emslie et al., 1997, 2002), 서트랄린(setraline; Wagner et al., 2003)의 효과성을 밝혔다. 그럼에도 불구하고 이 연구의 약물 반응률은 대략 60~70%으로, 개선의 여지가 있거나 혹은 약물 반응률을 증진시키기 위해 보조치료를 제공해야 할 필요성을 나타낸다. 최근 우울한 아동 및 청소년에서 파록세틴과 자살 사건 간의 관계가 증가하는 상황을 볼 때, 이들 대상에서 파록세틴은 더 이상 우울증의 일차 치료제가 아니다. 임상 실제에서 우울한 아동 및 청소년을 위한 약물치료의 활용은 지난 10년 동안 극적으로 증가하였고, 청소년 우울증을 위한 일반적인 일차 치료다. 청소년 우울증을 위한 약물치료에 대한 전반적인 개관은 Birmaher와 Brent(2002)의 논문을 참조하라. IPT-A와 함께 활용하는 약물치료에 대해서는 제18장에서 논의할 것이다.

결론

청소년 우울증의 진행 과정에서 환경이 미치는 영향을 고려할 때, 심리사회적 치료는 단독으로 혹은 약물치료와 결합하여 치료 효과를 발휘할 가능성이 높다. 청소년 우울증을 위한 통제된 임상 연구는 매뉴얼로 된 증거 기반 치료에 초점을 두고 있지만, 임상 실제에서는 다양한 치료 이론이 폭넓게 사용된다. 이러한 다양한 치료는 청소년을 대상으로 한 효과를 신중하게 평가할 필요가 있다. IPT–A가 청소년기에 처음 나타나는 우울증과 관련된 장기적인 심리사회적 손상을 줄이는 데 효과적인지의 여부는 지켜봐야 할 일이다. 장기적으로 효과가 있는 치료 전략을 실행하기 위해 우울증의 과정, 재발과 회복률, 관련 손상과 공존 병리에 대해 좀 더 명료화할 필요가 있다. IPT–A는 급성치료에 관한 여러 임상 연구에서 효과적으로 밝혀졌고 기타 연구는 진행 중이다(Mufson et al., 출판 중–a; Mufson, Weissman, Moreau, & Garfinkel, 1999; Rossello & Bernal, 1999). 제3장에서는 IPT–A의 주요 원리와 이론적 토대에 대해 설명한다. IPT–A는 우울증 유지에 중요한 역할을 하고 개입의 중요한 치료 목표로 파악된 대인관계 문제를 다루기 위해 개발되었다. 또한 제3장에서는 IPT를 활용한 초기 연구와 IPT–A의 임상 연구를 제공한다. IPT–A 치료자와 비교하여 CBT 치료자가 우울한 청소년을 치료하기 위해 어떻게 접근할 수 있는지에 대한 치료 사례 및 논의에 대한 자세한 설명은 제20장에 있다.

제3장

우울증을 위한 대인관계치료의 시작과 발달

대인관계치료(IPT)는 단기적 및 시간 제한적 심리치료다. 대인관계치료는 양극성 장애와 정신장애를 보이지 않는 우울한 성인 외래 환자를 치료하기 위해 1960년대 후반에 처음 개발되었다. 대인관계치료의 토대는 우울증이 그 근본 원인과 관계없이 환자의 대인관계와 밀접하게 얽혀 있다는 것이다. IPT의 목표는, ① 우울 증상 감소시키기, ② 중요한 대인관계에서 의사소통 기술을 증진하여 대인관계 기능 향상시키기다(Klerman, Weissman, Rounsaville, & Chevron, 1984). 그 초점이 현재의 대인관계 갈등에 있기 때문에 IPT는 다른 심리치료와 특유한 차이가 있고 치료 매뉴얼로 적용될 수 있는 치료 양식 중 하나다. IPT는 경험이 풍부한 정신과 전문의, 심리학자와 사회복지사가 적합한 훈련을 받은 후에 시행할 수 있다. IPT는 단독으로 사용되거나 약물치료와 함께 사용된다. 우울한 청소년을 위한 IPT-A는 임상 연구에서 이미 효과적인 것으로 밝혀진 심리치료를 청소년에게 맞추어 개발한 것이다. 이 장에서는 IPT와 IPT-A의 발전, 개념과 효능성에 대한 증거를 설명한다. IPT의 역사와 발전에 대해 개관함으로써 IPT-A의 토대가 되는 개념적 틀에 대한 좀 더 폭넓은 이해를 갖게 될 것이다.

이론적 배경

이론적 및 경험적 배경

IPT는 우울증의 원인에 대해 어떤 가정도 하지 않는다. 그러나 IPT는 임상적 우울증이 사회적 및 대인관계적 맥락 내에서 발달하고, 발병 시기, 치료 반응과 치료 결과는 우울한 환자와 중요한 타인의 대인관계에 영향을 받는다고 가정한다. 이 가정은 Adolf Meyer와 Harry Stack Sullivan의 저서 그리고 우울증의 대인관계 모델에 대한 최근 경험적 연구로 지지된다.

정신장애의 이해에 관한 Adolf Meyer의 정신생물학적 접근은 환자와 환경과의 관계를 매우 강조하는데(Meyer, 1957), 이는 IPT의 이론적 토대가 된다. Meyer는 정신장애를 환자가 자신의 환경에 적응하려는 시도의 표현으로 본다. 환경 변화에 대한 개인의 반응은 이전의 경험에 따라 결정된다. 특히 가족과의 초기 경험과 다양한 사회 집단에 소속된 경험으로 결정된다. Meyer의 동료인 Harry Stack Sullivan은 대인관계에 관한 이론을 광범위하게 저술했다(Sullivan, 1953).

Sullivan(1953)에 의하면, 정신의학은 어떤 환경이나 모든 환경에 존재하는 대인관계에 관한 연구다. Sullivan은 자신의 대인관계 감정 이론에서 다른 사람과의 대인관계가 사람들의 감정을 유발하는 매우 중요한 사건과 대상을 형성한다고 주장한다. Sullivan은 상당 부분의 정신장애가 부적절한 의사소통으로 초래되고 그로 인해 지속된다고 한다. Sullivan은 개인의 과거 혹은 현재의 대인관계 맥락에서 한 개인의 행동에 대한 의미를 찾고 그 행동을 이해해야 한다고 강조한다. 따라서 적합한 치료는 대인관계 문제를 파악하고, 대인관계 갈등을 명료화하고, 대안 행동을 실험해 보도록 도와주는 방법을 제공할 것이다(Horowitz, 1996).

Kiesler는 이 이론을 확장시켰다. 또한 의사소통에서 상호 보완성 문제와 환자의 '메시지 유발'에 초점을 둔 대인관계 의사소통과 관계성을 정교화한 모델을 개발하였다(Kiesler, 1979). Kiesler에 따르면, 치료자의 일은 구체적인 대인관계 문제를 파악하고 그것이 환자의 대인관계 의사소통 방식에서 어떻게 나타나는지 알아내는 것이다. 그런 다음 환자의 대인관계 양식에 대한 메타 커뮤니케이션을 통해 치료자는 환자의 삶에서 치료자 및 다른 사람과 문제가 되는 의사소통을 수정하도록 돕는다(Kiesler, 1979). Klerman과 Weissman의 IPT 원판 모델에서는 Kiesler와 Leary가 사용한 특정 용어와 대인관계의 순환 복합적이고 영향력 있는 메시지에 대한 구체적인 기술을 사용하지 않으나(Kiesler, 1983), 치료 기술은 매우 비슷하고 치료 목표는 동일하다. 즉, 그 목표는 대인관계로부터 얻는 만족감 수준을 바꾸어 환자의 정서적 안녕을 증진시키기 위해, ① 의사소통 변화하기, ② 대인관계 문제 해결하기다. 우울증의 상호작용적 관점은 우울한 환자와 중요한 타자의 의사소통에서 상호 간에 주고받은 영향을 다룬다. 이러한 관점은 IPT의 치료적 목표와 일치한다. IPT의 목표는 특정 의사소통의 변화가 환자의 대인관계에서 나온 반응을 어떻게 바꿀 것인지 이해하도록 도와 대인관계의 감정치를 바꾸고 결국 우울한 기분을 줄이는 것이다.

대인관계치료와 마찬가지로, 감정의 대인관계 이론은 초기 애착 이론에 뿌리를 두고 있다(Klerman et al., 1984). Bowlby는 사람은 특정 타인과의 경험(예: 분리 혹은 관계 상실)에서 강한 정서적 유대감을 형성하려는 성향과 욕구가 있다고 하였다(Bowlby, 1978). 청소년기는 초기 애착이 느슨해지고 새롭게 형성된 애착이 보충되는 시기다. 애착 전이가 일어나기 어려워지면 우울증이 초래될 수 있다. 부모에게 지각된 애착이 또래 관계로 확장되고 탐색되기 때문에 부모와 청소년 간에는 많은 갈등이 생긴다. IPT는 우울증에서 애착의 역할과 중요성을 인정한다. 청소년의 감정과 애착 지각에 영향을 주고 우울증에 기여할 수 있는 대인관계의 역할 갈등, 역할 전환과 애도에 초점을 둔다. IPT는 애착 이론가들의 자연스러운 결과물이다. 이들은 중요한 타자와의 상호작용 양상을 탐색하고 그것이 다른 대인관계에서 어떻게 반복되는지, 대인관계의 어려움을 어떻게 유발하는지, 혹은 특정 생활 사건에 환자가 어떻게 반응하는지를 강조한다. 이로부터 대인관계의 정서적 경험을 변화시키고, 환자에게 다른 의사소통 및 상호작용 방식을 가르치는 것과 같은 치료 목표가 도출된다.

우울증의 사회적 맥락

IPT는 이론과 경험 연구에 기반을 두고 있다. 이는 스트레스, 생활 사건, 우울증의 발병 시기와 임상 과정에서 보이는 사회적 손상과 관련된 연구들을 포함한다. 종단 연구들은 우울 삽화의 급성기와 더불어 회복하는 동안에도 우울한 여성의 사회적 손상이 지속된다고 밝혔다. 이 연구들은 우울한 성인의 지속적인 사회적 문제를 직접적으로 다루는 치료 개입의 필요성을 강조한다(Klerman et al., 1984). Brown, Harris와 Copeland(1977)는 부정적인 생활 스트레스 속에서 우울증에 대항하는 보호 요인은 친밀감과 사회적 지지의 역할이라고 밝혔다. 또한 감정적 안녕을 위해 좋은 사회 관계의 지각된 중요성도 지지하였다.

『우울증의 사회적 기원(The Social Origins of Depression)』에서, Brown과 Harris(1978)는 우울증에서 사회적 요인의 역할에 초점을 둔다. 이들은 대인관계 요인들이 생활 스트레스의 취약성을 초래하기 때문에 매우 중요하다고 하였다. 이 요인들 중에서 가장 강력한 요인은 친밀감과 신뢰 관계의 부족이다. 대인관계 이론가들은 우울한 사람이 중요한 타자의 지지를 잃어 가는 방식으로 환경에 참여하고, 실제로 우울증을 지지하는 피드백을 이끌어 내어 (Coyne, 1976), 우울증에 취약한 사람이 된다는 사실을 밝혀 이러한 결과를 확장시키려고 하였다. 연구는 조기 부모 상실(Brown & Harris, 1978), 우울한 부모(Weissman, Warner, Wickramaratne, Moreau, & Olfson, 1997), 열악한 육아 (Parker, 1979) 경험이 청소년의 적응과 성인의 생활양식의 방향성에 뒷받침이 되어, 청소년기와 이후 삶에서 우울증이 발달하도록 기여한다고 하였다. 흥미롭게도, 또 다른 연구자는 우울증을 이기도록 보호하는 적응적인 대인관계 기능 역할에 초점을 두었다. 회피하기보다 접근하기, 직접적으로 문제 해결하기, 가설 세우기보다 다른 사람으로부터 정보 구하기의 대처 전략이 개인의 부정적인 생활 사건에서 우울증을 유발하는 효과를 완화시킬 수 있다고 하였다(Holahan, Moos, & Bonin, 1999). 이러한 보호 기술이 IPT 중기의 핵심적 초점이고 재발을 예방하고 우울증의 회복을 촉진시키기 위해 사용되는 중요한 전략이다.

성인을 대상으로 한 치료의 기원

IPT는 거의 25년 동안 성인 외래 우울 환자를 대상으로 치료하였고, 연구 경험을 통해 발전하였다. IPT의 발전은 1968년 약물치료로 급성 우울 증상이 감소된 이후, 재발 예방 접근을 검증하려는 임상 연구의 일환으로 시작되었다(Klerman et al., 1984). 1960년대 중반쯤, 새로운 항우울제가 급성 우울 증상을 효과적으로 감소시킨다는 사실이 분명해졌다. 수면, 식욕 및 기분이 보통 2~4주 내에 개선되었다. 그러나 재발률이 높아서 얼마나 오랫동안 약물치료를 지속해야 하는지, 그리고 심리치료와 함께했을 때 어떤 장점이 있는지는 불분명하였다. 첫 임상 연구에서 매뉴얼로 심리치료를 표준화한 목적은 치료자의 일관적인 접근을 확고히 하기 위해서다. 그러나 그 의도는 새로운 심리치료를 개발하기 위해서가 아니라 임상 실천에서 우울한 환자에게 최상의 그리고 가장 중요한 구성 요소를 포함한 치료를 파악하기 위해서였다.

IPT에서 개념화한 임상 우울증

IPT에서는 임상 우울증을 다음 세 가지 요소로 구성된 과정으로 개념화한다(Klerman et al., 1984; Weissman, Markowitz, & Klerman, 2000).

① **증상 형성**: 우울한 정서, 징후 및 증상의 발달과 관련된 것으로, 정신생물학적 기제나 정신역동적 기제 혹은 이 두 가지에 기인한다.
② **사회적 기능**: 타인과의 사회적 상호작용과 관련된 것으로, 아동기 경험을 토대로 한 학습, 사회 보상, 우울증의 결과로서 숙달감과 자신감에 대한 개인의 노력에 기인한다.
③ **성격**: 보다 오래 지속되는 특질과 행동과 관련된 것으로, 개인의 고유한 반응과 기능 양상으로 구성되고 증상 발달의 경향성에 기여할 수 있는 분노, 죄책감과 전반적인 자존감 다루기가 포함된다.

처음에 개발되었던 IPT는 처음 두 가지 과정에 개입한다. IPT는 치료의 간결성, 낮은 강도 수준의 심리치료, 현재 우울 삽화에 초점을 맞추기 때문에 지속적인 성격적 측면에 미치는 영향에는 치료 초점을 두지 않는다.

사실 IPT는 급성 증상 삽화의 치료 기간 동안에 성격적 기능과 병리와 관련된 문제의 치료는 의도적으로 피한다. 청소년 대상 치료 작업에서 가장 두드러지는 것은 성격적 특질에 초점을 두지 않는 것이다. 저자들의 임상 경험으로, 급성 증상이 나타나는 동안 성격적 특질(예: 의존성, 모두 좋은 사람 혹은 나쁜 사람으로 분리시키기, 대인관계 불안정성)로 보이는 청소년의 행동은 우울 증상이 경감되면서 자연스럽게 해결되는 경향을 보였다. 이런 특성은 지속되는 성격적 병리라기보다 축 I의 우울 증상으로 인한 부수적인 증상이다. 또한 청소년기에 이런 특성이 대인관계에 미치는 영향을 나타낸다.

저자들은 IPT의 세 가지 단계를, ① 특정 과제에 접근하기 위한 전략, ② 특정 과제를 달성하기 위해 사용되는 기술, ③ 치료적 분위기로 정의한다. 기술과 치료적 분위기 부분에서는 IPT와 다른 치료가 유사하지만, 특정 과제에 적용되는 전략은 다르다. IPT의 치료 전략은 환자가 자신의 우울한 대인관계 맥락을 터득하도록 돕는 것이다. 이 전략은, ① 교육, ② 감정과 기대에 대한 명료화, ③ 가족, 또래 집단과 지역사회에서의 역할에 대한 명료화, ④ 대인관계 문제 해결, 모델링과 역할 놀이다.

IPT는 우울증의 급성 및 유지 치료에 관한 많은 연구로 평가되었다. 통제된 임상 연구는 IPT를 활용한 임상 실천의 토대와 다른 임상 조건에 적용하기 위해 IPT를 수정한 노력의 토대를 제공한다. IPT는 단독으로 검증되었다. 또한 우울한 환자를 대상으로 한 6개의 임상 연구는 삼환계 항우울증 약물치료와 결합하여 검증되었다. 6개 임상 연구 중 3개는 급성치료였고(Elkin et al., 1989; Sloane, Stapes, & Schneider, 1985; Weissman et al., 1979), 나머지 3개는 유지치료였다(Frank et al., 1990; Klerman, DiMascio, Weissman, Prusoff, & Paykel, 1974; Reynolds & Imber, 1988; Weissman et al., 1974). 완료된 5개의 연구 중에, 한 연구는 약물치료 집단과 비교하였고(Elkin et al., 1989; Frank et al., 1990; Klerman et al., 1974; Reynolds & Imber, 1988; Sloane et al., 1985; Weissman et al., 1979), 나머지 네 연구는 IPT와 약물치료를 통합하였다(Klerman et al., 1974; Kupfer, Frank, & Perel, 1989; Reynolds & Imber, 1988; Weissman et al., 1979). 지난 연구와 현재 IPT 적용에 관한 종합적인 개관은 『대인관계치료에 대한 종합적인 지침(A Comprehensive Guide to Interpersonal Psychotherapy)』(Weissman et al., 2000)을 참조하라.

IPT와 다른 주요 심리사회적 치료 간에는 여러 가지 차원에서 유사점과 차이점이 있다. 이 차원은 치료 기간, 환자의 문제가 먼 과거, 매우 최근 혹은 현재에 있는지 여부, 대인관계 맥락에 관한 의식적 주의, 특정 치료 기술의 활용이다. 간단히 말해, IPT는 과거가 아닌 현재 대인관계를 다루고 현재 우울 삽화가 시작되기 직전 · 직후의 환자의 즉각적인 사회적 맥락에 초점을 맞춘다. 환자의 전반적인 대인관계 양상을 이해하기 위해 과거의 우울 삽화, 초기 가족 관계, 이전의 중요한 대인관계와 우정을 맺는 양상을 평가한다. 치료자는 환자의 현재 상황을 내적 갈등의 징후나 가족 내에 있었던 이전의 부적응적 양상이 재발한 것으로 구조화하지 않는다. 그 대신 치료자는 현재 환자가 가진 장애를 대인관계의 측면에서 탐색한다. CBT 치료자와는 달리, IPT-A 치료자는 왜곡된 인지를 바꾸는 데 초점을 두지 않는다. 대신 대인관계 양상을 변화시키는 데 초점을 둔다. 또한 인지적 왜곡을 치료 대상으로 둔 체계적인 과제 할당에도 초점을 덜 둔다. CBT 치료자와 IPT-A 치료자의 유사점은 청소년의 대인관계 문제 해결 기술을 향상시키고 사회적 · 정서적 자신감을 가지도록 지원하는 데 목표를 둔다는 점이다.

청소년에게 활용하기 위한 이론적 근거

청소년에게 IPT를 적용하기 위한 이론적 근거는 연구 증거, 치료적 발달의 관련성, 지역사회의 임상적 필요에 있다. 앞서 언급한 바와 같이, 1970년대와 1980년대에 시행된 임상 연구에서 성인의 우울증을 치료하기 위한 IPT의 효과성은 분명히 확립되었다(DiMascio et al., 1979; Elkin et al., 1989; Weissman et al., 1979). 동시에 다른 연구에서는 청소년의 우울 증상과 성인의 우울 증상 간 유사성을 밝혔다(Ryan et al., 1987). 만성적이고 심각한 심리사회적 손상과 대인관계 곤란은 청소년 우울증과 관련이 있다(Hammen, 1999; Marx & Schulze, 1991; Puig-Antich et al., 1993; Stader & Hokason, 1998). 심리사회적 손상과 대인관계 곤란은 급성기에 발생하여 회복한 이후까지 지속되며, 성인기까지 유지된다. 주요우울증이 아동의 학업 성적, 가족과 또래 관계와 전반적인 기능에 부정적인 영향을 준다는 사실은 의문의 여지가 없다. 우울증은 알코올과 약물 사용을 증가시키고 자살 시도를 초래할 수 있다. Garber 등(1988)은 아동 우울증 환자의 연구에서 우울한 청소년이 사회 활동, 가족 관계, 중요한 파트너와의 관계에서 심각한 적응 곤란이 있다고 하였다. 다른 연구에서는 우울한 청소년이 자신의 사회적 능력을 부족하게 본다고 하였다(Altmann & Gotlib, 1988). 아동을 대상으로 한 연구에서, Puig-Antich 등(1985a, 1985b)은 아동이 우울 삽화에서 회복한 후 학교 기능이 향상되어도 가족과 또래 관계의 손상으로 인해 여전히 고통을 겪는다고 하였다. 따라서 아동의 우울증이 해결되더라도 대인관계 결손은 남아 있다.

IPT-A는 특히 청소년 우울증과 관련된 대인관계 문제를 다루는 데 목표를 둔 개입이다. IPT-A는 주로 청소년에게 가장 큰 염려와 중요한 영역이 될 가능성이 있는 현재의 대인관계 문제에 초점을 둔다. 대인관계 사건에 관한 논의는 청소년과 관련될 수 있고 그들의 일상생활에 익숙한 것이다. 현재 IPT-A는 청소년의 발달 과제와 능력을 다루기 위해 문제 영역의 치료 목표와 전략을 수정하였다. IPT-A는 손상된 대인관계, 특히 가족 내에서 발생하는 대인관계 손상에 초점을 둔다. 가족 관계의 양상을 바꾸거나 가족 내 의사소통에 영향을 주도록 청소년을 지지하고 직접적인 개입을 하기 위해 부모와 형제자매가 치료에 참여하도록 권한다. 따라서 IPT-A는 우울증과 관련된 심리적 맥락, 즉 가족 갈등, 사회적 자신감, 정서 표현과 효과적인 의사소통을 효과적으로 다룬다. 가족 관계는 가족 이외의 친밀한 관계에 대한 모델이다. 청소년의 가족과 대인관계를 변화시키기 위한 전략은 가족 체계 밖에서 발생하는 청소년의 대인관계를 추론할 수 있다. IPT-A는 우울증과 관련된 증상과 손상을 다루고 현재와 미래의 대인관계 상황에 도움이 되는 기술을 청소년에게 제공한다.

IPT-A의 기본 원리

IPT-A는 일주일에 한 번, 12주 치료 동안 하도록 설계되었다. 이 치료의 목표는 우울 증상을 감소시키고 우울증의 발병과 관련된 대인관계 문제를 다루는 것이다. 이 목표를 달성하기 위한 주요 접근 방식은 두 가지로, 치료 초점이 되는 한두 가지 문제 영역을 파악하는 것과 현재 문제가 발생하고 있는 대인관계의 성격을 강조하는 것이다. 치료는 ① 초기 단계, ② 중기 단계, ③ 종결 단계의 세 단계로 나뉜다. 초기 단계는 우울증 진단의 확정, 우울증에 대한 심리교육, 환자의 중요한 대인관계에 대한 탐색, 나머지 치료 부분에 치료 초점이 될 만한 문제 영역의 파악에 초점을 둔다. 치료는 증상의 완화는 모호하고, 불편한 증상은 다양한 치료에 반응하고, 우울증이 예후가 좋은 증후군으로 환자가 이해하도록 돕는 것에서부터 시작된다. 우울증의 발병과 관련된 주요 문제를 파악하고 그것을 다루기 위해 환자와 함께 명시적인 치료 계약을 맺는다. 따라서 회기의 주제 내용은 개방적이지 않다. IPT-A에서 파악된 문제 영역은 애도 반응, 부모-자식 불화, 또래 갈등, 생애 단계 전환의 어려움, 가족 구조의 변화와 관련된 스트레스 대처하기와 의사소통 문제다.

치료의 중기 단계에서는 치료자가 한두 가지 문제 영역 내에서 청소년이 자신의 대인관계의 어려움을 좀 더 성공적으로 협상하도록 돕는 특정 전략을 파악하는 데 초점을 맞춘다. 예를 들어, 청소년은 아버지의 부재, 일관성 없는 아버지 혹은 데이트 규칙에 대한 갈등이 있는 생활 환경과 자신의 대인관계 갈등이나 실망과 관련된 감정을 표현하는 의사소통 기술을 배운다. 그 기술은 구체적으로 정서 표현, 관계에 대한 기대의 명료화, 의사소통 분석, 대인관계 문제 해결 및 새로운 상호작용 방법에 대한 역할 놀이다.

종결 단계의 목표는 향후의 우울 삽화를 알리는 경고 증상을 명료화하고, 중기 단계에서 사용한 성공적인 전략을 파악하고, 미래 상황으로 기술을 일반화하도록 촉진하고, 새로운 대인관계 기술의 습득을 강조하고, 향후 치료의 필요성을 논의하는 것이다.

청소년을 위한 개정 사항

청소년의 발달과 관련하여 청소년에게 사용하기 위해 IPT가 선정되었다. 그러나 청소년 우울증의 치료에 대한 이 모델의 적합성을 높이기 위해 IPT 매뉴얼이 여러 차례 수정되었다. IPT의 전반적인 목표와 문제 영역은 IPT-A에서도 채택된다. 하지만 IPT-A는 가족 구조의 변화로 인한 청소년의 특정 유형의 역할 전환을 역할 전환의 문제 영역에 포함시켰다. 특정 역할 전환에 관한 이러한 별도의 논의는 청소년에게 발생하는 우울 빈도, 우울 증상과 우울한 상황과 관련된 대인관계 문제와 어려움을 고려한 것이다. 두 번째 수정 사항은 치료에 부모 구성 요인을 추가한 것이다. IPT-A는 개인치료다. 그러나 많은 청소년의 경우는 보통 부모나 보호자가 치료에 어느 정도 참여하는 것이 청소년의 안녕을 증진하고 치료 성공을 장려하는 데 중요하고 바람직하다. IPT-A에서 부모의 참여는 융통성이 있고, 여러 회기에 부모가 참여하는 것부터 참여하지 않는 것까지 그 범위가 다양하다. 권장 사항으로는 일반적으로 우울장애와 그 치료에 대해 교육을 하는 초기 단계에는 적어도 부모가 참여해야 한다. 이 책의 후반부에 기술된 바와 같이, 각 치료 단계마다 부모나 보호자의 역할을 제시하고 있다.

치료 목적도 개별화, 자율성의 확립, 이성 관계와 이성과의 대인관계 발달, 죽음과 상실에 따른 초기 경험에 대한 대처, 또래 압력 관리하기와 같은 발달 과제를 고려하여 약간 변경되었다. 둘째, 치료에서 우울 증상을 감소시키고 대인관계 기능을 향상시키는 목표를 달성하도록 활용되는 기술을 청소년에게 맞추어 개발하였다. 청소년에게 특별히 활용되는 기술로는 1~10점으로 청소년의 기분을 평가하는 기분 평정 척도다. 이는 청소년이 자신의 기분을 더 구체적이고 쉽게 관찰하게 한다. 또한 좀 더 기본적인 사회 기술을 훈련하고, 문제 해결에 대한 청소년의 흑백 논리를 상쇄하기 위해 의식적인 조망 수용 기술을 활용하고, 구체적으로 부모-자녀 갈등을 협상하는 방법을 배우는 기술이다. 필요할 경우 치료의 여러 단계에 가족을 참여시키고, 등교 거부, 신체적 혹은 성적 학대, 자살, 공격성, 아동보호 서비스 기관의 개입과 같이 청소년 치료에서 제기되는 특정 문제를 다루기 위한 전략이 개발되었다. 이러한 전략은 청소년과 함께 작업해야 할 특정 문제를 다룬 장에서 더 자세히 논의할 것이다.

효능성에 대한 개관

IPT-A의 효능성은 세 개의 무선 통제 임상 연구로 밝혀졌다(Mufson et al., 1999, 2004a; Rosselló & Bernal, 1999). Mufson 등이 시행한 임상 연구에서, IPT-A는 우울 증상의 감소, 우울증의 회복률과 치료 유지율의 증가와 관련하여 임상 모니터링보다 우수하다. 또한 임상 모니터링만 받은 청소년과 비교하여 IPT-A를 경험한 청소년이 특정 사회 기능과 대인관계 문제 해결 영역에서 유의미하게 개선된 것으로 나타난다. 이는 Rosselló와 Bernal(1999)의 연구 결과와 일치하는데, 이들은 우울한 청소년을 대상으로 한 IPT의 효과성을 밝혔다.

IPT-A의 최신 경험 연구의 목표는 지역사회 기반 실천 장면에서 우울한 청소년에게 치료를 더 폭넓게 제공하는 것이다. 더 많은 십 대가 치료를 쉽게 받을 수 있도록 수정되고 있다. 세 번째 임상 연구에서, Mufson 등은 가난한 도시 지역에 위치한 학교 기반 건강 클리닉에서 기존에 사용되는 치료(TAU)와 IPT-A를 비교하여 효과성 연구를 하였다. 연구는 우울한 청소년의 전반적인 기능과 사회적 기능이 향상되고 우울 증상이 감소되는 데 있어 IPT-A가 기존에 사용되는 치료보다 훨씬 더 효과적인 것으로 나타났다. 또한 이는 IPT-A를 효과적으로 수행하기 위해 지역사회 임상가를 훈련시킬 수 있음을 나타낸다. Mufson 등은 또한 집단용 IPT-A의 소규모 무선 임상 연구를 진행하고 있다. 이 연구가 효과적이라면, 집단용 IPT-A(Mufson et al., 2004b)는 아마 훨씬 더 비용 효과적인 치료일 수 있다. 현재 및 향후 IPT-A 연구에 관한 보다 자세한 설명은 제19장에서 볼 수 있다. 사전 피드백에서 집단치료가 적어도 수용 가능하고 실행 가능하다고 제안한다. 이 연구 결과가 우울한 청소년을 위해 보다 경험에 근거한 치료 및 효과적인 치료를 제공하려는 공중보건의 필요를 부분적으로 해결할 수 있기를 희망한다.

결론

IPT는 대인관계 이론가들의 전통과 정신건강을 위해 좋은 대인관계의 중요성에 관한 강조에서 비롯되었다. 급성 및 유지 치료에서 우울한 성인을 대상으로 한 IPT 효능성에 관한 중요한 증거는 우울한 청소년을 위해 IPT를 적용하도록 자극하였다. 중요하게도, IPT-A의 효능성에 관한 증거가 증가하고 있다. 특별히 우울증을 치료하기 위한 시간 제한적이고 단기적인 심리치료의 개발은 심리치료 연구에 있어 상당한 진전이다.

다음 장에서는 IPT-A 치료 매뉴얼을 자세히 제시한다. 이 매뉴얼은 병원 기반 클리닉을 비롯하여 지역사회, 특히 학교 기반 건강 클리닉에서 청소년을 치료한 10년의 경험을 토대로 수정되었다. 저자들은 여러 유형의 임상가를 훈련시키고 우울증으로 고통받는 다양한 청소년에게 IPT-A를 적용한 경험에서 얻은 지식을 공유하기를 바란다. 이런 경험의 절정은 저자들이 치료 원칙, 기술과 치료 과정을 자세히 기술한 IPT-A 치료 매뉴얼의 개정과 확장이었다.

제2부

우울한 청소년을 위한 대인관계치료의 적용

Interpersonal Psychotherapy for Depressed Adolescents, Second Edition

제4장

청소년을 위한 우울증의 진단과 대인관계치료의 적합성

IPT-A를 시작하기 전에, 청소년에 대한 철저한 진단 평가는 현재 증상에 관한 정보와 이전 정신과력, 가족력, 발달력, 병력, 사회력과 학업력을 모으는 것에서부터 시작한다. 진단 평가의 목표는 다음과 같다.

① DSM-IV 진단 기준을 사용하여 현재 임상적 진단을 한다.
② 청소년의 심리사회적 기능 수준을 확인하고 대인관계 문제 영역을 파악한다.
③ 청소년에게 가장 적합한 치료를 평가한다.

이 목표를 달성하기 위해 청소년, 부모와 가족, 교사와 기타 학교 관계자 및 소아과 의사와 성직자를 포함한 활용 가능한 모든 정보원에 접근해야 한다. 치료자는 다양한 역할과 환경에서 환자를 보는 사람들로부터 가능한 한 많은 정보를 얻는 것이 중요하다는 사실을 청소년과 부모에게 설명해야 한다. 그러면 청소년과 부모는 치료자가 청소년의 삶에서 중요한 사람과 이야기를 나누도록 승낙할 것이다. 이러한 허락 없이는 치료자는 환자와 가족 이외 누구와도 자유롭게 이야기하지 않는다.

우울증 진단하기

진단 절차에는 청소년 당자사 및 부모와의 면담, 청소년 삶의 다른 핵심 인물과의 면담이 포함된다. 청소년이 시행한 자기보고 질문지도 유용할 수 있다. 이런 질문지는 연구 목적으로 개발되었지만 일반 임상가에게도 도움이 될 수 있다. 자기보고 질문지는 장애에 대한 체계적인 검토, 다양한 출처로부터 정보를 체계적으로 얻기 위한 지침을 제공하여 임상가가 얻은 정보의 질과 성격을 비교하고 청소년의 심리 상태 변화를 면밀히 검사할 수 있게 한다. 자기보고 질문지는 임상적 통찰을 대신하는 것은 아니며 임상 장면에서 평가와 치료 과정이 정교하게 짜여 있을 때 가장 효과적이다.

특히 우울증과 복합된 학습 곤란이 있을 경우 임상 진단 면담에 심리검사도 첨가하면 유용할 수 있다. 스테로이드 치료 혹은 피임약과 같은 약물치료의 부작용과 갑상선 기능저하증과 같은 우울증의 기질적 원인을 배제하기 위해 모든 환자의 최근 종합 신체검사가 필요하다. IPT-A를 시작하기 전에 현재 증상을 유발한 의료 상태가 없는지 확인하는 것이 중요하다.

우울 증상에 관한 청소년과 부모의 보고

아동과 청소년의 증상을 진단하고 그 기능을 평가하는 주요 단계 중 하나는 특정 증상의 존재와 심각성에 관한 정보를 얻는 것이다(Kazdin, French, Unis, & Esveldt-Dawson, 1983). IPT-A 치료자는 현재와 과거의 우울 증상에 관한 정보를 얻는 데 관심이 있다. 이 정보는 촉진 요인, 이전 정신과적 장애의 유형과 과정 등의 현재 우울증의 역사, 심리사회력 및 현재 심리사회적 기능 및 가족력과 병력이다. 가장 일반적으로 이런 정보는 청소년과 부모에게서 얻는다. 얻은 정보를 평가할 때, 정보원과 청소년 간 관계의 질을 고려하는 것이 중요하다.

아동의 정신병리 정도와 성격에 관한 부모와 자녀의 보고 간에는 상당한 차이가 있다(Angold, 1988; Edelbrock, Costello, Dulcan, Kalas, & Conover, 1985; Kashani, Orvaschel, Burke, & Reid, 1985; Kazdin et al., 1983; Leon, Kendall, & Garber, 1980; Lobovits & Handal, 1985; Moretti, Fine, Haley, & Marriage, 1985). 부모와 자녀는 행동이 언제 언급할 만한 가치가 있는지 결정하기 위해 서로 다른 심각성 기준을 사용할 수 있고, 관찰자로서 부모는 자기 아이의 문제가 무엇인지 인식하지 못할 수도 있다. 또한 부모는 자신의 반응에 대한 다른 걱정거리가 있을 수 있다(Kashani et al., 1985). Angold 등(1987)은 부모가상대적으로 자녀가 보고하지 않은 증상을 보고할 가능성은 낮지만, 자녀는 부모가 보고하지 않은 증상을 종종 보고하는 경우가 많다고 하였다. 이는 특히 자살, 자살 사고 혹은 자살 시도에 관한 영역에서 그러하다(Velez & Cohen, 1988; Walker, Moreau, & Weissman, 1989).

우울 증상은 보통 무시되거나 잘못 해석될 수 있다. 어떤 부모나 교사는 청소년의 침묵과 고립을 일어날 수 있는 '단계'로 보기도 한다. 청소년에게서 분명히 나타나는 첫 번째 증상은 짜증이나 분노일 수 있다. 청소년이 보이는 행동의 뿌리를 평가하지 않으면 단순히 처벌 방식으로 다루어져야 할 문제로 낙인찍을 수 있다. 청소년의 정신병리를 전체적으로 파악하기 위해서는 부모와 교사 등 가능한 한 많은 출처로부터 정보를 얻는 것이 현명하다. 그러나 보다 정확한 정보는 청소년에게서 얻을 가능성이 높다. 청소년의 내적 감정 상태에 대한 정확하고 완전한 그림을 그리기 위해서는 청소년과 직접 면담하는 것이 중요하다(Angold, 1988).

정보를 얻고 종합하는 임상가의 능력은 정확한 평가와 진단의 핵심이다. 현명한 임상가는 보통 다른 정보원으로부터 얻은 새로운 정보를 가진 사람과 다시 면담할 것이다. 의문이 드는 요점을 명료화하기 위해 각 정보원과 불일치하는 정보를 직접적으로 다루야 한다. 임상가는 새로운 정보를 통합하고 그에 따라 진단 평가를 다시 내릴 수 있도록 치료의 모든 시점에서 열린 마음을 유지해야 한다.

치료 전 평가 방법

단계 1

치료 전 평가를 하는 동안 치료자는 청소년과 가족을 모두 만난다. 평가에서 초기 평가 수행 전략을 설명하기 위해 치료자는 청소년과 단둘이 만난 다음에 가족과 함께 만나는 것이 도움이 되는 경우가 많다. 예를 들어, 치료자가 평가에서 다루기 원하는 주제에 대해 청소년과 단둘이 혹은 부모하고만 만날 경우, 보통은 청소년과 먼저 만나고 가족이 함께 만나는 것이 이롭다. 저자들은 치료자가 이러한 단기 공동 회기에 이어서 청소년과 단둘이 따로 만나 단계의 평가를 시작하도록 권한다.

단계 2

청소년과 단둘이 있는 동안 특히 치료자는 청소년이 자신이나 타인에게 위험하다고 염려되지 않는 한 회기 내용은 부모와 공유되지 않을 것이라는 비밀보장의 한계에 대해 설명한다. 또한 치료자는 부모와 다른 정보를 공유하는 것이 치료에 도움 될 경우가 있다고 설명한다. 이런 경우 치료자는 비밀보장 문제를 논의하고, 환자와 치료자는 치료를 촉진시키기 위해 정보를 공유할지 여부를 함께 결정한다.

그런 다음 치료자는 환자에게 치료를 받으려는 이유, 최근 우울증 이력, 우울증의 구체적인 증상, 자살, 약물 남용 및 반사회적 행동과 같이 우울증과 관련된 심리사회적 기능에 대해 묻는다. 치료자는 과거 우울 삽화, 과거 조증 혹은 경조증 삽화 유무, 환경이나 대인관계의 촉진 요인과 이전 치료나 해결 방법에 대해 검토해야 한다. 우울증의 사회적·학업적 및 가족적 결과도 탐색해야 한다. 자살 의도는 외래 환자 치료의 위반 사항이 될 수 있기 때문에 신중하게 평가해야 한다(제16장 참조). 치료 권고 사항과 IPT-A가 적합한 치료 양식인지 여부를 결정하기 위해서는 모든 정보를 얻어야 한다. 이러한 증상을 평가하는 동안 치료자는 증상의 심각도와 손상으로 인한 약물치료 필요 여부를 잊지 않아야 한다.

단계 3

현재 겪는 어려움에 대한 청소년의 관점을 얻은 후, 청소년의 어려움에 관한 부모의 관점을 얻기 위해 가족, 특히 부모를 만나는 것이 중요하다. 우울증의 유형, 기간 및 사회적 기능을 포함해 청소년이 보이는 증상에 관한 종합적인 이력을 부모로부터 얻어야 한다. 보통 부모는 현재 청소년이 사투를 벌이는 문제에 관한 귀중한 관점을 제공해 준다. 이 시기가 우울증과 같은 정신과적 장애가 무엇을 의미하는지 가족에게 교육하는 첫 번째 기회다. 또한 이때 또래와의 사회적 활동과 학업 성적에 관한 정보를 학교에 문의하도록 부모에게 허락을 구하는 것도 중요하다.

청소년의 우울증은 품행장애, 불안장애(공황장애 포함) 혹은 물질 사용장애와 같은 공존 장애와 복합될 수 있다. 품행장애, 불안장애, 물질 남용/의존과 학습장애의 공존 장애 증상에 관한 고찰은 DSM-IV를 참조하기 바란다(American Psychiatric Association, 2000a). 치료자는 치료를 시작하기 전에 청소년에게 이런 장애가 있는지 여부를 평가해야 한다. 이 장애들과 관련된 공존 병리는 치료 예약을 여러 번 놓치게 할 수 있고 치료 작업 혹은 법적 문제 등을 포함한 다양한 삶의 위기를 초래할 수도 있다.

청소년에 대한 IPT-A의 적합성 결정하기

평가 과정의 핵심 부분은 진단, 질병의 심각도와 손상, 가족 환경에 대한 평가, 치료에 참여하려는 의지에 따라 청소년의 IPT-A 적합성을 결정하는 것이다. 저자들의 임상 경험을 바탕으로 IPT-A가 좋은 치료적 선택이 되는 청소년의 특성은 다음과 같다.

① 치료자와 치료적 관계를 형성할 수 있는 청소년의 능력과 시간 제한적 치료에서 일대일 치료 관계로 작업하려는 의지
② 치료 시기에 문제의 원인이 되는 대인관계의 어려움이 있을 수 있다는 것에 대한 청소년과 치료자 간의 동의
③ 치료를 지지하거나 적어도 치료를 성급하게 종결하지 않는 가족

평가 과정 동안 치료자는 회기에 나오려 하고, 솔직하게 이야기하고, 치료자에게 자신의 감정을 개방하려는 의지로 치료자와 관계를 맺는 청소년의 능력을 측정한다. 감정과 문제에 대해 대화하려는 열망이 있고 감정, 사건 및 대인관계 간의 연관성을 탐색하려는 의지가 있는 청소년은 IPT-A에 특히 좋은 적합자다. IPT-A는 급성 우울 증상이 있고 역사적으로 친구나 가족과 심각한 대인관계 문제를 겪지 않은 청소년에게 가장 효과적일 것이다. 이런 경우 보통 우울증의 촉진 요인이 있고 우울증이 대인관계 문제를 초래한다. IPT-A는 또한 오래 지속된 대인관계 문제가 있는 청소년에게 도움이 될 수 있지만 개선이 필요한 목표를 좀 더 제한해야 한다.

IPT-A는 기분부전증, 우울한 기분이 있는 적응장애나 달리 분류되지 않는 우울증과 같은 기타 경미한 유형의 우울증이나 급성 주요우울증이 발병한 12~18세 청소년에게 사용하도록 고안되었다. 이 치료에는 정상 수준의 지

적 능력과 자살에 적극적이지 않는 청소년이 적합하다. 정신과적 증상이 있거나 주요 진단이 조울병, 물질 남용, 불안장애나 품행장애인 우울한 청소년은 IPT-A로 치료되지 않았다. 공존 불안장애, 주의력결핍장애와 적대성 반항장애가 있는 우울한 청소년은 IPT-A로 치료되었다.

치료 전 평가에 대한 마무리

평가가 끝날 때 IPT-A가 청소년에게 적합해 보이면 치료자는 우울증 진단에 대한 정보를 청소년과 가족에게 알려야 하고 우울 상태를 교육해야 한다. 교육 과정에는 증상에 대한 개관, 치료 유형과 증상 관리에 대한 지도와 안심시키기가 포함된다. 초기 안내 목표는 청소년이 이미 문제에 대한 치료적 작업이 시작되었다는 느낌을 갖도록 촉진시키는 것이다. 이 느낌은 치료에 대한 청소년의 치료 결심과 관계 형성을 촉진시킨다.

치료자는 청소년의 문제를 정확하게 파악하고 적합한 치료를 결정하기 위한 평가 작업의 중요성을 강조해야 한다. 동시에 치료자는 초기 회기에서 청소년이 자신의 우울 경험에 대한 그림을 치료자에게 제공하려고 열심히 노력하는 모습과 치료의 필요성을 알게 된 청소년을 칭찬해야 한다. 이 시점에서 활용 가능한 다른 치료 유형에 관한 개관, 약물치료로 우울증을 치료할 가능성과 대인관계치료를 시작하려는 치료자의 바람으로 논의가 이어져야 한다. 치료자는 치료의 이론에 관한 간략한 설명을 청소년과 부모에게 제공할 수 있다. 그러고 나서 치료를 실제적으로 시작하기 위해 다음 주에 오라고 이야기한다. 다음 주도 우울증에 관한 교육과 심리치료의 초점과 과정에 관한 교육은 계속된다. 미팅을 마무리하기 전에 치료자는 청소년과 부모가 평가 과정에 대해 어떤 질문이라도 할 수 있는 기회를 제공해야 한다.

요약

치료 전 평가의 목표는 환자가 실제로 우울증이 있는지의 여부와 IPT-A가 환자에게 적합한지의 여부를 결정하기 위해 환자의 증상과 대인관계에 관한 정보를 가능한 한 많이 수집하는 것이다. 이러한 결정을 내리기 위해 치료자는 가족력, 환자의 병력, 발달력, 학업력, 치료 선택에서 IPT-A를 배제시킬 수 있는 가능한 공존 병리에 대해 평가해야 한다. 치료 전 평가는 치료자가 청소년의 정신건강에 관한 부모의 관점과 치료에 대한 부모의 지지 수준 정도를 파악할 수 있게 해 준다. 치료자는 학교에 연락하여 청소년의 치료 선택 사항에 대한 추가 정보를 얻어야 한다. 철저한 평가를 통해 일단 대인관계치료가 실제로 시작되었을 때 치료자가 우울증과 그로 인한 대인관계 결과에 신속하게 치료 초점을 두게 할 수 있다.

제5장

IPT-A의 첫 회기 시행하기

IPT-A의 두 가지 주요 목표는, ① 우울 증상 감소시키기, ② 우울 삽화의 발병과 연관된 대인관계 문제 개선하기다. 치료 전 회기와 치료 초기(1~4회기)는 모두 우울증 진단하기, 대인관계 목록 만들기, 한 가지 이상의 문제 영역 파악하기, 치료 계약 협상하기에 전념한다. IPT-A의 초기 단계 동안 치료자는 다음 일곱 가지 목표를 달성한다.

① 현재 진단 체계에 따라 우울증 진단 내리기
② 우울증과 치료 과정에 대한 심리교육 마치기
③ 대인관계 목록 만들기(즉, 중요한 대인관계 검토하기)와 대인관계 맥락과 우울증 연결시키기
④ 한 가지 이상의 주요 문제 영역에서 대인관계 어려움 파악하기
⑤ 대인관계치료의 이론과 목표 설명하기
⑥ 치료에서 환자와 부모에게 기대하는 역할 설명하기

⑦ 중기 과정의 작업 단계 설정하기

이 장은 진단을 확정하고 초기 심리 과정을 마치는 데 초점을 둔다(목적 1과 2). 대인관계 목록 만들기(목적 3)는 제6장에서 자세히 다룬다. 문제 영역 파악하기, IPT-A의 이론 설명하기, 치료에서 역할 할당하기와 치료적 계약 설정하기(목적 4~7)는 제7장에서 다룬다.

첫 회기의 과제

치료자는 목표 1과 2를 달성하고 첫 회기를 마무리하기 위해 필요한 몇 가지 과제를 해야 한다. 진단 확정이라는 첫 번째 목표를 달성하기 위한 치료자의 첫 과제는 우울 증상에 대해 간략하지만 철저하게 검토하는 것이다. 심리교육이라는 두 번째 목표를 달성하기 위해 치료자는 다음의 부가적인 과제를 수행해야 한다.

① IPT-A에 대한 환자의 적합성 확정하기
② 청소년이 보이는 우울증의 성격 설명하기
③ 치료 대안 설명하기
④ 치료하는 동안 환자에게 제한된 '환자 역할' 설명하기
⑤ IPT-A의 기본 원칙 소개하기
⑥ 치료 결심 얻기와 두 번째 회기 목표 설명하기

두 번째 목표에 포함된 ①~⑥의 과제를 실행하면서 치료자가 부모를 치료에 포함시킬지 여부, 언제 포함시킬지, 어떻게 포함시킬지를 평가하기 위해 임상 지식과 통찰을 사용해야 한다. 치료 전 평가에서와 같이, IPT-A 초기

회기에서는 가족이 함께 만나거나, 청소년과 단둘이 만나거나, 부모와 단독으로 만나는 것과 같은 여러 형태를 깨고 첫 회기에는 부모를 참여시키는 것이 바람직하다. 부모가 참여할 경우 치료자는 과제를 충분히 다룰 수 있을 만큼 치료 회기를 75~90분까지 연장할 수 있다. 부모가 참여하지 않을 경우 청소년과 두 번째 회기를 하기 전에 ①~⑥의 과제를 달성하기 위해 부모와 만나려고 노력해야 한다.

과제 1: 우울 증상 검토하기

환자의 증상을 자세히 검토하는 목적은 다음 네 가지다.

① 우울증 진단을 확정하도록 치료자를 돕는다.
② 환자의 증상은 이해 가능하고 효과적으로 치료될 수 있는 증후군임을 환자에게 알린다.
③ 환자의 대인관계 맥락 내에 증상을 배치하도록 돕는다.
④ 치료에서 환자와 치료자의 능동적인 역할 특성을 환자에게 설명한다.

증상 검토가 마무리될 때쯤 환자는 우울 증상이, ① 시간 제한적이고, ② 성공적으로 치료될 수 있으며, ③ 치료로 기능이 더 나아질 수 있다는 사실을 알고 있어야 한다.

치료자의 증상 검토는 DSM-IV의 주요우울증 진단 기준(〈표 5-1〉 참조)과 치료 전 평가에서 파악된 공존 병리 진단으로 확인할 수 있어야 한다. 이를 위해 다음 증상을 살펴봐야 한다.

〈표 5-1〉 주요우울증 삽화의 진단 기준

A. 다음 증상 가운데 5개(또는 그 이상) 증상이 연속 2주 동안 지속되며, 이러한 상태가 이전 기능으로부터의 변화를 나타내는 경우; 위의 증상 가운데 적어도 하나는 (1) 우울 기분이거나, (2) 흥미나 즐거움의 상실이어야 한다.
주의: 명백한 일반적인 의학적 상태나 기분과 조화되지 않는 망상이나 환각으로 인한 증상이 포함되지 않는다.

(1) 하루의 대부분 그리고 거의 매일 지속되는 우울한 기분이 주관적인 보고(슬프거나 공허하다고 느낀다)나 객관적인 관찰(울 것처럼 보인다)에서 드러난다.
주의: 소아와 청소년의 경우는 과민한 기분으로 나타나기도 한다.
(2) 모든 또는 거의 모든 일상 활동에 대한 흥미나 즐거움이 하루의 대부분 또는 거의 매일 같이 뚜렷하게 저하되어 있을 경우(주관적인 설명이나 타인에 의한 관찰에서 드러난다)
(3) 체중 조절을 하고 있지 않는 상태(예: 1개월 동안 체중 5% 이상의 변화)에서 의미 있는 체중 감소나 체중 증가, 거의 매일 나타나는 식욕 감소나 증가가 있을 때
주의: 소아의 경우 체중 증가가 기대치에 미달되는 경우 주의할 것
(4) 거의 매일 나타나는 불면이나 과다 수면
(5) 거의 매일 나타나는 정신운동성 초조나 지체(주관적인 좌불안석 또는 처진 느낌이 타인에 의해서도 관찰 가능하다)
(6) 거의 매일의 피로나 활력 상실
(7) 거의 매일 무가치감 또는 과도하거나 부적절한 죄책감(망상적일 수도 있는)을 느낌(단순히 병이 있다는 것에 대한 자책이나 죄책감이 아님)
(8) 거의 매일 나타나는 사고력이나 집중력의 감소 또는 우유부단함(주관적인 호소나 관찰에서)
(9) 반복되는 죽음에 대한 생각(단지 죽음에 대한 두려움뿐만 아니라), 특정한 계획 없이 반복되는 자살 생각 또는 자살 기도나 자살 수행에 대한 특정 계획

B. 증상이 혼재성 삽화의 기준을 충족시키지 않는다.

C. 증상이 사회적 · 직업적 또는 기타 중요한 기능 영역에서 임상적으로 심각한 고통이나 장해를 일으킨다.

D. 증상이 물질(예: 약물 남용, 투약)이나 일반적인 의학적 상태(예: 갑상선기능저하증)의 직접적인 생리적 영향으로 인한 것이 아니다.

E. 증상이 사별에 의해 잘 설명되지 않는다. 즉, 사랑하는 사람의 상실 후에 증상이 2개월 이상 지속되거나, 현저한 기능 장해, 무가치감에 대한 병적 집착, 자살 생각, 정신증적 증상이나 정신성 운동 지체가 특징적으로 나타날 경우에만 이 장애의 진단이 내려진다.

출처: American Psychiatric Association (2000a). p. 356. Copyright 2000 by the American Psychiatric Association.

우울한 기분

슬프고, 가라앉고, 공허하고, 우울하고, 울고 싶고, 불행하다고 느낀 적이 있나요? 혹은 대부분의 시간 동안 기분이 나쁘거나 불행하다고 느낀 적이 있나요? 이러한 기분은 하루 동안 얼마나 지속되나요? 아니면 짧은 시간 동안 그런가요? 오전 내내 그런가요? 오후 내내 그런가요? 아침에 기상하고 난 후 점심 때까지 그런가요? 약간 그런가요? 더 많이 그런가요? 오전에 더 심한가요, 아니면 그 이후에 더 심한가요?

무쾌감증

평소처럼 재미없던 적이 있나요? 혹은 친구들보다 훨씬 덜 즐거웠나요? 얼마나 오래 그런 경험이 지속되었나요? 그때 즐거웠던 일은 없었나요? 대부분의 시간이 지루하다고 느낀 적이 있나요? 언제 그랬나요? 무슨 이유로 그렇게 느꼈는지 아나요? 그런 경험을 변화시킬 수 있나요? 자신이 재미있게 하는 일을 찾아낼 수 있었나요? 그때 즐거웠던 일이나 하고 싶은 일이 있었나요?

분리 문제

주요 애착 대상이나 가족과 떨어졌을 때 슬픈 감정이 생겼나요? 그렇게 느꼈을 때, 아니면 그렇게 느끼기 전에 자신의 삶은 어떻게 흘러가고 있었나요? 화나게 한 일이 일어났나요? 어떤 일이 성가시게 했나요?

애도 반응

최근에 매우 친했던 사람이 돌아가셨나요? 혹은 최근에 반려동물이 죽었나요? 자신과 친한 사람(혹은 반려동물)이 죽었을 때 지금과는 느껴지는 방식이 달랐나요?

반응성 부족

슬플 때 좋은 일이 생기면 기분이 좋아지나요?

식욕과 체중

식욕이나 체중이 줄었나요? 얼마나 줄었나요? 평소보다 허기가 더 지나요? 혹은 체중이 늘었나요? 얼마나 늘었나요?

초기 불면증

수면에 어려움이 있나요? 평소 취침 시간과 기상 시간은 언제인가요? 잠들기가 어렵나요? 잠드는 데 얼마나 오래 걸리나요? 무슨 이유로 잠을 못 자나요? 잠자리에 들면 어떤 생각이 떠오르나요?

중기 불면증

밤에 잠에서 깨면 다시 곧바로 잠들 수 없나요?

말기 불면증

일어나기 전에 잠에서 깨나요? 잠에서 깨고 나면 개운하다고 느끼나요? 얼마나 더 일찍 일어나나요?

과수면증

평소보다 더 많이 잠을 자나요? 얼마나 더 많이 자나요? 낮잠을 자나요?

초조

가만히 앉아 있기 어렵거나 서성거리나요?

지체

평소보다 더 느리게 말하거나 움직이나요?

피로

매우 피곤한가요? 평소보다 기운이 덜 나나요?

기분 변화

아침이나 오후에 기분이 더 좋지 않나요? 기분이 매우 나쁜가요, 아니면 약간 나쁜 정도인가요?

이인화

자신이 무언가를 하거나 말을 하는 것을 보면서도 자신이 아닌 것처럼 느껴지나요? 자신이 외부에 있는 것 같이 느껴진 적이 있나요? 영화처럼 자신을 보고 있는 것 같나요?

편집 증상

사람들이 자신에 대해 이야기하는 것처럼 느낀 적이 있나요? 낯선 사람이 자신에 대해 이야기하고 있나요? 누군가 혹은 어떤 집단이 자신을 해치려고 한다고 염려하나요? 누구인가요? 그들은 무엇을 하려고 하나요? 그들이 해치려고 하는 이유는 무엇인가요?

강박적이고 충동적인 증상

어디에서 왔는지 짐작도 안 가고 없애기 어려운 생각이 마음속에 계속 떠오른 적이 있나요? 그 생각은 매번 같은 생각인가요? 그 생각이 자신을 괴롭히나요? 불필요하다는 사실을 알면서도 계속 하고 있거나 반복해서 하고 있는 일이 있나요? 문을 잠갔는지 계속 확인하거나 손을 반복해서 씻나요?

지나친 죄책감

과거에 있었던 일에 대해 죄책감(나쁜 감정)을 느끼나요? 자신의 잘못이 아닌 일에 대해 자신을 비난하나요? 자신이 잘못한 것보다 더 많은 벌을 받아야 한다고 생각하나요? 자신이 좋은 사람이 아니라고 느끼나요? 혹은 가치 없다고 느끼나요?

주의 집중 곤란

학업에 주의를 집중하거나 공부에 전념하는 데 어려움이 있나요? 성적이 떨어졌나요? 이전에 비해 성적을 유지하는 데 훨씬 더 많은 노력을 기울여야 하나요? 자신의 사고가 느려진 것 같나요?

자살 사고 혹은 자살 행동

죽음에 대해 많이 생각하나요? 삶을 채울 가치가 없거나 죽는 것이 더 낫겠다고 생각한 적이 있나요? 자살에 대해 생각하나요? 자살 계획이 있나요? 자살 혹은 자해(예: 긋기)를 시도했던 적이 있나요?(특별한 문제는 제3부 참조)

성적 증상

최근에 남자/여자에 대한 관심이 바뀌었나요? 평소보다 성적 관심이 줄었나요? 동성에 관심이 있나요 혹은 이성에 관심이 있나요? 성적으로 적극적인가요? 만일 그렇다면 다음 질문을 계속한다. 만일 그렇지 않다면 다음 질문 영역으로 넘어간다. 피임 도구를 사용하고 있나요? 성적으로 흥분하는 데 어려움이 있나요? 성관계가 줄었나요? 사정(소년의 경우)을 하거나 절정에 도달하기 어렵나요?

무력감

상황을 바꿀 수 없다고 느끼나요? 자신이 다르게 느끼기 위해 무엇을 해야 할지 모르는 것 같나요? 자신이 평소에 할 수 있는 일을 하기 위해 도움이 필요한 것 같나요?

무망감

상황이 절대 달라지지 않을 것같이 느껴지나요? 앞으로 기분이 나아질 기회가 전혀 없을 것 같다고 느껴지나요?

신체 증상

어떤 신체적 고통이나 통증을 경험하고 있나요? 두통? 위통? 관절통? 화장실에 가는 문제? 배뇨 빈도는? 목 통증?

환각

주변에 아무도 없을 때 자신 외에 아무도 들을 수 없는 목소리가 들리나요? 그 목소리가 무슨 이야기를 하나요? 그 목소리가 말을 걸거나 그냥 이름을 부르나요? 그 목소리를 떨쳐 버릴 수 있나요? 자신 외에 아무도 볼 수 없는 것을 본 적이 있나요?

치료자는 청소년이 자신의 언어나 신념 체계를 사용하여 우울 증상을 설명하도록 격려해야 한다. 예를 들어, 어떤 환자는 자신의 경험을 종교적 용어로 말한다. "하나님은 내가 더 나은 딸이 되지 못해서 나를 벌하고 계십니다." 다른 환자는 문제에 대해 누군가를 비난할 것이다. 자신의 이야기를 들어 주지 않는 엄마 혹은 자신의 행동을 이해해 주지 않고 참아 주지 않는 친구 탓으로 돌릴 것이다. 치료자는 이 감정을 더 탐색하여 이후 평가 과정에서 그것을 치료하기 적합한 맥락에 둘 기회가 있을 것이다. 치료자는 또한 이 증상들이 가족 관계, 친구 관계, 학업과 같은 청소년의 일반적인 기능에 어떻게 영향을 미치고 있는지에 대한 설명도 들어야 한다. 이는 우울증이 청소년의 전반적인 삶에 미치는 영향과 치료의 필요성에 대해 더 논의할 기회를 제공한다.

과제 2: 치료 적합성 확정하기

청소년이 자신의 우울증을 기꺼이 인정하고 그것이 자신의 대인관계에 미치는 영향을 기꺼이 이야기할 의향이 있을 경우 무엇보다도 먼저 대인관계치료에 적합하다고 느낀다. 또한 치료자는 환자가 치료에 언어적으로 참여할 수 있는 잠재력이 있는지도 파악해야 한다. 청소년에게 공존 병리가 있는 경우 우울증이 치료 초점으로 적합한 장애인지 결정을 내려야 한다. 치료자는 청소년이 일주일에 한 번씩 치료를 받을 수 있고 현재 집중치료가 더 필요하지 않다고 느껴야 한다.

과제 3: 우울증의 성격에 대한 교육

환자가 실제로 우울장애로 진단받았을 경우, 치료자가 해야 할 첫 번째 과제는 환자에게 특정 장애의 존재를 나타내는 증상에 대해 솔직하게 이야기하는 것이다. 신체검사 결과(소아과 의사가 실시한)가 부정적일 경우, 치료자는 어떤 신체 증상이 신체 질환이라기보다 우울증에 기인한 것임을 환자에게 알려 주고 안심시킬 수 있다. 환자에게 심각한 신체 질환이 없고, 청소년이 '미쳐 가고 있는 것'이 아니며, 심리적 문제가 효과적으로 치료될 수 있다는 사실을 알려 안심시키는 것이 중요하다.

치료자는 다음과 같이 환자와 가족에게 진단에 대해 분명하게 전달해야 한다.

○○ 님이 설명하는 증상은 모두 우울증의 일부예요. 식욕과 수면 습관이 달라졌어요. 하루의 대부분 슬프게 느끼고, 항상 피곤하고, 평소 하던 활동에 관심이 적어졌어요. 부모와 친구들과 말다툼이나 갈등이 더 많아지고 있고 더 많이 짜증 내고 있다는 것을 자신도 알고 있어요. 학업에 대한 관심도 예전 같지 않고 학교에서 주의 집중의 어려움을 겪고 있어요. 죽음에 대한 생각과 무망감, 이러한 문제는 모두 우울증의 임상적 특성의 일부예요.

치료자가 청소년의 증상과 우울증이 가정에서 작용하는 역할에 대한 전체적인 그림을 그릴 수 있을 때, 이러한 논의는 치료자가 청소년과 단독으로 만나 이야기하고 난 다음 부모와 따로 만나 이야기를 나눌 때 가장 도움이 된다. 부모가 회기에 참여할 수 없을 경우라면 우울증에 대한 설명과 개념화를 청소년과 단독으로 논의한다.

과제 4: 치료 대안 설명하기

네 번째 과제는 우울증의 과정과 그 치료에 대한 일반적인 정보를 알려 주는 것이다. 청소년과 가족이 회복에 대한 예후가 좋다는 사실을 아는 것이 중요하다. 해당 청소년에게 IPT-A가 충분히 효과적이지 않을 경우, 청소년과 가족에게 활용 가능한 다른 치료 방법이 있다는 정보를 전달해야 한다. 청소년과 가족에게 약물치료로 우울증을 치료할 가능성과 다른 심리치료에 대한 정보도 전달해야 한다. 예를 들어, 치료자는 다음과 같이 이야기할 수 있다.

우울증은 성인뿐만 아니라 아동과 청소년에게도 흔히 발생해요. 일반적으로 남자아이들에 비해 여자아이들에게 더 흔히 발생할 수 있어요. 대략 2~5%의 청소년이 어느 시기든 우울장애를 가질 수 있어요. ○○ 님이 지금 기분이 좋지 않더라도 우울증은 치료에 반응적이에요. 우울증을 치료하는 방법은 여러 가지가 있어요. 그렇기 때문에 첫 번째 치료 방법이 효과가 없어도 시도해 볼 수 있는 다른 치료 방법이 있어요. 우울증이 있는 대부분의 청소년은 치료를 받으면 빠르게 회복해요. 치료의 결과로, 기분이 더 좋아지고 증상도 감소할 거예요. 그리고 학교와 집에서 좀 더 정상적으로 기능할 수 있을 거예요. 심리치료는 우울증을 위한 표준 치료 중 하나이며 여러 연구에서 그 효과가 밝혀졌어요. IPT-A는 우울증과 ○○ 님의 삶 속에서 중요한 사람과의 대인관계 문제에 초점을 두고 있는 특별한 치료예요. 이 치료는 무엇이 자신을 우울하게 했는지 이해하고 그 문제를 해결하는 방법을 찾는 데 도움을 줄 거예요. IPT-A가 충분히 도움이 되지 않을 경우 약물치료를 포함한 다른 치료를 시도해 볼 수 있어요. 먼저 ○○ 님이 이 치료를 어떻게 할지부터 알아볼 거예요.

과제 5: 청소년에게 제한된 '환자 역할' 부여하기

이 과제의 목표는 청소년과 부모에게 우울증이 십 대의 일상 활동에 미치는 영향에 대해 교육하는 것이다. 이는 청소년이 자신의 증상에 대한 검토가 끝난 다음에 해야 한다. 치료자는 피로, 에너지 부족, 무쾌감증(정상적으로 즐거울 수 있는 활동에서 즐거움의 부족), 집중 곤란 등을 포함해 흔히 보고되는 증상을 청소년과 부모에게 설명한다. 따라서 청소년의 경우 성적과 출석의 어려움이 흔하고, 부모의 경우 청소년이 집에서는 아무것도 하지 않는다고 불평하는 일이 흔하다. 부모와 치료자는 우울 증후군의 일부로서 청소년의 사회적 철수 경향성과 사회 및 학교 활동의 회피를 정당화하기 위해 사용되는 피로와 같은 증상을 경험하는 것에 민감해야 한다. 치료자의 목표는 우울증이 청소년의 행동에 미치는 영향을 설명하고 청소년에게 제한된 '환자 역할'을 할당하는 것이다.

제한된 환자 역할의 목적은 환자가 우울하기 이전과 동일한 수준으로 평소 사회적 역할을 수행해야 한다는 압박에서 벗어나 어느 정도 완화를 허용하고 환자가 회복하는 동안 시간 제한적 방식으로 수행의 질을 처벌하지 않고 환자의 장점에 대한 추가적인 지지를 받게 하려는 것이다. 청소년은 자신이 치료 중에 있다고 생각하고 자신의 동기와 수행의 질에 영향을 주는 질병을 앓고 있다고 생각하도록 격려받는다. 그럼에도 불구하고 치료자는 가족, 학교, 친구들과의 일상적인 사회적 역할을 유지하도록 청소년을 격려한다. 특히 청소년은 아침에 일찍 일어나서 학교에 가야 하고 할 수 있는 한 최선을 다해 숙제를 하고 집안일을 해야 한다. 부모가 청소년이 건강한 상태에서 할 수 있는 수준으로 수행하기 어렵다는 사실을 알고 있지만, 치료자는 부모에게 가능한 한 많은 정상적인 활동에 청소년이 참여하도록 청소년을 격려하고 지지해 줄 것을 조언한다. 환자 역할의 할당과 심리교육은 가족이 청소년에게 좀 더 긍정적으로 반응하도록 도울 수 있다. 자녀를 처벌하지 않고 지지해야 한다고 강조하면서, 청소년의 부모와 함께 '환자 역할'에 대해 논의하는 것은 중요하다. 치료자는 부모에게 다음과 같이 이야기할 수 있다.

> 아이가 평소에 하던 여러 활동에 참여하고 싶어 하지 않지요. 이러한 무관심과 무기력은 반항적 행동이나 게으름이 아니고 우울 증상이에요. 치료를 받는 동안 가능한 한 많은 평소 활동에 아이가 참여하도록 부모님이 아이에게 화를 내지 않고 격려하는 것이 중요해요.

치료자는 청소년에게 다음과 같이 이야기할 수 있다.

○○ 님은 친구들과 함께 놀러 가거나 공부를 하고 싶지 않다고 느낄 수 있어요. 하지만 가능한 한 자신의 평소 활동을 유지하려고 노력하는 것이 중요해요. 그것이 기분을 더 좋게 할 수 있는 단계 중 하나예요. 앞으로 몇 달 동안 우리가 함께 ○○ 님의 기분을 더 낫게 한다는 목표를 향해 열심히 노력할 거예요. ○○ 님이 평소 하던 활동에 참여하기를 기대해요. 그리고 치료를 하면서 더 많은 에너지를 느끼기 시작하게 될 거예요. 시간이 흐르면서, 우리가 ○○ 님의 우울증과 관련된 문제를 이해하고 대처하기 시작하면 자신의 기분이 이전보다 좋아지게 될 거라고 확실히 믿게 될 거예요.

과제 6: IPT-A의 기본 원리 소개하기

회기의 이 시점에서 청소년에게 IPT-A의 기본 구조를 소개하는 것이 좋다. 치료자는 치료 초점이 청소년이 경험하고 있는 우울 증상을 감소시키고 우울증과 가장 관련 있어 보이는 중요한 대인관계의 어려움을 개선시키기 위해 노력하는 것이라고 다시 언급한다. 이러한 치료 초점을 달성하기 위해, 치료자는 다음에 이어지는 여러 회기 동안 청소년이 지닌 대인관계에서의 긍정적인 부분과 부정적인 부분에 대한 철저한 이력을 알아보는 데 주력할 것이다. 따라서 치료자는 많은 질문을 할 것이다. 이런 질문의 목표는 청소년의 삶과 기분이 대인관계에 어떻게 영향을 미치고 있는지, 그리고 청소년의 대인관계가 기분에 어떻게 영향을 주고 있는지에 대한 정확한 그림을 그려 보기 위함이다. 치료의 두 번째 단계를 하는 동안, 치료자와 청소년이 함께 목표로 삼은 대인관계를 개선하기 위한 전략과 기술을 파악하고 연습하면 청소년의 기분이 나아질 것이다. 대부분의 회기에서 치료자는 청소년과 둘이서만 작업하지만 부모나 중요한 타자가 청소년의 치료에 도움이 될 경우 치료 중기의 한두 회기에 그들을 초대할지의 여부에 대해 이야기할 수 있다.

과제 7: 치료 결심 얻기와 두 번째 회기의 목표 설명하기

치료자가 청소년에게 IPT-A가 합당한 치료라는 생각이 확고해지면 청소년과 함께 이 치료를 시도할 것인지에 관한 결정을 내리기 위한 공개적 논의를 하는 것이 중요하다. 청소년과 함께 논의할 때, 치료자는 이 결정에 대한 청소년의 의향을 물어보아 청소년에 대한 존중을 드러낸다. 이러한 논의가 청소년이 치료 과정에 더 참여하고 자신이 치료의 성격에 대해 알고 있다고 느끼게 하는 데 도움이 되길 바란다. 이는 청소년의 우울증과 대인관계 어려움의 문제를 한 팀이 되어 작업하면서 치료 과정 내내 치료자가 청소년과 함께하길 바라는 협력 관계에 토대를 두고 있다.

'한 팀'을 강조하면 우울증이 있는 청소년의 고립감을 감소시킬 수 있다. 회복에 대한 논의는 기능의 개선을 촉진하기 위해 필요한 청소년의 치료 참여를 증진시킨다. 청소년이 우울증을 유발시키는 갈등을 이해하고 그것을 해결하는 방법을 찾기 위해 치료자와 함께 치료 작업에 참여하게 될 거라고 청소년에게 교육해야 한다. 회복의 주제가 치료의 중요한 부분이 되도록 해야 한다.

치료자는 두 번째 회기에서는 청소년의 중요한 관계 검토에 초점을 두게 될 것이라는 사실을 알리고, 첫 번째 회기를 마무리하고 청소년을 집으로 돌려보낸다. 그리고 다음 회기를 하기 전에 전화를 걸어 청소년의 기분을 확인할 것이라고 알려 준다.

첫 회기에 부모 참여시키기

첫 회기를 하는 동안 가능한 한 부모와의 면담이 이뤄져야 한다. 치료자가 부모와 함께 청소년의 우울 증상과 치료의 필요성을 논의할 것이기 때문에 부모는 첫 회기에서 중요하다. 구체적으로, 부모는 약물치료의 필요성 여부에 대한 논의를 포함한 우울증, 제한된 환자 역할, 가능한 치료 방법에 대해 청소년과 비슷한 교육을 받아야 한다. 문제가 나타날 때, 부모는 가정이나 학교에서 필요한 변화에 대한 조언을 받기 위해 다시 참석해야 할 수도 있다. 치료자는 부모에게 교육하고 지도해야 할 필요가 있다. 이상적으로, 가정에서 작업을 수행하는 협동 치료자의 역할을 부모에게 부여해야 한다. 예를 들어, 치료자는 부모에게 다음과 같이 이야기할 수 있다.

> 저는 일주일에 한 번 아이와 함께 이야기를 하면서 구체적인 문제 영역을 파악하고 논의할 거예요. 부모님이 항상 아이와 함께 있기 때문에, 부모님의 의견은 제가 가진 것만큼 중요해요. 부모님이 아이의 행동을 어떻게 보고 있는지, 새로운 문제가 어떻게 나타나는지, 그리고 아이에 대해 알아차린 다른 모든 것을 저에게 계속 알려 주세요. 제가 부모님에게 모든 것을 이야기할 수 없다는 점에 대해 화내지 마세요. 가장 효과 있는 치료 방법은 아이가 치료자와 함께 나눈 이야기의 비밀이 보장된다고 느끼도록 하는 거예요. 우리의 경험에 의하면, 치료실을 안심하고 말할 수 있는 공간으로 느끼고 치료자와의 신뢰를 촉진시키는 것이 청소년에게 도움이 돼요. 저는 아이가 어떤 위험한 상황에 처해 있다는 정보는 보류하지 않을 거예요. 저는 아이의 전반적인 경과에 대한 최신 정보를 알려 드릴 거예요. 만약 아이의 행동이 자신이나 타인에게 위험한 것으로 보인다면 제가 분명히 부모님에게 그 상황을 전달하고 상의할 거예요. 또한 저는 아이와 함께 한 치료 회기를 토대로 가정에서 필요한 변화에 대해 제안할 수 있어요.

치료자는 부모에게 가능한 한 많이 아이를 격려하고, 우울증을 악화시키는 경고 징후를 파악하고, 증가된 자살 사고나 자살 시도와 같은 응급 상황을 다루는 전략을 계획하는 것과 같은 청소년의 우울 증상을 다루는 방법에 대한 정보를 제공해야 한다. 치료자는 부모가 우울증과 관련된 문제를 다루는 데 도움이 될 경우 향후 회기에 참여하도록 요청할 수 있다고 알려야 한다. 부모에게 회기의 빈도와 길이, 비용, 놓친 회기, 치료 기간 등의 치료의 특정 조건에 대해 알리는 것도 중요하다.

어떤 부모는 부모가 심리적 어려움을 경험하고 있을 수 있다. 혹은 IPT-A 치료자는 부모에게 아이를 다루는 방법에 대해 더 많이 지도를 제공해야 할지도 모른다. 이러한 경우 다른 치료자에게 부모에 대한 정신과적 평가나 상담을 의뢰할지 여부를 고려하는 것이 좋다.

부모 참여에 대한 도전 과제

부모가 치료 참여를 거절하거나 청소년이 부모의 참여를 거절하는 상황이 있을 수 있다. 치료 초기 단계에서 이런 상황이 발생할 경우, 치료자는 대인관계 문제를 해결하는 데 치료 참여 거절이 미치는 영향을 평가하기 위해 부모와 별도의 회기를 갖는 것이 중요하다. 부모와의 개별 회기는 부모가 아이의 회복을 어떻게 도울 수 있는지에 대해 더 많이 교육할 수 있는 기회다. 치료자가 우울증 치료에 전문가일 수 있지만, 부모는 청소년과 보내는 시간이 더 많고 청소년에 대한 보다 구체적인 지식을 가지고 있다. 이 정보는 치료자가 청소년의 기분을 더 나아지게 하도록 돕는 데 매우 중요하다. 치료자는 치료 참여에 대한 부모의 염려를 직접적으로 다루어야 하고, 부모의 치료 참여 저항에 기여할 수 있는 치료 요소에 대한 오해를 분명히 하도록 노력해야 한다. 이와 마찬가지로 청소년이 부모의 치료 참여를 거절하는 경우, 치료자는 부모의 치료참여에 대한 청소년의 거절이 청소년의 우울증과 관련된 대인관계 문제나 증상에 기인하는 것인지 혹은 청소년의 회복을 돕는 부모의 무능력이나 역기능에 관한 청소년의 실질적이고 현실적인 평가에 근거한 것인지 확인해야 한다. 그 이유가 후자인 경우, 치료자와 청소년은 청소년의 회복에 기여할 수 있는 또 다른 성인을 파악하는 것이 중요하다. 만약 전자인 경우, 향후 회기의 치료 목표는 부모와 효과적으로 의사소통할 수 있는 능력과 자신감 느끼기가 될 수 있다.

학교 및 교사와의 연락

많은 경우, 치료자는 학교 체계와 치료 동맹을 맺어야 한다. 학교와 관련된 역할을 수행하기 전에, 치료자는 부모와 학교 개입에 대해 논의해야 하고, 학교와 치료의 특정 측면을 논의하기 위해 부모와 청소년의 동의를 얻어야 한다. 특히 청소년이 학교 환경에서 어려움을 겪고 있을 때 가족이 학교와의 연락을 거절하는 것은 회복에 나쁜 영향을 줄 수 있다. 이러한 경우, 치료자는 학교가 회복에 기여할 수 있는 부분에 대해 명확하게 설명해야 한다. 그리고 연락을 담당한 특정 교직원과 공유할 수 있는 특정 정보 유형 등과 같이 연락에 대한 구체적인 한도에 대해 협상해야 한다. 이러한 협의된 동의 사항은 치료 과정을 거치는 동안 필요에 따라 계속 수정될 수 있다. 치료자는 우울 삽화가 학교 기능에 미치는 영향을 교사에게 교육하면서 교육 체계에서 환자 옹호 역할을 맡을 수 있다. 등교 거부가 우울증과 관련 있을 경우, 치료자는 아이가 등교를 편안하게 느끼도록 학교와 적절한 계획을 세우는 것이 중요하다. 여기에는 청소년이 우울증에서 회복하는 동안 청소년의 수행에 대한 학교 관계자의 기대를 일시적으로 수정하도록 돕기, 청소년을 돌볼 교사 배정하기, 교과과정 부담 줄이기와 같은 내용이 포함될 수 있다. 학생에게 어떤 변화가 보이고 그것이 치료와 관련된다고 생각되는 경우, 학교는 치료자와 연락하도록 해야 한다.

요약

첫 회기가 끝날 무렵, 치료자는 DSM-IV 우울증 진단을 확인하고 IPT-A가 특정 청소년에게 잠정적으로 효과적인 치료 방법임을 확인하는 작업을 완수한다. 임상 이력, 진단 평가 도구, 건강 검진과 새로운 치료 관계에 의해 결정되는 청소년의 개인 특성, 가족 관계 구조와 공존 병리 진단이 IPT-A의 적합성 여부에 대한 토대가 된다. 이때쯤이면 치료 작업은 이미 시작된다. 청소년과 부모는 우울장애에 대한 교육을 받고 IPT-A의 원리와 예상되는 치료 과정에 대한 설명을 듣는다. 부모와 청소년은 모두 '제한된 환자 역할'의 개념과 청소년의 일상생활과 책임감에 대한 구체적인 적용성에 대해 배운다. 부모는 우울한 청소년의 저하된 학업 수준에 대한 좌절에서 벗어나 비판 하지 않고 참여를 격려하는 방법을 배운다. 첫 회기는 12주 동안 지속되는 치료의 방향과 기대에 대한 청소년과 가족의 결심으로 마무리한다. 두 번째 회기에서는 중요한 대인관계 검토가 시작되는 토대를 마련한다.

제6장

대인관계 면담 시작하기

우울증의 대인관계 맥락

두 번째 회기의 치료 초점은 우울증의 대인관계 맥락, 특히 우울 삽화를 예상할 수 있는 사건, 지금 치료를 받으러 온 이유, 증상의 시작과 관련될 수 있는 중요한 대인관계에서 발생한 사건을 이해하기로 이동된다. 이러한 것이 2~4회기의 과제다. 그 목적은 치료 초점이 될 한 가지 이상의 문제 영역을 파악하는 것이다.

대인관계 목록을 시작하기 전에 치료자는 다음 회기의 구조를 설명한다. 치료자는 청소년에게 각 회기는 자살 충동을 평가하고 지난주에 있었던 청소년의 우울 증상을 간략하게 확인하면서 시작할 것이라고 말한다. 치료자는 기분 평정 척도를 사용하여, 청소년에게 자신의 기분을 1~10점으로 평정하도록 한다. 1점은 가장 기분이 좋은 것(즉, 가장 행복한 점수)이고 10점은 가장 슬픈 점수다. 기분 평정을 한 다음, 치료자는 청소년에게 지난 한 주 동안 자신의 기분을 평가하게 한다. 치료자는 청소년의 전반적인 기분 평정 점수보다 기분이 더 나쁘게 느껴졌던 때가 지난주에 있었는지 물어봐야 하고, 기분이 더 나쁘게 느껴졌던 때에 무슨 일이 일어났는지 물어봐야 한다. 이것은 치료자가 청소년의 기분을 일상생활에서 일어나고 있는 사건과 연결할 수 있는 첫 번째 기회다. 치료자는 기분이 나빠진 기간 동안 자살 충동이 증가하였는지 여부와 일주일에 한 번 있는 심리치료에 참여하는 환자의 안전을 평가해야 한다. 이러한 대인관계 사건과 기분 평정을 연결하는 과정은 청소년에게 자신의 지난 한 주간을 검토하는 방법과 자신의 증상이 기능에 어떤 영향을 주었는지, 그리고 어떤 사건이나 사람이 자신의 기분에 어떤 식으로든 영향을 주었는지 평가하는 방법을 가르쳐 준다. 이는 초기 단계가 끝날 때까지 치료자와 청소년이 청소년의 기분을 향상하기 위해 치료에서 어떤 연결에 초점을 맞춰야 하는지 파악하는 데 중요하다.

대인관계 목록

치료자는 환자의 현재와 과거의 중요한 대인관계를 자세히 검토해야 할 필요가 있다. 현재의 대인관계를 강조하지만 환자의 사회적 대인관계와 대인관계 기능의 본질에 대한 완전한 그림을 파악하는 것은 환자의 대인관계에서 전반적인 상호작용 및 의사소통 양상을 이해하는 데 도움이 된다. IPT-A에서 이것을 대인관계 목록이라고 한다. 치료자는 대인관계 증상 진단 평가와 완료된 우울 증상 평가가 상응한다고 생각할 수 있다. 대부분의 대인관계 목록은 초기 단계 회기에서 시행되지만 치료가 진행됨에 따라 더 많은 정보가 모여 업데이트될 수 있다.

대인관계 목록을 작성할 때, 첫 번째 과제는 청소년의 삶에서 가장 중요한 대인관계의 전체 목록을 얻는 것이다. 그러기 위해 치료자는 '친밀의 원'을 사용하는 것이 도움이 된다. 친밀의 원은 중앙에 환자를 나타내는 X 표시가 있고 한 원이 그다음 원 안에 있는 여러 개의 원으로 되어 있다(부록 A 참조). 치료자는 환자 주변의 원은 친밀감을 나타내며 청소년의 중요한 대인관계를 적합한 친밀의 원 안에 두는 것이 목표라고 설명한다. 친밀의 원은 청소년의 삶을 선회하는 중요한 사람과 청소년의 삶에서 그들의 위치와 그와 관련된 감정가(emotional valence)를 그린 것이다. 치료자는 다음과 같이 이야기한다.

> 여기에 있는 용지에는 중앙에 X가 있고 한 원이 다른 원 안에 있는 여러 개의 원이 있어요. ○○ 님이 X예요. 우리가 하려는 것은 ○○ 님의 삶에 중요한 사람들의 목록을 만들고 그 원 안에 사람을 두어 ○○ 님이 그들에게 갖는 친밀감의 정도를 그림으로 나타내요. 때로 항상 긍정적으로 느껴지지 않더라도, X에서 가장 가까운 원에 있는 사람은 자신이 가장 친하다고 느끼거나 가장 연결되어 있다고 느끼는 사람이에요. 멀리 떨어져 있는 가장 큰 원 안에 있는 사람은 자신에게 중요하지만 친밀하다고 느끼지 않거나, 대인관계에서 변하길 바라는 사람이에요. 우리는 대인관계에서 ○○ 님이 좋아하고 좋아하지 않는 사람과 그들과 어떻게 사귈지, 신뢰할 수 있는 사람이 누구인지, 그리고 원들 속에 누구를 더 둘지에 대한 이야기를 나눌 거예요.

일단 친밀의 원이 완성되면, 다음 단계에서 치료자는 좀 더 깊이 중요한 대인관계에 대해 논의하기 시작한다. 어떤 관계를 먼저 이야기하고 싶은지 청소년에게 물어보는 것이 도움이 된다. 청소년은 원에서 다른 대인관계에 비해 문제가 되지 않는 관계를 자주 선택한다. 이는 대인관계의 본질에 대해, 그리고 스트레스를 덜 받는 대인관계를 사용하여 어떻게 대인관계가 변화할 수 있는지에 대해 자세하게 탐색하고 이야기하도록 준비시키고 리듬을 타게 해 주기 때문에 괜찮다. 치료자는 다음과 같이 이야기하면서 대인관계 목록 과정을 시작할 수 있다.

> 저는 ○○ 님과 어머니와 아버지, 형제자매, 절친, 여자 친구나 남자 친구, 다른 친한 친구들과 같은, 삶에서 중요한 사람들에 대해 이야기를 나누고 싶어요. 우울증이 자신과 가까운 사람과의 관계에 영향을 주었나요? 어떻게요? 사람들과의 대인관계에 문제가 있다고 생각하나요? 어떤 문제인가요? 어떤 관계에 대해 먼저 이야기하고 싶나요?

가족, 친구와 교사를 포함하여 청소년의 삶에서 중요한 사람들에 관한 질문은 다음과 같다.

> 사람들과 친밀감을 느낄 수 있나요? 아니면 사람들을 신뢰하기 어렵나요? 가족 중에서 누구와 가장 가깝게 느끼나요? 누가 신뢰할 수 있고 도움을 요청할 수 있다고 느끼나요? 무엇이 그 관계를 그렇게 특별하게 만드나요? 가족 중에서 가깝게 느껴지지 않는 사람은 누구인가요? 그 사람과의 관계에서 문제는 무엇인가요? 그 관계에서 무엇을 바꾸고 싶나요? 가족 외에 누구와 특별히 친하다고 느끼나요? 무엇이 그 사람과 가깝게 느끼게 하나요? 친하지 않은 친구가 있나요? 무엇이 그 친구와 친하게 지내지 못하게 하나요? 선생님이나 성직자 혹은 친척이나 가족의 친구 중에서 친한 사람이 있나요? 우리가 함께 이야기를 나눈 사람 중에서 가장 가까운 사람은 누구인가요? 자신의 삶에서 사람들과 더 좋은 대인관계를 갖기 위해 자신이 바뀌고 싶은 것은 무엇인가요?

치료자는 각 청소년에게 이 질문을 전부 다 할 필요는 없다. 치료자는 이들 질문을 면접관이 연속해서 질문만 나열하는 면접처럼 사용하지 않는 것이 중요하다. 이런 질문을 하는 목적은 청소년이 자신의 중요한 대인관계에 대해 끝까지 이야기하도록 촉진시키는 것이다. 이런 질문은 질문과 대답의 형식적인 조사에 활용하기보다 스토리텔링을 계속 유지하기 위한 것이다. 치료자가 청소년의 대인관계를 파악하기 시작하면, 다른 영역보다 특정 영역을 좀 더 자세히 탐색할 것이다. 특정 잠재적 문제 영역과 관련된 질문들의 목록은 부록 B를 참조하라. 일반적으로 치료자는 이 정보를 주로 청소년에게서 얻는다.

대인관계 문제에 관한 일부 정보는 일반적으로 치료 전 평가와 IPT-A의 첫 회기에 가진 부모와의 사전 모임에서 이미 얻었다. 이러한 논의는 우울증이 어떻게 환자의 대인관계에 영향을 줄 수 있는지에 관한 관점을 부모가 얻을 수 있도록 돕고, 해결되기 바라는 우울 삽화에서 드러나는 어떤 대인관계 문제가 계속 재발되는지 부모가 파악하도록 돕는다. 치료 전 평가에서 얻은 부모의 정보와 가능할 경우 교사의 정보는 청소년에게서 직접적으로 얻은 정보를 보충하기 위해 사용한다. 치료자가 적용하는 임상적 판단은 청소년 쪽의 왜곡과 오해를 바로잡는 데 사용한다.

두 번째 회기와 그 이후의 회기에서, 조부모, 남자 친구 혹은 여자 친구 및 다른 중요한 타자와의 대인관계에 관한 많은 정보를 제공하는 사람은 청소년이다. 수집한 각 대인관계에 대한 정보에는 다음의 내용이 포함되어야 한다.

① 서로 얼마나 자주 만났는지, 함께 무엇을 했는지, 함께 무엇을 즐기고 어떤 것을 즐기지 않는지 등을 포함하여 환자와 그 사람 간의 상호작용
② 대인관계 조건 혹은 대인관계 기대, 기대가 충족되었는지 또는 수정되었는지의 여부, 지각된 기대가 대인관계 결과에 미친 영향, 대인관계가 지속되고 있는가? 그렇지 않다면 대인관계가 긍정적으로 끝났는가, 아니면 부정적으로 끝났는가?
③ 대인관계의 양쪽 측면에 대한 논의, 구체적으로 예를 들어 대인관계의 긍정적 및 부정적 측면에 대한 논의
④ 환자가 대인관계에서 이루길 원하는 변화, 환자가 이러한 변화를 하려고 이미 시도했는가? 무엇을 시도했나? 어떻게 되었나? 실행되었던 것

혹은 실행되지 못했던 것은 무엇인가? 자기 자신이나 상대방에게 이런 변화를 실행하기 위해 그 밖에 또 무엇을 할 수 있나?

⑤ 우울증이 이 청소년과의 관계에 어떻게 영향을 주었는가? 청소년의 다른 대인관계에 어떻게 영향을 주었는가?

대인관계 목록 작성하기는 관계적 강점을 나타내는 관계와 결손이나 약점을 나타내는 관계에 관한 정보를 얻는 데 중요하다. 단기치료에서 치료자는 대인관계의 변화를 촉진시키기 위해 환자에게 있는 강점을 견고히 해야 한다. 청소년에게 결손 덩어리일 뿐이라는 메시지를 주지 않는 것이 중요하다. 치료 전략은 변화할 수 있다는 희망과 낙관성을 증진하는 것으로, 청소년에게 대인관계를 형성하는 데 있어 자신에게 강점이 있다는 메시지를 주고 결과적으로 기분을 더 나아지게 하는 데 바탕을 두고 있다.

우울증과 관련된 생활 사건

DSM-IV 기준에 따른 주요우울증 진단은 촉진 요인을 파악하지 않는다. 그러나 논의하는 중에 보통 촉진 요인이 파악된다. 처음에 청소년은 이러한 사건을 거의 파악하지 못하지만 촉진 요인을 종종 이끌어 낼 수 있다. 치료자는 ① 가족 구조의 변화, ② 학교에서의 변화, ③ 어떤 변동, ④ 죽음, 질병, 사고나 외상, ⑤ 성 충동과 성관계의 시작에 대해 알아봐야 한다. 치료자는 스트레스가 많은 사건에 대해 이야기하면서 청소년의 대인관계 기능에 대해 많은 것을 알 수 있다. 청소년이 건강한 방식으로 지지를 구하는가? 혹은 청소년이 가장 의지할 수 있는 사람을 자극시키고 소외시키는가? 청소년이 삶에서 직접적으로 타인에게 자신의 감정을 전달하는가? 혹은 화가 날 때 사회적으로 철수되는가? 청소년은 자신과 가장 가까운 사람을 직접 상대하는가? 혹은 감정이 자기패배적이고 자기파괴적으로 엉뚱하고 잘못된 행동으로 나타나는가? 청소년이 친밀한 대인관계로 인해 상처받고 실망했을 때 사회적 및 감정적으로 위축되어 우울증이 증가하는가? 치료자가 이러한 질문을 통한 탐색에서 얻은 정보는 청소년에게서 즉각적으로 두드러지지 않았을 수도 있고 청소년이 자세히 표현할 수 없었던 것일 수도 있다. 우울증을 유발하는 촉진 요인과 관련된 사건과 그것의 시간 틀을 설정하기 위해 치료자는 다음과 같이 이야기할 수 있다.

> 한 달 전부터 우울해지기 시작했다고 전에 저에게 이야기했어요. 비슷한 시기에 남자 친구와 헤어진 것 같네요. 남자 친구와 헤어질 무렵부터 슬퍼지기 시작한 건가요?

이러한 시간 틀을 설정하여, 치료자는 우울 증상과 대인관계 상황이나 사건 간의 연결을 촉진시킨다. 이러한 연결은 치료 대상인 문제 영역을 파악하기 위해 필요한 선행 조건이다.

우울 증상을 평가하고 우울증에 대해 환자에게 교육할 때, 치료자는 처음부터 우울증과 대인관계 기능 간의 관계를 강조하는 것이 중요하다. 환자는 자신의 대인관계 문제와 그것이 자신의 기분에 미치는 그 이후의 영향은 파악할 수 있지만, 여전히 그 문제가 관계 상대인 타인과는 무관하게 자기 자신 속에 내재된 것이라고 보는 경향이 있거나 혹은 자신에게 부정적인 감정을 일으킨 것에 대해 상대방 탓으로 비난할 수 있다. 결과적으로, 환자는 자기 자신을 실패자나 다소 부적절한 존재로 지각한다. 또 다른 가능성은 대인관계에서 청소년의 문제가 자신에게 그리 분명하지 않을 수 있고 혹은 더 이상 변화에 대한 희망의 기회가 보이지 않아 대인관계에서 철수되어 있을 수 있다. 따라서 대인관계와 청소년의 우울증 연결하기는 청소년에게 훨씬 더 어렵다. 이러한 경우 치료자의 역할은 직접적인 설명으로 환자가 그러한 연결을 시작하도록 돕는 것이다.

> 우울증의 구체적인 원인은 알려지지 않았지만 환경적 및 생물학적 영향이 포함되어 있어요. 그렇지만 우울증은 일반적으로 부모, 친구, 형제자매, 교사와의 대인관계의 어려움과 관련이 있어요. 우울증이 대인관계의 어려움을 야기하거나, 대인관계의 어려움을 악화시킬 수 있고, 대인관계 어려움의 결과가 될 수 있기 때문에 어느 것이 먼저 왔는지는 항상 명확하지 않아요. 중요한 사람과의 대인관계 문제가 우울한 기분을 야기시킬 수 있어요. 이와 유사하게, 우울증을 겪고 있는 사람은 문제를 다루는 데 적합한 대처 기술을 떠올리기 어려울 수 있어요. 이 치료에서 저희는 ○○ 님의 대인관계와 자기 자신에 대한 기대를 이해하려고 노력하고, 현실적인 기대는 충족시키고 비현실적인 기대에는 대처하도록 도울 거예요.

대인관계 목록에 접근하는 데 있어 두 가지 유형의 청소년이 있다. 즉, 감정에 대해서만 이야기하고 감정과 사건을 연결시킬 수 없는 청소년과 사건에 대해서만 이야기하고 사건과 감정을 연결시킬 수 없는 청소년이다. 전자의 경우, 치료자는 청소년이 자신의 기분을 최악으로 평정했던 날에 자신에게 일어났던 일을 찾아내도록 노력해야 한다. "그날 기분에 영향을 줄 만한 어떤 일이 있었는지 궁금해요."와 같은 열린 질문하기는 보통 생산적이지 않다. 치료자는 청소년과 기분이 가장 우울한 하루 혹은 하루를 단계별로 여정을 밟아야 할 수도 있다. 치료자는 다음과 같이 이야기할 수 있다.

> 우리가 ○○ 님의 기분에 영향을 줄 수 있었던 일이 일어났는지 찾아볼 수 있을지 알아보기 위해 그날의 활동과 자취를 추적해 봐요. 아침에 일어났을 때부터 시작해요. 몇 시에 일어났나요? 그 시간이 보통 일어나는 시간인가요? 일어났을 때 누구와 이야기를 했나요? 아침 식사는 어땠나요? 아침 식사 시간에는 어떤 대화를 했나요? (등)

보통 하루를 검토해 보도록 청소년을 안내하여, 환자의 우울한 기분에 기여하거나 악화시키는 어떤 대화나 대인관계 행동을 찾아낼 수 있다.

자신의 감정을 명명하기 어려워하는 청소년의 경우, 치료자는 보고된 대인관계 사건을 다시 만들어 그 사건을 별도의 다른 요소들로 쪼개고 사건의 각 요소에 대한 감정 반응을 표현하도록 청소년을 격려해야 한다. 예를 들면 다음과 같다.

치료자: 그래서 그날 통금 시간 문제로 엄마와 크게 말다툼을 벌였다고 했어요. 그 일이 일어났을 때 기분은 어땠나요?

환　자: 아무것도 느끼지 못했어요. 엄마는 제가 무엇을 할 수 있다는 말에 신경 쓰지 않아요.

치료자: 정말로 아무것도 느끼지 못했나요? 대화를 다시 만들어 봅시다. 그리고 대화의 다른 지점에서 ◯◯ 님이 어떻게 반응했는지 살펴봅시다. 그 대화를 하기 전에 그날은 어떤 날이었나요? 좋은 날이었나요, 아니면 나쁜 날이었나요?

환　자: 그때까지 괜찮은 날이었어요. 그런데 그 이후에 엄마가 "아, 그런데, ◯◯아, 토요일 밤에 파티에 갔다가 자정까지 집에 와야 해."라고 했어요.

치료자: ◯◯ 님은 뭐라고 말했나요? 혹은 엄마가 그 말을 했을 때 무엇을 했나요?

환　자: 전 그냥 의자에서 일어나 제 방으로 갔어요. 그리고 문을 쾅 닫고 엄마의 잔소리를 듣지 않으려고 혼자 있었어요.

치료자: ◯◯ 님이 방금 한 이야기를 보세요. 자신의 방으로 들어가서 문을 쾅 닫았다고 말했어요. 사람들이 문을 쾅 닫을 때는 보통 어떤 감정을 느끼나요?

환　자: 분노요.

치료자: 문을 쾅 하고 닫았을 때 분노를 느낄 수 있었나요? 그리고 자신의 분노가 이후에 종종 슬픔으로 바뀌었나요?

치료자는 사건을 작게 나누고 청소년에게 자신의 행동을 표현하게 하여 청소년이 특정 기분이나 감정을 나타내는 행동을 볼 수 있도록 돕는다. 이 두 가지 전략의 목표는 중요한 관계에서 일어나고 있는 사건과 청소년의 감정 간 연결을 촉진시키는 것이다.

대인관계 목록 작성하기의 도전 과제

청소년이 대인관계에 대한 정보를 거의 제공하지 않고 마지못해 응답할 경우, 치료자는 어떻게 해야 하는가? 이런 경우, 치료자는 청소년이 논의하고 있는 사람과 함께했던 기억 중에 남아 있는 (좋거나 나쁜) 시간을 표현할 수 있도록 많은 질문을 하여 초점을 전환하는 것이 유용하다. 종종 청소년은 감정에 대한 반응을 이야기할 때보다 구체적인 상황에 대해 이야기할 때 더 많은 말을 할 수 있다.

청소년이 자신에게 중요한 관계가 없다고 말할 경우, 치료자는 어떻게 해야 하는가? 이런 경우는 드물지만, 대인관계 결손으로 개념화되는 청소년은 이야기할 대인관계가 부족할 수 있다. 이러한 경우, 이야기할 대인관계가 현재보다 과거에 더 많이 있었는지 결정하도록 제안한다. 또한 치료자는 청소년이 자신의 친밀의 원 안에 넣고 싶은 사람—다시 말해, 친밀한 관계는 사라졌지만 친하게 지내고 싶은 사람—이 누구인지 함께 이야기를 나눌 수 있다.

세 번의 회기로 치료자는 이 모든 정보를 어떻게 이끌어 낼 수 있는가? 앞에서 언급한 바와 같이, 대인관계 목록은 청소년의 삶에서 다양한 사람과의 관계에 대한 많은 이야기 서술로 발전되어야 한다. 치료자는 몇 가지 사실적 질문으로 시작하여 이야기를 구성한 다음, 그 사람에 대한 청소년의 느낌으로 감정을 유발한 상황에 대한 정보를 얻고, 마지막으로 문제를 해결하기 위해 과거에 했던 노력과 변화에 대한 현재의 희망에 대해 논의한다(부록 B 참조). 치료자는 대인관계에서 발생한 모든 세세한 정보를 얻기보다 문제 영역을 파악하게끔 촉진하는 중요한 정보에 청소년이 계속 초점을 맞추도록 해야 한다. 청소년의 우울증을 유지시키는 중요한 대인관계를 이해하는 데는 한두 가지 긍정적 혹은 부정적인 상호작용 사례로 충분하다.

요약

대인관계를 검토하는 치료자의 주요 목표는 환자의 우울증의 시작 혹은 악화와 가장 관련된 대인관계 문제를 파악하는 것이다. 치료자는 어떤 갈등이나 대인관계의 어려움에 대해 파악하여 잠재적인 변화 영역을 확인하고자 한다. 문제 영역은 만성 우울증으로 악화되어 온 대인관계 어려움의 결과이거나 혹은 청소년의 삶에 중요한 사람이 관련된 사건으로 환자에게 문제가 된 우울증의 유발 요인일 것이다. 4회기가 끝날 즈음, 치료자는 포괄적인 대인관계 목록을 작성하고, 청소년의 우울한 기분과 대인관계 상황을 연결시키고 문제 영역의 틀 속에 개념화를 배치하면서 회기를 마무리한다.

제7장

문제 영역 선택하기와 치료 계약 맺기

IPT-A 초기 단계의 최종 과제는 우울증의 대인관계 개념화를 환자에게 제공하고 구체적인 치료 계약을 맺는 것이다. 성공적인 대인관계 진단 평가를 한 후, 문제 영역 개념화는 최근 논의의 자연스러운 결과로 생겨나야 한다. 대인관계 문제 영역의 개념화는 치료 중기 단계의 과제에서 필요한 단계를 설정한다.

문제 영역과 우울 증상 연결하기

대인관계 목록을 작성하면, 치료자는 우울증이라는 맥락에서 문제가 있는 대인관계 상황에 대한 치료자의 관점을 환자에게 자세히 설명한다. 치료자는 지난 회기에 청소년이 자신의 대인관계에 대해 언급한 중요한 요점을 전반적으로 요약하면서 시작해야 한다. 치료자는 대인관계의 의미 있는 측면이나 대인관계 간의 눈에 띄는 양상을 짚어 주면서, 각 대인관계에 대한 이야기를 하나의 좀 더 큰 대인관계 이야기로 엮어 주는 것이 청소년에게 도움이 된다. 그렇게 하는 동안, 치료자는 청소년이 그 문제를 인정할 기회를 제공하고, 문제에 대한 이해를 보여 주고, 문제에 동의하지 않아도 되는 기회를 주면서, 치료자의 요약에 대한 청소년의 의견을 계속 구해야 한다. 또한 끊임없이 변하는 것이 대인관계의 성격임을 강조해야 한다. 하지만 이는 청소년의 대인관계가 그 시점에서 어떻게 나타났는지에 관한 것이다.

주요 문제 영역 파악하기

잘 정의된 문제 영역은 치료자가 그것의 맥락 내에서 대인관계 기능을 개선하기 위해 필요한 전략을 세우는 데 도움이 된다. 일반적으로, 단기치료는 한 가지 문제 영역에 초점을 두는 것이 가장 좋지만, 두 가지 문제 영역이 파악될 경우가 있다. 이러한 경우, 어떤 것에 먼저 초점을 둘지 문제 영역의 우선순위를 정하는 것이 도움이 된다. 네 가지 문제 영역이 우울장애에 깔려 있는 모든 역동을 아우르는 것은 아니다. 대신 이들 영역은 변화와 개선의 잠재력이 있고 다른 상황에 일반화될 수 있는 특정 대인관계 상황에 치료 초점을 맞추도록 돕는 역할을 한다. 단기치료를 위한 현실적인 목표 세우기의 토대가 되는 문제 영역은, ① 죽음으로 인한 애도, ② 친구, 선생님, 부모와 형제자매와의 관계 불화, ③ 진학하기(예: 초등학교에서 중학교로, 중학교에서 고등학교로 가는 것), 사춘기에 진입하기, 성적으로 활성화되기, 다른 형제자매의 출생, 부모 되기, 부모의 질병과 같은 역할 전환, ④ 대인관계 시작하기와 유지하기의 어려움과 감정 소통하기의 어려움과 같은 대인관계 결손이다.

대인관계 개념화 제시하기

이 회기에서는 청소년이 자신의 언어로 경험을 설명하고 자신이 경청받고 있음을 느낄 수 있도록 하기 위해 청소년과 함께 대화할 때 좀 더 개방적인 태도를 취하는 것이 중요하다. 초기 목표는 중요한 대인관계, 특히 갈등이나 어려움이 있는 대인관계를 청소년이 파악하도록 돕는 것이다. 일단 핵심 대인관계가 파악되면, 치료자와 환자는 실제적인 어려움, 관계 변화의 잠재력과 변화를 촉진시키기 위해 가능한 전략을 좀 더 구체적으로 다룰 수 있다. 치료자는 상황, 감정과 기능 간에 이어진 연결을 환자가 보도록 돕는 것이 중요하다. 이러한 연결은 향후 회기의 초점이 분명해지도록 명확하게 만들어야 한다. 예를 들어, 치료자는 다음과 같이 이야기할 수 있다.

> 우리가 한 논의에서 부모님과 갈등이 있는 것처럼 보이네요. 이 문제는 우울한 감정과 동시에 나타나기 때문에 우울증과 관련될 수 있어요. 때로 우울증은 다루기에 너무 크게 보이는 문제를 일으킬 수 있어요. 이것은 상황을 변화시킬 수 없어서가 아니라 우울하기 때문이에요. 자신의 기분이 좋아지면, 그 상황을 다룰 수 있는 다른 방법을 찾을 수 있어요. 앞으로 몇 주 동안, 우리는 이러한 문제 상황에 대해 일주일에 한 번씩 만나 이야기를 나누고 상황에 대처하는 대안을 만들 거예요. 이때 약물치료가 증상을 완화시키는 데 꼭 필요한 것처럼 보이지는 않지만, 증상이 이후에도 지속될 경우에는 약물치료를 고려해 볼 수도 있어요.

치료 계약 맺기에 대한 도전 과제

문제 영역의 중복

때로 두 가지 이상의 문제 영역이 치료 목표가 되어야 하는 것처럼 보일 수 있다. 이는 부분적으로 대부분의 우울한 청소년에게 대인관계 결손이 있는 것처럼 보이기 때문이다. 하지만 모든 청소년에게 대인관계 결손 문제가 있는 것은 아니다. 청소년이 정상적인 사회 환경에 어떻게 참여하고, 어떻게 사회적 지지를 받고, 어떻게 우정을 맺어야 하는지 모른다는 점에서, 대인관계 결손 문제 영역은 우울증이 뚜렷한 사회적 철수와 관련된 청소년에게 중요하다. 대인관계 불화나 역할 전환 문제를 경험하고 있는 청소년의 경우, 보다 나은 의사소통과 문제 해결 기술이 필요하기 때문에 이런 문제가 흔하다. 그러나 대인관계 불화나 역할 전환 문제에 내재되어 있는 특정 기술 결손은 이차적인 문제 영역이 필요하지 않다. 오히려 이 문제는 일차적인 문제 영역으로 치료 기간 동안 향상과 개선의 대상이 된다.

특정 대인관계 문제는 대인관계 불화나 역할 전환 혹은 이 두 가지의 어떤 조합으로 지각될 수도 있다. 이러한 경우, 일차적 문제 영역과 어쩌면 이차적 문제 영역을 파악하는 것이 도움이 된다. 문제 영역의 우선순위를 정하기 위해, 치료자는 청소년이 대인관계 문제와 사건을 배치하는 구조적 틀을 어떻게 설명하는지 경청한다. 예를 들어, 청소년이 대인관계 내의 갈등을 가장 자주 강조한다면, 일차적 문제 영역으로 역할 불화를 보는 것이 가장 논리적이다. 청소년이 갈등을 초래한 새로운 상황에 적응하는 것의 어려움을 이야기할 경우, 문제 영역으로 역할 전환을 개념화하는 것이 보다 더 도움이 된다. 요컨대, 대인관계를 기술할 때 청소년이 사용하는 언어와 가장 일치하는 언어나 관점을 사용하여 청소년과 작업하는 것이 가장 생산적이라는 것이다.

유사한 대인관계 전략이 두 가지 문제 영역에 모두 유익할 수 있기 때문에 시간 제한적 치료에서 일차적 역할 불화와 이차적 역할 전환을 효과적으로 다룰 수 있다.

문제 영역에 대한 불일치

치료자와 환자가 파악한 문제 영역 및 관련된 대인관계 문제에 대해 서로 동의하지 않거나, 환자와 치료자가 적절한 치료 초점에 대해 불일치하는 상황이 있을 수 있다. 이런 불일치는 우울증과 특정 문제의 관계에 대해 환자가 부정하거나 대인관계 갈등을 최소화해서일 수 있다. 일반적으로 대표적인 부정적 반응은 다음 네 가지다.

① 문제의 심리적 근거를 부정하거나 신체 질환으로 증상을 귀인시키기
② 증상이나 기능과 스트레스가 많은 생활 사건 간의 연관성을 인정하지 않기
③ 모든 증상의 존재 자체를 부정하기
④ 문제에 대해 어느 정도 책임을 지기보다 "부모님이나 선생님들만 달랐어도 괜찮았을 거예요."라고 주장하면서 외부 환경이나 사람을 탓하기

IPT-A에서는 이러한 부정적 반응은 극히 드물다고 운을 떼면서 부정적 반응을 어떻게 다루어야 할 것인가에 대한 논의를 부각시켜야 한다. 신중하고 포괄적인 대인관계 목록이 작성되었다면, 대인관계 문제에 대한 치료자와 청소년의 개념화는 일반적으로 매우 유사하다. 서로 다를 경우, 치료자를 위한 몇 가지 대안이 있다.

① 환자가 문제에 대해 더 잘 이해할 때까지 특정 문제 영역과 목표 파악하

기를 연기하라.
② 치료자는 환자의 어려움을 이해하여 매우 일반적인 목표로 시작하고 치료 초점을 증가시키라.
③ 이후에 다룰 치료자의 염려보다 먼저 환자의 염려를 다루는 데 동의하라.
④ 환자가 옳을 경우, 치료자는 치료 계획을 수정하라.

치료자가 대인관계 개념화에 대한 부정적인 반응을 접하고 청소년이 치료에 참여하기를 거절할 경우, 치료에 부모를 참여시키는 것이 도움이 된다. 청소년이 다른 관점으로 문제를 바라볼 수 있도록 돕기 위해 청소년과 부모가 각자의 관점을 논의하게끔 공동 회기를 열어야 한다. 이때 치료자의 역할은 환자나 부모와 논쟁하거나 그들의 마음을 변화시키려는 것이 아니다. 오히려 치료자는 증상에 대한 환자의 경험을 인정하고 증상이 그들의 기능에 미치는 영향에 대한 환자의 관점을 인정하고, 치료가 어떻게 유익할 수 있을지에 대해 논의해야 한다. 환자가 상황에 대한 치료자의 평가에 계속해서 동의하지 않을 경우, 치료자는 다음 회기에 환자가 나오도록 환자를 격려해야 한다. 그렇게 하면 환자가 어떤 것을 경험하고 있는지, 치료자가 어떻게 도움을 줄 수 있는지 다시 한번 이해할 수 있다. 치료자는 다음과 같이 이야기할 수 있다.

> ○○ 님이 많이 슬프고, 수면 곤란이 있고, 잦은 두통과 위통으로 불쾌하고 불편하다는 걸 이해할 수 있어요. 무엇이 원인인지 찾고 싶어 한다는 것도 알아요. 그리고 저는 다음 몇 주에 동안 그렇게 할 수 있도록 돕고 싶어요. 다음 주에는 ○○ 님이 어떻게 지내는지 살펴보고 ○○ 님의 염려에 대해 좀 더 이야기해 볼 겁니다.

치료자는 환자와 함께 관점에서 일치하는 부분과 일치하지 않는 부분에 대해 검토하는 것이 종종 도움이 된다.

> ○○ 님이 거의 매일 슬프고 수면 곤란이 있고 식욕을 잃었으며 예전에 친구들과 함께 지냈던 것처럼 지내고 있지 않다는 점에 우리 모두 동의하는 것 같아요. 하지만 이 모든 감정을 유발시킬 수 있는 것에 대한 관점은 달라요. 저는 부모님과의 갈등이 우울증과 관련된다는 점을 제안했어요. ○○ 님이 그에 대해 동의하지 않는 것으로 보이기 때문에, 우리는 다음 몇 주에 걸쳐 계속해서 이야기를 나누고 최근에 ○○ 님에게 어떤 일이 일어났는지 이해하려고 좀 더 노력해야 한다고 생각해요.

치료자와 환자가 공통 목표를 찾지 못할 경우, IPT-A가 이 환자에게 혹은 이 시기에 적합한 치료가 아닐 수 있고 다른 유형의 치료로 환자를 의뢰해야 한다. 환자는 치료자가 자신의 관점에 동의하지 않거나 이해하지 못한다고 느끼는 것에 매우 좌절할 수 있다. 이러한 좌절은 약속을 어기거나, 지각하거나, 치료를 중단하는 것처럼 치료에 대한 행동화로 나타날 수 있다(특별한 문제 다루기는 제15장에서 논의한다). 또한 문제 영역에 관한 불일치는 비교적 드문 일이지만, 이 전략이 불일치가 발생한 몇몇 경우에 도움이 될 수 있음을 명심하라.

IPT-A에서 환자 역할 가르치기

환자의 문제 영역을 파악하고 문제 관계에 대한 환자의 목표를 탐색한 후, 치료자는 환자에게 치료의 일반적인 기술에 대해 설명해야 한다. 환자는 치료에 적극적으로 참여한다. 환자는 회기의 초점이 과거가 아닌 현재에 일어나고 있는 어려움에 있다는 것을 이해해야 한다. 회기를 하는 동안, 환자는 자신이 현재 느끼고 있는 것과 관련될 수 있는 지난주의 사건이나 감정에 대해 이야기해야 한다.

초기 단계의 회기를 하는 동안, IPT-A 치료자는 증상을 검토하고, 대인관계 역사를 얻고, 치료 목표를 정확하게 기술하고, 치료 계약을 맺는 데 있어 적극적이고 지시적이다. 치료 중기 단계의 회기를 하는 동안, 치료자는 비교적 덜 지시적이고 적극적일 것이다. 치료 중기를 시작하기 전, 후속 회기에서 논의할 주제를 선택할 책임은 환자에게 있음을 강조해야 한다. 치료 초기에 비해 치료자는 덜 적극적이지만 파악된 문제를 다루기 위해 함께할 거라고 청소년에게 전달해야 한다. 치료자는 처음처럼 많은 질문을 하지는 않지만, 이것이 자신의 관심이나 참여의 부족을 의미하는 것이 아님을 설명해야 한다. 오히려 치료자는 환자의 마음에 있는 가장 큰 문제 영역과 관련된 주제와 감정에 대해 청소년이 자유롭게 제기할 수 있기를 바란다. 환자에게 치료 중기를 준비시키기 위해 치료자는 다음과 같이 이야기할 수 있다.

> 지난 몇 회기를 하는 동안, 우리는 ○○ 님의 우울 증상과 중요한 대인관계에 대해 이야기를 나누었고 치료 초점이 되는 문제 영역에 대해 합의했어요. 향후 회기에서 우리는 이 문제 영역과 관련된 사건과 기분에 초점을 둘 거예요. ○○ 님이 해야 할 일은 이 사건과 기분이 대인관계에 어떻게 영향을 미치는지에 대해 이야기하는 거예요. 우리는 우리가 알아낸, 변화가 필요한 특정 목표와 관련된 상황에 대해 이야기할 거예요. 이 문제에 대해 이야기를 하는 동안 문제 영역과 관련이 있는 것처럼 보이는 다른 상황, 기분 혹은 문제가 떠오를 수 있어요. 우리가 우울증과의 관계를 탐색할 수 있도록 이 주제에 대해서도 자유롭게 이야기할 수 있어야 해요. 사건 자체에 대해서뿐만 아니라 자신의 기분에 대해 이야기하는 것이 매우 중요해요. 자신의 중요한 대인관계와 자신에게 영향을 주고 있는 것을 연결하는 것이 가장 중요하기 때문에 ○○ 님의 역할은 기분이 나아지는 것과 관련된 논의가 이

루어질 수 있도록 자신의 기분을 관찰하고 주제를 선정하는 거예요. 기분에 관한 논의에서 옳고 그른 주제는 없어요. 따라서 자신에게 혼란스럽거나 당황스러운 생각이나 기분을 공유하는 것이 중요해요. 여기에는 치료 자체 그리고 저와 우리의 관계에 관한 느낌을 자유롭게 이야기하는 것도 포함돼요.

이 논의는 회기에서 환자의 행동에 대한 치료자의 기대를 개괄적으로 설명하고 치료자에 대한 환자의 기대를 수긍하는 것이므로 치료 계약 맺기의 일부로 간주된다. 이러한 경험은 다른 대인관계 맥락 내에서 대인관계 협상을 어떻게 하면 되는지 보여 주는 좋은 모델이 된다.

치료 계약 맺기

치료 계약 맺기에는 치료에서 청소년과 부모의 역할 설명하기, 치료 목표 파악하기, 치료에 대한 기대 명료화하기, 치료의 '기본 사항'에 대해 간략히 설명하기가 포함된다. 대인관계의 기능 개선과 증상 감소는 모두 치료 성과로서 가장 빈번히 동시에 일어난다. 치료자와 환자는 단기치료 내에서 달성할 수 있는 목표를 설정하여, 환자가 목표를 달성하였다고 느끼고 치료를 받는 동안 진전되는 느낌이 들어야 한다.

사 례

중증도의 우울증 치료를 받기 위해 어머니가 12세 소녀를 데려왔다. 소녀는 학업 곤란, 어머니 및 자매와의 갈등과 사회적 철수가 증가하고 있었다. 또한 소녀의 아버지는 알츠하이머병을 앓고 있었고, 소녀의 어머니가 아버지를 하루 종일 집에서 돌봤다. 첫 면담에서 소녀는 자신의 아버지의 질병과 그것이 자신의 삶에 미치는 영향과 중요성을 최소화하려고 했고, 해결되어야 할 문제를 부정하였다. 소녀는 어머니 및 여동생과의 갈등이 커지고 있는 것과 또래로부터의 사회적 고립을 인정하지 않으려 했다.

치료 계약을 맺으면서, 치료자는 소녀가 대부분의 다른 12세 아이보다 더 많은 어려움을 겪고 있다고 설명하였다. 치료자는 소녀의 우울증이 부분적으로 알츠하이머병이 앓고 있는 아버지와 함께 살고 있고, 그로 인해 자신이 또래와 다르다고 느끼고 또래로부터 고립됨을 느끼며, 남편을 돌보는 데만 몰두하고 있는 어머니에게 무시당하고 있다는 느낌의 스트레스가 많은 생활 사건으로 인해 촉진되었다고 설명하였다. 치료자는 소녀의 주요 문제 영역을 역할 전환으로 보았다. 소녀는 온전한 가정의 딸에서 기능을 잃은 아버지와 아픈 아버지를 보살피는 짐을 지고 있는 어머니의 딸로 전환하는 데 어려움을 겪고 있었다. 치료자는 소녀에게 다음과 같이 이야기했다.

> ○○ 님은 어린 시절부터 자신을 좀 더 잘 돌볼 수 있는 사람이 되도록 전환했어야 했어요. 두 번째 문제는 집에 친구들이 오지 못할 때 친구를 사귀는 방법과 집에 대해 친구들에게 설명하는 방법이에요. 세 번째 문제는 아버지에 대한 자신의 감정을 다루는 방법이 될 것 같아요. 즉, 아버지의 병에 대한 슬픔, 환자가 된 부담과 가정 파괴에 대한 분노, 아버지에 대한 어머니의 몰두로 이전처럼 자신을 돌볼 수 없는 어머니에 대한 분노예요. ○○ 님이 덧붙이고 싶은 다른 문제가 있을 수 있어요.

치료자는 청소년이 문제의 개념화에 반대하거나 덧붙일 기회를 제공한다. 치료자는 환자의 문제 개념화에 대한 더 깊은 통합과 개념화에 대한 이해를 확실히 하도록 하기 위해 환자 자신의 언어로 문제를 반복하여 표현하게 할 수 있다. 치료자의 관점은 역할 전환에 대한 스트레스가 환자에게 어머니와의 상당한 갈등을 일으키고 있었다는 것이다. 청소년이 개념화에 동의한다는 것을 확인한 후, 치료자는 이러한 결과로 초래된 어려움은 경감될 수 있는 문제이고 환자의 기분도 더 나아질 수 있다는 낙관적 전망을 전달한다. 환자의 아버지를 치료할 수는 없지만, 치료자는 가족 내에서의 환자의 역할 전환과 아버지의 질병과 자신의 가정과 가족 관계의 붕괴를 둘러싼 환자의 감정을 다루는 데 좀 더 만족스러운 방법을 찾도록 도울 수 있다. 구체적으로, 특히 치료자는 이러한 어려운 상황에서 자신의 감정을 전달하고 몇몇 어려움을 다르게 해결하는 새로운 방법을 배우면 환자의 증상이 줄어들 수 있다고 설명한다.

변화 잠재력 강조하기

환자가 몇 가지 작은 성취나 진전과 변화 징후를 항상 알 수 있도록 전반적인 회복 목표를 달성하기 위해 여러 단계로 파악하는 것이 종종 도움이 된다. 예를 들어, 치료자는 청소년에게 앞으로 몇 주 동안 대인관계 문제에 관한 관점이 더 명확해지고 기분이 더 나아지기 시작하면서 일상생활에 더 적극적이고 활기차게 참여하게 될 것이라고 말할 수 있다. 그다음 단계는 대인관계가 상호 만족스러울 수 있도록 청소년의 대인관계를 변화시키려는 시도를 하게 될 것이다. 치료자와 청소년은 변화를 이루는 실천 방법을 탐색할 것이다. 치료 작업을 하는 동안, 청소년은 자신이 이전 활동을 다시 시작하고 새로운 활동이나 대인관계에 스스로 참여하면서 점점 덜 우울하게 느낄 것으로 기대할 수 있다. 이러한 논의는 개별 청소년에게 매우 구체적이고 현실적이어야 하며 청소년의 입장과 상황이 성취에 제한을 줄 수 있다는 점을 염두에 두어야 한다.

대인관계 문제에 대한 치료자의 지각과 치료 초점 합의에 대한 논의를 거친 다음에는 치료의 실제적인 측면으로 방향을 돌려야 한다. 치료자는 가족의 참여 기대, 회기 길이, 회기 빈도, 놓치거나 취소된 회기 관리, 전화 사용에 대해 환자 교육을 해야 한다. 치료자는 청소년이 12주 동안 일주일에 한 번 정규적으로 참여하기를 기대한다고 말한다. 환자가 회기에 나오지 못할 경우에는 전화로 취소하고 스케줄을 다시 잡아야 한다. 비밀보장의 한계는 치료자와의 전화에 대한 지침과 치료 관계에서 정직성의 중요성과 함께 재검토된다. 이러한 논의의 정점은 구체적인 언어적 치료 계약이다. 계약에서 다루어져야 할 내용은 다음과 같다.

정직의 중요성

저는 ○○ 님이 저를 편안하게 느끼고 신뢰하기를 바라지만, 이러한 감정이 생기려면 시간이 걸린다는 것도 알아요. 우리는 지금까지 4주 동안 함께 작업해 왔어요. 그 시간 동안 우리에게 이러한 감정이 생기기 시작했다는 것을 느껴요. 저는 우리가 서로에 대해 더 잘 알아 갈수록 ○○ 님이 느끼고 생각하는 모든 것을 저에게 거리낌 없이 나눌 수 있기를 희망해요. 왜냐하면 그것이 제가 ○○ 님을 가장 잘 도울 수 있는 방법이기 때문이에요. ○○ 님이 느끼는 것을 제게 이야기할 수 없다고 느끼면 그것에 대해 이야기해 봅시다.

상호작용에서 비밀보장의 제한

우리가 함께 이야기하는 것은 두 사람만의 비밀이고 저는 ○○ 님의 행동이 ○○ 님과 타인에게 위험하다고 염려되지 않는 한 부모님에게 이야기하지 않을 거예요. 부모님과 논의할 필요가 있다고 느낄 경우, 저는 부모님과 논의하기 전에 ○○ 님에게 먼저 이야기를 할 거예요. 저와 함께 그 문제에 대해 논의할 기회를 ○○ 님에게 드릴 거예요. ○○ 님의 이유를 제가 납득할 경우, 저는 부모님에게 이야기하지 않을 거예요. 하지만 제가 납득이 되지 않을 경우, 부모님에게 이야기를 할 거예요. 그러나 우리는 제가 부모님에게 이야기를 전달하는 방식에 대해서는 논의할 수 있어요.

개입의 대인관계 맥락

우리는 ○○ 님의 우울증이 대인관계에 영향을 주어 결국에는 대인관계에 부정적 영향을 미친다는 것에 이미 동의했어요. 앞으로 몇 주 동안, 우리는 ○○ 님의 우울증과 관련된 스트레스 원인과 ○○ 님의 일상생활과 대인관계 속의 갈등에 대해 계속 탐색할 거예요.

심리치료 성격의 개요: 일주일에 한 번 약 45분 동안 12주 치료

우리는 12주 동안 일주일에 한 번 매 회기 약 45분 동안 만나 ○○ 님의 대인관계에서 일어나고 있는 일과 그 대인관계 어려움이 우울증에 어떻게 관련될 수 있는지에 대해 이야기할 거예요. 우리는 함께 ○○ 님의 대인관계를 변화시키고 기분이 나아질 수 있는 방법을 찾도록 노력할 거예요.

전화 연락

치료의 처음 4주 동안, 저는 회기들 사이에 ○○ 님의 기분이 어떠한지 확인하는 전화를 할 거예요. 회기들 사이에 저와 이야기를 나누고 싶을 때는 언제든 전화 주세요. ○○ 님이 일정을 지키지 못할 경우, 우리가 다시 일정을 잡을 수 있도록 전화 연락을 하는 것도 중요해요. ○○ 님이 전화할 때 제가 이야기를 나눌 수 없는 시간이 있을 수 있지만, 우리가 서로 이야기하기 편한 시간을 잡아 드릴게요.

요약

이 과제는 치료 초기 단계, 평가 단계에서 한다. 그러나 치료는 이미 시작되었다. 치료자는 청소년에게 청소년의 우울증에 대한 대인관계 개념화를 제시하였고, 치료자와 청소년은 치료 초점으로 한 가지 주요 문제 영역에 동의하였다. 또한 치료 기간, 취소와 비밀보장 등과 같은 치료 지침을 정확하게 명시한 구체적인 치료 계약을 맺었다. 치료 과정에서 청소년의 역할의 윤

곽을 잡았고, 환자와 치료자는 치료 중기 단계로 나아갈 준비를 한다. 치료 중기 단계에서는 제7장에서 기술한 각 특정 문제 영역에 대해 심도 있게 논의할 것이다.

제8장

IPT-A의 치료 중기

치료 중기 개관

치료 계약 및 확인된 문제 영역에 대한 합의가 이루어짐에 따라 치료 중기가 시작된다. 일반적으로 치료 중기는 5회기부터 8회기까지 지속된다. 치료 중기의 회기는 치료 목표를 달성하기 위한 수단으로 치료 초기 단계에서 파악된 문제 영역—우울 증상의 완화와 대인관계 기능 향상—에 초점을 둔다.

모든 청소년을 위한 치료 중기의 목적은, ① 문제 영역을 더 상세하게 명료화하기, ② 문제에 효과적인 대처 전략 파악하기, ③ 문제 해결을 위한 개입 실행하기다. 이 목적을 목표로 하는 과제는 주로 해결해야 하는 특정 문제 영역에 따라 다르지만, 모든 문제 영역에 적합한 몇 가지 일반적인 과제가 있다. 치료 중기와 관련된 일반적인 과제는 다음과 같다.

① 우울 증상을 관찰하고 증상이 개선되지 않거나 악화될 경우 약물치료와

같은 보조치료를 고려하라.

② 환자가 확인된 문제 영역과 관련된 주제를 논의할 수 있도록 하라.

③ 논의된 사건과 치료 관계와 관련된 기분을 관찰하라. 환자가 자신의 정서 상태를 스스로 드러내도록 촉진하라.

④ 상담과 교육을 위해 정기적으로 부모와의 모임 혹은 전화 상담을 예약하라.

⑤ 환자의 부모와 치료 동맹을 유지하여 치료를 계속 지지하게 하라.

앞서 언급한 바와 같이, 치료 중기에는 각 문제 영역과 관련된 보다 구체적인 과제가 있다. 이 과제는 특정 문제 영역을 다루는 후속 장에서 논의한다.

치료 중기 진행하기

IPT-A의 치료 중기 진행에 포함된 핵심 구성 요소와 문제를 논의하기 전에, 우리는 치료 중기의 몇 가지 특징을 강조하고 싶다. IPT-A가 매뉴얼화된 치료지만, 구조화 정도와 각 회기의 요구 단계가 다른 치료 매뉴얼과는 다소 다르다. 치료의 구성 요소는 다소 유동적일 수 있는데, 해결해야 하는 과제가 환자의 호전 양상과 확인된 치료 초점에 따라 여러 회기에서 발생할 수 있다. IPT-A의 초기 회기는 중기 회기보다 좀 더 구조화되어 있어 치료자가 회기의 흐름과 타이밍에 어느 정도 융통성을 유지하면서 회기의 특정 과제를 달성하도록 진행해야 한다. 치료 중기 동안, 치료는 특정 환자와 확인된 문제 영역에 따라 다양한 조합으로 과제가 실행되기 때문에 회기 진행이 덜 구체적이다. 치료 중기의 분명한 목적, 과제와 달성 지침이 있지만, 치료 중기는 증상과 대인관계에 대한 진단 정보의 체계적 수집과는 대조적으로 대인관계 문제를 극복하는 치료적 작업 과정에 더 초점을 둔다. 이와 같이 일련의 과제와 과정은 상세히 설명되지만, 환자마다 회복 순서와 양상은 환자마다 다소 차이가 있다. 치료 중기의 이 작업은 또한 다루어지는 특정 문제 영역에 따라서도 어느 정도 차이가 있다. 따라서 임상가는 치료 중기를 진행하기 위해 중기 단계를 소개하는 이 장과 관련 문제 영역에 관한 장들을 모두 살펴봐야 한다.

치료에서의 역할

초기 회기 동안, 치료자는 환자의 우울 증상을 평가하고 그 증상과 환자의 대인관계 간의 관계를 수립하면서 치료를 이끌어 간다. 이제 치료 초점은 합의된 문제 영역과 관련된 정보를 지속적으로 제공하도록 하기 위해 환자에 대한 책임으로 이동한다. 환자는 확인된 문제 영역과 관련된 정보를 제공하는 데 있어 보다 더 적극적인 자세를 취해야 한다. 치료 중기 단계에서 환자의 역할은 과거 정보를 제공하는 것에서 문제의 해결책을 적극적으로 탐색하는 쪽으로 옮겨 간다. 이때쯤이면 환자는 자기개방에 보다 편안함을 느끼고 대인관계와 기분을 보다 더 쉽게 논의해야 한다. 지난주 동안 환자 자신의 문제와 관련되어 발생한 사건에 대해 이야기하고 그 사건과 관련된 감정을 설명하도록 환자를 격려한다. 이를 통하여 치료자와 환자는 그 사건을 확인된 문제 영역과 관련하여 환자의 우울증을 연결 지을 수 있다. 그런 다음 치료자는 환자의 문제 해결과 상황 개선을 위한 방법을 논의하고 문제를 명료화하도록 환자를 돕는다. 전략이나 기술 사용의 향상과 우울 증상의 감소에 관한 치료자의 지속적인 피드백을 통하여 환자를 격려한다. 그리고 기능 변화를 끊임없이 파악하면서 환자에게 다시 반영한다. 긍정적인 피드백은 사회적 상호작용을 바꾸고 환경에 적응하는 자기효능감과 자신감을 촉진시킨다.

치료에서 치료자의 역할도 치료 초기에서 중기로 전환되면서 바뀐다. 일반적으로 치료자는 회기에서 능동성을 유지한다. 즉, 환자와 치료자는 함께 치료 초점을 결정하고, 지난주의 사건이나 기분을 논의하고, 갈등을 명료화하고 해결책을 만들어 낸다. 항상 그러하듯, 치료자는 우울 증상의 개선 여부를 관찰한다. 치료자는 치료 초점을 바꿀 필요가 있는지 확인하기 위해 환자의 자기개방을 계속 관찰한다. 치료자는 문제 개념화와 감정 명료화에서 환자 참여를 촉진하여 한 팀으로 환자와 협력하여 작업한다. 이 시점에서 치료자의 역할은 회기 주제를 이끌고 체계적으로 정보를 모으는 역할에서 현재 확인된 대인관계 상황을 듣고 환자와 파트너가 되고 문제를 분석하고 해결책과 의사소통의 새로운 수단을 함께 만들어 가는 역할로 점차 전환한다. 환자가 사건과 감정을 보고하는 책임이 증가함에 따라 치료자의 역할은 약간 덜 능동적이 된다. 전환의 정도는 보다 더 능동적인 역할을 취하는 환자와 환자의 능력에 의해 크게 좌우된다.

중기 회기의 구조와 초점

치료 중기의 초점은 대인관계 목록에서 확인된 주제와 상세히 기술된 치료 계약으로 논리적으로 진행된다. 논의는 일반적인 문제에서 상황의 구체적인 기대와 인식, 대안책 만들기, 행동 변화와 새로운 해결책에 대한 시도로 진행된다.

치료 중기 동안, 치료자와 환자는 치료에서 달성할 수 있는 변화량을 최대화하기 위해 문제의 초기 개념화의 정확성 여부를 지속적으로 평가한다. 치료자는 확인된 문제 영역과 관련된 환자의 논의를 유지해야 한다. 이것이 점점 어려워질 경우, 치료자는 환자와 함께 특정 문제 영역을 선택한 이유를 검토하고 치료 초점이 되는 문제의 수정 가능성을 논의할 필요가 있다.

회기는 일반적으로 환자가 문제 영역과 관련된 논의 주제를 선택하도록 권하면서 시작한다. 치료자는 환자가 논의를 먼저 시작하길 기다리거나 "우리가 지난주에 만난 이후 지난 한 주 동안 어떤 일이 있었나요?" 혹은 "이번 주 동안 기분은 어땠나요?"와 같이 이전 회기 이후에 어떤 일이 있어났는지에 관한 일반적인 질문을 하면서 해당 회기를 시작한다. 환자의 침묵 혹은 회기 시작의 어려움이 문제 영역과 관련되지 않는 한 해석은 하지 않는다. 예를 들어, 치료자는 다음과 같이 이야기하며 회기를 시작할 수 있다.

> 지난번 우리가 만났을 때, 우리는 남자 친구 건으로 어머니와 싸웠던 일에 대해 이야기를 나눴어요. 우리는 미래에 이런 상황에 대처하는 방법에 대해 논의했어요. 지난번 우리가 만난 이후로 여러 일이 있었을 거라 생각해요. 어떤 일이 있었는지 저에게 말할 수 있어요.

치료자는 보통 회기에서 나온 주제와 확인된 문제 영역 간의 관계를 요약하고 회기를 마무리한다.

치료 중기 회기의 초점은 대부분 치료 회기 밖에서 일어난 일에 둔다. 환자는 회기에서 논의된 사항 일부를 회기 밖의 상황에 적용하기 시작한다. 예를 들어, 환자는 치료자와 전략을 협상한 후 집에서 전략을 시도해 보고, 그다음 주에 성공이나 직면한 어려움을 보고할 수 있다. 치료자는 문제 및 개선점에 관한 더 좋은 관점을 얻기 위해 환자의 외부 기능을 관찰해야 한다. 이는 현재 학교 성적을 평가하기 위해 학교 상담 교사와 정기적으로 연락하기, 가정에서의 진행 상황을 평가하기 위해 가족과 연락하기를 의미할 수 있다. 환자의 대인관계에 대한 새로운 정보가 수집될 때마다 치료 초점의 수정이 필요할 수 있다.

치료자-환자 관계 활용

치료 중기 동안, 치료자는 환자를 향한 자신의 감정과 치료 진행 과정에 세심한 주의를 기울여야 한다. 이는 환자의 확인된 문제 영역이 대인관계 결손

일 경우 특히 그렇다. 치료자는 환자에 대한 자신의 반응을 관찰함으로써 환자의 대인관계에 대한 어려움을 더 잘 이해할 수 있다. 치료자의 역할은 회기 밖 대인관계에서 사용될 수 있는 전략과 회기 내에서 사용한 대인관계 전략을 연결하는 것이다. 치료자는 치료자–환자 관계 내에서 보이는 대인관계 스타일이 회기 밖에서 일어난 대인관계 스타일 및 문제와 관련될 경우에만 다룬다. 치료자와의 관계에서 일어난 대인관계 문제를 해결하여, 환자는 역할 놀이나 의사소통 명료화를 할 안전한 기회를 갖게 된다. 이 전략은 전이와 역전이를 다루는 것과 유사하다. 그러나 IPT는 특별히 치료자–환자 간 관계에 대한 치료이므로 정신역동적 심리치료와 다르다. 정신역동적 심리치료는 전이의 발달을 촉진시키지만, IPT는 이러한 전이 감정이 확인된 문제 영역 내의 어려움을 빠르게 논의하도록 이끈다. 따라서 감정은 이전보다 훨씬 더 분명하게 설명되고 현재의 대인관계 기능과 직접적으로 관련된다.

회기 내의 타인 참여

다른 가족원이나 중요한 타자에게 치료 중기 동안 한두 번 회기에 참여하도록 요청할 수 있다. 예를 들어, 역할 불화 사례의 경우 치료자는 협상에 도움을 주거나 관계에 대한 상대방의 기대를 명료화하기 위해 환자와 불화가 있는 사람에게 회기에 참여하도록 요청할 수 있다. 이는 환자가 집에서 관계를 협상하는 데 어려움을 겪는 경우에 특히 도움이 된다. 가족은 치료자와 함께 우울증과 치료 과정에 대해 논의한 치료 초기에 이러한 가능성을 이미 대비했다. 치료자는 치료 중기 회기에서 모든 참여자가 확인된 문제 영역에 초점을 두는지, 논의가 파괴적이기보다 건설적인지 예의주시해야 한다.

단기치료의 시간 틀 유지하기

치료 중기에서 가장 중요한 부분 중 하나가 치료의 중요한 측면인 단기치료의 시간 틀을 유지하는 것이다. 치료자는 시간 틀 내에서 치료 계획, 전략과 목표를 배치하고 앞으로 몇 회기가 더 남아 있는지 환자가 알 수 있게 한다. 연구자들은 단기치료가 지속됨에 따른 진행 속도의 변화에 관한 논문을 썼다. 이들은 어느 정도의 변화를 초래하는 단기치료의 가장 중요한 활동은 치료의 처음 8회기를 하는 동안 일어난다고 하였다(Garfield, 1986; Howard, Kopata, Krause, & Orlinsky, 1986).

치료를 완수하도록 환자를 돕기 위해 치료자는 행동 변화를 이루고 대인관계를 이해하는 데 있어 환자의 역할을 강조해야 한다. 치료 초기 회기에 비해 중기 회기가 좀 더 융통성이 있고 과정 중심적이지만, 분명한 목표가 있고 그것을 환자와 공유해야 한다. 치료 목표는 가능한 한 분명하고 명백하게 만드는 것이 중요하다. 치료 목표는 개선된 대인관계 기술을 계속 사용할 수 있도록 환자의 자신감을 최대화시키고 숙달감을 불어넣어 주는 것이다. 대인관계치료의 각 단계는 이전 단계를 기초로 이루어지고 치료자는 환자가 치료의 다음 단계를 준비하도록 도와야 한다.

치료 중기에 만나는 문제

환자가 제시하는 주변 자료 관리하기

회기에 지엽적인 정보가 나오고 중요한 주제가 회피되는 경우, 치료자는 논의되고 있는 것이 문제와 어떻게 관련 있는지 판단한 다음 환자의 주의를 환기시켜야 한다. 지엽적인 정보로 인한 사고 이탈이 나타날 경우, 치료자는 보다 적절한 정보로 초점을 전환하기 전에 환자와 논의해야 한다. 이 자료가 반드시 초기에 나오는 것은 아니기 때문에 관련성을 탐색할 시간을 두는 것이 중요하다. 환자가 확인된 문제 영역과 관련이 없는 정보를 실제로 제시할 경우, 치료자는 다음과 같이 이야기할 수 있다.

> 오늘 ○○ 님은 [주제]에 대해 이야기하고 있는 것 같네요. 저는 이것이 [확인된 문제 영역]에 대한 ○○ 님의 문제와 관련하여 지금까지 논의해 온 다른 문제와 어떤 관련이 있는지 잘 모르겠어요. 이 두 가지 주제가 어떻게 관련되어 있다고 생각되나요? 만약 둘이 관련이 없다면, 어떤 문제가 자신의 우울증과 좀 더 관련 있다고 보나요? ○○ 님의 우울증과 보다 더 관련 있어 보이는 주제로 초점을 맞춰 봅시다.

관련성을 명확히 하기 위해 치료자는 환자가 말하고 있는 이야기에 다시 초점을 맞추고 이전에 치료 초점을 둔 문제와의 관계를 탐색해야 한다.

환자가 처음에는 사소한 문제를 제시하고 나중에는 좀 더 관련성 있는 문제를 제시하는 경우는 드물지 않다. 반대로 환자가 논의에서 물러나 손을 떼고 자신의 우울증과 가장 관련 있는 문제 영역을 최소화하는 일도 드물지 않다. 이 두 가지 반응은 개인적인 자기개방에 대한 불편함, 문제에 대한 이해 부족과 치료 관계에 대한 불신에서 비롯될 수 있다. 이러한 경우, 치료 중기를 시작할 때 치료 계약을 수정하고 재조정할 필요가 있을 수 있다.

위기 관리

때로는 중요한 관계와 관련된 감정을 발견하고 파악한 결과로 위기가 발생한다. 환자와 중요한 타자 간의 의사소통이 증가함에 따라 감정이 격해질 수 있다. 동시에 환자의 우울증이나 분노가 행동화나 자살 사고로 이어질 수 있다. 치료자는 환자의 개방으로 인해 타인과 생겨날 수 있는 감정과 행동 혹은 논의한 결과를 예상하도록 환자를 도움으로써 이러한 위기를 예측하려고 노력하는 것이 중요하다. 치료자는 진술에 대한 가능한 반응, 개방에 대한 특정 반응을 다룰 수 있는 방법 그리고 이를 둘러싼 감정을 환자와 함께 검토해야 한다. 환자가 가능한 결과에 대해 준비를 하면, 어떠한 표현이나 행동도 덜 충격적이고 덜 혼란스러울 것이며 위기 상황이 촉발될 가능성도 줄어들 것이다. 이것이 실패하여 위기가 발생했을 때, 위기가 우선되고 즉각적인 치료 초점이 된다. 치료자가 위기와 확인된 문제 영역을 연결시킬 수 있다면 유익하겠지만, 항상 이런 연결이 즉각적으로 이루어지는 것은 아니다. 위기를 신속하게 해결하기 위해 당분간 회기를 더 자주 잡는다(자세한 설명은 제17장의 위기 관리 부분 참조).

치료의 대인관계 초점 유지하기

임상가가 보고하는 가장 공통적인 도전 과제 중 하나는 치료의 대인관계 초점을 유지하는 것이다. 이것은 부분적으로 약간 덜 구조화된 치료 중기 단계의 성격에 기인된 과제다. 임상가, 특히 지역사회 장면에 있는 임상가를 대상으로 한 연구에서 시간과 실천적 제약이 회기의 슈퍼비전과 진행 과정에 대한 기회를 종종 제한한다. 회기를 하기 전에 잠시 시간을 내어 이전 회기의 초점을 마음속으로 검토하고, 대인관계에 계속 초점을 맞추기 위해 치료 중기 회기에서 어떤 전략을 소개하고자 하는지 생각하는 시간을 가지라. 다음 질문을 스스로 해 보라. ① 오늘 문제 영역과 일반적으로 중기 회기와 관련된 과제와 목표가 달성되었는가? ② 우리의 논의가 문제 영역과 어떻게 관련되었는가? ③ 관련 목표를 향한 다음의 논리적 단계는 무엇인가? ④ 나는 남은 회기에서 청소년이 목표를 달성하도록 어떻게 도울 수 있는가? 마지막으로, 환자에게 회기의 초점, 문제 영역과 치료 과정이 어떻게 관련되는지 요약하여 제시해 주는 것도 치료 준수를 확인하는 또 다른 중요한 방법이다.

치료 과정에서 환자의 좌절 관리하기

치료와 변화는 쉽지 않다. 우리는 치료 초기에 동기가 매우 높은 환자가 변화 속도, 작은 단계의 필요성, 변화에 필요한 노력으로 인해 좌절하는 모습을 보이는 것을 자주 발견하였다. 이는 환자의 가족에게도 해당된다. 치료자는 환자와 가족을 위해 매우 작은 변화와 개선에 대해서도 강조할 필요가 있다. 의사소통 방식의 아주 작은 변화가 증상과 기능에 좀 더 실질적인 변화를 가져올 수 있다는 것을 환자에게 반복해서 설명해야 한다. 또는 치료 중기는 보통 변화에 대한 저항이 좀 더 두드러지는 시기다. 치료자는 이에 대해 알고 있어야 하고 저항이 일어나는 동안 어떠한 저항이라도 탐색해야 한다. 이와 관련된 문제는 우울한 청소년 치료에서의 임상적 문제에 관한 제15장에서 자세히 논의할 것이다.

요약

치료 중기 동안, 치료자는 특정 문제 영역으로 치료 초점을 좁히고, 전략을 만들도록 돕고, 환자의 문제를 명료화하고 해결하도록 하는 기술의 적용을 제안한다. 치료자와 환자는 청소년을 위한 방향과 지지를 제공하는 일에 협력하여 함께 적극적인 역할을 한다. 개념화된 전략은 회기 안과 밖 모두에서, 부모와 같은 중요한 타자의 참여를 필요로 할 수 있다. 목표가 설정되고 개입이 실행됨에 따라, 12주의 치료 기간 동안 치료 기대를 유지하도록 강조해야 한다. 환자의 자신감이 증가하도록 관찰된 변화를 지속적으로 검토하는 것도 중요하다. 문제 파악 과정을 조명하고, 문제를 명료화하고, 전략을 만들고, 문제 해결 전략을 적용하고, 대인관계 자신감을 높이고, 기능을 향상시키는 기술을 습득할 수 있도록 환자 교육을 치료의 각 단계마다 전체에 걸쳐 지속한다. 치료자는 치료 중기의 종료 시점과 종결 단계의 시작 시점에서 환자와 함께 이러한 단계를 검토하여, 미래 상황에서 환자가 대인관계 문제 해결 기술을 독립적으로 사용하도록 돕는다.

제9장에서는 IPT-A에서 사용되는 기술에 대한 상세한 설명과 이 기술을 예시하기 위한 사례를 제공한다. 제10~13장에서는 IPT-A의 네 가지 잠재적인 문제 영역, 즉 애도, 대인관계 역할 불화, 대인관계 역할 전환과 대인관계 결손에 초점을 맞춘다. 이러한 각 문제 영역과 관련된 구체적인 치료 과제를 설명하고 논의한다.

제9장

치료 기술

IPT-A에서 사용하는 기술이 특별하지 않다는 것을 마음에 새겨야 한다. 이 기술들은 다른 치료에서도 활용된다. 그렇지만 IPT-A에서 확인된 문제 영역에 그것을 적용하는 방식은 특별하다. 이 장에서는 IPT-A 치료에서 활용되는 다양한 기술에 대해 설명한다. 설명의 목표는 독자에게 기술에 대한 이해를 제공하고 그것이 특별히 청소년에게 활용될 때 있을 수 있는 문제를 다루기 위해서다. 이에 많은 기술의 예를 제공한다.

탐색 기술

IPT-A는 비지시적 및 지시적 탐색 기술을 조합하여 사용한다. 간단히 말해, 비지시적 탐색에서는 열린 질문 혹은 특정 의도가 없는 비지시적 진술을 사용한다. 이러한 기술은 지지적인 인정, 환자와 논의하려는 주제의 확장과 수용적인 침묵이다. 그러나 이런 기술로만 한정되지는 않는다(Weissman et al., 2000). 각 기술은 치료자가 회기에서 자신의 안건을 환자에게 주입하지 않고 환자 자신의 아이디어, 통찰, 감정이나 이론을 지속적으로 탐색하도록 격려하는 방식으로 구성되어 있다. 지시적 탐색 기술에는 좀 더 목표 지향적인 질문하기와 면담이 포함된다. 지시적 탐색의 예는 환자의 우울 증상과 대인관계 목록에 초점을 둔 임상 면담이다. 치료자는 질문이 생산적인 방향으로 나아가도록 현재의 치료 목표를 염두에 두어야 한다.

탐색 기술은 언제, 누구에게 사용하는가

치료자가 어떤 기술을 사용할지 결정할 때는 달성하려는 치료 목표, 치료 단계, 특정 환자의 성격과 스타일을 고려해야 한다. 비지시적 탐색 기술은 치료자가 제한된 정보를 가지고 있거나 특정 가설이 없는 영역을 탐색하고자 할 때 가장 유용하다. 비지시적 기술은 치료적 관계를 형성하면서 환자가 사랑과 존중을 느끼도록 하기 위해 치료 초기에 간헐적으로 사용하면 유용하다. 지시적 기술은 특정 목표와 목적에 도달하기 위해 시간이 제한된 단기치료에서 매우 중요하다. 지시적 기술은 치료 목적의 달성, 환자의 안전 보장 혹은 환자의 임상 상태를 명료화하기 위해 특정 유형의 정보가 필요할 때 사용된다.

비지시적 기술은 말을 잘하고, 통찰력 있고, 체계적이고, 스트레스에 쉽게 압도되지 않는 환자에게 가장 효과적이다. 심하게 우울하거나 감정 관리가 어려운 환자에게 불안을 유발하고 혼란스럽게 하는 비지시적 기술을 사용할 때 내재된 구조 및 방향의 결여를 보일 수 있다. 논리적이지 못한 환자나 삶이 혼돈스러운 환자는 구조의 결여로 인해 '길을 잃어버릴' 수 있다. 그리고 환자는 어떤 스트레스원이나 위기에 대한 주제에서 다른 주제로 점프하여 비생산적인 시간을 보낼 수 있다. 이런 유형의 환자에게 지시적인 탐색 기술을 사용하면 더 많은 혜택을 보게 할 수 있다.

청소년을 위한 특별한 문제

청소년은 자신의 삶의 모든 과제와 관계에서와 같이, 치료 상황에서 통제감과 숙달감을 느끼고 자신의 이야기가 경청되는 기회가 필요하다. 비지시적 기술은 청소년에게 회기 일부를 이끌어 가게 하는 기회를 제공하고, 그로 인해 치료 과정에서 청소년이 존중감과 영향력을 느끼도록 도와준다. 동시에 청소년에게 명확한 구조를 제공해야 한다. 청소년은 지금 이 순간에 살고 있다. 청소년은 어느 날은 아무 말도 하지 않기도 하고, 어느 날은 이야기할 사건을 아주 많이 가지고 상담실에 오기도 한다. 많은 사건이 치료 과정과 어떤 식으로든 관련 있을 수는 있지만, 이런 사건을 하나하나 자세히 듣는 것은 어떤 치료 회기에서는 좋은 부분이 될 수도 있고, 치료를 시작할 당시에는 청소년의 기분을 우울하고 혼란스럽게 만들 수도 있다. 청소년에게 치료 과정은 매우 낯설고 위협적일 수 있다. 적절할 때 치료자가 치료의 구조를 제공하고 지시적인 기술을 사용하면, 치료 과정의 애매함을 제거하는 데 부분적으로 도움을 주고 청소년이 치료 과정에서 느낄 수 있는 혼란을 줄이는 데 도움이 된다.

실행의 공통 과제

내가 치료 방향을 이끌려고 노력하고 환자에게 직접적으로 질문할 때, 환자는 "네."와 같은 단답식이나 "모르겠어요."와 같은 말로 대답해요. 만약 내가 환자가 이야기하도록 그대로 두면, 환자는 마음에 둔 어떤 이야기든 계속 말해요. 환자는 '속마음을 털어놓은 것' 같다고 말하지만, 내가 다시 치료 방향을 이끌어 가려고 하면, 환자는 더 시무룩해지고 짜증을 내는 것 같아요. 이런 상황을 어떻게 다루어야 하나요?

이는 흔히 경험되는 딜레마다. 특히 비지시적 지지치료에 익숙한 치료자에게는 더욱 그러하다. 생산적인 방식으로 치료를 진행하면서 환자가 이야기하도록 허용하고 환자와 관계를 형성하는 것은 섬세한 균형이 필요하지만, 이 균형은 매우 중요하다. 많은 치료자는 이러한 균형을 잡는 방법을 찾게 되면 치료가 훨씬 생산적으로 느껴지고, 그저 '오늘의 위기'를 넘겼다기보다 실제로 무언가를 달성했다고 말한다.

다소 저항적인 청소년 환자와 이러한 균형을 잡으려 할 때 치료자가 할 수 있는 것은 많다. 먼저, 비지식적 탐색을 계속 사용하여 청소년이 자신의 마음을 나눌 수 있는 시간을 주는 동시에 이 논의에 대한 적절한 구조를 제공한다. 예를 들어, 치료자는 다음과 같이 이야기할 수 있다.

> 여기에 올 때 마음에 많은 것이 있었을 것 같아요. 자신의 이야기를 할 수 있을 때까지 우리가 세운 목표를 작업하기는 어려워요. 각 회기를 시작할 때마다 5분 동안 시간을 내어 자신의 하루 일과를 이야기하고 ○○ 님의 마음을 제가 알 수 있도록 해 주세요. 그렇게 하면 저는 우리가 함께 작업하고 있는 것을 떠올려 보고 ○○ 님이 이야기한 내용이 목표와 어떻게 관련 있는지 혹은 없는지 살펴볼 거예요.

치료자가 묻는 질문의 유형에 주의를 기울이고 지시적인 탐색을 하는 중에 열린 질문을 계속 사용하는 것이 중요하다. 열린 질문을 사용하면 환자가 단답식으로 반응하여 대화를 중단하기 어렵다.

감정 격려

감정 격려는 환자가 자신의 다양한 감정 상태를 표현하고, 이해하고, 관리하도록 돕기 위해 사용되는 다양한 기술을 말한다. 감정 격려에는, ① 사건이나 문제에 대한 고통스러운 감정의 수용과 인정 촉진시키기, ② 환자가 대인관계를 변화시키기 위해 정서적 경험을 사용하도록 돕기, ③ 성장과 변화를 촉진시킬 수 있는 새롭고 바람직한 감정을 개발하도록 장려하기가 포함된다(Weissman et al., 2000). IPT-A에서 핵심 개념은 감정이 발생하는 대인관계 맥락과 개인의 감정 상태를 연결하는 것이다. 이는 IPT-A 치료 모든 과정에 걸쳐 발생하고 치료 변화 과정에 필수적이다. 좀 더 구체적으로 말하면, IPT-A 치료자는 청소년에게 영향을 미치는 대인관계 사건과 감정 상태 및 경험을 항상 경청하고 이를 연결하는 언급을 한다. 한두 가지 감정이 치료 주제가 될 때, 치료자는 감정을 대인관계 상호작용의 다른 차원과 연결하는 작업을 한다.

이 범주의 기술은 치료 과정에 걸쳐 다양한 형태를 취한다. 감정 격려와 관련된 한 가지 특정 IPT-A 기법은 '우울증 사이클(depression circle)'이다. 치료 초기가 끝날 무렵, 치료자는 청소년과의 면담에서 대인관계 사건과 청소년의 정서 경험, 특히 우울한 기분 간의 관계를 도식적 표상으로 묘사하기 위해 우울증 사이클을 만든다. 우울증 사이클은 청소년의 특별한 경험을 들려주고 우울증 사이클을 끊기 위해 개입해야 할 부분을 설명하는 데 도움을 준다. 그런 다음 치료하는 동안 이 사이클을 주기적으로 사용하여 양상의 반복을 강조하고, 변화가 필요한 잠재 영역을 파악하고, 사이클이 바뀔 때 생기는 개선 사항을 문서화할 수 있다. [그림 9-1]은 우울증 사이클의 예다. 치료자는 청소년에게 다음과 같이 설명할 수 있다.

> 제리, 이 사이클은 우리가 지난 몇 회기 동안 함께 나누었던 양상을 나타내요. 이는 제리의 우울하고 화난 감정과 여러 우울 증상이 제리의 삶에서 발생한 대인관계 사건과 어떻게 관련 있는지 보여 줘요. 맨 위에서부터 시작하여, 제리의 아버지는 2년 전에 제리와 제리의 어머니를 떠났어요. 제

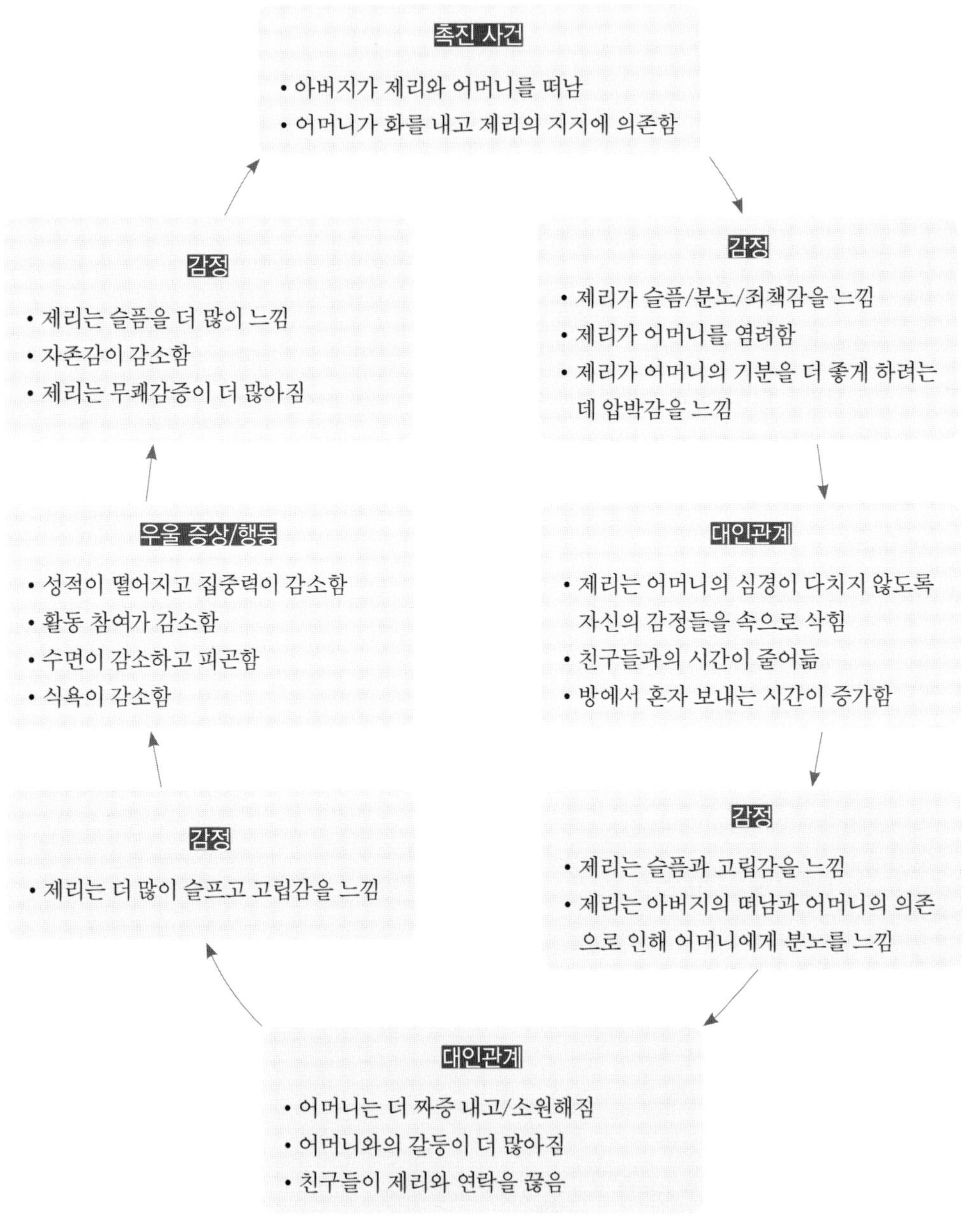

[그림 9-1] 제리의 우울증 사이클

리의 어머니는 매우 화가 났고, 제리의 지지에 의존하며 많은 집안일을 하며 지냈어요. 아버지가 떠난 일로 제리는 화가 나고 슬펐어요. 제리는 자신이 무슨 잘못을 했을지도 모른다는 죄책감도 느꼈어요. 그러나 어머니가 스트레스로 압도당할까 봐 염려되어 자신의 감정을 속으로 삭혔어요. 제리는 친구들과 보내는 시간이 줄었고 혼자 지내는 시간이 많아졌어요. 이런 시간 때문에 고립감과 슬픔을 더 많이 느끼게 되었고 사람들과도 멀어졌어요. 게다가 집안일을 더 많이 해야 했고 '어머니를 매우 염려해야' 해서 어머니에게 화가 나기 시작했어요. 어머니는 제리가 멀어져 가는 것같이 느껴졌고 더 짜증스럽고 서먹서먹하게 되었어요. 제리의 친구들은 제리가 친구들과 함께 시간을 보내는 것에 관심이 없는 것 같아 연락을 끊었어요. 이로 인해 더 우울하고 고립감을 느끼게 되었어요. 제리의 성적도 떨어졌고요. 부분적으로 제리의 우울감 때문에, 평소에 즐겼던 활동에서도 멀어졌어요. 학업의 어려움이 제리 자신을 더 나쁘게 느끼도록 했고 즐겁게 했던 일들을 하지 않아 고립감이 더 깊어졌어요. 제리는 친구와 가족과 함께 살면서 일어난 일들이 우울증과 관련 있다고 생각하나요? 동의하지 않는 부분이 있나요? 우울증 사이클에 더 추가하고 싶은 내용이 있나요? 제가 이 사이클을 통해 제리에게 보여 주고 싶은 것은 사이클의 양상에 변화를 시도하여 계속 순환하지 않고 제리의 기분이 달라지게 할 수 있는 여러 부분이 있다는 거예요.

같은 회기와 그 이후 회기에서 청소년이 자신의 언어로 우울증을 설명하도록 하는 것이 바람직하다.

감정 격려는 언제, 누구에게 사용하는가

감정 표현을 격려하는 기술은 언제 사용할 것인가? 시기를 고려해야 하는 몇 가지 문제가 있다. 첫째, 치료자는 감정 표현에 대한 자신의 목표에 관한 분명한 생각이 있어야 한다. IPT-A는 일반적으로 아무런 구조나 최종 목표 없이 단순히 감정을 표현하는 것이 유익하다는 개념을 지지하지 않는다. 감정 표현이 감정과 그것이 대인관계에 미치는 영향에 대한 더 큰 이해로 이끌어야 한다. 둘째, 치료자는 자신의 감정 표현을 자제할 수 있고 필요할 때마다 그것을 조절할 수 있는 청소년의 능력을 고려해야 한다. 어떤 청소년은 이러한 경험에 압도되거나 혼란스러워질 수 있다. 이는 감정 표현에 대한 청소년의 반응을 관리하도록 돕는 적당한 지지 체계가 부족한 청소년들이 특히 그러하다. 이런 경우 치료자는 천천히 진행해야 하고, 감정의 심화를 방지하기 위해 효과적인 의사소통 전략을 포함한 기술 훈련과 감정 표현을 결합해야 한다.

청소년이 대안 혹은 보다 긍정적인 정서 경험을 개발하고 인식하도록 돕기 위해 치료자는 '감정 훈련'이라 불릴 수 있는 작업을 해야 할지도 모른다. 이 훈련에는 환자가 대인관계 경험 맥락 내에 있는 자신의 감정을 파악하도록 가르치는 일이 포함된다. 어떤 치료자는 다양한 감정 상태가 묘사되어 있고 사람들이 언제 이런 감정을 경험할 수 있는지 논의하기 위해 '감정 카드'를 사용한다. 이로 인해 청소년은 자신이 이런 감정을 경험했을 때와 그것을 느낄 때 어떻게 행동하는지에 대해 논의한다. 어떤 청소년은 최소한의 훈련이 필요하지만 어떤 청소년은 회기마다 반복하는 좀 더 광범위한 훈련이 필요하다.

청소년을 위한 특별한 문제

저자들의 경험에 따르면, 보통 감정 경험과 관련해 두 가지 유형의 청소년이 있다. 먼저, 자신의 감정을 강렬하게 경험하고 그 감정을 쉽게 표현할 수 있는 청소년이 있다. 감정은 청소년의 감정 상태와 관련될 수 있는 생활 사건, 특히 대인관계에 대한 이해로 국한된다. 이러한 청소년은 치료자의 상담실로 들어와 자신의 감정을 쉽게 표현하지만, 종종 이런 감정이 어디에서 오는지 모르며 감정이 갑자기 나타난 것으로 경험한다. 자신의 감정과 관련하여 어떤 사건이 일어났는지에 대한 질문에 대해 청소년은 보통 멍하게 표현한다. 청소년은 사건을 회상하는 데 어려움을 겪고 심지어 자신의 감정과의 관련성을 이해하는 데 훨씬 더 어려움을 겪는다. 이런 청소년은 감정을 '통제할 수 없는 것'으로 경험한다.

다른 유형의 청소년은 치료자에게 지난날이나 일주일 동안 일어났던 모든 사건에 대해 자세하게 설명할 수는 있으나 자신이 어떤 정서적 경험을 했는지는 전혀 언급하지 않는다. 이런 청소년은 어떤 사건이 일어나는 동안 어떻게 느꼈는지를 묻는 질문에 대해 "모르겠어요." "좋아요."라고 대답하거나 어깨만 으쓱할 수도 있다. 이런 유형의 경우, 청소년이 상황에서 어떻게 행동 반응을 했는지 묻고 나서 그 행동과 가장 관련 있는 감정이 무엇인지 물어보는 것이 도움이 된다. 예를 들어, 청소년이 아버지와 말다툼을 하고 어떤 기분을 느꼈는지 물었을 때 "괜찮아요. 전 신경 안 써요."라고 말했다. 그러나 말다툼이 끝난 후에 어떤 행동을 했는지 물었을 때는 자기 방으로 들어가 주먹으로 베개를 쳤다고 했다. 그러자 치료자는 "사람들이 말다툼을 하고 난 후 여러 차례 베개를 칠 때 보통 어떤 감정을 느낄까요?"라고 묻는다. 청소년이 '분노'를 느낀다고 자발적으로 말하거나 치료자가 "일반적으로 사람들이 베개에 주먹을 날릴 때 보통 화가 나거나 분노를 느낍니다." "저는 만일 ○○ 님이 말다툼을 하고 난 후에 화가 났는지, 그 화가 결국 우울로 바뀌었는지 궁금해요." 라고 말하면서 그 감정에 이름을 붙이도록 도울 수 있다. 청소년에게 감정과 거리를 두고 '사람들'에 대해 이야기하게 하면, 처음으로 자신의 감정을 인정하기가 더 쉬워진다. 이상의 두 유형의 청소년을 위한 감정 격려에는 감정 인식하기 및 명명하기 교육과 감정 표현을 촉진시키기 위한 표준 치료 기법 사용이 포함된다.

의사소통 분석

의사소통 분석의 목적은 환자의 의사소통이 비효과적이고 의사소통의 목적을 달성하지 못하고 실패하는지 파악하는 것이다. 이 기술의 목표는 환자의 명료성과 방향성을 높여 더 효과적으로 의사소통을 하도록 가르치는 것이다. 치료자는 언어 교환으로 생성된 감정과 말로 전달되는 감정을 비교하여, 청소년 자신이 한 표현이 다른 사람에게 미치는 영향을 이해하도록 돕는다.

비효과적인 의사소통의 다섯 가지 유형이 파악되었는데, 이는 개입할 수 있는 영역으로 구성되어 있다. 환자는 ① 솔직한 직면을 사용하기보다 모호하고 간접적이며 비언어적인 의사소통을 사용할 수 있고, ② 부정확한 가정을 유지하고 이를 통해 의사소통할 수 있으며, ③ 간접적인 언어적 의사소통을 불필요하게 사용할 수 있고, ④ '침묵'(청소년과 부모에게 보통 '침묵치료'로 설명됨)으로 의사소통을 차단할 수 있으며, ⑤ 상호작용하는 사람으로부터 적대적이거나 수동적인 반응을 이끌어 내는 적대적인 의사소통을 사용할 수 있다(Weissman et al., 2000).

의사소통 분석에는 환자와 타인 간에 발생한 특정 대화나 말다툼에 대한 철저한 조사가 포함된다. 물론 치료자는 이러한 상호작용의 세부 사항에는 관여하지 않고 환자의 보고와 기억에 의존해야 한다. 이와 같이 IPT-A 치료자는 환자가 치료 회기에서 상호작용을 재현할 수 있도록 돕는 데 능숙해야 한다. 여기에는 특별하고 중요한 상호작용을 파악하도록 환자를 돕고 환자의 회상을 격려하고 상호작용의 모든 차원(예: 언어적 및 비언어적 의사소통, 기분, 반응 양상)을 포함한 자세한 세부 사항에 대해 보고하는 것이 포함된다. 만약 환자가 이에 자동적으로 숙련되어 있다면 의사소통 분석의 도움이 필요하지 않을 것이다. 따라서 치료자는 상당한 양의 촉구하기와 단서 주기를 해야 할 필요가 있다. 의사소통 분석의 목표는 환자가, ① 환자 자신의 말이 타인에게 미치는 영향, ② 언어적 및 비언어적 의사소통으로 전달되는 감정, ③ 언어적 혹은 비언어적 의사소통으로 생겨난 감정을 이해하도록 돕는 것임을 명심하라. 치료자는 의사소통 분석을 사용하여 이 장의 앞부분에서 설명한 우울증 사이클의 중요한 부분을 구성하는 부정적이거나 비효과적인 의사소통 사이클을 끊을 수 있다는 희망을 가진다. [그림 9-2]는 효과적인 의사소통이 우울증 사이클을 어떻게 막을 수 있는지를 개략적으로 나타낸 것이다. 의사소통 분석에서는 대안적 의사소통 전략을 가르치는데, 이는 ① 기분과 의견을 직접적으로 전달하기, ② 공감 사용하기(예: 주고받기), ③ 타인의 관점으로 보기 위한 역지사지의 태도 취하기다. 의사소통 분석은 다음 절에서 논의되는

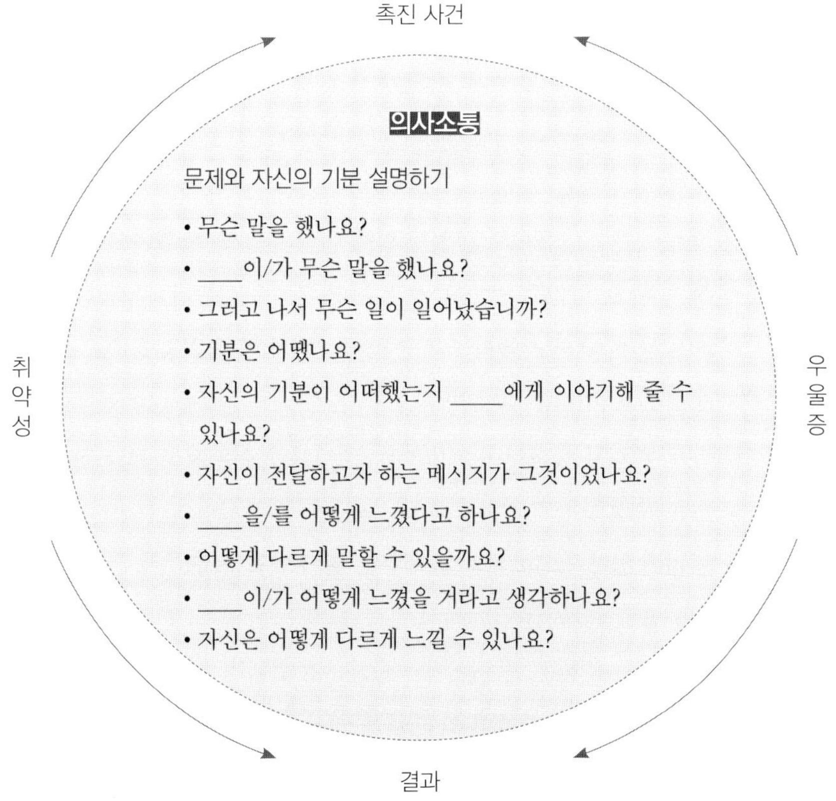

[그림 9-2] 의사소통 기능 분석

개별 진술과 행동 변화 기술로 의사소통을 정밀하게 분석하기를 포함한다.

사례

다음은 치료 중기 단계에서 시행된 의사소통 분석의 예다.

치료자: 메리, 우리는 메리의 엄마와 메리의 관계에 대해서, 그리고 엄마가 다른 십 대들처럼 영화를 보러 가거나 친구 집에 놀러 가도록 내버려 두지 않기 때문에 엄마가 메리를 신경 써 주지 않는다는 것에 대해서 이야기를 나누었어요. 지난 한 주 동안 메리와 엄마가 어떤 어려움을 겪었는지 궁금해요.

환 자: 우리는 항상 문제가 있어요.

치료자: 지난주 동안, 메리가 엄마와 말다툼을 했던 특정 시간을 기억할 수 있나요?

환 자: 이틀 전이에요.

치료자: 엄마와의 말다툼에서 있었던 일에 대해 가능한 한 많은 이야기를 해 주세요. 누가 무슨 말을 했고 어떤 행동을 했는지, 언제 일이 일어났는지, 그리고 메리의 기분은 어땠는지 이야기해 주세요. 우선 말다툼은 어떻게 시작되었나요?

환 자: 친구 메리가 통화하고 있었는데, 엄마가 들어와서는 제가 집안일을 아무것도 하지 않았다고 막 소리치기 시작했어요.

치료자: 메리의 엄마가 고함치기 전에 무슨 일이 있었나요?

환 자: 아니요. 엄마는 퇴근해서 집으로 들어오자마자 고함치기 시작해요. 항상 제게요. 엄마는 제가 통화하고 있다는 걸 알았어요. 엄마는 절 당황하게 만들어요. 엄마는 그냥 제가 친구랑 사귀는 게 싫은가 봐요.

치료자: 그렇군요. 엄마가 방으로 들어왔을 때, 메리는 엄마에게 정확하게

무슨 말을 했나요?

환 자: 엄마는 절 쳐다보지도 않았어요. 제가 주방도 치우지 않았고 학용품이 거실에 어질러져 있다고 소리치기 시작했어요. 그러고는 전화를 끊으라고 말했어요.

치료자: 좋아요. 제가 지금 메리에게 원하는 것은 메리와 엄마가 서로 다르게 말한 부분을 저에게 이야기해 주는 거예요.

환 자: 정확하게 기억이 나지 않아요.

치료자: 저는 메리가 최선을 다해 주길 바라요. 메리가 기억할 수 있는 최선을 다해 이야기해 주세요.

환 자: 네, 알겠어요. 엄마는 "메리, 전화로 뭘 하고 있니? 집이 아주 엉망이야. 주방도 치우지 않았고 거실에 어질러져 있는 책이랑 신발 좀 봐. 전화 끊고 여기 주변 좀 치워!"라고 했어요.

치료자: 그래서 기분이 어땠나요?

환 자: 친구와 정말 좋은 대화를 나누고 있어서 기분이 좋았거든요. 그런데 엄마가 들어와서 다 망쳐 버렸어요. 엄마는 항상 제가 아무것도 하지 않는다고 말해요.

치료자: 엄마에 대한 반응으로 메리는 무슨 말을 했나요?

환 자: 전 엄마에게 끊을 거야라고 말했지만…… 끊지 않았어요. 친구랑 계속 이야기를 나누고 싶었거든요.

치료자: 메리가 했던 말을 정확하게 기억할 수 있나요? 그 말을 어떻게 했는지 저에게 똑같이 말해 주세요.

환 자: "좋아, 알았어, 전화 끊을 거야."라고 말했던 것 같아요. 하지만 엄마가 방을 나갈 때까지 전화를 끊지 않았어요.

치료자: 메리는 엄마의 기분이 어떨 거라고 생각하나요?

환 자: 엄마가 무엇을 원하는지 신경 쓰지 않아요.

치료자: 그리고 엄마는 그다음에 무슨 말을 하거나 어떤 행동을 하셨나요?

환 자: 엄마는 절 쳐다봤어요. 그리고 음…… 저는 전화를 끊고 제 물건을 주워서 제 방으로 왔어요.

치료자: 엄마에게 그 외 다른 말은 하지 않았나요?

환 자: 아니요. 우리는 저녁 내내 말을 하지 않았어요. 전 그냥 엄마를 없는 사람처럼 대했어요.

치료자: 지금 우리가 하려는 것은 되돌아가서 모든 상황의 결말을 다르게 만들고 다르게 느낄 수 있도록 하기 위해 메리가 다르게 말할 수 있는 것이 있는지 살펴보는 거예요. 엄마가 집에 와서 전화를 끊으라고 했을 때, 메리는 다른 대화나 기분으로 이끌어 갈 수 있으려면 어떤 말을 할 수 있었을까요?

환 자: 짜증 내지 않고 알았어라고 말했을 수 있었어요. 그리고 바로 전화를 끊을 수도 있었겠죠.

치료자: 그것이 시작이지만 일어났던 모든 일이 달라질지 확신할 수는 없네요. 메리가 그렇게 말했더라면 기분이 어땠을까요?

환 자: 아마 제가 느꼈던 것과 같겠죠. 글쎄요, 엄마가 스트레스를 준다고 나쁘게 느끼지 않았을 것 같아요. 하지만 엄마가 절 나무라고 전화를 끊게 만들어서 화를 냈을 겁니다.

치료자: 그럼 메리는 또 어떤 다른 말을 할 수 있었을까요?

환 자: 음. 제가 통화를 하고 있는 동안은 엄마에게 말할 수 없었을 거예요.

치료자: 그러니까 전화를 끊고 난 후에 엄마에게 또 어떤 다른 말을 할 수 있었을까요?

환 자: 일단 엄마가 마음을 가라앉히겠죠. 엄마가 힘든 하루를 보냈다는 걸 알고 주방을 치우지 않아 미안하다고 말할 수 있지만, 난 오늘 이미 집안일을 많이 했고 잠시 친구랑 이야기하고 싶었을 뿐이라고 말할 수 있을 거예요. (공감)

치료자: 제가 엄마인 것처럼 그렇게 말해 주세요.

환　자: 엄마가 오늘 힘든 하루를 보낸 거 알아. 그리고 집에 왔을 때 주방이 엉망이어서 속상하게 한 거 미안해(다른 사람의 관점으로 바라보기). 하지만 내가 청소했던 걸 엄마가 눈치채지 못해서 좀 화가 났어. 전화 끊고 나서 주방을 치우려고 했어. 난 에리카와 잠깐 이야기를 좀 하고 싶었어. 내가 에리카에게 다시 전화해서 대화를 마무리할 수 있을까? 그리고 나서 나머지를 정리할게.

치료자: 그렇게 말했다면 메리와 엄마는 어떻게 느꼈을까요?

환　자: 제 생각엔 제가 기분이 좀 나아졌을 것 같아요. 제가 엄마의 기분을 이해했던 것만큼 엄마도 기분이 좋아졌을 것 같아요.

치료자: 엄마가 어떤 반응을 했을 거라고 생각하나요?

환　자: 아마도 다시 전화해도 괜찮다고 말했을 것 같아요. 적어도 제가 청소한 부분에 대해서는 잘했다고 말했을 것 같아요. 아마 고함친 것에 대해 사과했을 수도 있겠죠.

의사소통 분석은 언제, 누구에게 사용하는가

의사소통 분석은 많은 청소년에게 매우 유용한 도구다. 가장 일반적으로 의사소통 분석은 치료자와 환자가 해당 문제 영역의 특정 목표를 다루는 치료 중기에 사용된다. 의사소통 분석은 특히 역할 불화 문제가 있는 경우, 문제 영역을 명료화하려고 대인관계 목록을 작성하는 동안에도 유용할 수 있다. 그러나 초기 단계는 치료자가 의사소통에 개입하는 단계로 나아가지 않고 청소년의 기분과 의견을 전달하는 의사소통 스타일에 관한 특정 정보를 수집할 때이므로, 이 기술을 신중하게 사용해야 한다. 문제 영역이 서로 합의되고 분명한 목표와 목적이 설정되는 중기 단계까지 개입을 미룬다. 의사소통 분석은 모든 문제 영역에 유용한 전략이 될 수 있다. 그러나 비효과적인 의사소통, 특히 빈약한 협상 기술의 결과로 환자와 중요한 타자 사이에 많은 어려움이 생기기 때문에 의사소통 분석은 역할 불화에 특히 유용하다.

청소년을 위한 특별한 문제

'그가 이런 말을 했대, 그녀가 이런 말을 했대.'와 같이 전형적인 십 대를 연상시킬 수 있는 의사소통의 분석은 많은 청소년에게 비교적 쉽게 다가갈 수 있고 오락성도 있다. 그러나 청소년이 타인에 대한 상호작용의 특정 세부 사항에 주의를 기울이는 데 익숙하지 않기 때문에 상호작용의 구체적인 세부 사항을 탐색하는 것은 좌절감을 일으킬 수 있다. 이러한 탐색도 훈련이 필요하다. 나이가 더 어리거나 인지적으로 좀 더 구체적인 청소년의 경우는 그들의 머릿속에 있는 모든 정보를 추적하기 어렵다. 각자가 했던 말과 상황에서 자신의 감정을 나타내는 도형(혹은 더 어린 청소년의 경우 만화)을 그리는 것도 유용할 수 있다.

실행의 공통 과제

> 제 환자는 논의해야 할 특정 상호작용을 절대로 생각해 낼 수 없었어요. 혹은 환자가 무언가를 떠올렸을 때도 그 내용은 막연하고 어떤 구체적인 것도 말할 수 없어요. 이런 경우 의사소통 분석을 어떻게 할 수 있을까요?

이런 환자는 어려울 수 있다. 창의력을 발휘하라. 그리고 물러서서 상호작용의 부분(예: 언어적 및 비언어적)과 구체적인 내용에 주의를 기울이는 방법과 같은 기본 기술을 먼저 가르칠 수 있음을 기억하라. 치료자는 좀 더 즉각적으로 정보를 기록할 수 있도록 환자를 위한 추적 방법을 고안해야 한다(이 장 뒷부분의 '부수적인 기술' 참조). 치료자는 환자의 도움을 받아 질문 목록을 만들 수 있다. 그 목록을 가지고 환자와 상호작용하면 보다 즉각적으로 환자가 대답할 수 있다. 또 다른 대안은 치료자와 환자 간의 상호작용을 사용하여 시작하는 것이다. 이 대안은 상호작용의 모든 구체적인 내용을 알 수 있는 이점이 있다. 환자가 주중에 일어나는 사건을 더 잘 보고하는 보고자가 되는 방법을 배울 수 있도록 하기 위해 치료자는 상대적으로 간단한 상호작용을 교수 도구로 사용할 수 있다.

행동 변화 기술

지시적 기술

행동 변화를 위한 지시적 기술은 교육, 조언, 제한 설정과 모델링이다(Weissman et al., 2000). 이 기술은 덜 적극적이고 환자 중심적인 개입과 균형을 이루어야 한다. 청소년에게 지시적 기술을 사용할 경우 특히 중요하다. IPT−A의 교육 목적은 청소년의 지식, 역량과 기술을 쌓기 위함이다. 치료자는 청소년이 지닌 대인관계 문제와 대인관계 기술의 강점을 파악하여 목적을 달성한다. 조언은 청소년에게 보다 직접적으로 제안하는 것이다. IPT−A 치료자는 단기치료에서 특히 치료자에게 의존하는 것을 피하기 위해 조언을 최소한으로 사용하도록 유의해야 한다. 모델링은 다양한 방식으로 행동 변화를 장려하기 위해 사용된다. 치료자는 정서 표현, 효과적인 의사소통, 의사결정 전략과 더불어 여러 유용한 대인관계 기술의 모델이 될 수 있다.

사례

라나는 3년 동안 기분부전증을 앓고 있는 16세 청소년이다. 라나는 대인관계에서 소극적이고 학대에 매우 취약한 편이다. 치료 초기에 치료자는 라나가 친구들의 영향을 받아 할머니의 돈을 훔쳐 온다는 사실을 알게 되었다. 라나는 할머니와 매우 피상적인 관계를 맺고 있었다. 이때 치료자는 보다 직접적인 개입이 필요하다고 느꼈다.

치료자: 지난 4주 동안, 우리는 여기에서 라나의 대인관계에 대해 상당히 많은 이야기를 나누었어요. 라나는 자신의 삶에서 일어나는 일에 대해 어떤 선택권도 없고 아무것도 할 수 없을 것 같은 기분을 자주 이야기했어요. 이것은 라나의 우울증의 한 부분입니다(교육하기). 우리가 함께했던 첫 회기를 다시 더듬어 보면, 저는 라나에게 사람들이 우울할 때, 특히 라나의 경험처럼 꽤 오랜 시간 동안 우울할 때, 사람들은 자신의 삶에서 어떤 것도 바꿀 수 없다는 무망감을 느낀다고 설명했어요. 사람들은 지금 이대로 모든 것이 그대로 있어야 할 것처럼 느끼고 어떤 일을 하든 아무것도 변하지 않을 것 같다고 느껴요. 라나도 가끔 이런 느낌이 드나요?

환 자: 항상 그래요.

치료자: 저는 또한 라나가 정말 친구를 사귀고 싶어 하고 친구를 어떻게 사귀어야 할지 그 방법을 잘 모른다는 느낌이 들어요. 라나는 불편하더라도 친구들에게 무언가를 꼭 해 주어야 한다고 생각하는 것 같아요. 왜냐하면 그것이 사람들과 라나가 친구가 될 수 있는 유일한 방법이라고 생각하기 때문이에요. 학교에서 새로 만난 친구들이 할머니의 돈과 물건을 가져오라고 말하는 것에서 이러한 일이 일어나고 있는 것 같아요.

환 자: 잘 모르겠어요.

치료자: 음, 할머니의 돈과 물건을 정말 훔치고 싶나요? 제가 알기로 이곳에 라나가 왔을 때는 할머니에게 신뢰감을 주고 싶고 할머니와 더 좋은 관계는 맺고 싶다고 말했어요.

환 자: 할머니 돈과 물건을 훔치고 싶지 않아요. 하지만 그것 외에 뭘 해

야 할지 모르겠어요. 친구들이 이런 일에 대해 이야기하기 시작하면 무엇을 해야 할지 모르겠어요. 게다가 별일도 아니잖아요.

치료자: (조언하기) 음, 저는 라나가 할머니 것을 그만 훔쳐야 한다고 말해 주고 싶어요. 그리고 라나의 친구들과 할머니와 관련된 이 문제에 대한 다른 해결책을 이곳에서 저와 함께 풀어 나가요. 저는 라나가 대안을 찾는 데 어려움을 겪고 있다는 걸 알아요. 하지만 여기에서 우리는 그 대안을 알아내기 위해 노력할 거예요.

지시적 기술은 언제, 누구에게 사용하는가

지시적 기술은 IPT-A 치료 과정 전반에 걸쳐 사용되지만, 치료 초기에 가장 빈번히 사용된다. 지시적 기술은 모든 문제 영역에 걸쳐 사용되며 특히 삶의 지도와 지지 체계가 한정된 청소년에게 유용하다. 이 기술은 좀 더 혼란스럽고 어려운 생활 환경에 처한 청소년에게 중요하다. 이들이 치료 혜택을 받을 가능성이 조금이라도 있으려면 교통, 주택과 재정적 필요를 포함한 몇 가지 현실적 문제를 관리하도록 청소년을 지도할 필요가 종종 있다. 이는 치료자가 사례 관리자가 되어야 한다는 뜻은 아니다. 그러나 치료자가 사례 관리자와 접촉하거나 긴급한 필요를 해결하는 데 도움을 줄 수 있는 가족과 연락할 때 앞서 설명한 기술을 사용하여 환자를 도와야 한다.

청소년을 위한 특별한 문제

치료가 진행됨에 따라 치료에 점점 더 참여하고 적극적 역할을 하도록 청소년을 격려한다. IPT-A가 시간 제한적 치료임을 고려하여, 청소년 자신이 달성해야 하는 변화의 책임과 통제권을 증진시키는 것이 중요하다. IPT-A의 교육적 요소는 의존성보다는 독립성과 상호의존성을 발전시키는 데 초점이 맞춰져 있다. 교육과 모델링과 같은 특별한 기술을 사용할 때, 치료자가 청소년에게 답을 제공하기보다 청소년 스스로 답을 찾도록 청소년을 이끄는 질문을 해야 한다. 처음에는 치료자가 더 많은 작업을 하지만, 이후 회기에서는 청소년이 이러한 기술을 습득하는 데 더 가속도가 붙을 것이다. 치료자가 지시적 기술에 너무 많이 활용하고, 환자가 항상 치료자의 지도를 기다리고 있는 것처럼 보일 경우, 치료자는 자신이 사용하는 지시적 기술의 양과 유형을 재평가해야 한다. 지시적 조언이 너무 많은 경우, 청소년은 자신의 전략을 스스로 배우지 못하게 될 것이다.

의사결정 분석

의사결정 분석은 환자가 어떤 식으로든 문제 영역과 관련된 결정을 해야 할 때 사용된다. 치료자의 역할은 환자가 취할 수 있는 다양한 대안 행동의 범위를 고려하고 각각의 행동과 관련된 가능한 결과를 평가하도록 돕는 것이다. 의사결정 분석에 포함된 일반적인 단계는, ① 의사결정이 필요한지 파악하기, ② 목표 결정하기, ③ 대안 행동 목록 작성하기, ④ 환자가 의사결정을 할 때 누락된 대안과 양상 강조하기, ⑤ 결과를 고려한 대안 평가하기, ⑥ '최상의' 대안 실행하기, ⑦ 두 번째 대안 선택에 대한 결과와 잠재적인 필요성 평가하기다.

의사결정 혹은 딜레마를 파악하는 첫 번째 단계는 분명해 보일 수 있다. 그러나 우울한 청소년에게 이것이 얼마나 어려운지 알게 되면 놀랄 것이다. 우울한 청소년은 보통 자신이 무능하고 통제 불능이고 무력하다고 경험한다. 이런 마음 상태에서 삶의 선택권이 자신에게 있다고 생각하기는 어렵다. 또한 의사결정을 내리기 전에 청소년에게 그 결정에 대해 이야기하게 하는 것도 도전이다. 첫 번째 단계에는 치료자가 환자가 이미 내린 결정을 파악하도록 강조하고 '의사결정'을 내린 방법을 보도록 돕는 것이 포함된다. 청소년이 의사결정을 인식하는 데 능숙해질수록 실제 행동을 실천하기 전에 치료에서 의사결정에 대해 언급할 가능성이 높아진다.

두 번째 단계에는 행동을 실천하기 전에 환자가 자신이 원하는 최종 결과가 무엇인지 진심으로 결정하도록 돕는 것이 포함된다. 환자는 이 목표를 현실적으로 평가하고 자신의 관련 기분 등을 포함한 목표의 모든 구성 요소를 고려해야 한다. 세 번째 단계와 네 번째 단계는 동시에 일어난다. 치료자는 먼저 환자가 자신의 대안 행동을 파악하도록 격려한 다음, 아직 고려하지 않은 대안을 찾도록 환자를 돕는다. 치료자는 환자가 대안 행동을 고려하는 방식과 자신이 고려하거나 고려하지 않은 대안의 유형에서 나타나는 양상에 세심한 주의를 기울여야 한다. 이 양상은 환자를 교육하기 위해 강조되어야 하며, 환자가 미래에 보다 더 효과적인 결정을 내릴 수 있도록 해야 한다. 다음으로, 청소년은 각 대안 행동과 관련될 수 있는 결과를 고려하고, 그 후에 바라는 목표를 달성하는 데 성공 가능성이 가장 커 보이는 대안을 선택해야 한다. 치료자는 다양한 행동과 관련될 수 있는 대인관계적 및 정서적 결과를 모두 고려해 보도록 환자를 격려한다. 최종 단계에서는 행동을 실천한 다음 성공 여부를 보고하고 해결책을 바꿀 필요성과 다른 대안을 선택할 필요성을 고려한다.

사례

호세는 매우 화가 나고 초조해 보이는 모습으로 여섯 번째 회기에 나타났다. 호세는 이전에 또래 친구들 집단과 큰 갈등을 겪어 왔다. 호세의 말에 의하면, 친구 중 한 녀석인 테런스가 체육 수업 도중에 여학생의 음악 CD를 훔쳤는데, 여학생은 호세가 그것을 가져갔다고 했다. 체육 선생님은 호세를 교장실로 보냈는데, 그때 테런스는 아무 말도 하지 않았다. 교장 선생님의 개인 일정으로 호세는 상담 회기에 나올 수 있었다. 호세는 회기가 끝난 다음 교장실로 다시 가야 했다.

환 자: 방과 후에 테런스를 찾아내서 쓰러트릴 거예요. 날 건드리면 안 된다는 걸 그 녀석들이 알아야 해요.

치료자: 전 호세가 화가 많이 난 걸 이해해요. 하지만 이 문제를 충분히 생각해 보고 자신의 대안에 대해 생각할 시간을 잠시 가져요.

환 자: 다른 대안은 없어요. 제가 만만한 녀석이 아니란 걸 보여 줘야 해요. 그 녀석이 거짓말을 했어요. 멍청한 여학생은 제가 가져갔다고 믿었어요. 난 이런 사람들이 전부 싫어!

치료자: 교장 선생님께는 뭐라고 말할 건가요?

환 자: 그건 중요하지 않아요. 교장 선생님은 절 절대로 믿지 않을 거예요. 전 그냥 벌을 받고 나서 테런스가 후회하게 해 줄 거예요.

치료자: 제가 보기엔 여기에서 결정을 내려야 할 것 같아요. 호세는 선택의 여지가 없다고 느끼는 것 같지만, 전 호세가 선택할 수 있는 게 있다고 생각해요. 그리고 전 호세가 그것에 대해 생각해 봤으면 좋겠어요. 우선 어떤 일이 일어나길 원하는지, 그리고 결국 어떻게 느끼고 싶은지에 대한 이야기로 시작해 봐요.

환 자: 전 걔네가 내가 만만한 녀석이 아니란 걸 알길 바라요.

치료자: 그 외에 일어나길 바라는 다른 일이 있나요?

환 자: 사람들이 절 믿어 줬으면 좋겠어요.

치료자: 그런 것들이 중요하군요. 우정에 대해서는 어떤가요? 지난 몇 주 동안 여기에서 호세가 말했죠. 어떤 친구들이 보고 싶고 외로움이 호세를 우울하게 만든다고요. 어떻게 생각하나요?

환 자: 이제 테런스의 친구는 되기 싫어요. 그 녀석은 사실을 말했어야 했어요.

치료자: 그래요. 그 점은 이해해요. 하지만 호세 주변에 있는 다른 친구들은 어떻게 하나요? 그들과의 우정을 다시 쌓고 싶나요?

환 자: 네. 그런 것 같아요. 하지만 어떻게 해야 할지 모르겠어요.

치료자: 그럼 이런 상황에서 호세가 어떻게 행동할 수 있는지 대안을 생각해 봅시다. 교장 선생님이 호세를 믿지 않을 거라고 이미 생각해서 교장 선생님에게 사실을 이야기할 수 없고 방과 후에 테런스와 싸우겠다고 좀 전에 이야기했어요. 지금 당장 그렇게 행동할 생각이 없더라도, 호세가 취할 수 있는 다른 가능한 행동에 대해 생각해 볼까요?

환 자: 글쎄요. 교장 선생님께 사실을 말할 수는 있지만, 그러면 전 밀고자가 될 거예요. 아니면 그냥 벌이나 받고 테런스와 싸우지 않을 수도 있어요. 하지만 제가 그렇게 하지는 않을 겁니다.

치료자: 그게 몇 가지 대안이군요. 다른 것들이 있는지 살펴봅시다. 교장 선생님에게 호세가 그렇게 하지 않았다고 말할 수는 있지만, 누가 그렇게 했는지 말하는 것은 불편하군요. 테런스에게 가서 그가 한 일을 자백하고 그것에 대해 책임을 지라고 할 수도 있고요.

환 자: 네. 그게 제가 할 수 있는 일이라고 생각하지만 잘 모르겠어요.

치료자: 그건 어려운 결정이군요. 호세는 어른과 다른 사람들 모두 호세를 믿기 바라기 때문에 정답을 찾는 게 쉽지 않군요. 호세는 더 많은 친구를 원하지만, 하지 않았던 일로 벌을 받고 싶지도 않고요. 또 다른 친구들이 자신을 만만한 녀석으로 생각하는 걸 원치 않군요. 이게 얼마나 어려운 상황인지 알겠지만 우리가 해야 할 그다음 일은 각 행동의 선택에 따라 일어날 수 있는 가능한 결과를 생각해 보는 거예요. 테런스와 싸우는 것에서부터 시작해 볼까요? 호세가 테런스와 싸운다면 어떤 일이 일어날 수 있을까요?

환 자: 글쎄요. 정학당해서 외출 금지를 당할 수도 있지만, 날 건드리면 안 된다는 건 알게 되겠죠.

치료자: 그래요. 하지만 그런 방식으로 호세가 사람들에게 신뢰를 얻거나 친구를 사귈 수 있을까요? 그 대안에는 여러 가지 부정적인 결과가

있는 것 같군요. 특히 호세가 부모님의 신뢰를 얻기 위해 많은 노력을 해 왔기 때문이에요. 부모님은 어떻게 생각할까요?

환 자: 부모님이 저를 믿지 않을 거예요. 정말로 화를 내실 거예요.

치료자: 그 대안을 선택한 후에 기분은 어떻게 될 것 같나요?

환 자: 힘들겠죠. 부모님이 화가 나 있어서 외롭고 슬프겠죠.

치료자: 그래요. 호세는 외롭고 슬프겠군요. 대인관계에 대해서는 어떻게 느낄까요? 치료의 주요 목표 중 하나가 부모님과 친구들 사이에 더 좋은 관계를 유지하는 건데요. 이 대안을 통해 그들과 향상된 대인관계로 더 가까워질 수 있을까요?

환 자: 아니요. 아마도 그들과 더 멀어질 거예요.

치료자: 다른 대안 중 하나를 살펴봅시다. 교장 선생님께 사실을 말하면 어떨까요? 그로 인해 초래될 수 있는 결과는 무엇일까요?

치료자는 호세가 내릴 수 있는 모든 의사결정과 각 대안의 대인관계 및 정서적 결과를 고려하여 각 대안을 계속 살펴볼 것이다. 치료자는 호세가 자신의 치료 목표와 다른 결정이 자신의 목표를 향하여 나아가게 하는지 혹은 반대 방향으로 가게 하는지 계속 관찰할 수 있도록 도와야 한다. 치료자는 호세가 자신의 대인관계에 좀 더 효과적이라고 느낀다면 그의 기분과 우울증이 더 호전될 가능성이 높다는 것을 알게 되길 바란다. 호세의 대인관계를 효과적으로 유지하려면 스스로 내린 결정을 통제하고 자신의 삶의 전반을 통제해야 한다. 치료자는 호세가 가지고 있는 다양한 대안으로 작업하면서 대안과 치료 목표를 다시 연결한다. 마지막으로, 호세가 상황을 다루기 위해 행동 과정을 선택하도록 한다. 이런 의사결정 분석이 완료되면, 치료자는 호세에게 이 과정이 어땠는지 확인하고 그가 자신의 중요한 결정을 내리기 위해 밟아야 할 단계들을 강조해야 한다.

의사결정 분석은 언제, 누구에게 사용하는가

이 기술은 치료 중기에서 가장 일반적으로 사용되지만, 초기 단계에서 해결해야 할 긴급하고 중요한 결정이 발생할 때도 사용 가능하다. IPT-A를 마친 이후에도 필요할 경우, 환자가 다른 치료 대안을 고려하는 종결 단계에서도 도움이 된다. 치료가 효과적이었을 경우, 치료 종결에 가까이 온 환자는 의사결정 분석과 환자가 따라야 할 단계들을 파악하는 데 상당히 적극적이어야 한다. 인지적 제한이 많은 환자와 자원과 지지가 부족한 환자는 대안 행동의 범위가 덜 광범위할수록 유익하다. 너무 많은 대안은 환자를 압도할 수 있다.

청소년을 위한 특별한 문제

발달적으로 청소년은 흔히 미래에 대한 제한된 시각을 가지고 있고 현재 자신의 행동이 미래의 삶에 미치는 영향을 과소평가한다. 치료자는 청소년이 자신의 현재 행동과 관련 있을 것으로 생각되는 결과를 파악하기 위해 청소년과 협력해야 한다. 의사결정이 자신의 미래에 영향을 미치는 방식에 관한 시각을 더 넓힐 수 있어서 중요하긴 하지만, 그것의 결과가 실제 행동에 영향을 줄 만큼 충분하지 않다고 보이거나 실제로 충분하지 않을 수도 있다. 어떤 청소년은 상담실에서 치료자와 함께 의사결정을 논리적으로 평가할 수 있다. 그러나 청소년의 실제 생활에서 이러한 의사결정을 실천하는 데에 상당한 어려움을 겪을 것이다. 치료자는 어떤 요인이 청소년이 내린 결정의 실천을 방해할 수 있는지 평가하는 것이 중요하다. 많은 경우, 치료 장면에서 결정에 대한 실천을 연습하는 것이 중요하다. 행동 시연에 대한 자세한 내용은 뒤의 역할 놀이 부분을 참조하라.

실행의 공통 과제

청소년을 대상으로 한 의사결정 분석은 일반적으로 '흑백사고'로 불리는 것에 의해 어려워질 수 있다. 일부 청소년은 대안을 고려할 때 '회색지대'를 인식하는 데 상당한 어려움을 겪는다. 선택이 양자택일이나 '예 혹은 아니요'로 결정된다. 치료자는 청소년이 자신이 알고 있는 것보다 더 많은 대안이 있다는 사실을 인식하도록 돕기 위해 이런 회색 지대에 대해 교육하려고 노력해야 한다.

발생할 수 있는 또 다른 문제는 비현실적인 대안으로, 대안이 한정적이거나 아예 없는 상황에서 발생한다. 이러한 경우, 제한된 대안과 자원을 고려하여 어떤 것이 현재 상황에 대처하는 최선의 방법인지 결정하는 것이 중요하다. 이러한 경우, 어떤 유형이든 항상 결정은 내려진다는 사실을 청소년에게 교육하는 것이 중요하다. 예를 들어, 외출 금지나 정학과 같은 부정적인 결과가 불가피한 상황에서 주요 결정은 청소년이 이 결과를 어떤 방식으로 받아들일지 혹은 그것을 다른 사람에게 어떻게 알릴지가 된다.

마지막 도전 과제는 특별히 희망이 없고 자신이 무엇을 하든지 어떤 것도 바뀌지 않는다고 생각하는 청소년에게서 발생한다. 청소년이 드러내는 큰 염려에서는 변화 가능성이 없을 수도 있지만, 작은 변화는 항상 가능하다. 치료자는 우울증이 작은 변화에 의해서도 개선될 수 있다는 사실을 청소년에게 교육시켜야 한다. 한 가지 작은 변화가 다른 변화로 이어질 수 있으며, 이러한 작은 변화가 청소년의 기분과 다른 우울 증상에 상당한 변화를 가져올 수 있다.

역할 놀이

역할 놀이는 다른 사람과 함께 행동하는 새로운 방식을 연습하고 다른 사람과 의사소통하는 환자의 감정과 스타일을 탐색하는 데 사용할 수 있는 행동 변화 기술이다. 역할 놀이는 환자가 치료에서 배운 기술을 연습하고 치료 장면 밖에서 그것을 적용하기 전에 그 기술을 미세하게 조정하기 위해 필요한 피드백을 받을 수 있는 안전한 방법이다. 마지막으로, 역할 놀이는 환자의 새로운 기술 사용에 방해가 되는 장애물을 파악하고 관리하는 방법을 연습하고 환자의 자신감을 기를 수 있는 또 다른 기회를 제공한다.

역할 놀이는 능동적인 기술이다. 치료자는 전략이나 새로운 기술을 사용하는 것이 어떤 것인지에 대해서 이야기하는 데 그치지 않는다. 더 나아가 치료자는 환자와 함께 실제로 전략과 기술을 행동화한다. 역할 놀이는 치료자를 포함하여 대부분의 사람을 긴장시킨다. 그 결과, 실제로 전략과 기술을 실행하기보다 역할 놀이를 통해 대화를 나누는 경우가 많다. 환자가 치료자의 불편을 느낄 수 있기 때문에 치료자는 지도감독자나 동료와 함께 연습한다. 환자가 처음에 역할 놀이를 시도하도록 준비시키는 것이 중요하다. 또 다른 대안은 실제로 역할 놀이를 하기 전에 환자와 대본으로 대화하는 것이다. 이는 효과적인 전략이지만 역할 놀이를 실제로 실행하는 다음 단계를 밟는 것이 목표다.

역할 놀이를 할 때, 치료자는 관련 주제와 환자에게 처음에는 너무 어렵지 않고 작고 다루기 쉬운 과제를 선택한다. 다음 단계는 역할 놀이의 맥락을 정하는 것이다. 가능한 한 청소년에게 매력적이고 재미있게 만들도록 하라. 일부 청소년은 연극으로 역할 놀이를 할 때 긍정적인 반응을 보인다. 거의 모든 청소년은 학교에서 어떤 형태로든 드라마를 해 본 경험이 있다. 치료자는 청소년에게 회기에서 연극을 할 예정이라고 말할 수 있다. 청소년은 연극에서 역할을 맡고 대본을 검토해야 한다. 보통 배우는 대본을 읽고 대사를 이해하고 그 표현에 익숙해진다. 청소년은 배우와 같은 방식으로 자신의 대사를 말할 수 있다. 자신의 대사를 연습한 후에는 총연습을 통해 역할을 수행하고 대인관계 상호작용을 수행할 준비를 한다. 마지막 무대는 청소년이 회기 밖 현장에서 자신의 역할을 하는 것이다. 회기의 주요 초점은 역할 놀이와 역할 놀이 자체에 대한 준비다. 청소년이 자기 자신의 새로운 의사소통 스타일을 좋아하고 편안하게 느낄 때까지 회기에서 여러 번 역할 놀이를 하는 것이 일반적이다. 역할 놀이에 이어(때로는 역할 놀이 과정에서), 치료자는 청소년에게 칭찬과 격려를 한다. 치료자는 역할 놀이가 어떻게 진행되었다고 생각하는지, 다르게 할 수 있었던 것이 있었는지, 역할 놀이 상황에서 환자가 어떻게 느꼈는지, 그리고 치료자가 어떻게 느꼈을 것 같은지 묻는다. 몇 가지 건설적인 피드백을 제공한 후, 치료자와 청소년은 역할 놀이를 다시 시도해야 한다. 청소년이 자신의 역할에 편안함을 느끼면, 회기 밖에서 이러한 상호작용을 했을 때 상상되거나 실제로 있을 수 있는 장애물을 어떻게 다룰지 그 방법을 파악하고 문제를 해결하는 것이 필요하다.

사례

치료자: 자신이 교실에서 서로 이야기 중인 두 친구와 함께 이야기하고 싶다고 가정해 봐요. 우리 중 한 사람은 그 친구들이 되고 다른 한 사람은 ○○ 님이 될 거예요. 그다음에 서로 역할을 바꿀 수 있어요. ○○ 님은 누가 되고 싶나요?

환　자: 제 역할을 제가 할게요.

치료자: 좋아요. 친구들과 함께하기 위해 ○○ 님이 할 수 있는 일에 대해 생각해 봅시다. ○○ 님은 그들에게 어떤 말을 할 수 있나요? 한번 시도해 봅시다.

환　자: 어떻게 시작해야 할지 모르겠어요.

치료자: 그냥 생각나는 대로 시도해 보세요. 여기에서는 그냥 해 보는 거니까 긴장을 풀고 떠오르는 대로 해 보세요. 자, 저는 두 친구가 되어 이야기를 하고 농담을 해 볼게요.

환　자: 안녕. 잘 지냈어? 너희 지금 무슨 이야기하고 있었어?

치료자: 응. 오늘 과학 시간에 있었던 일에 대해 이야기하고 있었어. 너도 우리 반이구나, 그렇지?

환　자: 그래. 수학 수업 들어. 네 자리 두 줄 뒤에 앉아.

치료자: 그래. 기억난다. 며칠 전에 온 임시 교사에 대해 넌 어떻게 생각하

니? 좋아요. 잠시 중단해요. 기분이 어떤가요?

환 자: 긴장되네요. 하지만 애들이 아니라 선생님이니까요.

치료자: 물론 저와 할 때와는 다르겠지만 연습하는 건 좋지요. ○○ 님은 약간 긴장했다고 이야기했어요. ○○ 님이 먼저 나와 이야기 좀 하자고 말할 수 있었을 것 같아요. ○○ 님이 인사를 잘하고 친절한 점은 좋았어요. 대화에 대해서는 어떻게 생각하나요?

환 자: 꽤 좋아요. 하지만 정말 걔네가 제게 이야기했다고 생각하지 않아요.

치료자: 어떤 일이 일어났을 거라고 생각하나요?

환 자: 절 보고 아마 미소 지을 수도 있다고 생각해요.

치료자: ○○ 님이 한 말이 웃겼던 게 아니었네요. 그냥 괜찮아 보여서 미소 지은 거네요. ○○ 님이 "너희 무슨 이야기하고 있니?"라고 물었을 때, 전 그들이 ○○ 님이 끼어드는 것처럼 느낄 수 있었다고 보여요. 그건 정말 사람마다 달라요. 그럴 경우 달리 어떤 말을 할 수 있을까요?

환 자: 모르겠어요.

치료자: 그럼 역할을 바꾸어 보고 몇 가지 전략을 시도해 봐요.

역할 놀이는 언제, 누구에게 사용하는가

역할 놀이는 특히 역할 불화와 대인관계 결손 문제 영역을 다루는 데 매우 유용한 기술이다. 역할 불화의 경우, 역할 놀이는 환자가 불화를 겪는 사람과 좀 더 효과적인 의사소통을 훈련하도록 하는 기제다. 대인관계 결손의 경우, 역할 놀이는 환자가 개발하려고 하는 기술을 연습할 수 있는 대화의 장을 제공한다. 이러한 환자에게는 일반적으로 회기 내 연습이 중요하다. 이 기술은 모든 환자에게 사용될 수 있지만 사회불안 환자에게는 특히 주의하여 사용해야 한다. 이런 환자를 위해서는 역할 놀이를 점진적으로 이끌어 가야 한다. 먼저, 역할 놀이를 통해 이야기를 하고 환자에게 적절한 구조를 제공한다. 환자에게 가장 편한 역할을 수행하게 한다. 보통 환자는 새로 획득한 기술을 효과적으로 사용해야 한다고 느끼기 때문에 더욱 불안해질 수 있다.

청소년을 위한 특별한 문제

많은 청소년은 선천적으로 자의식이 강하다. 청소년은 연기하는 것이 어색하게 느껴질 수 있기 때문에 처음에는 역할 놀이를 비웃거나 회피할 가능성이 있다. 치료자가 청소년이 역할 놀이를 할 것을 기대할 경우, 좋은 유머 감각과 자발성을 유지시키는 것이 도움이 된다. 아이스 브레이킹을 위한 효과적인 전략은 치료자가 처음에 거의 터무니없을 정도로 자신의 역할을 크게 과장하는 것이다. 치료자의 접근이 비효과적이라는 피드백을 치료자에게 제공하게 하여, 청소년이 살짝 웃으며 성공 경험을 할 기회를 제공하라.

실행의 공통 과제

저는 역할 놀이를 하는 것에 매우 저항적인 청소년과 함께 작업을 해요. 청소년은 때로 역할 놀이를 하겠다고는 동의하지만 전혀 참여하지 않아요.

모든 IPT-A 환자와 함께 역할 놀이를 할 필요는 없지만, 역할 놀이는 잘 적용될 때 효과적인 전략이 된다. 저항적인 청소년의 경우, 치료자는 이러한 저항이 치료 전반에 대한 저항인지 또는 사회적 불안이나 특정 기술에 대한 불편을 반영하는 저항인지 파악해야 한다. 보다 일반적인 치료 저항에 대한 문제는 이 책의 후반부에서 다루어질 것이며, 사회불안에 대한 대처는 이미 논의되었다. 문제가 오로지 기술과 관련된 경우, 다른 기법을 사용하여 동일한 목표를 달성하라. 이러한 문제가 특정 환자와의 작업에서만 일어나는 경우, '역할 놀이를 통해 이야기'만 하거나 가정에서 작업하게 하라. 다시 말하지만, 환자를 위해 치료자는 모델링과 유머 사용을 통해 환자와 역할 놀이를 할 수 있다.

치료자는 또한 역할 놀이를 실행할 때 자신의 기술을 면밀히 평가해야 한다. 역할 놀이를 위해 선택된 주제가 너무 크거나 너무 추상적이거나 너무 위협적일 수 있다. 관건은 작은 데서 시작해서 구체적인 주제를 고르는 것이다. 사회적 네트워크가 제한되어 있고 외로움을 느끼고 삶의 많은 부분을 포기한 청소년의 경우, 역할 놀이가 자신의 삶이 얼마나 외롭고 자신이 어떻게 버림받았는지에 대한 이야기로 흘러가서는 안 된다. 그 대신 역할 놀이가 영화를 보러 가거나 친구와 함께 점심을 먹으러 가는 계획을 세우는 연습이 될 수 있다. 항상 다루기 쉽고 청소년이 성공 경험을 할 가능성이 높은 주제를 선택하라.

치료 관계 활용

다른 심리치료에서와 같이, 치료 관계는 IPT-A의 핵심 구성 요소다. 관계에 대한 설명은 치료 초기 단계 부분에서 제공하였다. 이는 기술로서 치료 관계를 사용하는 것을 설명한 부분이다. IPT-A에서 치료 관계는 작은 실험실 기능을 하고 환자의 대인관계 사례와 기술을 습득하고 피드백을 줄 수 있는 대화의 장을 제공한다. IPT-A 전체 과정에서 치료자는 특히 치료의 목표와 목적과 관련된 대인관계 경험에 대한 질문을 하고 의견을 코멘트한다.

IPT-A를 실시할 때, 치료자에 대한 부정적인 감정은 전이 현상으로 이해되지만 정신역동적 관점을 사용하여 다루지 않는다. 치료자는 환자의 전이 감정을 격려하거나 그것을 완전히 발전시키도록 허용하지 않는다(Weissman et al., 2000). 그 대신 치료자는 환자의 현실 지각을 검증하고 개입할 것이다. 치료자는 다음과 같이 이야기할 수 있다.

오늘 화가 난 것처럼 보이는데요? 화가 났나요? 누구에게 화가 났나요? 화가 난 회기에서 어떤 일이 일어났나요? 그렇다면 저는 그 일에 대해 이야기하는 것이 중요하다고 생각해요. 함께 이야기하면 그 일이 어떻게 일어났는지 알 수 있고, 있을 수 있는 오해를 풀고 우리의 대인관계 작업을 개선시킬 수 있어요. 저는 이런 상황이 다른 사람에게도 일어난 적이 있는지 궁금하네요.

치료자는 지지적인 분위기에서 치료자에 대한 부정적인 감정을 검토하도록 청소년을 격려해야 한다. 청소년의 감정에 대한 이러한 직접적인 탐색은 조기 종결로 이끌 수 있는 오해를 예방할 수 있다. 이러한 의사소통은 여러 가지 용도로 사용된다. 그것은 두 사람 사이의 감정에 대한 직접적인 의사소통의 본보기가 된다. 또한 누군가가 자신도 깨닫지 못한 채 다른 사람을 화나게 하는 일을 경청하는 모습에서 개방성에 대한 본보기가 되고 실수를 허용하도록 한다. 또한 회기에서 일어나는 일과 다른 대인관계에서 발생하는 비슷한 양상을 연결하도록 돕는다. 이는 청소년에게 대인관계에서의 상처, 분노 혹은 실망을 표현하는 것이 파멸을 초래하지 않고 실제로는 대인관계가 개선되도록 이끌 수 있다는 사실을 알게 하는 기회를 제공한다.

치료 관계는 언제, 누구에게 사용하는가

이 기술은 자신이 파악한 문제 영역에서 대인관계 결손이 있는 청소년에게 특히 중요하다. 기술 훈련이 어떤 청소년에게는 매우 어려워서 자신의 기술 사용을 이야기하기 힘들어할 수 있다. 상호작용과 관련된 치료자와의 열린 의사소통과 피드백 교환하기 훈련은 매우 유용하다. 이 기술은 치료 관계의 토대가 잘 형성되고, 일단 관계에서 일정 수준의 편안함이 이뤄져야 하기 때문에, 치료 초기부터 사용해서는 안 된다.

청소년을 위한 특별한 문제

치료자는 이러한 유형의 피드백이 청소년에게 첫 경험이 될 가능성이 높기 때문에, 천천히 그리고 신중하게 피드백을 제공해야 한다. 가능하다면 초기 피드백에 유머를 곁들이라. 그리고 치료자가 다른 상황에서 환자를 관찰한 강점을 토대로 개선에 대한 건설적인 충고를 제공하는 것으로 시작하라. 치료자가 청소년의 강점과 좋은 자질을 강조하고 청소년이 다른 상황에서 이러한 것을 어떻게 사용할 수 있는지 볼 수 있도록 도울 때, 청소년은 그 피드백을 더 잘 받아들이는 경향이 있다.

실행의 공통 과제

특히 외상이나 학대 경험이 있는 청소년의 경우, 치료자와의 신뢰 관계를 형성하는 것이 어려울 수 있으며, 개방적이고 수용적인 방식으로 건설적인 피드백을 경험하는 것이 매우 어려울 수 있다. 따라서 치료자는 피드백 과정이 치료의 조기 종결을 야기하지 않도록 피드백을 수용하는 각 청소년의 편안함과 준비도를 신중하게 가늠해야 한다.

부수적인 기술

IPT-A는 청소년이 매주 회기 사이에 갖게 되는 외부 대인관계에 치료 회기에서 수행한 작업의 일부를 적용할 수 있을 때 일반적으로 가장 효과적이다. 그렇게 하면 치료 장면 밖으로 그리고 변화가 필요한 청소년 삶의 영역으로 치료 효과가 일반화될 가능성이 증가한다. IPT-A 치료자는 회기 사이에 일반적으로 회기의 초점이었던 특정 기술 연습을 포함하여 가정(혹은 학교나 기타 장면)에서 수행하는 과제를 일반적으로 할당한다. 치료자는 청소년의 현재 기술 수준과 그 과제를 관리할 수 있는 정서적 능력을 고려하여 과제가 청소년에게 타당한지 확인해야 한다. '가정에서 하는 과제'의 예는 같은 반 또래와 대화 시작하기, 토요일 밤에 친구와 함께 영화 보러 가는 것에 대해 어머니와 이야기하기다. 과제를 낼 때, 치료자는 청소년이 과제에 대해 가질 수 있는 염려에 대해 논의하는 시간을 회기에서 충분히 가져야 한다. 치료자와 환자는 과제에서 필요한 조정을 할 수 있고, 청소년이 과제를 완수하는 데 어떤 장애물이 있는지 파악하고, 그러한 장애물에 대한 해결책을 마련할 수 있다. 치료자가 청소년에게 치료 이외의 것을 하도록 요청할 경우, 치료자는 후속 회기에서 과제의 결과를 청소년과 함께 확인해야 한다.

사례

브랜디는 중학교에 입학하기 2년 전에 우울증이 생긴 13세 소녀다. 중학교에 입학하기 전 여름에 브랜디의 부모님은 헤어졌다. 그러나 브랜디는 아버지와 여전히 정기적으로 연락하고 있고 예전과 똑같지는 않았지만 부모님과 계속 친하게 지내고 있었다. 초등학교에서 브랜디는 항상 많은 친구와 사귀었지만 중학교 때는 우정 쌓기에 어려움을 겪었다. 브랜디는 가정의 변화에 대해 슬퍼했고 또래 집단에서의 많은 변화(파벌 증가, 연애 관심 등)에 당황했다.

치료자: 브랜디, 우리는 네가 중학교에서 더 많은 친구를 사귈 수 있는 방법에 대해 많은 이야기를 나누었어요. 최근에 브랜디가 과학 수업을 듣는 한 소녀가 아주 상냥하게 보이고 친구로 사귈 맘이 있다고 말했어요. 우리는 지난 회기에서 그 친구에게 자신을 소개하고 혹시 점심을 함께 먹을 마음이 있는지 물어보는 연습을 했어요. 그 역할 놀이를 하는 동안 브랜디는 매우 잘했고 자신감이 훨씬 높아

진 것처럼 보였어요. 어떻게 생각하나요?

환 자: 글쎄요. 처음에는 힘들었지만 지금은 훨씬 수월해진 것 같아요. 처음 했을 때는 당황했어요. 하지만 이제는 제가 말할 수 있는 것들이 좀 생겨난 것 같아요. 역할 놀이하는 게 조금 덜 불안해진 것 같아요.

치료자: 저는 그 친구에게 브랜디를 소개해 보는 좋은 주간이 될 수 있다고 생각했어요. 브랜디가 준비되었다고 느껴지지 않으면 함께 점심을 먹자고 그 친구에게 물어볼 필요도 없을 거예요. 수업 전이나 후에 그 친구에게 대화를 시작해 볼 수도 있고요. 대화를 시도해 보는 것에 대해 어떻게 생각하나요?

환 자: 음…… 모르겠어요. 여기서 하는 것과는 달라요. 하려던 말을 잊어버릴 것 같아요.

치료자: 그렇게 느끼고 있다는 걸 알아요. 그리고 대화를 시도해 보려는 생각이 브랜디를 긴장하게 하는 것도 알아요. 하지만 브랜디는 정말 잘해 왔어요. 기억해 보세요. 친구를 사귈 수 있었잖아요. 브랜디가 여전히 친구를 사귈 수 있다는 것도 알아요. 연습이 약간 부족하지만, 브랜디는 정말 상냥하고 멋져요. 브랜디는 질문을 어떻게 하는지, 다른 사람을 어떻게 편안하게 하는지 알고 있어요.

환 자: 저도 그렇게 생각해요. 하지만 제가 어떻게 말했나요? 지금은 기억이 나지 않아요.

치료자: 그 친구에게 이야기하고 물어보려고 생각한 것은 무엇인가요?

환 자: 글쎄요. 어디에 살고 있는지 물어볼 수 있다고 생각했고요. 그리고 그 친구가 정말 멋진 배낭을 가지고 있어서 그 배낭 괜찮다고 말할 수 있을 것 같다고 생각했어요. 또한 그 친구가 과학 선생님을 좋아하는지 물어볼 수도 있다고 생각했어요.

치료자: 그런 생각 모두가 대화를 시작하기 좋은 방법이네요. 그걸 시도해

볼 수 있을 것 같나요?

환 자: 네, 그렇게 생각해요.

치료자: 대화를 시도할 때 무엇이 방해가 될 수 있을까요?

환 자: 글쎄요. 제가 너무 긴장하거나 그 친구가 학교에 없는 거요.

치료자: 그렇군요. 그 친구가 학교에 없으면 다른 날을 기다려야겠군요. 그렇지요? 브랜디가 너무 긴장할 때 할 수 있는 일은 무엇인가요?

환 자: 여기에서 어떻게 연습했는지 떠올릴 수 있어요. 그러면 그 친구에게 이야기를 할 때 기분이 더 나아질 거예요.

치료자: 그거 정말 멋진 생각이네요. 이번 주에 시도해 보고 다음 회기에서 어떻게 되었는지 이야기하면 좋을 것 같아요. 질문 있나요?

'가정에서 하는 과제'는 언제, 누구에게 사용하는가

'가정에서 하는 과제'는 치료 중기에 모든 청소년과 모든 문제 영역에 매우 적합하다. 치료자는 청소년이 치료에 특별히 참여하지 않고 치료 이외의 과제를 수행할 가능성이 낮다는 생각이 들 때 청소년이 치료에 좀 더 참여할 때까지 이 기술의 사용을 연기해야 한다. 특히 생활이 불안정한 청소년도 이 과제를 수행하는 데 어려움을 겪을 수 있다. 이러한 경우, 치료자는 이 작업을 격려하기 위해 발생할 수 있는 이득과 손실을 가늠해야 한다. 과제가 유익하게 느껴질 경우, 치료자는 과제를 할당하기 전에 정말 하기 쉬운 과제가 제공되도록 주의해야 하고 과제 수행에 대한 실천적인 장애물을 해결하기 위해서도 신경 써야 한다.

청소년을 위한 특별한 문제

청소년은 '과제'를 연상시키는 어떤 것에도 상당히 부정적이고 강렬한 반응을 나타낼 수 있다. 그래서 치료자는 학교 경험이 전혀 연상되지 않는 언어와 어조를 사용해야 한다. 이는 학교에서 어려움을 겪었던 청소년에게 특히 그러하다. '가정에서 하는 과제'는 회기 내용에서 자연스럽게 생겨나야 하고 과제의 부정적인 이미지를 최소화하고 더 재미있게 하기 위해 '대인관계 실험'으로 구성되어야 한다. 이는 화학실의 실험과 유사하다. 과제는 치료자가 예상했던 대로 흘러가지 않을 수 있지만, 어느 쪽이든 과제는 유익하다. 옳고 그른 답은 없다. 대신 자신이 무언가를 다르게 말하고 행동할 경우 어떻게 자신의 행동과 감정이 달라질 수 있는지 과제로 탐색한다. 청소년의 기분이 더 나아지는 데 도움이 되는 해결책으로 이끄는 구체적인 상황과 대인관계를 논의하기 위한 더 많은 정보를 얻는 것이 중요하다.

실행의 공통 과제

청소년은 우울할 때 과제를 수행하고 주도권을 행사하는 데 어려움이 종종 있다. 때로는 '가정에서 하는 과제'를 완료하지 못하거나 치료자가 의도한 대로 하지 못하는 경우가 발생한다. IPT-A 치료 초기에 부여된 '제한된 환자 역할'과 유사하게, 치료자는 청소년이 과제를 하기 위해 어떤 시도를 하였든지 격려하고 지지해야 한다. 때로 청소년이 그 과제가 무엇이었는지 기억하고 있거나 과제를 해 보려고 고려해 본 것(과제를 하지 않았더라도)에 대해서도 칭찬한다. 과제 달성의 실패가 치료의 조기 종결로 몰아갈 수 있는 불안의 근원이 되어서는 안 된다. 놓친 과제는 침착하게 예상 가능한 일로 받아들여야 하고 비판단적으로 논의되어야 한다. 이를 청소년 우울증의 전반적인 개념화에 추가 정보로 포함시킨다.

제10장

애도

환자의 삶에서 중요한 사람의 사망과 관련하여 우울 증상이 시작되었다고 설명할 때, 애도(grief)가 문제 영역으로 선택된다. 사망이 우울증에 곧바로 선행할 필요는 없다. 우울증은 상실에 대한 지연된 반응이거나 왜곡된 반응일 수 있다. 대인관계의 중요성은 대인관계 목록을 작성하는 과정에서 환자에게 이미 자세히 논의되어 있다.

애도의 발달적 측면

성인의 애도

정상적인 애도는 슬픈 기분, 눈물의 증가, 수면과 식욕 곤란, 일상생활 기능 곤란과 과도한 죄책감이 경험되는 증상으로, 그 성격이 우울증과 유사할 수 있다. 정상적이고 복잡하지 않는 애도는 정상적인 기능 수준에서 최소의 곤란만 초래한다. 정상적 애도 반응에서 증상과 기능 손상은 일반적으로 6개월 이내에 치료 없이 해결된다. 그러나 이런 양상이 아닐 경우, 애도는 복잡하거나 병리적인 것으로 간주된다. 병리적 애도의 특성은, ① 억제, 억압 혹은 애도 과정의 부재, ② 애도로 인해 정상적으로 발생하는 특정 증상이나 행동의 과장이나 왜곡, ③ 정상적인 슬픔의 연장이다(Raphael, 1983). 병리적인 애도는 우울증과 같은 기분장애로 이어질 수도 있다.

청소년의 애도

청소년의 사별에 관한 소수 연구(예: Osterweis et al., 1984)는 성인과 청소년이 가진 애도 경험의 몇 가지 유사점을 강조한다. Horowitz(1976)는 애도하는 청소년으로 치료를 받았다고 보고한 성인을 대상으로 한 연구에서 관련 주제들을 찾아냈다(McGoldrick & Walsh, 1991). 애도하는 청소년이 표현한 가장 일반적인 감정은, ① 대인관계의 실제 상실에 대처해야 한다는 슬픔, ② 고인과 함께 했거나 하지 않았으면 하는 활동이나 행동에 대한 과도한 죄책감, ③ 고인이 떠나고 남겨진 것에 대한 분노, ④ 작별 인사의 기회를 갖지 못한 것에 대한 감정, ⑤ 책임감, 다른 어떤 일을 하더라도 여전히 고인과 함께하려는 마음, ⑥ 같은 일이 자신에게도 일어날지도 모른다는 염려, ⑦ 존재의 연속성을 유지하기 위한 고인과의 과잉 동일시다(Raphael, 1983). 애도의 요구와 영향이 상호작용하여 애도 과정을 복잡하게 할 수 있는 청소년만의 독특한 발달 과제와 역할 전환이 있다(Balk & Corr, 2001).

청소년 초기의 가장 강한 애도 반응은 부모의 사망과 관련이 있다. 공통적인 반응은 사회적 철수, 우울한 기분, 부정, 가성 성숙, 고인과의 동일시, 관심 유발 행동이다(Raphael, 1983). 청소년은 성인과 다르게 애도할 수 있다. 청소년의 애도는 광범위하기보다 더 일시적(삽화적)일 수 있다. 청소년은 애도를 신체화 증상, 분노 폭발 혹은 학업 실패로 표현하면서 자신의 일상생활을 계속할 수 있다(Schoeman & Kreitzman, 1997). 소년과 소녀는 다른 애도 반응을 보인다. 소년은 도둑질, 마약 혹은 사회적 철수를 보일 수 있고, 소녀는 동성과 친밀감을 높이거나 편안함의 상실과 애착을 찾는 수단으로 또래들과 성관계를 가질 수 있다(Osterweis, Solomon, & Green, 1984). 부모의 사망으로 인한 사회경제적 손실은 애도 과정을 악화시킨다. 재정적 압박을 느끼는 가족의 청소년인 경우 특히 그러하다(Schilling, Koh, Abramovitz, & Gilbert, 1992). 청소년은 부모를 그리워하는 감정을 경험한다. 그리움의 강도는 이전 관계의 성격, 분리의 정도와 죽음의 갑작스런 정도에 따라 다르다.

청소년기에 사랑하는 사람의 죽음이 미치는 영향을 평가할 때 반드시 고려해야 할 점은, ① 사망 전후의 가족 체계나 또래 집단에서의 청소년의 역할, ② 상실한 관계의 성격, ③ 남아 있는 사회 및 가족 지원 네트워크, ④ 사망 당시의 청소년의 심리적 성숙과 대처 기술이다. Gray(1987)는 부모의 죽음에 대한 청소년의 반응을 연구했다. 그는 상실한 이후 부족한 사회적 지지를 경험한 청소년과 생존한 부모와의 이전 관계가 나빴다고 보고한 청소년의 우울증 수준이 더 높았다고 하였다. Raphael(1997)에 따르면, 우울증은 상실의 일차적인 감정이고 불안, 슬픔과 외로움을 동반하는 경우가 많다.

친한 친구, 조부모나 교사와 같은 타인의 죽음이 청소년에게 미치는 영향은 관계의 강도와 사망에 대한 청소년의 준비도에 따라 다르다(Raphael, 1983). 갑작스럽고 예기치 못한 상실은 애도 과정을 복잡하게 만들고 만성적인 심리적 고통의 위험을 증가시킨다(Raphael, 1997). Sklar와 Hartley(1990)는 친한 친구의 사망으로 유발된 어려움은 가족의 상실에 따른 어려움만큼 심각하다고 하였고, 어떤 경우에는 더 심각할 수도 있다고 하였다. 이러한 결과는 청소년이 가족보다 친구가 중심이 되는 발달 단계에 속해 있기 때문이다. 또한 젊은 사람의 사망은 자연적인 원인에 따른 것이라기보다 더 급작스러울 가능성이 높다. 미래에 대한 불안은 청소년의 생각에도 중요한 역할을 하며 사망, 별거와 상실은 미래에 대한 최악의 두려움을 확인시켜 준다(Rutter, 1979). 고인에 대한 강한 그리움을 억압하는 것은 청소년의 병리적 애도에 대한 취약성을 초래한다. IPT-A는 비정상적인 애도 반응과 관련된 우울증을 다루고, 정상적인 사별 기간 동안 성공적인 애도 과정을 촉진시키는 데 사용될 수 있다. 자세한 내용은 이 장의 후반부에서 더 깊이 논의할 것이다.

비정상적인 애도

불완전하거나 해결되지 않은 애도는 우울증과 일상생활의 장애를 초래한다. 몇몇 연구자가 어떤 애도 반응이 비정상적이고 어떤 것이 우울증인지를 정의하여 명료화하고자 노력하였지만, 이에 대한 정확한 정의는 복잡하다(Weller & Weller, 1991; Brent et al., 1993; Geis, Whittlesey, McDonald, Smith, & Pfefferbaum, 1998). Clark, Pynoos와 Goebel(1994)에 따르면, 병리적 애도는 실제 애도 증상과는 달리 증상의 빈도, 강도와 지속 기간이 더 길 수 있다. 주요우울증과 복합된 애도와 그렇지 않은 애도를 구분하기 위해 밝혀진 증상은 무가치감, 정신운동 지체와 기능 손상이다(Brent et al., 1993). 비정상적인 애도를 나타내는 증상이 정상적인 애도 기간 중에 나타날 수 있으며, 사망일이나 고인을 떠올릴 수 있는 조우에 의해서도 나타날 수 있다.

병리적 애도의 일반적인 세 가지 유형은 우울한 청소년에게도 나타나는데, 그것은 왜곡된 애도 반응, 지연된 애도 반응, 만성적인 애도 반응이다(Raphael, 1983; Middleton, Moylan, Raphael, Burnett, & Martinek, 1993). 애도의 유형은 성인과 동일하다. 그러나 애도의 징후는 발달 정보로 파악할 수 있다. 예를 들어, 청소년의 애도는 직업 문제를 유발하기보다 등교 거부로 나타난다. 비정상적 애도를 다루는 데 있어 치료자의 주요 과제는 죽음을 둘러싼 감정을 인정하고 표현하도록 청소년을 돕는 것이다. 치료자는 상실이 청소년의 다른 대인관계에 미치는 영향에 대한 이해와 새로운 맥락에서 대인관계를 다시 시작하는 방법을 장려하도록 돕는다.

비정상적인 애도의 유형

왜곡된 애도 반응은 여러 가지 다른 형태를 취할 수 있다. 슬픈 기분보다는 행동 문제로 특징지을 수 있다(Raphael, 1983). 왜곡된 애도 반응은 사망 직후나 미래의 어떤 시점에서도 발생할 수 있다. 왜곡된 애도는 공격성이나 자기처벌적 행동을 초래할 수 있는 풀리지 않은 방치된 감정과 죄책감에서 비롯된다. 왜곡된 애도는 고인에 대한 분노, 환상이나 자책적인 반추적 사고로 이루어져 있다. 약물 혹은 알코올 남용, 문란한 성행위, 무단결석과 기타 부적응적 행동 변화가 생길 수 있다. 증상이 신체적일 경우, 증상의 심리적 특성을 평가하기 전에 생리학적 기반(예: 갑상선 문제)에 대한 문제를 배제해야 한다(제4장에서 논의한 바와 같이).

제목이 암시하는 것과 같이, 지연된 애도 반응은 사망과 정상적인 애도 기간 이후에 발생한다. 청소년은 상실이 굉장히 압도적이었거나 너무 두려운 감정과 관련되어 있어서 적절하게 애도할 수 없었을 수 있다. 또한 청소년이 안전한 대인관계에 둘러싸여 지지를 느낄 때까지 애도도 지연될 수 있다(Raphael, 1983). 자연된 슬픔 감정이 일어날 때, 청소년은 현재 나타나는 우울 증상과 과거의 상실을 연결 지을 수 없다. 두 번째 상실과 같은 다양한 경험이 지연된 반응을 유발한다. 지연된 애도 반응 유무를 결정하기 위해, 치료자는 고인과의 관계와 실제 죽음을 둘러싼 사건에 대한 완벽한 내력을 얻어야 한다. 종종 청소년이 장례식과 같은 죽음과 관련된 행사의 참여에서 제외될 때, 애도는 지연될 수 있다.

만성적인 애도 반응은 사랑했던 사람의 죽음으로 인해 이전에 경험했던 슬픔과 같이 오래되고 자주 재발하는 감정이다. 이 애도 반응은 고인에 대한 미

해결된 감정 및 애도와 그에 관련된 감정 표현의 어려움으로 생기는 경우가 많다. 만성적인 애도 반응의 한 유형은 청소년이 매년 상실한 때와 같은 시기에 반복적으로 큰 슬픔을 경험하는 기념일 반응이다. 청소년은 만성적인 불편, 사회적 철수, 신체 증상이나 뚜렷한 우울증을 경험할 수 있다. 청소년은 이러한 증상들과 이전의 상실 경험을 의식적으로 연결시키지 못한다.

비정상적인 애도 반응 평가

청소년이 비정상적인 애도 반응을 겪고 있는지 여부의 평가는 대인관계 목록을 작성하는 동안 청소년의 중요한 대인관계에 대한 자세한 검토로부터 시작한다. 이 검토에는 현재 대인관계와 더불어 청소년의 일상생활에 더 이상 적극적으로 관여하지 않거나 고인이 된 사람과의 과거 대인관계도 포함되어야 한다. 고인이 된 사람과의 대인관계에 대해 질문할 때, 사건(사망)을 둘러싼 청소년의 감정, 실제 사건 자체 그리고 그것이 청소년의 삶에 미친 영향에 관한 정보를 얻는 것이 중요하다. 치료자가 평가 과정에서 물어볼 수 있는 질문은 다음과 같다.

> 돌아가신 분이 ○○ 님에게 중요한 분이셨나요? 그 죽음에 대해 제게 이야기해 주세요. 언제? 어디에서? 어떤 상황에서? 그 죽음을 어떻게 들었나요? 소식을 들었을 때 어떤 반응을 했나요? 울었나요? 학교에 가지 못했나요? 얼마나 많이 울었나요? 기분이 나아지기 시작한 것은 언제였나요? 가족은 어떻게 대처했나요?

청소년이 감정에 대해 이야기할 수 있기 전에 치료자는 그 감정의 일부를 분명하게 명료화해야 한다. 치료자는 다음과 같이 이야기할 수 있다.

가까운 사람이 죽었을 때 커다란 슬픔을 느끼는 것은 정상이에요. 그 기분은 수개월, 때로는 더 오래 지속될 수 있어요. 그러한 감정을 표현하고 이야기하는 것은 [고인의 이름] 님에 대한 애도 과정과 자신의 삶의 일부인 [고인의 이름] 님이 없는 삶을 살기 위한 과정에서 중요한 부분이에요. 잃어버린 사람을 위해 ○○ 님이 애도하지 않으면 우울증, 불안, 현재 대인관계에 있는 문제, 사람들과 가까워지는 것에 대한 두려움과 같은 많은 문제가 생길 수 있어요. 자신의 감정에 대해 말하기가 처음에는 어려울 수 있어도, 기분은 다시 좋아지게 될 거예요.

비정상적인 애도를 다루기 위한 IPT-A의 목표와 전략

애도가 문제 영역으로 확인된 청소년의 경우, 치료의 구체적인 목표는 지연된 정상적인 애도 과정을 촉진시키는 것이다(〈표 10-1〉 참조). 이 목표의 일환으로, 청소년은 실제 상실(예: 청소년의 분리 및 개별 발달 과정에서 양육과 안정을 제공하는 역할을 했던 부모)에 대처해야 하고, 고인과의 특별한 관계의 긍정적이고 부정적인 측면을 해결하고, 상실한 지지, 양육, 우정이나 지도를 해 줄 수 있는 다른 대인관계를 찾거나 개선해야 한다.

〈표 10-1〉 애도 문제 영역을 위한 목표와 전략 요약

목표	• 애도 과정 촉진시키기
전략	• 청소년과 고인의 관계를 자세히 검토하기 • 감정과 애도 과정에 대한 확신 제공하기 • 죽음을 둘러싼 감정들과 현재의 행동 연결하기(특히 왜곡된 애도 반응들의 경우) • 의사소통 기술 향상시키기(특히 만성적인 애도 반응들의 경우) • 다른 지지적 대인관계 개발하기 • 사회적 환경으로 재통합하기

여러 전략이 이 목표와 목적을 달성하기 위해 사용된다. 각 전략은 다양한 기술을 사용한다. 다음 논의에서 전략별로 가장 관련성이 높은 기술을 파악한다. 제9장에서 이 기술의 실행에 관한 세부 사항과 사례를 제공한 바 있다.

청소년과 고인의 관계에 대한 자세한 검토

치료자가 사용하는 주요 전략은 청소년과 고인의 관계를 자세히 검토하여 고인과의 손상된 애착으로부터 청소년을 자유롭게 하는 것이다. 그렇게 하여 치료자는 청소년과 함께 관계의 긍정적인 측면과 부정적인 측면, 관계에서의 갈등과 관계의 특별한 특성을 검토한다. 청소년은 고인에 대한 분노나 적대감에 대한 인정이나 이야기하기를 꺼릴 수 있고, 죄책감과 자기비난을 암시하는 반응으로 죽음에 대한 책임감도 다소 느낄 수 있다.

치료자는 비직면적 방식으로 이러한 감정을 탐색하고 표현하도록 청소년을 격려한다. 또한 청소년의 죄책감과 불안을 증가시키지 않도록 이러한 부정적인 감정을 점진적으로 표현하고 이야기하도록 안내해야 한다. 이러한 자기개방이 고인에 대한 더 좋은 긍정적인 감정과 이해로 나아가게 함을 청소년에게 교육하는 것이 중요하다. 그러면 고인과의 관계가 자신의 삶에 미치는 영향을 더 자세히 검토할 수 있을 것이다. 고인에 대한 감정 이끌어 내기와 고인과 청소년 간의 상호작용 탐색하기는 자기개방을 촉진시킨다. 치료자는 다음과 같이 이야기할 수 있다.

> [고인의 이름] 님과의 관계에 대해 이야기해 주세요. 어떤 일들을 함께했나요? 그분의 좋았던 점을 설명해 줄 수 있나요? 대부분의 사람은 관계에서 좋은 시간과 나쁜 시간을 가집니다. 두 사람이 어려움을 겪었던 때가 있었나요? 어떤 일이 있었나요? 기분은 어땠나요? 질병이나 죽음에 대해 알게 되었을 때에 대해 이야기해 줄 수 있나요? ○○ 님은 어땠나요? 기분이 어땠나요?

치료자는 청소년에게 상실에 대해 생각해 보고 죽음을 둘러싼 사건과 그 일이 청소년에게 준 정서적 충격에 대해 자세히 이야기하게 한다.

대인관계를 검토하는 목적은 고인의 사망 당시에 경험한 어려운 감정에 비추어 자신의 대인관계의 복잡성을 더 잘 이해하도록 촉진하는 것이다. 이는 청소년이 정상적인 애도 과정으로 돌아갈 수 있도록 관계를 명료화할 수 있는 기회가 된다. 청소년은 이러한 감정을 편안히 표현하도록 도움을 받는다. 치료자는 다음과 같이 이야기할 수 있다.

> 한 사람에 대해 긍정적이고 부정적인 감정을 갖는 것은 정상이에요. ○○ 님의 감정은 인생의 여러 시기와 상황에 따라 다를 수 있어요. ○○ 님이 (고인의 이름) 님에 대해 경험할 수 있는 여러 가지 감정을 아는 것이 중요해요. 또한 다른 사람과의 중요한 대인관계를 발전시키지 못하도록 막는 자신의 부정적인 감정을 다룰 수 있도록 배우는 것도 중요해요.

이 전략의 일부로 사용되는 기술은 감정 탐색하기와 격려하기다. 탐색의 방향과 치료자가 이 과정을 촉진시키는 데 얼마나 적극적이었는지 여부는 대부분 청소년의 표현 방식과 상호작용 방식에 따라 다르다. 일반적으로, 청소년은 처음에는 대화에서 매우 과묵하게 있지만 치료자의 지지로 고인과의 관계를 이야기하고 상실로 인한 상처를 치유하는 치료 과정에 참여하기 시작한다.

안심 제공하기

관계의 긍정적인 측면과 부정적인 측면을 탐색할 때, 청소년은 오랫동안 가족 내에서 논의되지 않았던 사건에 대해 언급하지 않았거나 언급하지 못하게끔 충고받은 사건에 대해서는 언급하기를 종종 꺼린다. 청소년은 감정에 대해 이야기하거나, 다른 생존자의 감정을 상하게 하거나, 사건에 대해 이야기할 때 자신의 감정을 통제하지 못하여 타인에게 처벌받는 것을 두려워할 수 있다. 치료자는 이러한 두려움이 일반적이라는 사실을 청소년에게 확신시켜야 하며, 자신의 감정을 통제하지 못한다는 것의 의미를 탐색하고, 청소년이 감정에 압도당하지 않도록 치료자가 취할 수 있는 단계에 대해 논의해야 한다. 논의할 때 이 단계에는 환자의 감정을 관찰하고 자기개방의 속도나 깊이에 대한 안내하기가 포함된다. 치료자는 다음과 같이 이야기할 수 있다.

> 저는 어머니의 죽음과 어머니와 ○○ 님 간의 관계에 대해 말하는 걸 두려워한다는 사실을 알아요. ○○ 님은 자신의 감정을 조절할 수 있을지 염려하고 감정에 압도되고 무너질까 봐 두려워하는 것처럼 보여요. 이런 식으로 느끼는 것은 일반적이지만, 그렇게 되지 않도록 제가 도울 거예요. 우리는 천천히 진행하고 ○○ 님이 준비되어 있는 일에 대해서 이야기할 거예요. 저는 ○○ 님이 너무 압도되지 않도록 주의할 것이며, 대화를 계속해도 좋을지의 여부를 확인할 거예요. 어떤 시점에서 ○○ 님이 압도당하는 것처럼 보이거나 그만하고 싶다고 말할 경우, 우리는 대화를 중단하고 준비되었을 때 다시 시작할 거예요. 지금은 이야기하기 힘들지만 시간이 지남에 따라 점점 더 쉬워질 거예요. 이런 일에 대해 이야기할 때 불안을 덜 느끼게 될 거라고 저는 확신해요. 결국 그게 기분을 낫게 하는 데 도움이 될 거예요.

현재의 행동과 죽음과 상실에 대한 감정 잇기

왜곡된 애도 반응을 치료할 때, 치료자는 적절한 시기에 청소년이 현재의 행동과 죽음을 둘러싼 감정을 연결시키도록 돕는다. 예를 들어, 형의 사망 일주년이 되기 한 달 전부터 성적이 떨어지기 시작하고 무단결석을 한 청소년이 자신의 학교 행동, 기능의 변화와 우울증의 재발 간의 연관성을 알 수 있도록 도움을 받는다. 치료자는 다음과 같이 이야기할 수 있다.

학교 상담사가 저에게 말할 때부터, 지난 한 달 동안 학교에서 어려움을 겪고 있는 것으로 보여요. 시험 성적이 떨어졌고 몇 번 등교하지 않았어요. 우리는 형의 사망 일주년이 되기 한 달 전에 대해 이야기를 하고 있어요. 이 시기의 사람들은 종종 더 슬퍼지기 시작하고 그 사람이 처음 죽었을 때 경험했던 것과 동일한 감정을 경험해요. 요즘 그렇게 느끼고 있는지 궁금해요. 우울 증상이 더 악화되는 걸 아셨나요? 저는 그것이 비슷한 시기에 학교 문제가 증가한 것과 관련이 있는지 궁금해요. 저는 ○○ 님이 더 슬프고 삶에서 형이나 다른 사람에게 화가 나는지 궁금해요. 때로 사람들은 감정에 대해 이야기하기보다 행동을 통해 자신의 감정을 드러내지요. 치료를 시작했을 때, ○○ 님은 자신의 삶에서 일어난 많은 일 때문에 자신을 혐오하고 죄책감을 느끼고 있었어요. 학교에서 겪고 있는 어려움을 고려하면, 저는 그런 식으로 다시 느끼게 될지 모른다고 걱정돼요. 학교에서 잘 지내는 것이 얼마나 중요한지 알고 있어요. 지금 ○○ 님에게 있을 수 있는 감정과 증상에 대해 이야기하는 것이 중요해요. 그러면 감정과 증상이 학교생활을 방해하지 못하게 하고 기분이 나아지도록 도울 수 있어요.

이렇게 연결할 때, 청소년은 자신의 감정과 더불어 자신에게 더 많은 문제를 일으키고 우울증을 악화시킬 수 있는 구체적인 행동의 손실이 미치는 영향에 대해 이해한다. 일단 연결이 되면, 치료자는 고인에 관한 대화에서 감정과 행동에 대한 치료 목표를 효과적으로 세울 수 있다. 이러한 행동-감정 연결을 촉진시키는 데 도움이 되는 기술은 문제가 있는 상호작용의 의사소통 분석, 기분 관찰하기, 감정과 사건 연결하기다.

의사소통 기술 향상시키기

만성적인 애도 반응을 보이는 청소년을 치료하는 것은 종종 의사소통 기술을 향상시키고 만성적인 애도로 인해 손상된 중요한 대인관계에 기술을 적용하는 데 더욱 중점을 둔다. 치료자는 만성적인 애도를 보이는 청소년이 부적응적인 관계 양상을 발달시키는지 여부를 관찰해야 한다. 이것은 현재 상호작용에 대한 의사소통 분석의 적용과 치료자가 회기에서 사용한 관찰 기술로 이루어진다. 역할 놀이를 통해 치료자는 새로운 의사소통 스타일을 연습하도록 청소년을 도울 수 있고, 치료 과정의 개선을 관찰할 수 있다. 더 좋은 의사소통 기술을 향상시키기 위해 사용되는 기술은 의사소통 분석과 역할 놀이와 같은 행동 변화 기술, 회기에서 발생하는 관찰 가능한 의사소통에 대한 피드백을 제공하는 치료 관계 활용이다.

다른 지지 관계 개발하기

비정상적인 애도 반응은 청소년의 주요 지지자가 상실한 상황에서 생긴다. 청소년은 일차적인 보호자 혹은 지지원의 상실로 인한 합병증을 경험한다. 청소년은 정상적인 애도 과정으로 자신을 안내할 다른 사람이 없다는 느낌과 고립감을 경험한다. 또한 또래들이 자신의 깊은 상실감을 이해할 수 없고 발달적으로 자신이 친구들과 다르다고 느끼기 때문에 그들과 상실에 대해 나눌 수 없다고 종종 생각한다. 청소년은 자신이 느끼는 것을 표현하면 친구들이 자신을 비정상적으로 볼까 봐 두려워한다(Baker & Sedney, 1996). 이런 일과 무관한 또래는 때로 상황을 불편하게 만들고 슬픔에 잠긴 청소년과 시간 보내는 것을 두려워하고 피한다(Balk & Vesta, 1998). 상실 경험을 한 청소년은 또래들의 일상적인 걱정(예: 이성, 패션 등)이 자신의 상실과 그에 따른 감정적 혼란에 비추어 볼 때 하찮다는 느낌을 준다.

애도 반응은 부모의 우울증, 재혼 혹은 기능 장애로 인해 생존한 부모에 대한 이차적 상실의 결과일 수도 있다. Osterweis 등(1984)은 부모의 사망 이후 정신적 이환율에 대한 한 가지 중요한 위험 요인은 생존한 부모의 심리적 취약성이며, 생존한 부모가 청소년을 지나치게 의존하는 결과를 초래할 수 있다고 하였다. 고인과의 갈등 관계나 일차적인 보호자의 상실에 대한 양가 감정은 그림을 더 복잡하게 만든다. 따라서 애도 과정을 원활하게 진행하려면, 청소년의 삶에서 지지 관계 수를 개발하거나 늘리도록 돕는 것도 동일하게 중요하다. 이러한 관계가 죽음으로 상실한 실제적이고 정서적인 지지의 일부를 제공할 수 있기를 희망한다. 치료 관계 활용하기와 '가정에서 하는 과제'와 같은 행동 변화 기술이 지지적인 관계를 발전시키는 데 종종 도움이 된다.

사회 환경 속으로 재통합하기

정상적인 애도 과정에 참여하기 시작하면, 청소년은 더 많은 사회적 상호작용을 다시 시작하고 싶어 한다. 청소년은 고인이 남긴 빈 공간을 채워 주는 첫 번째 인물에게 애착을 가지므로 이 시기가 취약할 수도 있다. 치료자는 새로운 사람을 만나는 다양한 방법을 고려하고 청소년의 삶에서 중요한 참여자가 될 수 있는 새로운 사회적 접촉을 평가하도록 청소년을 돕는다. 치료자는 다음과 같이 질문하면서 청소년이 방과 후 활동이나 종교, 청소년 단체와 같은 새로운 사회적 기회와 관련된 주변 환경을 평가하도록 돕는다.

> (고인의 이름)님이 사망하기 전에 어떤 종류의 활동을 즐겼나요? ○○님의 참여는 어떻게 바뀌었나요? 사람들과의 관계를 어떻게 되찾고 싶나요? 어떤 종류의 활동에 참여할 수 있나요? 어디가 가장 편한가요? 그렇다면 염려는 무엇인가요?

치료에서 가족의 역할

애도 문제 영역을 치료하기 위한 가족의 역할은 주로 죽음과 청소년의 현재 가족의 입장을 둘러싼 상황에 따라 다르다. 일반적으로 생존한 가족은 청소년과 고인의 관계와 실제 사망을 둘러싼 사건을 자세히 설명하는 데 매우 도움이 된다. 치료자는 부모에게 다음과 같이 질문할 수 있다.

> ○○ 님의 [아들/딸]과 [고인의 이름] 님과의 관계는 어땠나요? [아들/딸]은 죽음에 대해 어떻게 알았나요? [아들/딸]은 그 질병에 대해 무엇을 알고 있었나요?

중요한 가족은 또한 지지적인 관계의 개발과 사회 환경으로의 재통합에서 중요한 역할을 할 수 있다. 면대면 만남이나 전화로 가족과 함께 작업하면서, 가족이 매우 슬퍼할 수 있고 각 개인마다 매우 다른 과정을 거친다는 사실을 명심하는 것이 중요하다. 때로 가족이 청소년의 애도 과정을 지지하고 정서적으로 도움이 될 수 있도록 부가적인 지지(예: 가족 자신의 치료)가 필요할 수 있다.

정상적인 애도 반응 다루기

IPT-A는 또한 청소년이 정상적인 애도 과정을 협상하는 데 도움을 줄 수 있다. 이러한 경우의 중재는 새로운 스트레스 요인의 추가를 고려할 때, 이전에 우울증을 앓았고 재발 위험이 증가한 청소년에게 특히 유용하다. 특히 지지 체계가 제한된 청소년, 즉 죽음에 대한 이해가 부족한 청소년이나 여러 번 혹은 갑작스런 죽음과 관련된 경험이 있는 청소년에게도 유용하다. 사망한 사람과 갈등이 있는 관계, 지나치게 의존적인 생존한 부모, 또는 자살이나 타살에 의한 죽음은 더 복잡한 사별과 우울증의 잠재적 발병의 위험 인자로 밝혀졌다(Clark et al., 1994). 이 기간의 치료는 애도 감정의 처리 과정을 촉진시키고 정서적 및 사회적 고립의 발생을 방지할 수 있다.

특히 치료자는 수반되는 강한 감정을 다루는 방법에 대한 지지와 지침을 제공하여 애도 과정을 통해 청소년의 움직임을 촉진시킨다. 정상적인 사별에 대한 교육은 청소년에게 매우 유익할 수 있다. 그러한 교육의 예는 다음과 같다.

어떤 사람이 사망한 이후, 특정 종류의 감정과 경험이 있는 것은 일반적이에요. 이것은 우리가 애도라고 부르는 부분이에요. 모든 사람은 다소 다르게 애도하지만, 많은 사람이 공통적으로 경험하는 것들이 있어요. 슬프거나 화를 냈을 수도 있고 무감각해졌을 수도 있어요. 많이 울었을 수도 있고 울기 어려웠을 수도 있어요. 어떤 사람은 수면이나 섭식의 어려움을 겪어요. 많은 경우, 십 대는 죽음에 대해 다소 죄책감을 느껴요. 그들은 어떤 일이 일어났는지에 대해 책임을 느껴요. 집중하기가 더 힘들고, 평소에 하는 일에 관심이 없고, 공부하기 더 어렵다는 것을 알았을 수도 있어요. 이것은 모두 애도의 정상상적인 부분이에요. 때에 따라 이러한 감정과 경험을 즉각적으로 알아차릴 수도 있고 시간이 좀 지난 후에 알아차릴 수도 있어요. 평소에 자신이 좋아하는 많은 일을 계속하기 위해 열심히 노력하는 것이 매우 중요해요. 대부분의 경우, 이러한 일에 대한 관심과 그것을 할 수 있는 능력은 시간이 조금 지나면 더 좋아질 거예요. 자신에게 있는 다른 감정은 오랫동안 지속될 거예요. 그러나 시간이 흐르면서 조금 덜해질 거예요. 아마 며칠 동안은 기분이 더 나아질 것이고, 그 후 며칠 동안은 기분이 더 나빠질 거예요. 이것은 모두 애도의 정상적인 부분이에요. 우리의 치료 회기와 가족 및 친구와 함께 하는 회기에서 자신이 경험하는 감정(긍정적인 것과 부정적인 것 모두)을 이야기하는 것이 매우 중요해요. 치료자로서 할 수 있는 일 중 하나가 ○○ 님의 삶에서 이러한 감정을 누구와 가장 잘 이야기할 수 있는지 알아내는 거예요.

치료자는 또한 애도와 관련된 우울 증상의 결과로 유족과 다른 대인관계 사이에서 발생할 수 있는 갈등을 다룬다. 치료자는 다음과 같이 이야기할 수 있다.

> 모든 사람은 다소 다르게 애도해요. 그리고 애도에서 비롯되는 스트레스는 삶에서 다른 중요한 관계에 압박을 가할 수 있어요. 이러한 관계에서의 문제는 부분적으로 ○○ 님과 아마 다른 사람이 경험하고 있는 슬픔에서 비롯된다는 사실을 깨닫는 것이 중요해요. 우리는 이러한 관계에서 겪고 있는 문제에 대해 이야기할 수 있고 그 관계가 기분을 더 나아지게 돕는 데 중요하기 때문에 해결책을 찾는 노력을 할 수도 있어요.

애도 과정을 지지하기 위해 현재 관계를 사용하여 배울 것을 강조한다. 이러한 지지는 감정을 더 잘 표현하고 애도 감정과 다른 중요한 관계 내의 갈등이나 철수와 같은 명백한 행동 간의 연결을 더 잘 이해하는 과정을 통해 달성된다.

정상적인 애도를 다루기 위해 사용되는 전략은 비정상적인 애도를 다루기 위해 사용되는 전략과 유사하다. 치료자는 고인과의 관계, 죽음을 둘러싼 감정과 상실이 삶에 미치는 영향에 대해 논의하도록 청소년을 돕는다. 치료자는 사회적으로 더 적극적이고 사회적으로 철수된 시기 이후에 정상적인 활동에 참여하도록 청소년의 역할 전환에 대해 논의한다. 치료자와 청소년은 가령 부고로 장기간 결석하게 되는 일을 친구들에게 알리기와 같이 다른 사람과 경험을 공유하는 방법에 대한 염려도 함께 다룰 수 있다. 전반적으로, 주요 치료 초점은 고인과의 관계와 사망에 대한 청소년의 감정 그리고 현재의 기능이 어떻게 영향을 받는지 파악하고 탐색하는 것이다.

요약

IPT-A는 정상적이거나 비정상적인 애도 반응에 대처하고 있는 청소년을 돕는 데 사용된다. 치료자의 주요 목적은 잃어버린 관계, 관련 감정, 상실이 현재 기능에 미치는 영향을 검토하도록 청소년을 돕는 것이다. 상실에 대한 감정을 해결한 다음, 새로운 대인관계를 수립하고 상실에 대한 반응으로 중단되었던 관계를 다시 형성하는 쪽으로 주의를 돌릴 수 있다.

다음의 사례는 심각한 가족 파괴로 인한 만성적인 애도 반응을 다루기 위해 IPT-A를 사용한 예시다.

사례

헬렌(17세 소녀)은 3년 전 어머니가 사망한 이후 할머니의 사촌과 함께 살고 있었다. 헬렌의 부모는 헬렌이 태어난 직후 이혼했고 아버지를 만난 적이 없었다. 그녀의 어머니가 말기 질환으로 사망한 직후, 헬렌은 할머니와 함께 살았지만 할머니와 사이가 좋지 않았고, 일 년 후에 할머니의 집을 떠났다. 헬렌은 할머니의 사촌과 함께 계속 살았다. 헬렌은 학교의 생활지도 선생님과 친밀한 관계를 맺어 온 작은 사립학교에 다니고 있었다. 헬렌은 주요우울증으로 병원에 갔다. 그녀는 어머니가 죽은 이후 우울한 느낌이 들었다고 했다. 그녀는 슬픈 기분, 과민 반응, 피로감 증가, 집중력 문제, 성적 저하, 무망감과 무력감, 경미한 편집증, 비현실감을 보고했다. 그녀는 수면이나 식욕 곤란은 부정했지만 음식을 해 먹기에는 너무 게을러 덜 챙겨 먹게 된다고 말했다. 소아정신과 전문의는 약물치료를 권했지만 헬렌은 정기적으로 약을 복용하는 것은 거부했다.

초기 회기(1~4)

초기 회기의 초점은 어머니의 죽음과 그것이 촉발한 불안정한 가정생활에 두었다. 그녀는 어머니의 죽음과 십 대에 대한 이해가 부족한 할머니를 불신한다고 말했다. 그녀는 치료자에게 매일 어머니의 죽음을 생각한다고 말하며 울었다. 그녀는 할머니의 사촌과 함께 살면서도 자신이 세상에서 혼자라고 느꼈다. 할머니와 함께 사는 것보다 좋았지만 그녀는 할머니의 사촌의 작은 아파트에서 여전히 손님이나 하숙인처럼 느껴졌다. 이 시기에 텍사스에 살고 있던 삼촌이 그녀와 함께 살자고 했다. 그녀는 자신이 가족의 일원이 되고 자신의 방을 가지길 매우 바랐는데, 자신을 잘 모르는 삼촌과 함께 살기 위해 전학을 가야 하는 것에 심각한 갈등을 느꼈다. 이러한 결정이 필요해지자, 죽어서 자신에게 이러한 어려운 결정을 하게 만든 어머니에 대한 분노가 더 커졌다. 치료자는 헬렌이 이런 상황에 잘 대처하지 못하는 것의 상당 부분이 자신이 어머니의 죽음을 적절하게 애도하지 못하고 어머니와 남은 가족에 대한 무수한 감정을 다루지 않았기 때문이라고 추측했다. 헬렌과 치료자는 초기 단계를 끝낼 때 어머니의 죽음과 현재의 우울증의 관계에 초점을 맞추어야 한다는 것에 동의하였다.

중기 회기(5~8)

헬렌의 이번 결정은 삼촌과 함께 살기 위해 텍사스로 이사할 것인지, 아니면 그녀에게 가족과 같은 선생님과 함께 학교에 남을지였다. 헬렌의 버림받은 느낌과 분노에 초점을 맞추었을 때, 그녀는 이 문제에 대한 자신의 감정과 생각을 더 잘 정리할 수 있었다. 헬렌과 치료자는 할머니, 할머니의 사촌, 삼촌과의 관계와 상호작용에 대한 감정 외에도 어머니에 대한 자신의 긍정적·부정적인 감정에 대해 이야기하는 시간을 보냈다. 그녀는 어머니의 병을 치료할 때 친척들이 어머니를 더욱 지지하지 않았던 것에 대해 분노를 많이 표현했다. 그녀는 어머니의 죽음이 가까이 왔을 때, 어머니와 함께 시간을 보내면서 느꼈던 어려움과 어머니가 돌아가셨을 때 어머니의 방에서 어머니가 없었을 때 느꼈던 죄책감에 대해 이야기했다. 그녀는 어머니가 필요할 때 충분히 사랑을 주지 못했기에 결과적으로 자기 자신이 나쁘게 느껴졌다.

죽음과 질병에 대한 정상적인 반응에 관한 심리교육은 그녀의 죄책감을 덜어 주었다. 또한 치료자는 그녀가 그러한 어려운 상황에 대처할 때 보여 준 강점에 초점을 두도록 도왔다. 헬렌은 어머니의 죽음과 가족과의 갈등이 미래의 관계를 해칠 것이라고 우려했다. 버림받고 중요한 관계가 사라지는 것이 얼마나 두려운지에 초점을 맞춘 치료는 새로운 관계에 들어가는 것을 주저하거나 관계에 덜 개방적일 수 있어서 새로운 관계를 잃어도 크게 고통스럽지 않을 수 있다. 치료자와 헬렌은 할머니의 사촌과의 관계와 남자 친구와의 새로운 관계의 형성에 대한 맥락에서 이것을 파악할 수 있었다. 치료의 중간 단계가 끝날 무렵, 헬렌은 덜 힘들어하면서 어머니에 대해 더 쉽게 이야기할 수 있었으며, 과민 반응, 분노 및 죄책감이 줄었다고 보고했다.

종결 회기(9~12)

종결 단계가 시작되었을 무렵, 헬렌은 삼촌과 함께 살기 위해 텍사스로 이사하지 않기로 결정 내렸다. 그녀는 지난 몇 주 동안 여러 가지 지켜지지 않은 약속들을 통해 삼촌이 자신과의 약속을 지키지 못할 수도 있다는 점을 확인하였다고 하였다. 헬렌은 그것에 대한 자신의 감정을 삼촌과 이야기할 수 있었다. 그녀는 동시에 함께 살고 있는 가족과 더 많은 이야기를 하려고 노력했으며 이곳이 더 편해졌다고 하였다. 헬렌은 자신에게 많은 관심을 주는 학교와 선생님을 사랑했다. 그녀는 더 행복해졌고 학교에서 집중력이 향상되었고, 식사 및 수면 습관이 개선되었고, 덜 울고 죄책감과 자책감이 줄어들었다고 보고했다. 그녀는 여전히 어머니에 대해 많은 생각을 했지만 이전처럼 분노를 느끼지 않았다. 그녀는 또한 그녀의 삶을 다루고, 결정을 내리고, 어머니가 없어도 자신을 돌보는 방식에 대해 자랑스러워했다. 그녀는 가족 및 교사와의 상호작용에서 자신의 감정을 훨씬 편하게 이야기하였다. 그녀는 자신의 감정을 나눌 때 사람들이 긍정적으로 반응한다는 것을 알았다. 치료를 종결할 때, 헬렌은 고등학교 과정을 마쳤으며 대학 지원을 준비하고 있었고, 자신이 앞으로 좋은 관계를 발전시키고 학업 목표를 달성할 수 있다고 확신하면서 고교 졸업을 간절히 기다리고 있었다.

제11장

대인관계 역할 불화

대인관계 역할 불화는 환자와 적어도 한 명의 중요한 타인이 '관계에 대한 비상호적 기대'가 있는 상황이다(Klerman et al., 1984). 비상호적 기대는 관계의 행동 조건이나 지침에 대한 의견 불일치를 말한다. 청소년이 중요한 관계의 갈등과 관련하여 우울증을 설명할 때 역할 불화가 확인된 문제 영역으로 선택된다. 이 장은 우울증이 어떻게 관계를 왜곡할 수 있는지, IPT–A가 그 결과로 생기는 문제를 어떻게 해결할 수 있는지에 초점을 맞춘다.

청소년의 삶에서 중요한 관계는 대개 가족, 교사, 친한 친구와 연인과 같은 애착을 가진 인물과의 관계다. 이러한 관계의 질은 우울증의 촉진 요인이고 우울증에 크게 영향을 받을 수 있다. 종단적 연구에서 가족의 역경과 가족 내 청소년 자신의 역할에 대한 부정적인 인식이 우울증을 예측하였다(Fergusson, Horwood, & Lynskey, 1995). 예를 들어, 우울한 아이는 우울한 기분이 성공적으로 치료된 이후에도 부모, 형제자매 및 친구와의 대인관계 문제가 지속되는 경우가 많다(Puig-Antich et al., 1985b). 좋은 가족 관계는 청소년 우울증에 더 좋은 결과로 이어진다(Sanford et al., 1995). 가족 및 친구와의 불화는 우울 삽화의 발달에 기여할 수도 있다(Schocket & Dadds, 1997; Lewinsohn et al., 1994b; Vernberg, 1990). 또래 불화의 한 예로, 최근에 새로 만난 남자 친구와 더 많은 시간을 보내고 싶은 십 대 소녀가 가장 친한 친구에게 자신과의 약속 시간을 양해해 주길 기대할 수 있다. 그러나 가장 친한 친구는 우정이 로맨스보다 우선이라고 기대한다. 그 소녀는 실망했고 거부당한 느낌을 받았고 슬프다. 가족의 역할 불화는 부모는 청소년에게 친밀한 감정과 삶의 자세한 내용을 완전히 털어놓길 기대하는 반면, 청소년은 부모로부터 분리되어 가족보다 친구를 더 많이 사귀길 원할 때 발생한다. 청소년과 부모 사이에서 발생하는 한 가지 흔한 대인관계 불화는 보수적인 부모와 또래들과 어울려 같이 행동하려는 청소년 간의 갈등이다. 종종 이러한 모순된 가치는 청소년의 행동에 대한 다른 기대로 이어진다.

우울 삽화와 이러한 갈등이 일치하는 경우, 대인관계 역할 불화가 확인된 문제 영역이 된다. 우울 삽화보다 먼저 일어날 가능성이 큰 불화의 유형은 청소년이 갈등을 해소하는 데 무력감을 느끼고 관계에서 불화가 계속 반복되어 무력감이 커지는 것이다. 청소년이 의사소통에 희망이 없다고 오해할 경우, 자존감이 감소하여 사회적 철수와 의사소통의 어려움이 초래된다. 친구들과의 야간 외출 허가를 놓고 부모와 불화를 겪고 있는 청소년이 그 예다. 안전을 염려하는 부모는 어두워진 이후에 십 대를 집 밖으로 보내고 싶어 하지 않는다. 그러나 십 대는 또래들과 어울리길 원한다. 십 대는 합리적인 활동과 외출 금지에 동의할 수 없다. 그리하여 대화는 말다툼으로 확대되고 각자 대화를 철회한 다음, 친구들이 다시 요청할 때 그 문제가 다시 불거지게 된다. 청소년은 부모가 절대로 변하지 않고 절대로 자신을 집 밖으로 내보내지 않을 것 같다는 느낌을 표현한다. 그 결과, 청소년은 친구들과 사귈 수 없다는 사실을 알게 되고, 친구들의 권유에 거부할 필요가 없도록 친구들을 피하기 시작한다.

비상호적 기대와 불화는 새로운 나라의 방식에 익숙하지 않은 이민 부모의 자녀에게서 특히 심각해 보인다. 예를 들어, 라틴계 여자 청소년의 이민 문화 충격은 적절한 여성 역할과 행동에 대한 부모-청소년 긴장을 증가시킨다(Hardy-Fanta & Montana, 1982). 전통적인 라틴계 가정은 남성과 여성의 역할이 엄격하게 구분된다. 그러나 미국에서는 그 역할이 그렇게 명확하게 구분되지 않는다. 모르는 것에 대한 두려움 때문에, 부모는 종종 자녀에게 매우 경직한 태도를 보이고 자녀를 과보호하게 된다. 자녀는 부모의 생활 방식이 미국 방식보다 열등하다고 여기고 이러한 경직성에 반항하고 반발한다(Ghali, 1977). 이민자 가정에서 특정 불화가 일어나기도 하지만, 청소년이 가족과 분리를 시도할 때 부모의 권위에 반하는 전통적인 사춘기 반항에서와 비슷한 불화가 나타난다.

불화 해결의 문제는 상대방의 관점으로 보지 못하거나, 관계 기대의 차이가 뚜렷하거나, 감정과 기대에 대한 의사소통이 어렵거나, 해결하려는 시도를 철회하고 무력감이 만연된 것의 결과일 수 있다. 부모의 의사소통은 또한 청소년의 우울증에서 중요한 역할을 할 수 있다(Slesnick & Waldron, 1997). 우울하지 않은 아이와 비교하여, 우울한 아이가 자신의 가족을 더 적대적이고 덜 자상하게 본다(Slesnick & Waldron, 1997; Harold, Fincham, Osborne, & Conger, 1997). 지각된 혹은 실제적인 상실의 위협은 우울한 십 대에게 고립과 외로움을 더 느끼게 한다.

대인관계 역할 불화 진단하기

문제 영역으로 역할 불화를 결정하기 위해 치료자는 청소년의 중요한 관계의 이력을 철저히 조사해야 한다. 불화를 진단할 때 알아봐야 하는 정보는 분노, 슬픔, 좌절감과 같은 감정을 이끌어 낼 수 있는 중요한 타인과의 갈등이다. 가장 두드러진 감정은 상황이 결코 변하지 않을 것이라는 청소년의 인식과 오해다. 그러나 때로 갈등이 뚜렷하지 않을 수도 있다. 이런 경우, 치료자는 억압된 감정이나 부인한 감정의 비언어적 징후를 관찰하고 중요한 타인과의 관계에 대해 간략하게 언급할 때 주의해서 살펴봐야 한다. 청소년이 이야기하기를 피하거나 특정 관계를 이상적인 관계로 묘사하는 것처럼 보이면, 이는 청소년이 표현하기 불편한 부정적인 감정을 경험하고 있다는 단서가 된다. 이 시점에서 치료자가 청소년에게 대인관계에서 양가감정이나 심지어 부정적인 감정을 가질 수 있고 어려운 관계가 어떻게 사람을 슬프게 하고 우울증을 유발할 수 있는지 교육하는 것도 종종 도움이 된다.

사 례

리즈는 주요우울증을 앓았지만 무엇이 자신을 그렇게 화나게 하는지 파악하지 못했다. 대인관계 목록을 작성하면서, 치료자는 리즈에게 그녀의 어머니와의 관계에 대해 물었다. 그녀는 어머니와의 관계가 정말 좋고 잘 지내고 있다고 보고했다. 치료자는 대부분의 십 대가 부모와 갈등을 겪고 있다고 언급하면서 리즈도 그런지 궁금하다고 하였고, 리즈와 부모의 관계에 대해 깊은 관심을 보였다. 서서히 환자는 제한적인 규칙에 대한 갈등과 더 많은 자유를 바라는 자신의 바람에 대해 어머니와 대화를 나누지 못한다는 무능감을 드러냈다. 치료자는 리즈에게 그녀가 심각한 갈등을 겪고 있고 그녀의 우울증에 기여할 수 있는 어머니를 향한 분노를 많이 느끼고 있다는 부분을 반영해 주었다. 이상적인 관계에 대한 초기 탐색이 어머니와 딸 사이의 역할 불화를 더 정확하게 설명할 수 있도록 이끌어 냈다.

역할 불화의 문제 영역을 진단할 때 중요한 부분은 불화의 단계를 정확하게 파악하는 것이다. 불화가 발생할 수 있는 단계는 세 가지인데, 구체적인 단계는 다음과 같다(Klerman et al., 1984).

① 재협상(renegotiation): 이 단계에서 청소년과 중요한 사람은 서로 갈등을 해결하기 위해 의사소통을 계속하고 의견 불일치를 개방한다. 그러나 이들이 치료를 받으려 한다면, 이들의 협상 시도는 거의 실패했을 가능성이 크다.
② 난국(impasse): 이 단계에서 청소년과 중요한 사람은 더 이상 갈등에 대해 대화하려고 시도하지 않는다. 보통 의사소통은 중단되었고 '침묵치료'로 알려진 두 사람 간의 사회적 거리가 있다.
③ 파국(dissolution): 이 단계에서 청소년과 중요한 사람은 불화가 해결될 수 없다고 결정 내리고 관계를 끊기로 선택한다.

역할 불화의 치료 목표와 전략

대인관계 역할 불화의 치료 목표는 불화의 단계에 따라 다르다(〈표 11-1〉 참조). 불화가 재협상이나 난국 단계에 있는 청소년의 치료 목표는 청소년이 불화를 정의하고 해결할 수 있도록 돕는 것이다. 때에 따라 그 목표가 불화의 완전한 해결이 될 수도 있고, 불화의 성격을 이해하고 관계에 대한 기대를 수정하는 것으로 더 제한되어야 할 수도 있다. 이러한 목표를 달성하려면 갈등과 관련된 중요한 사람을 파악하고 불화 해결을 돕기 위해 의사소통과 기대를 조정해야 한다. 반면에 관계가 파국 단계에 있다면 관계의 상실을 애도하는 것이 주요 목표 중 하나가 된다. 이것에는 갈등과 불화에 관여된 사람을 파악하고, 관계에서 무엇이 일어나는지 이해하고, 유능함을 느끼고, 새로운 관계를 형성할 준비가 되어 있다고 느끼는 것이 포함된다. 불화의 단계와 상관없이 치료의 몇 가지 공통 전략이 있다. 다른 문제 영역에서도 논의한 바와 같이, 각 전략은 여러 치료 기술을 사용한다.

〈표 11-1〉 대인관계 역할 불화 문제 영역의 목표와 전략에 대한 요약

목표	재협상과 난국 단계 • 의사소통과 기대를 조절하여 불화를 정의하고 해결하기 파국 단계 • 상실한 관계 애도하기
전략	모든 단계 • 불화 탐색하기 • 불화의 양상 파악하기 • 의사결정 분석하기 • 의사소통 기술 향상하기

불화를 파악하고 탐색하기

대인관계 목록을 바탕으로 치료자는 불화의 성격과 불화에 관여된 사람을 어느 정도 이해한다. 그러나 불화를 다루기 위한 행동 계획을 결정하고 불화의 단계를 확정짓기 위해 치료자는 더 많은 논의를 촉진시켜야 한다. 이 논의는 주로 두 가지 영역에 초점을 맞추어야 하는데, 이는 불화의 원인이 될 수 있는 관계와 의사소통 양상에 대한 기대다.

치료자는 그 기대가 현실적인지 아닌지에 관계없이, 불화에서 다른 사람의 기대와 어떻게 다른지, 그리고 청소년이 그 불화를 해결하려고 어떻게 노력했는지 결정해야 한다. 청소년에게서 불화가 발생하는 것은 관계하는 사람들이 상호 간의 역할 기대를 하지 않기 때문인데, 그런 기대를 탐색하는 것이 타협의 해결이나 협상의 출발점이 되는 몇 가지 합의 영역이다. 역할 불화를 탐색할 때 치료자는 다음과 같이 질문할 수 있다.

> [이름] 님과 무엇 때문에 싸우나요? 싸움은 어떻게 끝나나요? 싸움이 일어났을 때 기분은 어떤가요? 이런 싸움을 할 때 [이름] 님이 어떻게 반응

하기를 바라나요? [이름] 님은 ○○ 님에게 어떻게 반응하고 싶어 하는 것 같나요? 그럼 두 사람 모두 기분은 어떤가요? 이 관계에 대한 ○○ 님의 기대는 무엇인가요? 어떤 면에서 실망했나요? [이름] 님을 실망시켰다고 생각하나요? [이름] 님과의 관계에 어떻게 도움이 되거나 개선할 수 있다고 생각하나요? [이름] 님이 변하지 않는 경우, 어떻게 대처할 수 있을까요? 사용할 수 있는 다른 대안이나 자원은 무엇인가요?

치료자와 청소년은 또한 불화의 해결을 복잡하게 만드는 의사소통 양상을 탐색한다. 불화와 관련된 사람은 갈등에 대해 서로 접근하기를 꺼리기 때문에, 부정적인 감정을 비파괴적인 방식으로 표현할 줄 모르기 때문에, 혹은 이들이 계속 불평하거나 불화에 맞서야 하는 두려움 때문에 회복 단계로 나아갈 수 없고 불화를 해결하기 어렵다.

치료자: ○○ 님과 엄마는 ○○ 님이 친구들과 함께 외출할 수 있는지 없는지에 대해 꽤 자주 말다툼을 하는 것 같네요.

환 자: 네, 거의 매주 말다툼해요. 제가 뭘 해도 엄마는 친구들과 어떤 파티에도 못 가게 할 거라는 걸 알아요.

치료자: 허락을 구할 때, 엄마에게 어떻게 이야기하나요?

환 자: 저는 그냥 있는 그대로 말해요. "엄마, 친구들이 토요일 밤에 파티에 가자고 했어. 근데 엄마는 절대 허락해 주지 않을 거야, 그렇지? 이 말은 이런 일로 외출 허락을 못 받는 사람은 나밖에 없을 거란 뜻이야."라고 말해요. 정말 싫어요!

치료자: 엄마는 그 말을 듣고 어떻게 느낄까요?

환 자: 글쎄요. 엄마는 화를 많이 냈어요. 그리고 "난 다른 사람이 어떻게 하는지 상관 안 해. 난 내 아들만 신경 써. 그리고 넌 못 가."

치료자: 그다음에 어떻게 했나요?

환 자: 저는 방에 들어가서 베개랑 옷 그리고 다른 물건을 집어 던졌어요. 정말 화가 났어요.

청소년은 자신의 감정을 직접적으로 표현하기보다 파괴적이고 반사회적이거나 자기처벌적인 행동으로 나타내는 경우가 많다. 치료자는 환자에게 다음과 같이 이야기할 수 있다.

[이름] 님과 싸울 때, ○○ 님은 화가 나는 것 외에도 매우 슬프고 실망스럽다고 느껴요. 이러한 감정은 ○○ 님이 [이름] 님에게 이야기하기는커녕 스스로 인정하기도 어려워해요. 대신 ○○ 님은 화를 내고 [행동 목록]과 같은 행동을 해요. 자신이 느끼고 있는 것을 [이름] 님에게 말하려고 시도한 적이 있나요? 자신이 정말로 어떻게 느꼈는지 이야기하면 어떻게 될 것 같나요? [이름] 님이 어떻게 반응할 거라고 생각하나요? [이름] 님에게 자신의 기분이 어떠한지 전달할 의향이 있나요?

여기에서의 목표는 분노, 두려움과 슬픔의 복잡하고 혼란스러운 감정을 인식하고 그것을 효과적으로 전달할 때의 어려움이 불화와 결국 우울증에 기여하는 방식을 파악하도록 청소년을 돕는 것이다. 이러한 이해는 청소년이 의사소통 기술을 수정하고 불화의 실제 세부 사항에 대해 협상하도록 선택할 수 있게 한다.

불화 내의 양상 파악하기

치료자는 또한 청소년의 어려움에 대한 본질을 더 잘 이해하기 위해 이전 혹은 다른 대인관계에서 비상호적 기대나 의사소통 문제의 비슷한 양상을 찾아야 한다. 이런 유사점은 친구와의 반복되는 갈등과 부모와 해결하기 어려운 갈등이다. 청소년이 많은 사람에 대해 부정적 반응을 드러내며 그들에 대해 비슷하게 설명할 수 있다. 때로 이러한 유사점은 좀 더 숨겨져 있을 수도 있다. 특정 불화 영역을 더 잘 평가하기 위해 치료자는 다음과 같이 질문할 수 있다.

> 다른 사람과 비슷한 갈등을 겪어 본 적이 있나요? 다른 사람도 ○○ 님에게 비슷한 방식으로 반응한 적이 있나요? 자신이 사람들과 자주 불화를 일으킨다고 말할 수 있을까요? 어떤 일이 일어났나요? 이런 느낌이 자주 드나요?

불화가 더 큰 패턴의 일부로 드러나면, 이러한 불화의 결과로 청소년에게 어떤 일이 일어나는지 탐색하는 것이 중요하다. 청소년기에게 긍정적인 결과가 있는가? 불화의 근간을 이루는 관계에 대한 일반적인 오해가 있는가? 청소년이 유사한 불화를 겪고 있는 이유는 무엇인가?

불화에 대한 해결책 결정하기

불화의 근원인 문제나 비상호적 기대를 이해한 다음, 치료자와 청소년은 불화를 구체적으로 해결하기 위해 치료의 두 번째 단계로 이동한다.

재협상 혹은 난국 단계

재협상이나 난국 단계에서 불화를 치료하기 위해 이후 회기에서는 문제에 대한 구체적인 협상과 의사결정에 초점을 맞춘다. 이 단계에서 치료자는 다음과 같이 이야기할 수 있다.

> 이제 우리는 ○○ 님의 우울증과 [이름] 님과의 관계를 이해했고, 자신의 감정이 궁극적으로 자기패배적인 행동으로 어떻게 이어졌는지 이해하게 되

> 없어요. 자신의 삶에서 이러한 패턴을 바꾸기 위해 무엇을 할 수 있는지 생각해 봅시다. 자신을 위해 할 수 있는 다른 대안이 있나요? 여러 가지 방법으로 상황을 다룬다면 어떤 느낌이 들까요?

불화를 해결하기 위한 행동 계획과 결정을 내리는 데 필요한 시간의 길이와 단계는 불화의 성격과 복잡성에 따라 다르다.

역할 불화가 재협상 단계에 있다고 치료자와 환자가 판단할 경우 다음과 같이 다룰 수 있다.

> ○○ 님과 [이름] 님은 자주 다퉈요. 제가 보기에 다툼의 근본적인 이유는 [이름] 님이 ○○ 님에게 주지 않고 ○○ 님도 [이름] 님에게 주지 않은 것을 [이름] 님에게 기대하기 때문이에요. 두 사람이 얼마나 열심히 노력하든, 같은 상황 속에 빠지게 되고 둘 다 해결책을 찾을 수 없어요. 두 사람은 서로에게 관심이 있고 해결책을 찾고 싶어 해요. 저는 관계에서 자신이 원하는 것이 무엇인지 명확하게 하고 이러한 목표에 대해 [이름] 님과 소통할 수 있는 새로운 방법을 찾도록 돕고 싶어요. 이 작업을 더 쉽게 하기 위해 우리가 함께 기술을 연습하고 갈등을 줄이도록 얼마나 노력하는지 [이름] 님이 알 수 있도록 나중에 회기에 참여해 줄 것을 요청할 수도 있어요.

난국 단계의 경우, 치료자는 다음과 같이 이야기할 수 있다.

> ○○ 님과 [이름] 님은 서로 반목하고 있어요. 두 사람 중 어느 누구도 상대방을 이해하지 못하고 두 사람 모두 문제에 대한 해결책이 없다고 느껴요. 지금은 서로 이야기조차 하지 않아요. 어쩌면 해결책이 없다는 말도 맞지만, 저는 두 분이 다시 대화를 해서 문제를 해결할 수 있는지 알아보고 싶어요. 아마도 당면한 상황에서 벗어나 있는 사람과 이야기하다 보면, 다

르게 느끼는 데 도움이 될 거예요. 그리고 이야기를 하지 않는 것보다 [이름] 님과 ○○ 님의 문제에 더 나은 해결책을 찾는 데 더 도움이 될 거예요. 처음에는 [이름] 님과 또다시 다툴 수도 있고 이전과 같다고 느낄 수 있을 거예요. 일단 자신의 감정을 더 잘 이해하고 [이름] 님과의 문제를 해결하기 위해 자신이 할 수 있는 모든 것을 시도해 본다면 기분이 나아질 거예요. 그 이후에 이 관계가 도움이 될 수 있는지 아닌지에 대한 분명한 결정을 내릴 수 있을 거고요.

이때 치료자가 청소년에게 한 가지 또는 다른 해결책을 지시하지 않는 것이 중요하다. 대신 치료자의 임무는 청소년이 가지고 있는 대안을 알아보고 그것을 평가하도록 안내하는 것이다. 역할 불화 치료에서 의사결정 분석 기술이 이 시점에서 매우 유용하다. 치료자는 다음과 같이 이야기할 수 있다.

형과의 관계에서 갈림길에 서 있는 것처럼 보여요. 두 사람은 관계에 대한 기대가 매우 다르고 갈등에 대한 자신의 감정을 전달하는 것에도 상당히 많은 어려움을 겪고 있어요. 최근에 ○○ 님은 이 관계에서 벗어나기로 결심했어요. 비록 ○○ 님이 어머니와 저에게 더 이상 신경 쓰지 않는다고 말했지만, 화가 많이 나고 두 사람 사이의 거리로 인해 괴로워하는 것 같아요. 관계에서 철수되려는 자신의 결정이 실제로 기분을 더 우울하게 만드는 것으로 보여요. 저는 ○○ 님에게 다른 대안이 있다고 생각해요. 그리고 ○○ 님과 함께 다른 대안을 고려해 보고 싶어요. 이 문제를 해결하기 위해 다른 대안을 생각해 볼 수 있을까요?

치료자는 청소년이 불화를 해결하기 위해 자신의 대안을 파악하고 그것의 장단점을 평가하도록 돕는다. 그렇게 할 때, 청소년은 자신과 그의 형이 어떻게 다른 결정을 내릴 수 있는지, 그 결정이 자신의 우울증과 어떻게 관련되는지 탐색할 수 있다. 이러한 치료적 논의는 청소년의 불화에 대한 관점을 변화시키도록 이끌 수 있다. 이러한 변화는 관계에 대해 달라진 기대, 서로 의사소통할 수 있는 능력의 향상, 관계의 압박을 덜어 줄 수 있고 특정 필요를 충족시킬 수 있는 다른 자원의 파악, 또는 필요한 경우 관계를 끝내기 위한 정보에 입각한 결정이다.

청소년과 부모 사이에 많은 불화가 생기기 때문에, 부모가 변화에 저항하는 경우에는 최선의 결과가 아닌 결과를 받아들여야 한다. 예를 들어, 청소년은 자신의 대인관계에 대한 기대를 충족시켜 주지 못하는 부모의 어려움을 이해할 필요가 있다. 이 경우, 청소년의 기대는 합리적이고 가족의 기대가 비합리적일 수 있다. 치료자는 청소년이 부모의 변하지 않고 불합리한 기대와 분노와 슬픔의 감정을 극복하기 위한 전략을 찾도록 돕는다. 청소년이 상황에 대처하는 방법을 찾는 것 외에도, 불화에 대한 지각을 다른 사람에게 확인하는 것도 도움이 된다. 이것은 최선이 아닌 목표라고 강조해야 하지만 때로 저항하는 부모 또는 제2당사자와 상대할 때 채택해야 할 목표다.

사례

존은 아버지와의 갈등으로 인해 심한 우울증을 앓았다. 존의 아버지는 존과 자신의 아내가 매우 경직되고 성격이 급하다고 묘사하였다. 존의 우울증은 아버지의 과도한 활동 제한으로 인해 과외 활동에 참여할 수 없었고 친구들과 시간을 보낼 수 있는 기회가 거의 없었던 것에서 비롯되었다. 존의 어머니는 자신이 남편에게 영향을 줄 수 있는 능력이 거의 없다고 느꼈고 존의 아버지는 아들과 함께 치료받으러 오기를 거절했다. 치료자가 아버지와의 협상을 도울 수 없었기 때문에, 치료의 목표는 상황에 대처하는 방법, 반복되는 실망을 없애기 위해 아버지에 대한 현실적인 기대와 아버지와 최소한의 접촉으로 관여할 수 있는 즐거운 활동을 파악하는 것이었다. 또 다른 목표는 아버지가 존에게 제공할 수 없는 양육, 지지와 활동에 대한 관심을 제공할 수 있는 다른 가족을 찾아보는 것이었다. 이것은 존에게 매우 유익한 것으로 밝혀졌다. 존은 자신과 함께 이야기를 나누고 시간을 보낼 수 있는 삼촌을 찾아낼 수 있었다. 그 이후로 그의 우울 증상은 점차 사라졌고 자존감과 학교 성적도 향상되었다.

파국 단계

청소년과 함께 작업할 때, 파국 단계에 있는 가족을 위해 또래, 비가족이나 친척이 함께하는 것이 더 일반적이다. 청소년과 부모의 관계가 파국 단계에 있다고 단정할 수 있지만, 가능할 때마다 치료자는 작업 가능한 가족 관계를 보존하려고 애쓴다. 치료자는 가족과의 직접적인 개입이 문제를 완화하는 데 도움이 되는지, 외부 사회 서비스 자원이 필요한지를 고려해야 한다. 증상이나 감정에 압도된 어머니를 돕기 위해 가정 건강 종사자를 보내고, 아픈 가족에게 서비스를 제공하는 방문 간호사를 보내고, 필요한 물품이나 주택을 제공하기 위해 공공 지원을 제공하는 사회 서비스 자원이 도움이 될 수 있다. 가족 내에서 해결이 불가능할 경우, 치료자는 청소년이 친척과 함께 살 수 있도록 조정하는 것과 같은 대체치료에 접근하여 청소년을 도와야 한다.

관계가 회복될 수 없을 정도로 손상되었다고 치료자와 환자가 동의하면, 치료자의 임무는 환자가 성공적으로 상실한 관계를 애도하고 다른 관계로 나아갈 수 있도록 돕는 것이다. 이 시점에서 치료자가 사용할 수 있는 전략은 애도에 대해 다룬 장에서 논의한 전략과 유사하다. 치료자는 환자가 전체 관계를 검토하고 관계의 상실이 미친 영향을 탐색하고 이 경험으로부터 새로운 관계로 나아갈 수 있는 방법을 찾아낼 수 있도록 돕는다.

의사소통 기술 향상시키기

역할 불화가 있는 청소년에게는 대부분 의사소통 기술을 향상시킬 중요한 전략이 불화 해결하기다. 이러한 청소년은 불화의 핵심에 있는 특정 관계에 대한 자신의 감정과 기대에 보다 효과적인 의사소통 기술을 개발해야 한다.

역할 불화를 겪고 있는 청소년의 의사소통 문제는 보통 의사소통의 어려움이 하나의 특정 관계에 집중되는 대인관계 결손을 보이는 청소년의 문제와는 다르다. 이것이 대인관계 결손이 있는 청소년이 다른 관계에서 어려움을 겪지 않는다는 뜻은 아니다. 하지만 치료자가 대인관계 결손이 있는 청소년이 다른 관계에서는 더 효과적으로 의사소통한다는 것을 파악할 수 있다. 치료자가 청소년의 다른 대인관계의 경험과 기술을 청소년이 염려하는 관계의 의사소통을 향상시키기 위한 기본 재료로 사용할 수 있도록 결정하는 것이 중요하다. 예를 들어, 치료자는 다음과 같이 이야기할 수 있다.

> 어머니와의 관계에 관한 우리의 논의로 보아, ○○ 님은 감정이 상했을 때 어머니에게 직접적으로 말하지 못하고 어머니와 좀 더 가까워지고 싶은 자신의 바람을 어머니에게 전달하는 데에 상당한 어려움을 겪고 있는 것이 분명해요. 이것이 어머니와의 불화를 해결하는 데 도움이 되도록 우리가 노력해야 할 부분이에요. 우리는 또한 ○○ 님의 삶에서 이모와의 관계를 포함한 다른 많은 관계에 대해서도 이야기했어요. ○○ 님은 어머니를 자신에게 매우 중요한 존재이고 솔직하게 대화를 할 수 있는 사람으로 설명했어요. ○○ 님은 어머니가 친척에게 비밀을 지켜 주길 원했던 정보를 말했기 때문에 어머니에게 화가 났던 때를 설명했어요. 저는 ○○ 님이 어머니에게 자신의 실망과 좌절을 얼마나 잘 이야기했는지 듣고 놀랐어요. 그것은 자신이 어떻게 느끼고 있고 미래에는 어떻게 다르게 행동할 것인지 어머니가 이해할 수 있었던 것으로 저에게 들렸어요. 그때 기분은 어땠나요? 어머니와 함께 노력해 볼 수 있다고 생각하나요? 무엇이 어려울 것 같나요? 어머니에게 그 기술을 사용할 수 있으려면 무엇이 도움이 될까요?

목표는 청소년이 특정 관계의 상호작용을 다루기 위해 효과적인 전략을 배우도록 돕는 것이다. 이러한 전략은 감정을 좀 더 직접적으로 표현하는 것,

불화와 분노로 이어질 상황을 피하는 것, 타인의 행동에 대한 자신의 이해를 정당화시키지 못한 데서 비롯된 충동적인 행동을 줄이는 것이다. 이 전략은 불화의 파국 단계에 있는 청소년에게도 똑같이 중요한데, 청소년이 자신의 감정을 직접적으로 명확하게 표현하고 다른 성공적인 관계를 발전시키는 자신의 능력을 건설적으로 촉진시켜야 하기 때문이다. 앞에서 설명한 개입 이외에도, IPT-A는 모델링, 의사소통 분석, 역할 놀이를 포함하여 청소년의 의사소통 기술을 구체적인 치료 대상으로 하는 여러 가지 치료 기술에 의존하고 있다.

역할 불화의 치료에서 부모의 역할

불화가 한쪽 부모 혹은 양쪽 부모 모두와 관련 있는 경우, 치료에 부모를 참여시키는 것이 보통 도움이 된다. 치료 중기의 초반에 치료자는 청소년과 부모에게 대인관계 역할 불화가 우울 증상에 어떻게 기여하는지, 불화의 해결로 어떻게 증상을 완화시킬 수 있는지 설명한다. 예를 들어, 치료자는 청소년에게 다음과 같이 이야기할 수 있다.

> 아버지와의 다툼으로 처음에는 화가 났지만 나중에는 절망감과 무력감을 느끼게 돼요. 자신의 태도를 바꾸는 데 무력감을 느끼고 스스로 빠져나갈 길이 없다고 느끼고요. 아버지와의 관계에 대해 이야기하면서, 우리는 아버지와 관계를 맺는 다른 방법을 찾으려고 노력할 거예요. 아버지가 자신이 원하는 쪽으로 변할 수도 있지만, 만약 변하지 않는다면 아버지를 있는 그대로 받아들이고 자신이 원하는 것을 얻을 수 있는 다른 방법을 찾아야 할지도 몰라요.

치료자는 부모에게 다음과 같이 이야기할 수 있다.

> 아이와 다투는 것은 아이가 자기 자신에 대해 더 나쁘게 느끼도록 하고 있어요. 그리고 저는 아이도 부모님에게 화가 났다고 확신해요. 이 시점에서 [아이의 이름]과 부모님의 관계는 둘 중 어느 한 사람이 다룰 수 있는 것 이상의 일로 보여요. 아마도 제가 부모님과 아이를 함께 만나면 부모님과 자녀에게 더 이로워질 수 있어요. 그렇게 하면 서로 다르게 의사소통하는 두 사람을 모두 코치할 수 있어서 서로 이해할 수 있게 될 거예요. 그러면 아이는 덜 우울하게 될 것이고, 부모님, 아이와 나머지 가족이 안심하게 될 거예요.

재협상 또는 난국 단계의 불화인 경우, 중기 단계 후반에 한두 차례의 공동 회기를 갖는 것이 불화의 핵심인 기대와 의사소통의 어려움을 구체적으로 해결하는 데 도움이 된다. 공동 회기를 시작하기 전에 치료자는 불화를 해결하려는 청소년과 부모의 의지를 신중하게 평가해야 하고, 이들의 관계를 개선하기 위해 필요한 기술을 발달시키는 데 주력해야 한다. 가급적 이것은 면대면으로 이뤄져야 하지만, 필요할 경우 부모와 전화 통화로도 할 수 있다. 그 다음, 공동 회기는 치료자의 중재, 코칭, 지원을 통해 불화에 대한 가능한 해결책과 관계에 대한 기대를 명료화하는 데 초점을 둔다. 파국 단계의 불화인 경우, 쌍방이 치료자와 함께 만나 관계를 끝내는 것에 대한 자신의 감정을 논의하는 것이 유익하다. 그렇게 하면 쌍방의 관계가 끝났음을 상호 인정하여 보다 성공적으로 작별을 할 수 있다. 치료자는 관계가 끝난 두 사람이 무엇이 잘못되었는지에 대한 더 나은 지식을 가지고 관계를 끝내도록 도와주어 다음 관계에서 똑같은 실수를 하지 않게 한다.

요약

역할 불화는 청소년이 좀 더 공개적으로 의사소통을 하고, 불화에 대한 갈등 없이 직접적으로 다른 사람과 논의할 수 있고, 재협상하는 중에 상대방의 관점을 고려할 수 있을 때 성공적으로 해결된다. 최선이 아닌 상황에서 불화에 대한 성공적인 해결은 청소년의 초점을 좀 더 보상적인 다른 관계로 효과적으로 옮겨서 좀 더 현실적인 관계 기대를 발달시키도록 하는 것이다. 어느 전략을 취하든 그것이 우울증 감소에 기여해야 한다.

다음 사례는 불화의 재협상 단계에서 역할 불화로 확인된 문제를 다루는 치료 과정을 나타낸다.

사례

앨리스는 치료를 시작할 때 부모와 함께 살고 있었던 15세 소녀다. 앨리스는 여고에 다니고 있었다. 앨리스의 주 호소는 친구와 학교 활동에 대한 관심 부족과 우울감의 증가였다. 추가 증상은 슬픈 기분, 거식증, 불면증, 학업의 주의 집중 곤란이었다. 부모와의 관계는 작년부터 악화되었다. 앨리스는 부모가 강요적이고 제한적이라는 것을 알았다. 부모는 앨리스의 학교생활을 예의주시하고 학업 향상을 위해 그녀의 활동을 제한하고 있었다. 앨리스와 부모 사이에는 엄청난 긴장과 다툼이 있었고, 앨리스는 점점 더 자신의 방으로 들어가 철수하기 시작했다. 앨리스는 부모를 화나게 한 자기 자신에게 화를 내는 것과 자신에 대한 부모의 이해 부족과 제재로 인해 부모에게 화가 나는 것 사이를 오갔다. 앨리스는 자신의 우울증을 부모와의 관계와 관련지었지만 이런 관계를 바꾸려는 희망은 거의 없었다. 앨리스는 올해 중반부터 어려움이 시작되었고, 부모로 인한 긴장과 압박감은 증가하였다. 앨리스는 부모가 자신을 신뢰하지 않고 자신의 감정을 배려하지 않으며 열다섯 살의 세계를 전혀 이해하지 못한다고 느꼈다.

앨리스의 대인관계 탐색은 사회적 지지와 가까운 우정의 결핍으로 드러났다. 이것은 앨리스가 자신의 욕구를 표현하고 관계를 맺는 것에서의 무능력과 관련이 있었다. 앨리스는 남아메리카에서 태어난 외동아이로 6세 때 아버지와 미국에서 재회할 때까지 어머니와 외조부모와 함께 살았다. 앨리스는 어머니와는 매우 친하게 느꼈지만 아버지와는 매우 소원하였다. 아버지와의 긴장된 관계는 앨리스와 어머니 사이의 관계에 나쁜 영향을 끼쳤다.

치료자는 현재의 우울증, 주변 사건에 대한 정보, 부모와의 어려운 관계에 대한 앨리스의 관점에 대한 정보를 수집한 후, 앨리스의 치료 목표가 무엇인지 탐색했다. 앨리스는, ① 자신의 기분 변화를 더 잘 이해하고 부모와의 잦은 다툼을 멈추고, ② 부모와 더 잘 협상할 수 있도록 자신을 표현하는 방법을 배우고 싶다고 했다.

대인관계 이력에서 환자가 몇 가지 역할 전환의 어려움을 겪고 있다는 사실이 분명했지만, 가장 시급한 문제는 가정 밖의 사회생활과 일반 청소년 문화 관련 규칙에 관한 부모와의 역할 불화로 보였다.

초기 회기(1~4)

초기 회기에서 앨리스는 부모가 자신을 어린아이 취급하는 것에 대한 양가감정에 초점을 두었다. 즐거운 시간을 보낼 때, 그녀는 때로 화를 내는 것처럼 보이기도 하고 어린아이처럼 힘이 넘치는 것 같기도 했다. 어떤 부분에서는 사생활을 매우 원했다. 그녀는 아버지와 가장 많은 갈등을 겪는다고 했다. 그녀는 아버지의 엄격함에 대한 원망과 아버지의 기대와 경직성으로 인해 자신이 점점 더 상처받는다고 설명했다. 그녀는 자신이 아버지를 기쁘게 할 수 없다고 느꼈다. 그녀는 자신의 유일한 대안이 사회적 철수, 아버지의 규칙에 대한 은밀한 묵살, 또는 자신의 관심과 바람에 대한 부정이라고 생각했다. 부모와의 관계에 대한 대인관계 목록에서 부모와의 갈등이 드러났으며 집안 규칙, 친구와 사회 활동에 대한 의견 차이가 빈번하게 나타났다. 그녀는 부모가 자신을 살피고 자신의 반응을 보고 자신의 감정을 이해할 수 있어야 한다고 생각했다. 이 회기의 초점은 그녀의 부모와의 관계에 대한 앨리스의 기대에 대해, 그리고 상황을 개선하기 위해 상황이 어떻게 바뀌어야 한다고 생각하는지에 대해 설명하는 것이었다. 그녀가 부모와 함께 생활하고 학교를 마쳐야 하기 때문에, 그녀의 목표는 부모, 특히 아버지와의 의사소통을 개선할 방법을 찾는 것이었다.

앨리스의 의사소통 양상이 먼저 논의되었다. 그녀는 방과 후 활동에 참여하는 문제로 최근에 겪었던 갈등을 설명하였다. 그녀는 자신이 어떤 활동에 참여할 수 있도록 허가해 달라고 요청한 상황을 설명했고, 부모의 못마땅함 때문에 대화를 계속 이어 가지 못하고 화가 나고 실망하여 자기 방으로 들어갔다. 앨리스는 자신의 철수로 인해 부모가 자신이 무엇을 원하는지, 무슨 이유로 그러는지 이해하기 더 어려워졌다는 것을 인정했다. 부모를 향한 자신의 분노는 그녀를 위협하였고, 앨리스는 분노 표현을 두려워했기 때문에 철수해 버렸다. 그녀는 부모와의 관계에 대한 불만족과 자신에 대한 부모의 신뢰 부족으로 인한 불행에 대해 좀 더 이야기하기 시작했다. 그녀는 부모와 이야기를 나눌 때 자신의 감정을 더 많이 표현하겠다고 말했지만 여전히 '아무것도 바뀌지 않을 것'이라고 믿고 있었다.

중기 회기(5~8)

앨리스는 자신의 방에서 담배를 피웠다고 부모가 의심하여 말다툼을 벌인 문제에 관해 구체적으로 해결책을 모색하기 시작하였다. 그녀는 그것이 사실이 아니라고 부모에게 말하는 방법에 대해 논의했다. 증거가 부족했지만, 부모는 그것을 사실로 확신하고 그녀의 행동에 대해 아주 많은 잔소리를 했다. 앨리스는 자신이 어떻게 말하든 부모가 마음을 바꿀 의향이 없다고 느꼈기 때문에 화가 많이 났지만, 부모의 잔소리에 반응하지 않았다. 그녀는 부모와의 근본적인 문제 중 하나가 자신에 대한 기본적인 신뢰 부족이라고 느꼈다. 앨리스와 치료자는 자신의 감정을 진술하고 그녀의 진실을 밝히는 방법을 포함하여, 부모의 잔소리에 직면할 때 앨리스가 취할 수 있는 다른 가능한 행동을 모으기 시작했다. 회기에서 다양한 대안에 대한 역할 놀이를 한 후, 앨리스와 치료자는 부모가 회기에 참여하는 것이 앨리스에게 도움이 될 수 있다고 결정했다. 앨리스와 부모는 모두 그렇게 하기로 동의했다.

공동 회기에 앞서, 치료자는 먼저 부모와 함께 간단히 만났다. 그들의 의사소통의 어려움은 매우 뚜렷했다. 앨리스의 어머니는 남편에게 규칙에 대한 이야기를 하게 하고 대화하는 동안 매우 조용했다. 앨리스의 아버지는 자신이 느끼는 바가 적합한지 아닌지 아랑곳하지 않고 앨리스의 행동에 대한 논의에서 매우 독단적이었다. 그리고 앨리스의 독립적인 능력에 대해 불신하는 듯하였다. 앨리스가 부모와 함께 회기에 참여하도록 요청하기 전에, 치료자는 부모에게 앨리스가 전달하려고 하는 메시지를 듣고 자신들과 다른 의견을 어떻게 타협할 수 있는지에 대해 생각하는 방법을 가르쳤다. 그런 다음 앨리스가 회기에 참여하였다. 그녀는 아버지의 처벌을 예상하면서 처음에는 부모의 반응에 거부적이었다. 치료자는 앨리스가 아버지에게 반응하도록 권유하고 아버지가 앨리스를 무시하지 않고 그녀의 감정을 표현하게 허용하도록 도왔다. 그들은 다른 방식으로 서로 듣고 말하는 방법을 잠깐 동안 경험할 수 있었고 앨리스에게 상황이 바뀔 수 있다는 희망의 불꽃이 생겼다.

다음 회기에서 앨리스는 부모에게 말하고 싶은 것에 대해 이야기하기 시작했고, 그녀와 치료자는 회기에서 그것을 시연하였다. 그녀는 학업에 더 많은 동기가 생겼고 수업에 집중하는 데 어려움을 덜 겪고 있다고 보고했다. 그녀는 여전히 자신의 새로운 주장에 대해 보일 수 있는 아버지의 반응에 대한 두려움을 드러냈다. 그러나 앨리스는 어머니와 더 많은 이야기를 하기 시작했으며, 그녀가 표현하도록 어머니가 격려하였기 때문에 어느 정도 지지를 받고 있다고 느꼈다. 부모에게 긍정적으로 수용될 수 있는 방식으로 그녀의 의사소통 기술을 향상시키는 데 많은 시간을 할애하였다.

종결 회기(9~12)

마지막 회기에서 앨리스는 학교와 같은 다른 환경에서 자신의 의사소통 양상을 탐색하고 가정과 학교에서 보다 효과적인 의사소통 수단을 알아보기 시작하였다. 앨리스는 여전히 자신의 방에서 보내는 시간 때문에 부모와 갈등을 겪고 있었지만 부모에게 대처를 더 잘하였고 자신의 입장을 주장할 수도 있었다. 그녀는 여전히 부모와의 관계에서 자신이 어떠한 노력을 기울이지 않아도 자신이 어떻게 느끼고 생각하는지 부모가 쉽게 이해해 줄 수 있었으면 좋겠다고 생각했지만, 치료자는 그녀의 소원이 비현실적이라는 것을 깨닫도록 도왔다.

어떤 회기를 하는 동안, 그녀는 다시 말수가 적어졌고 철수되어 보였다. 그 회기에서 치료자는 그 행동이 그녀에게 어떤 느낌을 주었는지, 그것이 그녀의 문제뿐만 아니라 치료 이외의 다른 사람을 도울 수 있는 치료자의 능력에 어떤 영향을 주었는지에 대해서도 논의했다. 그녀는 자신의 행동이 사람의 반응에 어떻게 영향을 미치는지, 자신의 표정과 어조로 이러한 반응을 어떻게 변화시킬 수 있는지 알게 되었다. 마지막 두 회기는 그녀의 회복과 재발을 인식하는 방법에 대해 논의하면서 보냈다. 주요 초점은 또한 치료 성과를 파악하고 이러한 기술을 다른 관계와 상황에 적용하는 데 있었다.

앨리스는 치료 과정에 점점 더 관여하게 되었고 그러는 동안 크게 개선되었으며, 자신의 개선된 부분과 새로운 기술을 공고히 하기 위해 추후 치료를 받고 싶어 했다. 불행하게도, 그녀의 가족은 그들 스스로 해결하기를 원했다. 치료자는 그들에게 어떤 어려움이 있을 경우 치료를 다시 받도록 권했다.

제12장

대인관계 역할 전환

역할 전환의 문제는 이전의 역할이나 새로운 역할을 수정해야 하는 삶의 변화에 적응하지 못하는 어려움으로 정의된다(Klerman et al., 1984; Weissman et al., 2000). 역할 전환은 삶의 주요 단계—아동기에서 사춘기로, 고등학교에서 대학으로, 미혼에서 기혼으로, 학생에서 직장인으로, 부부에서 부모로, 기혼자에서 미망인 또는 홀아비로—의 전환점이 된다. 어떤 역할 전환은 생물학적으로 결정되는 반면, 다른 것은 사회와 문화의 영향을 받는다. 전환이 일반적으로 예상된 양상으로 발생하면 정신적으로나 육체적으로 모두 예측 가능하고 준비할 수 있는 발달 규범이 된다.

보다 규범적이고 예측 가능한 전환과 더불어, 사람들은 시간과 환경을 예상하지 못하는 다양한 사회적 역할에 처하게 된다. 갑작스런 사망, 질병이나 이혼 또는 별거로 인한 가족 구조의 변화와 사건은 예상하지 못하는 일이어서 받아들이기가 더 어렵다. 이러한 변화는 사건의 사회적 맥락과 사회 체계와 관련된 사람으로부터 크게 영향을 받는다.

새로운 역할을 성공적으로 수행하는 것은 개인의 자존감에 영향을 미친다. 또한 개인적 · 사회적 및 직업적 관계에도 영향을 미칠 수 있다. 긍정적인 삶의 변화(예: 졸업, 대학 입학)는 현재 삶의 단계의 익숙함과 편안함을 잃게 하기 때문에 우울증을 유발할 수 있다. 우울증은 역할 전환을 성공적으로 협상하려는 사람의 능력을 손상시킨다. 반대로 한 가지 역할에서 다른 역할로 전환하는 데 어려움이 있으면 우울증이 초래될 수 있다. 이러한 문제는, ① 예기치 못한 역할로 밀려들어 가거나, ② 원하지 않는 역할을 맡거나, ③ 새로운 역할에 대해 정신적으로나 정서적으로 준비되어 있지 않거나, ④ 이전의 역할을 놓쳤기 때문에 생길 수 있다. 성공하지 못한 역할 전환에서 경험한 상실감과 사회적 손상은 우울증에 영향을 줄 수 있다.

청소년의 역할 전환

일반적인 역할 전환

발달 과정의 규범적 부분으로 청소년은 역할 전환을 겪는다. Erikson(1968)은, ① 사춘기로의 전환, ② 집단 관계에서 두 사람 관계로의 전환, ③ 성적 욕구와 이성 관계의 시작, ④ 독립성을 높이기 위한 부모와 가족으로부터의 분화, ⑤ 재정적으로 자립할 수 있는 직업 구하기, ⑥ 직장, 경력 혹은 대학 입시로 자신의 미래 책임지기 등의 청소년 및 성인 초기 발달 단계와 관련된 규범적 전환을 기술하였다. 이러한 예상된 역할 전환은 대개 통과의례이고 청소년과 가족은 일반적으로 역할 전환이 성공할 것으로 예상한다.

그러나 이러한 역할 전환을 하는 중에 문제가 발생할 수 있다. 부모가 역할 전환에 수반되는 변화(예: 친구와 더 많은 시간을 보내고 싶어 하고 가족과 보내는 시간이 부족해진 자녀)를 수용할 수 없거나 청소년 자신이 변화에 대처할 수 없을 경우, 역할 전환이 복잡해진다. 예를 들어, 고등학교 후반기에 우울증을 앓고 있는 청소년은 자신의 미래에 대한 결정을 내려야 하는 압박과 책임이 증가하여 보통 어려움을 겪는다. 청소년은 그런 결정을 내릴 필요가 없었던 이전 학창 시절이 훨씬 더 편했을지도 모른다.

역할 전환은 예상치 못한 결과로 청소년을 밀어붙일 수도 있다. 예상할 수 없거나 강요된 역할 전환에는, ① 가족의 질병, 부모의 장애 또는 부모와의 이별로 인한 가족 역할의 변화, ② 청소년이 부모가 되는 것이 있다. 예상하지 못한 상황에 대처하는 청소년의 능력은 이전의 심리적 발달과 현재의 사회적 지지에 따라 다르다. 강요된 역할 전환으로 생긴 문제는 변화된 가족 구조와 관련된 새로운 책임과 추가된 압박에 대처할 수 없다는 감정에 압도된 결과다. 새로운 역할이 무엇과 관련되어 있으며 이전 삶의 바람직한 측면이 계속될 수 있을지 혼란이 빈번하다.

예상한 역할 전환과 예상치 못한 역할 전환의 어려움은 다양한 방식으로 나타난다. 이러한 문제는 청소년의, ① 자존감 상실, ② 성취에 대한 요구 증가, 자신이나 가족이 설정한 기대를 충족시키지 못하는 무능력, ③ 또래 집단의 행동에 맞도록 하는 또래 압력 조절의 어려움, ④ 자신감 부족으로 인해 가족으로부터 독립하지 못하는 무능력, 혹은 ⑤ 가족이 분화를 꺼리거나 분화하지 못하는 무능력으로 볼 수 있다. 역할 전환에 대처하지 못하면 사회적 지지가 감소되는 느낌, 슬픔, 분노, 두려움과 실망과 관련된 감정이 생긴다. 역할 전환과 관련된 어려움은, ① 우울증으로 인한 사회적 기능 손상, ② 심리적 및 사회적 미성숙, ③ 청소년-부모 문제, ④ 예상치 못한 사건으로 인한 변화와 같은 여러 이유로 발생한다. 따라서 우울증은 역할 전환 문제를 야기할 수 있고, 그 반대로 역할 전환 문제가 우울증에 기여할 수도 있다.

가족 구조 변화에 따른 전환

이혼, 별거 또는 사건 발생 이후 수년 동안 부모 간의 갈등으로 가족의 구조가 변하여 청소년의 역할 전환이 촉진될 때, 이런 사건은 가족 간의 불화뿐 아니라 다른 변화의 연쇄 반응을 일으킬 수 있다. 한부모 가정 및 의붓가정의 십 대를 대상으로 할 경우 최소한의 어려움과 기능 곤란에 대한 역할 전환만 다룬다. 그러나 특히 어려운 가족 체계에 살고 있는 취약한 청소년의 경우, 이러한 전환의 갈등과 복잡성 및 가족 구조의 결과로 인해 우울증뿐만 아니라 다른 어려움도 있을 수 있다.

많은 모델이 가족 구조 변화와 아동 적응의 어려움 간의 연관성을 설명하기 위해 제안되었다. 이 분야의 문헌 고찰에서 Hetherington, Bridges와 Insabella(1998)는 자녀에게서 가족 구조 변화와 정서적 · 행동적 문제 사이의 연관성에 기여하는 부모의 고통, 스트레스, 사회경제적 손실, 가족 구성, 적응 문제에 대한 개인적 위험 역할에 대해 밝혔다. 부모와 자녀와 각 부모 간의 관계의 질은 가족 구조의 변화에 대처하는 아동의 능력에 영향을 준다(Brody & Forehand, 1990). 부모가 이혼한 가정과 재혼한 가정의 아이는 이혼하지 않은 가정의 아이보다 내현화 · 외현화 증상, 학업 문제, 낮은 자존감과 관계 곤란을 포함한 더 많은 어려움을 경험하는 위험에 처한다(Hetherington et al., 1998; Amato & Keith, 1991; Cherlin & Furstenberg, 1994; Hetherington, 1989, 1997).

우울증이 가족 구조의 변화와 가장 밀접하게 관련된 청소년은 확인된 문제 영역이 역할 전환인 다른 십 대와 구별된다. 이 책의 이전 판에서 이러한 청소년의 경우에는 한부모 가족의 문제 영역으로 파악되었다. 10년 동안의 청소년 치료를 토대로, 이런 문제는 실제로 불화와 복합된 역할 전환의 성격을 띠는 것으로 보였고 전환의 하위 유형으로 가장 잘 개념화되었다. 이러한 가족의 문제는 대개 청소년의 부모와 관련이 있고 청소년은 일부만 관련이 있다. 문제는 가족 구조의 변화가 있거나 기존의 구조 기능을 강조한 사건이 드러난 상황에서 발생한다. 부모의 어려움과 무력감은 종종 가족 내 청소년의 역할에서 연령에 비해 부적절한 변화를 야기한다. 이것은 삶의 다른 단계 또는 가족 구조로 전환할 때의 문제뿐 아니라 역할 갈등을 초래한다. 이러한 역할 전환의 스트레스로 생긴 변화와 불안은 갈등을 유발하고, 청소년의 발달에 부적절한 요구를 야기하여 보통 우울증을 유발한다.

많은 청소년이 역할 전환의 이차적 문제 영역을 가지고 있기 때문에, 이들의 치료는 역할 전환을 복잡하게 만드는 관계에 일차적으로 초점을 맞추어 두 가지 문제 영역을 통합해야 한다. 어려움의 원인이 친자 관계나 부모의 관계 청산을 다루는 데 있기 때문에 다른 전략을 사용할 필요가 있다. 치료의 몇 가지 주요 차이점은 이 장 전체에서 강조될 것이다. 예를 들어, 이혼 상황에서 청소년은 자신의 양육권을 타협하는 부모의 문제에 휘말릴 수 있다. 청소년이 이러한 문제에 대해 책임을 느끼는지 살펴보는 것이 중요하다. 청소년은 무기력하게 보이는 보호자를 위해 버텨야 한다고 느낄지도 모르고, 동시에 많은 스트레스를 받으며 불쾌한 역할을 맡게 된다. 이런 상황에서 치료자는 청소년이 가족 중재자나 언어 전달자 역할에서 벗어나도록 부모가 놓아주고, 청소년에게 이것이 부모가 해결할 문제라는 사실을 알려서 안심시켜 줄 필요가 있다.

역할 전환 문제 진단하기

대인관계 이력과 인생 사건에 대한 검토에서 우울증의 시작이 어떤 유형의 사회적 변화 또는 역할 변화 사건과 일치하는 경우, 치료자는 확인된 문제 영역으로 역할 전환을 진단할 수 있다. 청소년의 우울증이 가족 구조의 변화(예: 한부모 가정 또는 의붓가정 구조로의 전환) 또는 스트레스 사건(예: 자녀 양육

권 계약을 준수하지 않은 경우)으로 야기된 가족 스트레스의 결과로 나타날 때, 가족 구조의 변화와 관련된 특정 전환이 치료 대상이 된다. 몇 년 전에 구조적 변화가 생겼을 수도 있지만, 부모와의 접촉이 증가하거나 감소하여 최근에 문제가 더 발생할 수 있다. 청소년은 이후에 사회적 기능을 손상시키는 자아존중감 감소와 관련된 사건을 파악할 수 있다. 예상되는 전환의 성격에 관한 더 많은 정보를 얻기 위해 치료자는 다음과 같이 질문할 수 있다.

> ○○ 님에게 [학교 그만두기, 첫 연애하기, 첫 직업 갖기 등]은 어땠나요? 자신이 예상했던 것과 달랐나요? 기분은 어땠나요? 삶은 변했나요? 어떻게요? 이러한 변화에 대해 어떻게 생각하나요? 자신의 삶에서 중요한 사람은 변했나요? 어떤 식으로 변했나요? ○○ 님이 [학생, 직원, 남자 친구/여자 친구로서의] 이 새로운 역할을 맡게 되어 어땠나요? 삶에서 어머니는 이러한 변화에 어떻게 반응했나요? 아버지는? 형제자매는?

청소년의 역할 전환은 가족의 영향을 받고 가족에게 영향을 준다. 전환에 대해 자녀뿐만 아니라 부모에게도 질문하는 것이 중요하다. 치료자는 다음과 같이 부모에게 질문할 수 있다.

> [이름] 님과 함께 겪고 있는 변화를 저에게 이야기해 주실래요? 이러한 변화에 익숙한가요? 자신이 보기에 변화의 어떤 점이 마음에 드나요? 어떤 점이 마음에 들지 않나요? 자녀에게 바라는 변화가 있나요? ○○ 님은 [이름] 님이 [좀 더 독립적으로 되는 것, 집에서 떠나 더 많은 시간을 보내는 것, 남자 친구/여자 친구를 사귀는 것, 첫 직장에서 일하는 것]에 대해 어떻게 생각하는 것 같나요? 염려는 무엇인가요? 이러한 변화가 [이름] 님 혹은 다른 가족과의 관계에 어떻게 영향을 주었나요?

때로 가정에서 청소년의 역할 변화를 받아들이기 어려워하는 가족이 있다. 이들의 수용력 부족은 청소년의 우울증을 유발한다. 예를 들어, 어떤 가족은 청소년이 집을 떠날 마음의 준비를 하기 전에 멀리 떨어진 학교로 보내는 것과 같이 청소년이 편안해 하는 시기보다 더 빨리 역할 전환을 부추길 수 있다.

역할 전환 치료하기

동일한 목표와 전략이 청소년이 경험하는 다양한 유형의 역할 전환과 관련된 우울증 치료에 사용된다. 즉, 일반적인 전환과 가족 구조 변화에 따른 전환에서 치료의 주요 목표는, ① 청소년이 이전에 한 역할을 포기하고 새로운 역할을 받아들이도록 돕는 것, ② 청소년이 새로운 역할을 수행할 때 숙달감과 자신감을 개발할 수 있도록 하는 것이다(〈표 12-1〉 참조). 가족 구조의 변화를 역할 전환으로 다루는 치료 목표는 기본적으로 일반적인 전환과 동일하지만, 이전의 가족 구조와 새로운 가족 구조와 관련된 청소년의 역할과 그 구조에서 발생하는 관계 갈등에 초점을 맞춘다는 점에서 다르다. 두 가지 유형의 역할 전환에서 일반적인 치료 목표를 달성하기 위해, 치료자는 많은 전략을 사용한다.

〈표 12-1〉 역할 전환 문제 영역에 대한 목표와 전략의 요약

목표	• 이전의 역할을 포기하고 새로운 역할을 받아들이기 • 새로운 역할에 대한 숙달감 개발하기
전략	• 전환에 대해 교육하기 • 이전의 역할과 새로운 역할 검토하기: 감정과 기대 • 사회적 기술을 개발하고 평가하기 • 사회적 지지 개발하기

사례

샐리는 14세에 주요우울증을 앓았다. 그녀의 우울 증상은 중학교 졸업과 고등학교 입학 시기와 일치했다. 중학교 때, 샐리는 좋은 학생이었고 친구들과 작은 동아리에 속해 있었다. 그녀는 학교에서 한두 가지 활동에 참여했지만 대개 학교 수업이 끝난 후 집으로 돌아와 여동생과 시간을 보냈다. 샐리는 고등학교 첫해인 1학년 중반에 우울증 치료를 받았다. 그녀는 학업 성적이 좋지 않았고 친구들과도 멀어졌다. 그녀는 기분이 좋지 않다고 불평했고 자주 조퇴하거나 결석했다. 그녀는 자신이 더 이상 친구들이나 다른 또래와는 잘 맞지 않다고 하였다. 그리고 친구들이 자신의 마음에 들지 않는 방식으로 많이 변했다고 느꼈다. 치료자의 목표는 샐리가 중학교에서 좋아하던 것, 고등학교에서 누락된 것, 고등학교에서 좀 더 편해지기 위해 해야 할 일을 탐색하는 것이다. 치료자는 여러 가지 전략을 사용했다. 예전의 역할과 새로운 역할의 긍정적 · 부정적 측면 검토하기, 새로운 역할에서 좀 더 자신감을 갖게 하는 기술 파악하기, 새로운 사회적 기술, 향상된 의사소통 기술과 새로운 문제 해결 기술 연습하기 등이다. 샐리와 치료자는 고등학교에서 나타날 수 있는 다양한 대인관계 시나리오를 역할 놀이 기술을 사용하여 샐리가 또래들에게 더 자신감을 가질 수 있도록 했다. 치료자와 샐리는 샐리가 특정 활동이 마음에 들었는지 혹은 그 활동에 참여하는 것이 편안했는지에 대해 자신의 의견을 보다 분명하고 자신 있게 소통하는 방법을 연습했다.

이 사례에서 보는 바와 같이, 샐리는 중학생 역할을 상실한 것에 대해 애도해야 했고, 고등학교로 이동하면서 겪었던 어려움을 파악해야 했다. 이를 위해 샐리는 위안이 되었던 이전의 역할과 관련된 감정을 검토하고 전환 문제를 일으킨 새로운 역할과 관련된 자신의 두려움을 표현해야 했다. 그녀의 어려움 중 일부는 부모와 친구에게 자신의 감정에 대해 이야기하고, 역할 전환을 하는 동안 그들의 지지를 받는 것을 꺼리는 데서 비롯되었다. 일반적인 전환 및 가족 구조 변화에 따른 전환을 다루기 위한 구체적인 전략은 다음에서 보다 더 자세히 논의된다.

전략 1: 환자와 부모에게 역할 전환 교육하기

일반적인 전환

전환의 영향과 전환과 환자의 우울 증상 간의 관계에 대한 지속적인 교육은 치료 중기의 초반에 매우 중요하다. 부모는 청소년의 정상적인 발달 과제, 그로 인해 부모가 경험할 수 있는 감정, 자신의 감정에 대처하는 방법에 대해 교육받아야 한다. 치료자는 부모와의 별도 회기에서 다음과 같이 이야기할 수 있다.

> 아이는 새로운 경험을 하면서 성장하고 있어요. ○○ 님은 이러한 변화의 중요성을 인식하고 자녀를 자랑스럽게 생각하지만, 때로 자신의 자녀가 자라면서 성장하는 것과 부모로부터 멀어지는 모습을 보기 어려워할 수 있어요. 따님이 새로운 경험을 하는 것에 대해 불편한 점이 있나요? 어떤 염려가 있나요? 이러한 변화에 대해 슬픔과 상실감을 느끼실 수 있어요. 캐시는 이러한 변화에 대한 ○○ 님의 지지가 필요해요. 근본적으로 캐시를 위해 이러한 변화가 필요하다는 사실을 인정할 거예요. ○○ 님이 슬퍼한다는 사실을 캐시가 아는 것은 괜찮아요. 캐시는 ○○ 님의 지지를 받고 자신을 위해 곁에 있다는 사실을 알아야 해요. 지지와 변화에 대한 허락이 없다면 캐시는 변화하는 것에 대해 갈등을 느낄 것인데, 이것이 우울증으로 이어질 수 있어요.

부모 교육을 할 때, 치료자는 가족들 간의 가족 · 문화적 차이를 존중하고 이에 민감해야 한다. 가족의 체계 내에서 역할 전환을 협상하는 과정에는 타협이 수반된다. 즉, 부모가 청소년의 관점을 볼 수 있도록 돕고, 많은 경우에 청소년이 부모의 관점을 더 잘 이해하도록 돕는 것이다. 치료자가 타협안을 찾도록 도와줄 때는 행동에 대한 문화적 맥락과 기대를 염두에 두어야 한다. 효과적인 의사소통을 격려하면서, 치료자는 가족의 문화적 틀을 훼손하지 않으면서 가족이 청소년의 증상과 기능이 향상될 수 있는 타협안을 찾아내도록 돕는다. 예를 들면 다음과 같다.

사춘기 소녀는 문화적으로 부모의 제한에 도전하지 않아야 한다고 느껴왔기 때문에, 부모와 분리되어 또래 활동에 참여하는 데 많은 어려움을 겪었다. 그녀는 방과 후에 친구들과 함께 어울려 활동에 적극적으로 참여하는 것이 정상적이라는 것을 알고 있었다. 그러나 그런 참여가 가족에게서 또래 활동으로 초점이 전환되는 것을 제한하는 부모에게는 받아들여지지 않았다. 그녀는 자신을 불행하게 만드는 부모의 제한과 자신이 즐기는 춤과 연극과 같은 활동의 금지를 애써 무시해 왔다. 이 경우, 청소년의 발달장애와 우울증에 기여할 수 있는 규범적인 역할 전환을 부모가 수용할 수 없었다. 그러나 치료자는 부모의 입장을 문화적 맥락에 두어야 했다. 치료자는 회기에서 부모를 만나 그들의 두려움을 이해하고 그들의 문화 규범과 다른 미국의 문화 규범을 포함하여, 부모로부터 정상적인 청소년 분화와 개별화에 대한 심리교육을 제공하고 청소년의 관심사와 부모의 염려를 다루었다.

양측의 염려와 부모의 기대에 대한 문화적 맥락에 대한 지식으로 준비를 갖춘 치료자는 양측 관점의 중요성을 인정할 수 있는 타협안을 협상할 수 있도록 가족을 도왔다. 이 경우, 가족은 딸의 통행금지 시간을 설정하여 특정 활동에 참여할 수 있게 하는 데 동의하였다.

이러한 협상을 하기 전에 치료자는 청소년에게 다음과 같이 질문해야 한다.

부모님은 이런 활동에 대한 ○○ 님의 관심에 대해 어떻게 생각하나요? 부모님이 염려를 표현하고 참여를 제한할 때 어떤 느낌이 드나요? 부모님에게 무슨 말을 하나요? 방과 후에 다른 학생들이 함께 있는 것을 보면, 어떻게 느껴지나요? 비록 우리가 부모를 사랑하지만, 때로 부모는 우리를 불행하게 만드는 결정을 내리기도 해요. 부모님을 사랑하고 부모님에게 화를 내는 것도 괜찮아요. 이상적으로, 자신이 이러한 활동을 하기 위해 부모님에게 요청할 때 부모님이 어떤 말을 해 주길 원하나요? 가끔 그 활동을 하고 싶나요? 기분은 어떤가요? 부모님에게 불순종하거나 화를 내는 것에 대해 죄책감을 느낀 적 있나요?

청소년이 객관적으로 부적절한 행동을 하는 상황에서, 치료자는 이러한 행동에 대해 청소년 및 부모와 함께 논의한다. 이들이 함께 사회적으로 좀 더 받아들여질 수 있는 행동에 대한 지침을 서로 협상해야 한다. 협상에 필요한 토대는 부모 행동에 대한 청소년의 기대를 명료화하고, 청소년에게 적절하고 안전한 행동에 대해 교육하고, 청소년의 행동에 대한 잘못된 인식을 바로잡고, 청소년과 부모가 수용할 수 있는 활동을 찾도록 돕는 것이다. 이 협상에는 부모와의 공동 회기와 청소년과의 단독 회기가 포함된다.

치료자: 공원에 새벽 3시까지 있는 것은 위험할 수 있는 행동인 것처럼 들리네요. ○○ 님은 부모님의 염려를 이해할 수 있나요?

환 자: 네. 하지만 저는 친구들이랑 놀고 있었어요. 다른 애들도 거기 있었고요. 왜 우리 부모님만 그렇게 많은 규칙을 가지고 있을까요?

치료자: 부모님이 왜 이런 규칙을 만들었는지 이해하고 자신이 어떻게 대응할 수 있는지 생각해 보는 것이 중요해요. 부모님이 규칙을 정한

목적이 무엇인지 말해 줄 수 있나요?

환 자: 저는 부모님이 제가 안전한지 확인하고 싶어 하는 것 같아요. 그리고 제가 재미있게 시간을 보내는 걸 원치 않는 것 같아요.

치료자: 그리고 ○○ 님의 목표는 무엇인가요?

환 자: 저는 다른 친구들처럼 재미있게 지내고 싶어요.

치료자: 저는 부모님이 ○○ 님이 재미있게 지내는 것을 하지 못하게 하려는 건 아닌 것 않아요. 문제는 ○○ 님의 안전에 대한 부모님의 진정한 염려를 존중하면서 친구들과 함께 재미있게 지내는 방법을 찾을 수 있는가 하는 거예요. 밤새 공원에 나가 있는 것은 안전하지 않아요. 안전에 대한 부모님의 염려를 해결하면서 재미있게 지낼 수 있는 다른 활동으로 무엇이 있을까요?

어떤 부모는 청소년이 가족보다 친구들과 함께 더 많은 시간을 보내고 싶어 하거나, 이후에 더 늦은 통금 시간을 원하거나, 가족에게 자신에 대한 많은 정보를 공유하지 않는 경우와 같은 발달적 변화를 받아들이는 데 어려움을 겪는다. 부모는 청소년에게 적절한 행동이 무엇인지에 대한 교육을 받아야 한다. 그래야 부모가 받아들여야 할 행동과 염려해야 하는 행동을 파악할 수 있다. 치료자는 부모에게 다음과 같이 이야기할 수 있다.

캐시는 부모님이 받아들이기 어려운 변화를 겪고 있어요. 이것은 성장의 일부이며 매우 정상이에요. 이러한 변화는 캐시가 부모님을 사랑하지 않거나 가족에 대해 더 이상 신경 쓰지 않는다는 것을 의미하지는 않아요. 때로 아이들은 가족을 너무 사랑해서 독립할 수 있는 유일한 방법으로 화를 내거나 가족으로부터 멀어져요. ○○ 님이 캐시의 나이였을 때와 자신은 무엇을 원했는지, 좋아했는지 기억할 수 있나요? 이제 캐시는 그때와 같은 것들을 느끼고 있고, 이 변화에 대해 부모님의 지지를 느껴야 해요. ○○ 님은 캐시에게 인생에 대한 생각과 그녀가 누구인지에 대한 가치관을 주셨어요. 그리고 캐시가 부모님에게서 잘 배웠다고 믿어야 해요.

치료자는 부모의 염려와 두려움을 평가하고, 정상화하고, 적절한 맥락 속에 그것을 배치한다. 부모에게 자신의 경험을 상기시켜 달라고 요청하면 자녀를 공감하는 데 도움이 된다.

가족 구조 변화에 따른 전환

가족 구조 변화에 따른 전환을 다룰 때, 심리교육은 기본적으로 일반적인 전환과 동일한 방식으로 진행된다. 심리교육은 청소년과 부모가 청소년의 우울증과 가족 구조의 변화 사이의 관계를 인식하고 이해하도록 돕는 데 초점을 맞춘다. 이 작업의 일부는 부모의 떠남 또는 부모의 별거 · 이혼을 삶의 중대한 혼란으로 인정하는 것이다. 적절할 때마다 치료자는 보호자, 비양육자, 생물학적 부모 및 양부모를 포함한 모든 부모 대상에게 부모의 갈등적 행동이 청소년에게 미치는 영향에 대해 교육해야 한다. 부모와 청소년 그리고 다른 부모 대상 간의 복잡한 관계와 그동안 발생한 변화에 대한 관점을 최대한 많이 얻는 것이 중요하다. 많은 경우, 효과적인 치료는 부모 단위의 가족 체계 안에서 중요한 변화를 촉진시키는 데 달렸다.

전략 2: 이전의 역할과 새로운 역할 검토하기

일반적인 전환

청소년의 이전 역할을 평가하는 일은 애도 반응과 대인관계 결손을 다루기 위해 사용되는 전략으로서 대인관계의 긍정적·부정적 측면을 검토하는 작업과 유사하다. 이 검토는 청소년이 이전의 역할에 대해 보다 현실적인 시각을 갖도록 돕는다. 이를 통해 청소년은 이전의 역할에 대한 이상화된 관점을 포기하고, 상실을 애도하며, 역할의 새로운 측면을 받아들이기 시작한다. 치료자는 관련된 기대나 도전에 대한 두려움, 이전의 역할을 상실한 슬픔, 예상치 못한 변화에 대한 분노, 변화가 원하는 것보다 더 제한적일 경우의 실망을 포함한 변화 관련 감정을 이끌어 내야 한다. 전환의 의미를 청소년이 더 잘 이해하도록 하기 위해 치료자는 다음과 같이 이야기할 수 있다.

> 때로 사람은 편안한 상황을 포기할 때 상실감을 느껴요. 심지어 변화가 긍정적일 때도 그래요. 이러한 변화가 삶에서 언제 일어났나요? 변화에 대해 어떻게 느꼈나요? 무엇을 걱정했나요? 자기 자신을 위해서? 부모님을 위해서? 친구를 위해서?

변화에 대한 청소년과 부모의 반응을 모두 고려하는 것이 중요하다. 많은 경우, 궁극적으로 청소년에게 어려움을 초래하는 것은 이 두 가지 반응의 조합이다. 이에 대해서는 다음 사례에서 설명한다.

사 례

페이지는 자신의 사회적 욕구를 가족에게 의존하는 것에서 좀 더 독립적으로 지내고 친구와 더 많은 시간을 보내는 쪽으로 전환하는 데 있어 부모와 어려움을 겪고 있었다. 그녀는 부모가 자신의 전환을 지지하지 않는다고 느꼈고 자기주장을 하거나 학교에서 더 많은 과외 활동에 참여할 생각을 했을 때 죄책감을 느꼈다. 그녀는 자신의 나이에 적절한 행동이 무엇인지에 대한 부모의 의견에 도전한다는 죄책감을 느꼈다. 또한 그녀는 자기상에 대한 염려를 드러내었고, 과외 활동에 대한 시도와 받아들여지지 않을지도 모른다는 거절로 두려웠다. 따라서 그녀는 자신을 좀 더 독립적으로 내버려 두기를 꺼리는 부모의 마음에 주저하였고, 또래 활동에 더 많이 참여하여 부모로부터 거절당할 위험에 대한 불안도 있었다.

치료자는 우선 페이지의 대인관계 불안에 대해 다루고 부모와 상의하여 적합한 타협점을 찾기 전에 또래 활동에 참여하기 위해 필요한 사회적 기술을 검토해야 했다.

가족 구조 변화에 따른 전환

이혼, 재혼 및 유기로 인한 가족 구조 변화와 관련된 스트레스를 다룰 때는 사회적 역할 기대를 검토해야 한다. 일반적인 전환과는 달리, 다양한 부모 대상과 관련된 여러 층의 기대가 있다. 결과적으로 치료자는, ① 청소년에게 기대를 거는 모든 핵심 성인을 파악하고, ② 각 관계에 대한 청소년의 다양한 기대를 파악하고, ③ 청소년에 대한 기대와 관련하여 함께 치료 작업을 할 수 있는 성인의 능력을 평가하고, ④ 상실한 관계나 크게 달라진 관계에 대한 청소년의 감정을 탐색하고 해결해야 한다. 이러한 관계 기대에 대한 탐색은 가족 구조 변화에 따른 전환 과정의 중심 단계가 되어야 한다. 치료자는 청소년의 거부감, 이전 가족생활의 상실, 결렬 관계에 대한 청소년의 죄책감과 부모 관계에서 청소년이 해 온 역할에 대한 청소년의 기대 변화(예: 부모와 함께 만나는 것, 버린 부모를 처벌하는 것)를 다룬다.

치료자와 청소년은 각 부모가 청소년과의 관계에서 무엇을 원하는지 명확하게 밝혀야 한다. 비양육 부모가 청소년과 간헐적인 관계를 유지하는 상황에서는 청소년과 함께 부모가 공동 회기에 나오도록 하는 것이 이상적일 수 있다. 부모의 기대를 명료화한 후, 치료자는 청소년이 새로운 유형의 관계로 전환하도록 돕거나 더 일관성 있는 관계를 위해 상실한 기회를 애도하도록 도울 수 있다. 치료자는 청소년에게 다음과 같이 질문할 수 있다.

> [아버지/어머니]를 자주 보지 않는 것에 대해 어떻게 생각하나요? 정기적으로 방문하지 않는 것에 대해서는 어떻게 생각하나요? 관계는 어떻게 바뀌었나요? [아버지/어머니]에게 말하는 자신의 방식에 대해 어떻게 생각하나요? 그 관계에 대해 무엇이 그립나요? 자신이 그 관계에서 여전히 즐기고 있는 부분은 무엇인가요? [아버지/어머니]와 함께하고 싶은 관계의 유형은 무엇인가요? 두 사람이 얼마나 많은 시간을 함께 보낼지는 누가 결정하나요? 이러한 방문 일정을 어떻게 느끼고 자신이 이상적으로 원하는 것에 대해 누군가에게 말한 적 있나요?

회기에서 청소년은 부모가 없거나 간헐적으로 존재하는 부모와의 관계에 대한 자신의 바람을 탐색할 수 있다. 치료자는 버림받은 느낌이나 상실에 대한 관점을 신뢰와 상호 친밀감을 가진 다른 대인관계로 나아가게 하는 관점에 두도록 청소년을 돕는다. 부모 모두 참석하지 못할 경우, 참여하지 못한 배우자의 기대를 명료화하기 위해 보호자가 참여하도록 할 수 있고, 청소년이 이 관계에 대해 보다 현실적인 기대를 갖도록 도울 수 있다. 치료자는 청소년이 비양육 부모와 어떤 유형의 관계를 가질 수 있거나 가져야 하는지에 대한 보호자의 생각을 이해해야 한다. 청소년과 비양육 부모의 관계가 사망한 배우자에 대한 보호자의 감정에 의해 오염될 수 있는지 여부를 고려해야 한다.

치료자는 또한 부모의 부재가 영구적인 것인지 또는 일시적인 것인지 명확히 할 필요가 있다. 만약 비양육 부모와 간헐적인 접촉조차도 없고 부재가 영구적인 것으로 여겨지는 경우, 주요 과제는 관계에 대한 현실적인 평가를 하는 것(즉, 청소년이 부모가 가족 내에서 더 이상 능동적인 역할을 할 수 없음을 수용하도록 돕는 것)과 원하는 관계의 상실을 애도하는 것이다. 부재가 일시적일 경우, 부모와 함께 다시 나타났을 때 생길 수 있는 반응에 대해 논의해야 한다. 청소년은 부모와의 다양한 만남을 다룰 준비가 되어 있어야 한다. 치료자는 다음과 같이 질문할 수 있다.

> [아버지/어머니]가 수개월 또는 일 년 후에 집으로 돌아와서 ○○ 님의 삶에 관여하기를 원한다면 기분이 어떨 것 같나요? [아버지/어머니]에게 무슨 말을 하고 싶나요? 무엇이 걱정될 것 같나요? [아버지/어머니]를 봤을 때, 무엇을 하고 싶나요?

논의는 상실이 반복될 것이라는 두려움과 부모가 돌아오기를 원하는 바람을 어떻게 조정할 것인지에 초점을 맞출 수도 있다.

이러한 구조적 변화에서 생기는 또 다른 스트레스 요인은 청소년과 보호자와의 관계 변화이며 때로 관계가 분리될 때의 부모 역할에 대한 청소년의 관점이다. 치료자는 환자에게 다음과 같이 질문할 수 있다.

> ○○ 님과 지금 살고 있는 [어머니/아버지]와는 어떤 유형의 관계인가요? 관계가 조금이라도 달라지기를 원하나요? 어떻게 달라지기를 원하나요? 집을 떠난 [어머니/아버지]를 비난한 적이 있나요? 그렇다면 ○○ 님

이 [어머니/아버지]에게서 분리되는 데 [어머니/아버지]는 어떻게 관여했다고 생각하나요? 이 분리의 원인이 되는 다른 누군가가 있다고 생각하나요? 어째서 그렇게 생각하나요?

가족 내에서 발생한 일에 대한 오해와 잘못된 생각이나 잘못된 책임을 밝혀내는 것이 중요하다. 특히 부모의 약물 남용 혐의 또는 감금 상황에서 청소년이 부모가 집에 없는 이유를 알지 못하는 경우가 있다. 치료자는 부모와 협력하여 부재의 이유를 청소년에게 적절히 알리고 청소년의 잘못된 자기비난이나 부적절한 분노를 끝내는 방법을 찾아야 한다. 부모는 청소년이 다른 사람으로부터 우연히 진실을 듣거나 책임을 느끼고 걱정하는 것보다 사실을 알려 청소년의 감정을 해소하도록 돕고 안심시키는 것이 더 낫다는 사실을 알아야 한다. 부재가 감금이나 약물 행동의 결과라면, 치료자와 부모는 이러한 행동과 관련될 수 있는 낙심과 낙인에 대한 청소년의 감정을 다루어야 한다(Lowenstein, 1986). 이러한 치료 작업의 목표는 청소년이 부모가 돌아올 가능성이나 궁극적인 귀가를 정서적으로 준비할 수 있도록 하는 것이다.

의붓가정 상황에서 역할 기대를 명확히 하는 것도 똑같이 중요하다. 의붓가정은 모든 가족에게 큰 도전 과제다. 빈번하게 역할과 책임(예: 엄격한 기능을 담당할 부모가 누구인지)은 잘 타협되지 않는다. 여기에서도 보호자, 비양육부모, 양부모를 포함한 여러 가지 양육 양상이 관련되는 경우가 종종 있다. 전환의 어려움을 해결하기 위해 각 관계에 대한 기대와 감정을 명료화해야 한다.

전략 3: 사회 기술 평가하기와 개발하기

일반적인 전환

역할 전환의 어려움은 기술 부족이라는 이차적 문제에 따른 자신감 부족 때문이다. 청소년은 필요한 기술을 가지고 있지 않을 수도 있고, 기술의 효과적인 사용을 방해하는 역할에 대해 두려움이나 비현실적인 기대를 가질 수도 있다. 치료자는 청소년이 사회적인 역할을 적절히 수행하는 데 필요한 기술을 평가하도록 도와야 한다. 치료자와 청소년이 함께한 평가가 현실적인지 검토하고 청소년이 소유하고 있는 기술과 획득하고자 하는 기술과 비교한다. 청소년이 새로운 역할 내에서 수행할 수 있는 잠재력을 과대평가하거나 과소평가하는지 여부를 명료화하는 것이 중요하다. 어떤 기술은 대학에 지원하거나 첫 직장을 구하는 방법과 같이 매우 실용적일 수 있다. 또 어떤 기술은 데이트 신청에 필요한 자신감과 의사소통 기술 개발하기와 같이 좀 더 추상적일 수 있다.

보통 사회적 역할 수행은 성공 여부에 대한 불안의 영향을 받는다. 이러한 불안을 완화하기 위해 치료자와 청소년은 안전한 치료 관계 내에서 실행될 수 있는 상황을 다루어 불안과 문제 해결 방법과 관련된 어려운 상황을 역할 놀이로 할 수 있다. 치료자는 환자에게 다음과 같이 질문할 수 있다.

다른 사람보다 더 불편함을 느끼는 사회적 상황이 있나요? 어떤 상황인가요? 그 상황에 처했을 때 어떤 어려움을 느끼나요? 잘 모르는 사람과 이야기하는 것이 어렵나요? 어떤 도움이 필요할 경우, 도움을 요청할 수 있나요? 아니면 혼자서 고민하나요? 자신이 생각한 상황이 원하는 대로 되지 않아 매우 곤란했던 적이 있나요? 다른 사람과 대화를 시작하기가 어렵나요? 무엇이 어색하게 느껴지나요? 이런 상황[첫 데이트, 첫 직장]에서 어떤 염려가 생기나요? 이런 일이 생긴다면 기분이 어떨까요? 기분이 더 나아질 수 있는 상황에서 어떤 말을 하거나 행동을 할 수 있을까요?

청소년이 새로운 역할에 대한 고정관념에 집착하면 역할 전환이 어려울 수 있다. 이러한 가정은 또래와의 토론이나 관찰 그리고 유사한 역할을 하는 다른 개인과 동일시한 결과일 수 있다. 치료자의 과제는 유사한 역할 전환을 했던 다른 사람을 알아내고 그 상황을 숙달하기 위해 사용한 기술을 함께 논의하여 청소년의 사고를 확장시키는 것이다. 예를 들어, 베스는 주요우울증을 앓고 있는 15세 소녀였다. 그녀는 새로 온 남녀공학에 적응하고 남자 · 여자 친구를 사귀는 데 어려움을 겪고 있었다. 그녀는 이 학교로 전학 오기 전에 여고에 다녔다. 그녀는 같은 반 남학생과의 관계에서 어색하고 불편한 느낌이 들어 매우 어려웠다. 그녀는 다른 여학생들이 남학생들 주변에서 어떻게 저렇게 편안하게 있을 수 있는지 부러웠다. 그녀는 또래 남학생들이 어떻게 자신을 이용할지, 어떻게 조심해야 하는지에 대한 이야기를 어머니에게서 항상 들었지만, 다른 여학생들은 그렇게 느끼고 있는 것처럼 보이지 않았다. 그녀는 자신이 남학생들 주변에서 편안해지길 원했고 그들과도 우정을 나누길 원했다. 치료자는 그녀의 염려를 다루고 새 학교에서 더 편안해지기 위해 필요한 기술을 이해하려고 노력했다. 치료자는 다음과 같이 이야기할 수 있다.

○○ 님과 학교 밖에서 아는 남학생들의 관계는 어떤가요? 주변에 남학생들이 있을 때 어떤 기분이 드나요? 자신이 학교에서 남학생들과 여학생들의 집단 속에 있을 때 어떤 기분이 드나요? 언제부터 긴장을 느끼기 시작했나요? 먼저 대화를 시작할 수 있나요? 남학생이 ○○ 님에게 말을 걸면 어떤 기분이 드나요? 반에서 새로 온 여학생과 이야기하려고 할 때와 기분이 어떻게 다른가요? 어떻게 하면 자신감을 더 느낄 수 있을까요?

치료자는 베스가 새 학교에서 여학생은 물론 남학생과도 의사소통하고 상호작용하는 데 어떤 기술이 필요한지 인식하도록 돕는다. 베스는 새로운 상황에서 일어나는 자신의 감정과 더 나은 방향으로 변화시키기 위해 할 수 있는 일을 파악한다. 치료자는 베스가 전환을 관리하기 위해 습득해야 할 역량을 파악하는 데 필요한 기술과 강점에 초점을 두어야 한다. 여학생과의 대화에서 베스가 가진 강한 기술과 남학생과 대화하는 데 필요한 기술 간의 유사점을 그려 보는 것도 기존에 그녀가 가진 사회적 강점을 쉽게 만들도록 촉진할 것이다.

가족 구조 변화에 따른 전환

이런 유형의 전환에서 청소년을 치료하는 데 가장 중요한 기술은 의사소통 기술과 협상 기술이다. 청소년이 이러한 가족 구조에서 발생할 필연적인 문제를 다룰 수 있도록 하기 위해 모든 부모 대상에게 자신의 감정을 효과적으로 전달하도록 배우는 것이 중요하다. 부모가 아프거나 다쳐서 가족 기능이 바뀌는 상황에서, 청소년은 예기치 못한 상황을 돕기 위해 이 상황으로 들어올 수 있는 다른 성인과 협상할 준비가 되어 있어야 한다. 치료자는 일반적으로 가족 관계에서 확인된 문제에 대한 다양한 대안이나 해결책을 생성하고 평가하여 청소년의 협상 기술을 향상시킬 수 있도록 돕는다. 예를 들어, 치료자는 한부모 가정의 청소년에게 다음과 같이 이야기할 수 있다.

> 주말에만 [어머니/아버지]를 볼 수 있다는 것을 알고 있어서, [어머니/아버지]가 방문하는 동안 어떤 계획에 참여하고 싶나요? 이것이 [어머니/아버지]에게 어떤 영향을 줄 거라고 생각하나요? 어떤 어려움이 있을까요? 이 계획 중에 자신이 좋아하는 것은 무엇인가요? 이 계획이 [양육 부모]에게는 어떨 거라고 생각하나요? [양육 부모]와의 관계에 대해 어떻게 느끼

나요? 다른 부모와의 관계에서 자신이 원하는 것을 희생하지 않으면서 그 관계의 감정을 어떻게 개선할 수 있을까요? 고려해야 할 다른 가능성은 무엇인가요? 그 계획이 효과를 발휘할 수 있다면 어떤 기분이 들까요? 이 계획을 [어머니/아버지]에게 어떻게 제시할 수 있을까요?

치료자는 청소년이 해결책의 다른 부분을 제시하기 전에 제안된 해결책을 모든 사람의 관점에서 검토하도록 도와준다. 제안된 해결책은 부모가 참여한 회기에서 논의될 수도 있고, 청소년이 혼자 집에서 시도해 볼 수도 있다. 다음 주에 청소년은 치료자와 함께 개인 회기 또는 부모-청소년 공동 회기에서 의사소통이 왜 실패했는지 혹은 성공했는지 논의할 수 있다. 환자가 명료화 단계에서 협상 단계로 넘어갈 때 증상은 감소하는 경향이 있으며, 청소년은 대개 완화 경험을 한다.

사례

16세의 청소년 샘은 어머니와 함께 살고 있는 외동아들이다. 그의 부모는 샘이 8세 때 이혼했다. 그는 주요우울증을 보였다. 그의 부모에게 위자료 합의와 방문권 문제가 생기기 시작하면서, 그는 매일 우울감, 자주 울기, 자살 사고, 수면 곤란, 밤에 자주 깨기, 피곤함, 수업 집중의 어려움을 호소했다. 확인된 문제 영역은 특히 가족 구조 변화에 따른 역할 전환이었다.

샘은 아버지가 자신의 양육비를 주지 않는 것을 알고 있었고 아버지의 방문에 어려움을 겪고 있다고 보고했다. 또한 아버지가 방문했을 때 아버지는 샘이 친구들과 함께 한 모든 활동과 계획을 중단시키고 자신과 시간을 보낼 것을 기대했는데, 심지어 샘과 어머니에게 사전 통보를 하지 않고 방문했을 때도 그러했다. 샘이 자신의 계획을 취소하길 꺼릴 때, 그의 아버지는 "너는 네 엄마를 사랑하는 것만큼 나를 사랑하지 않는구나." 혹은 "너는 아버지보다 친구들을 더 좋아하는구나, 그치?"라고 말하곤 했다. 또한 그들이 함께 시간을 보냈을 때도 아버지는 여전히 샘을 어린아이처럼 대하고 그와 레슬링을 하려고 했다.

샘은 아버지가 도움을 주지 않아 어머니가 재정적 스트레스를 받고 있다는 사실을 알았다. 샘은 밤늦게 전화 통화를 하며 부모가 서로 소리지르는 것을 들었다. 그래서 아버지를 만나 아버지 자신과 친구들에게 돈을 쓰는 모습을 보았을 때 화가 나서 아버지와 언쟁을 벌이곤 하였다. 샘은 이러한 스트레스가 어머니를 우울하게 만들고 있다는 사실도 알았다. 그는 아버지에게 양육비를 줄 것을 설득하기 시작했고, 너무 이기적으로 살지 말라고 했다. 그러나 샘은 부모의 관계에 대해 우울하고 화가 났으며, 경제적으로 자신을 돕지 않으면 정말로 아버지와 관계를 끊을 것 같다는 생각이 들었다. 그는 또한 아버지가 자신을 중개인 삼아 어머니에게 메시지를 보내는 것도 마음이 불편했다.

치료자는 샘이 생활과 방문 계획에 대한 자신의 감정, 두 부모의 관계 사이에 끼어 있는 듯한 느낌, 아버지가 자신에게 중요하다는 메시지를 전달하는 것의 필요성을 표현하도록 돕기 시작했다. 그의 아버지는 치료에 참여하기를 거절했으므로, 샘과 치료자는 회기에서 샘이 어떤 이유로 치료를 받고 싶은지 아버지에게 전달하는 연습을 했다. 동시에 어머니와의 공동 회기를 통해 어머니가 샘이 부모를 대신하여 노력하는 점은 높이 평가하지만, 아버지에게 끈질기게 양육비를 요구하는 것은 더 이상 샘의 일이 아님을 샘에게 전달하도록 도와주었다. 그의 어머니는 아버지와의 관계에 대한 자신의 감정을 이야기할 수 있었고, 샘과 아버지의 관계를 어떻게 할지 샘이 선택하도록 그의 욕구에 귀를 기울일 수 있었다. 어머니의 허락하에 샘은 아버지의 방문에 대한 재협상을 선택하였고, 아버지에게 친구들과 함께 있는 것의 중요성을 설명하였다. 사전에 약속을 잡아야 할 필요성이 있음을 아버지와 논의하였기에, 샘은 친구들과 스포츠 및 다른 활동에 참여하는 것에 방해받지 않고 시간을 가질 수 있었다. 그들의 관계에 영향을 주는 요인을 협상하려는 샘의 적극적인 노력은 우울증의 감소를 가져왔다.

이 사례에서 어머니가 아들을 대신하여 중재할 수 없는 경우 치료자는 청소년이 더 이상이 그 역할을 할 수 없으며, 어머니가 재정적 지원을 강하게 주장하는 자신의 역할을 다시 시작할 수 있을 때까지 아버지의 양육비 없이 살아갈 계획을 세워야 한다고 어머니에게 전달하도록 청소년을 도와야 한다. 이 사례에서 새로운 역할은 전혀 필요하지 않다. 이 사례에서 목표는 이전 역할에서 벗어나 다른 대안을 찾는 것이다. 청소년이 보호자 및 비양육 부모와의 관계에 대한 자신의 기대를 먼저 정의하면, 협상이 보다 더 성공적으로 진행되는 경향이 있다. 치료자는 청소년이 가족 역할에 관한 향후의 협상을 가능하게 하기 위해 보호자와 대화를 계속하도록 격려해야 한다.

전략 4: 역할 전환을 위한 사회적 지지 개발하기

일반적인 전환

가족이나 친구의 도움은 성공적인 역할 전환에서 중요한 구성 요소다. 청소년이 새로운 애착을 형성하는 것에 대해 불안해 할 수 있지만, 사회적 보상이 바람직하고 가시적이면 새로운 역할이 더 매력적으로 보일 것이다. 청소년은 새로운 관계와 새로운 상황에 대한 전망에 동반되는 불안의 근원을 파악하고 불안을 줄이는 기술을 연습해야 한다. 이런 종류의 불안은 일반적으로 고등학교 진학으로 발생한다. 학생이 중학교에서 성공적으로 지냈더라도, 학교 규모의 증가, 예상되는 공부 양, 또래 학생과 교사의 변화로 인해 청소년은 새로운 환경에 대비할 준비가 되어 있지 않을 수 있다. 청소년이 새로운 사회 집단에 수용되길 원해도, 새로운 친구를 사귀고 학교 활동에 참여하는 것에 대해 불안을 느낄 수 있다. 치료자는 청소년이 연습한 기술을 사용하여 과외 활동에 참여하고 다른 학생과 관계를 맺도록 제안할 수 있다. 우울한 청소년은 종종 관심을 잃고 평소 즐기는 활동을 중단하고 친구를 사귈 수 있는 기회를 놓치기 때문에 이것이 중요한 과제다. 새로운 기회를 만들기 위해 치료자는 다음과 같이 질문할 수 있다.

> 학교나 지역사회에서 즐길 수 있는 활동이 있나요? 방과 후에 어떤 일을 즐기고 있나요? 다른 사람과 이런 일을 할 수 있고 비슷한 관심사를 가진 사람을 만날 수 있는 동아리나 수업이 있나요? 우정을 쌓고 다른 사람과 일상생활의 좋은 일과 나쁜 일에 대해 이야기하는 것을 시작으로 비슷한 관심사를 가진 사람을 만나는 일은 보통 즐거워요. 이러한 활동에 편안하게 참여할 수 있나요? 어디에 참여할 준비가 되어 있나요?

다시 말하지만, 역할 놀이는 청소년이 새로운 활동이나 새로운 친구와의 참여를 촉진시키도록 돕는 효과적인 기술이다. 회기 내 연습은 청소년이 치료적 환경 밖에서 상호작용에 성공할 가능성을 증진시키는 데 필요한 기술에 대한 숙달감과 자신감을 갖도록 도울 수 있다.

가족 구조 변화에 따른 전환

이러한 유형의 전환에 대처하는 청소년에게는 사회적 지지의 증진을 강조해야 한다. 치료 과정에서 가족 관계의 질이 향상되어도 그 관계는 다소 달라질 수 있으며, 청소년은 다른 지지원이 필요하거나 이에 도움을 받는 것이 좋다. 직계가족이 제공하는 것 이외의 부가적인 지지로서 기능을 할 수 있는 지지 관계망을 개발하는 것은 미래의 가족 스트레스와 전환에 직면하여 청소년의 회복을 향상시키는 데 중요하다.

요약

역할 전환 문제를 치료할 때 IPT-A의 목표는 청소년이 새로운 역할을 받아들일 준비를 해야 함을 더 많이 느끼고, 자신에게 선택권이 있다고 느끼고, 전환을 바람직하지 않거나 위협적으로 만들 수 있는 사회적 역할 및 가족 전환에 대한 비현실적인 기대를 바로잡을 수 있는 자신감을 느끼도록 돕는 것이다. 전략은 이전 역할의 상실에 대한 느낌을 표현하고 새로운 역할에 대한 혼란과 양가감성을 명료화하는 것이다. 전환에 대한 불안과 슬픔을 다루면서, 청소년은 감정적으로 전환을 받아들일 준비를 한다. 의사소통 및 협상 기술의 습득은 새로운 관계를 형성하고 현재의 관계를 개선하기 위한 토대를 제공한다. 다음 사례는 역할 전환에 대한 청소년의 적응을 향상시키기 위해 청소년과 부모가 함께 해야 하는 일을 설명한다.

사 례

팸은 우울한 기분, 과민성, 울음의 증가, 초기 및 중간 불면증, 피로감 증가, 식욕 감소, 집중력 감소, 성적 저하, 잦은 두통을 호소하는 13세 소녀다. 팸은 외동으로 아기였을 때 부모가 이혼하였다. 팸은 8세 때까지 노스캐롤라이나에서 어머니와 함께 살았으며 이후 아버지와 함께 살기 위해 뉴저지로 이사했다. 항상 여름은 어머니와 보냈다. 그녀의 아버지는 여동생이 태어나기 직전인 일 년 전에 재혼했다. 치료를 받을 당시, 그녀는 새어머니, 아버지, 이복 여동생과 함께 살고 있었다. 팸의 우울증은 그녀와 새어머니 간의 갈등으로 인해 악화되었다. 그들은 집안일, 새어머니와 아버지와의 관계, 아버지와 단둘이 시간을 보내고 싶어 하는 팸의 욕구 때문에 말다툼을 자주 했다. 말다툼을 피하기 위해 그녀는 자기 방에서 대부분의 시간을 혼자 보내고 있었다.

초기 회기(1~4)

팸은 새어머니를 좋아하지 않았다. 그녀는 새어머니가 자신에게 말하는 방식이 마음에 들지 않았고 새어머니가 매우 비판적이고 못마땅하다고 여겼다. 그녀는 새어머니가 떠나기를 원했다. 팸은 새어머니가 자신과 아버지의 관계를 방해하고 있다고 생각하며 "새어머니는 미쳤어."라고 말했다. 그녀는 또한 새어머니와 아버지가 서로에게 이야기하는 방식이 마음에 들지 않았다. 새어머니는 항상 소리를 지르고 아버지를 깎아내리거나 아버지에게 이래라 저래라 명령한다고 하였다. 치료의 초기 단계에서 팸은 아버지의 딸에서부터 의붓딸이 되는 전환의 어려움, 자매가 생기고 아버지를 공유해야 하는 문제를 가지고 있었다. 이 시점에서 새어머니에 대한 미움이 아버지를 공유하는 것에 얼마나 큰 영향을 주었는지 혹은 새어머니를 정말 싫어하는지는 분명하지 않았다. 그녀는 이 전환이 자신에게 힘들었고 모든 것이 좋았던 때로 돌아가 아버지와 단둘이 있기를 원했다.

중기 회기(5~8)

중기 단계의 치료 초점은 팸이 이러한 역할 전환에 적응하기 위해 사용하였던 전략을 조사하고 보다 더 유익한 전략을 파악하는 것이었다. 팸은 새어머니의 일로 자신이 적응하려고 애쓴 감정을 누구에게도 전달하지 않았고 새로운 가족 구성에서 자신의 역할에 대한 염려에 대해서도 전달하지 않은 것이 분명해졌다. 대신 분노로 폭발할 때까지 모든 것을 속에서 삭히곤 했는데, 이는 새어머니와 아버지의 문제를 더욱 악화시켰다. 그녀를 돕기 위해 그녀와 치료자는 먼저 어머니와 그녀의 관계가 어떤 관계인지, 어머니를 떠나 아버지와 살게 된 기분은 어땠는지, 자신을 놓아준 어머니에 대한 감정은 어땠는지, 그리고 새어머니가 들어오기 전까지 아버지와 함께 어떻게 살았는지에 대해 논의해야 했다. 그들은 새어머니에 대한 자신의 감정을 포함하여 이 관계에 대해 그녀가 좋아한 것과 싫어한 것에 대해 논의했다. 두 번째 단계는 가족 내에서 그녀의 역할에 대한 기대를 조사하는 것이다. 즉, 기대가 현실적인지 여부, 새어머니가 아버지와의 관계에 어떤 영향을 미칠지에 대한 두려움이 현실적인지 여부다.

팸과의 작업을 원활히 하고 가족 상황을 더 잘 이해하기 위해, 치료자는 팸의 아버지를 만나 재혼과 새 아기를 동반한 역할 전환 과정에서 발생한 문제에 대한 아버지의 관점에 대해 논의했다. 전환 과정에서 문제가 되었던 부분은 그녀의 아버지가 새 아내와 팸의 성장에서 어떤 역할을 했는지 모르고 있었다는 것이다(특히 새어머니가 훈육이나 집안 규칙을 세울 수 있었던 이유에 대해). 치료자는 아버지와 그의 아내가 함께 팸을 위한 합리적인 책임이 무엇이었는지, 그녀가 태만한 경우에 받아들일 수 있는 처벌은 무엇이었는지, 누가 훈육을 하였는지, 그리고 일반적으로 그들은 가정이 어떻게 기능하기를 원하는지에 대해 명료화하는 것이 필요하다고 그에게 설명하였다. 팸의 역할과 새어머니의 역할을 명료화하지 않은 경우, 팸이 역할 전환을 계속 이어 가기 어려웠을 것이다.

아버지가 아내와 이러한 협상을 진행하는 동안, 치료자는 팸이 아버지와 단둘이 살면서 해 온 이전의 역할에서, 새로운 가족 상황에서 유지할 수 있는 역할에 대해 생각하도록 도왔다. 예를 들어, 그녀와 아버지가 두 사람 사이의 강한 유대 관계를 유지하기 위해 매주 특별한 시간을 갖는 방법이 있었다. 또한 그녀는 새 여동생과 함께 즐겁게 지내는 일도 찾아낼 수 있다. 이는 새어머니에게 도움이 될 수 있고 가정에서 그녀가 맡아야 할 책임 중 하나일 수도 있다. 변환의 긍정적인 다른 측면을 파악하면서, 팸은 분노와 슬픔이 줄고 자신의 새로운 역할을 보다 더 기꺼이 설정했다. 또한 그녀는 자신의 감정을 부모에게 전달하기 위해 자신의 필요와 특정 방식으로 자신을 대할 때 자신이 어떻게 느꼈는지에 대해 더 잘 이해할 수 있도록 배웠다. 그녀는 자신을 화나게 했을 때 아버지와 새어머니에게 이야기할 수 있도록, 그리고 해결책을 협상하기 전에 그들의 관점을 경청할 수 있도록 훈련하였다.

종결 회기(8~12)

팸은 아버지와 특별한 시간을 쌓아 가면서, 관계가 바뀌지는 않았지만 관계가 재형성되고 있음을 알기 시작하면서 기분이 훨씬 더 좋아지기 시작했다. 부모는 팸의 행동과 관련하여 각자의 책임을 분명히 밝히면서 가족 내에서 그녀의 새로운 역할의 상당 부분을 받아들이고 그녀가 싫어하는 역할에 대해 양측이 협상할 수 있었다. 그녀는 자신이 가족 내에서 좀 더 안전한 부분을 차지하고 있고 아버지가 재혼하여도 여전히 아버지와 친밀한 관계를 유지할 수 있다는 감정을 보고했다. 그녀는 여전히 새어머니를 좋아하지 않지만 새어머니와 좀 더 평화로운 관계를 유지하고 새어머니를 너무 '괴롭히지' 않겠다고 결정했다. 그녀의 의사소통 능력이 향상됨에 따라 짜증과 분노 폭발이 크게 감소하였고, 집중력이 향상되었으며, 성적, 기분, 수면 및 식욕도 증가했다. 종결하는 동안, 그녀와 치료자는 어린 여동생에 대한 관심의 증가와 그 상황을 어떻게 해결할지와 같은, 역할 전환에서 발생할 수 있는 다른 문제에 대해 논의했다. 그녀는 가능한 미래의 도전과 가족 관계의 변화를 해결하기 위해 배운 전략(즉, 감정 표현, 새로운 상황에 대한 긍정적·부정적인 측면 검토, 기대의 명료화)을 적용할 수 있었다.

제13장

대인관계 결손

대인관계 결손은 대인관계 수행을 손상시키는 사회·의사소통 기술의 결여를 의미한다(Klerman et al., 1984; Weissman et al., 2000). 대인관계 결손은 관계를 시작하지 못하는 것, 관계를 유지할 수 없는 것, 언어적으로 감정을 표현할 수 없는 것, 의사소통을 시작하기 위해 다른 사람으로부터 정보를 이끌어 내지 못하는 것이다. 대인관계 결손의 영역은 결손이 청소년의 우울증에 기여하거나 우울증을 초래할 때 IPT-A의 문제 영역으로 선택된다.

일반적으로 환자의 대인관계 목록은 대인관계를 시작하고 유지하지 못하는 뚜렷한 어려움이 나타나는 사회적 철수의 역사를 드러낸다. 이러한 결손은 우울 삽화를 겪기 이전에 어떤 형태로든 나타나지만, 우울증으로 악화되고 치료가 필요할 때 더욱 심하게 나타난다. Erikson(1968)은 청소년의 주된 과제를 고유한 정체성이나 자아감의 확립이라고 하였다. 이 과제를 이루려면 개인의 가치, 태도 및 목표를 설정하기 위해 다른 사람과 상호작용해야 한다. 대인관계 결손으로 청소년은 또래 집단과 대인관계로부터 사회적으로 고립될 수 있는데, 이는 정체성 형성의 어려움, 이후 우울증과 부적절감을 초래한다.

또한 우울증으로 인해 청소년이 사회적으로 철수한 경우, 대인관계 결손이 문제 영역이 될 수 있다. 사회적 철수는 대인관계 기술을 지연시키고 사회적 관계를 손상시키고 우울증을 더욱 지속시킬 수 있다. Puig-Antich 등(1985b)은 아동의 우울 증상이 일시적일 수 있지만 우울증이 관해된 후에도 대인관계 손상은 지속되는 경향이 있다고 하였다. 지속되는 대인관계 결손은 청소년에게 향후 우울증이 발병할 위험에 처하게 한다. 사회적 네트워크가 협소하고 친밀하고 긍정적인 또래 관계가 없는 청소년은 스트레스가 많은 시기에 정서적・물리적 지원을 받을 확률이 낮기 때문에 우울증과 같은 어려움에 더 취약하다(Sandler, Miller, Short, & Wolchik, 1989).

사회적 관계 형성이 청소년의 많은 발달 과제의 초점이기 때문에 사회적 고립은 다른 삶의 단계보다 청소년기에 더 문제가 될 수 있다. 또래가 청소년의 사회적 초점을 지배한다. 그리고 또래 관계 형성과 유지의 어려움은 증상을 내면화시키고 다른 부정적 적응 문제와도 관련된다(Hussong, 2000). 적절한 사회 행동은 고립으로 지체되거나 손상될 수 있다. 청소년기의 중요한 발달 과제는 또래 친구 만들기, 과외 활동 참여하기, 또래 집단의 일원 되기, 데이트 시작하기, 배타적인 관계, 진로와 성관계를 선택하는 방법 배우기다(Hersen & Van Hasselt, 1987). 청소년은 더 어린 아동에 비해 우정에 대한 자기개방과 의리에 더 큰 가치를 부여하는 경향이 있다(Furman & Buhrmester, 1992). 사회적 접촉으로부터의 철수는 연령에 맞는 사회 기술을 배우거나 개발하지 못하게 할 수 있다. 대인관계 결손이 있는 청소년은 이러한 과제를 습득하기 어렵다.

대인관계치료는 시간 제한적 특성이 있기에 만성 우울증보다 일차적으로 현재 우울 삽화로 인한 대인관계 손상을 다루는 데 더 적합하다. 따라서 IPT-A가 특정 청소년에게 적합한 치료라는 지표는 청소년의 우울증이나 특정 스트레스 요인이 대인관계 결손 유무에 따른 결과일 때, 그리고 대인관계 결손이 만성적이지 않고 청소년의 생활에 덜 만연되어 있는 경우다.

대인관계 결손 진단하기

사회적으로 기능을 잘 하는 청소년은 가족 및 친구와 친밀한 관계 네트워크를 맺고 만족할 만큼의 친구들이 있으며, 일반적으로 학교에서 사회적으로 편안함을 느낀다. 이와 대조적으로, 사회적으로 기능을 잘 하지 못하는 청소년은 관계가 부족하거나 붕괴된 관계 이력이 있고 관계의 불안정성과 학교와 같은 사회 상황에서 불편을 보고한다. 모든 문제 영역과 마찬가지로 치료자는 대인관계 결손 문제 영역을 진단하기 위해 대인관계 목록을 철저히 작성해야 한다. 청소년의 사회 기능에 대한 완전한 그림을 그리기 위해 치료자는 과거 대인관계의 긍정적 · 부정적인 측면을 철저히 검토해야 한다. 그런 다음, 치료 중기 동안 대인관계 목록을 작성하고 후속 회기에서 밝혀진 대인관계 · 상호작용의 양상과 경향에 초점을 둔 청소년의 대인관계 문제, 대인관계 문제의 만성화와 지속 기간에 대해 더 자세히 조사해야 한다. 이 과정에서 치료자는 다음과 같이 질문할 수 있다.

> 친한 친구는 누구인가요? 얼마나 오래된 친구인가요? 어떻게 만났나요? 무엇이 [이름] 님을 좋은 친구로 만드나요? 좋은 친구를 어떻게 정의하나요? 우울한 기분을 느낄 때 친구 사귀기가 더 어려웠나요? 우정은 어떻게 끝났나요? 친구를 사귀는 데 어려운 점은 무엇인가요? ○○ 님이 대화를 먼저 시작하는 것은 어떤가요? 우정을 맺기 어려운가요? 일단 첫 만남 이후에 자신이 무엇을 해야 할지 모르는 것 같나요? 사람을 더 잘 알기 위해서는 무엇을 해야 할까요? 친구와 함께 있을 때 무슨 일이 일어나나요? 기분은 어떤

> 가요? 우울해지기 전에 가족과 친구들과 함께 있는 것이 어땠나요?

치료자는 최근의 대인관계에 초점을 맞춘 다음 과거의 대인관계로 이야기를 진행해야 한다.

> 요즘 친구와 활동을 어떻게 찾고 있나요? 최근에 그들과의 관계가 모두 바뀌었나요? 무슨 이유로 바뀌었나요? 관계가 덜 즐겁나요, 더 즐겁나요? 현재의 관계는 과거의 관계와 어떻게 다른가요?

관계를 검토할 때, 치료자는 관계를 더 깊게 하거나 관계를 지속적으로 유지하는 데서의 어려움과 같이, 여러 관계에서 비슷한 문제가 있다는 증거에 민감해야 한다. 대인관계 불화나 역할 전환은 한 가지 문제 영역으로 제한될 수 있지만, 대인관계 결손은 대인관계 문제가 대부분의 청소년의 관계에서 일반적으로 나타난다는 점에서 다른 문제 영역과 다르다.

대인관계 결손치료의 목표와 전략

대인관계 결손에 대한 구체적인 치료 목표는 사회적 고립을 줄이고 환자의 현재 대인관계와 개발하고 있는 새로운 관계를 개선하는 것이다(〈표 13-1〉 참조). 이를 위해 치료자는 의사소통 기술의 향상, 청소년의 사회적 자신감 향상, 기존 대인관계의 질 향상, 만족스러운 대인관계의 개수 증가에 치료 초점을 맞추어 대인관계 결손을 직접적으로 다루어야 한다.

이 문제 영역의 목표와 목적을 달성하기 위해 몇 가지 전략이 사용된다. 치료 중기의 적용 가능성을 염두에 두는 것이 중요하다. 이 문제 영역을 다루기 위한 몇 가지 전략을 아래에 제시하였으나 모든 환자에게 필요하거나 유용하

〈표 13-1〉 대인관계 결손 문제 영역에 대한 목표와 전략의 요약

목표	• 사회적 고립 감소하기 • 대인관계 개선하기
전략	• 현재 및 과거 대인관계 검토하기 • 치료자와의 상호작용 탐색하기 • 대인관계에서 반복적인 양상과 문제 파악하기 • 강점과 기술 강조하기 • 대인관계 기술 개발하기

지는 않으며, 이러한 전략이 적용되는 순서는 환자마다 상당히 다르다. 또한 개별 환자의 치료 목표를 달성하기 위해 전략을 사용하는 가장 적절한 방식을 결정하는 것도 치료자마다 다르다. 이미 논의한 다른 문제 영역과 마찬가지로, 각 전략에는 여러 가지 사용 가능한 기술이 포함된다. 여기에서는 사용할 수 있는 기술의 몇 가지 예를 제시한다.

현재 및 과거의 대인관계 검토하기

청소년의 사회적 기능을 완벽하게 파악하기 위해 치료자는 청소년의 대인관계의 긍정적 · 부정적인 측면을 철저히 검토해야 한다. 처음에는 청소년에게 가장 두드러지고 현재 대인관계 기능과 가장 관련이 있는 현재 대인관계에 초점을 두어야 한다. 청소년이 현재 중요한 대인관계가 거의 없는 경우, 치료자는 어려움의 양상을 찾아보고 과거의 중요한 대인관계를 검토해야 한다. 예를 들어, 치료자는 다음과 같이 이야기할 수 있다.

> 칼, 우리가 칼의 친구인 라일과 사촌인 브래드의 관계에 대해 이야기했을 때, 저는 그 두 사람의 관계에서 비슷하게 일어난 일을 발견했어요. 칼은 두 사람과 한때 친하게 느꼈고 정말로 신뢰했지만 칼이 말한 것에 대해 비

밀을 지키지 않아 자신에게 상처를 준 사람들로 설명했어요. 칼은 또한 그들이 칼에게 등을 돌린 것 같고 칼의 우정을 저버린 것같이 느끼는 것 같아요. 그 두 관계에서 칼의 감정이 상했고 다른 사람에게 칼의 사적인 일을 이야기하는 그들에게 화가 난 것 같아요. 그러나 그들의 행동이 칼에게 어떤 기분을 갖게 했는지 직접적으로 이야기한 적은 없는 것 같아요. 상처받았을 때 칼은 관계를 중단하고 그들에게서 멀어진 것처럼 들렸어요. 칼의 친구와 사촌은 그 관계에서 자신이 원하는 것을 이해하지 못했을 수도 있어요. 그들은 칼이 그들과의 우정에 관심이 없어졌다고 생각할지도 몰라요. 그런데 그들이 칼에게서 멀어질 때 칼은 훨씬 더 큰 상처를 받았어요. 우리가 칼의 대인관계에서 작업해야 할 것들 중의 하나는 사람들이 칼의 감정을 이해하고 칼과의 차이를 해결하려고 노력하기 위해 칼의 감정을 보다 더 직접적으로 전달하는 거예요.

대인관계 상호작용의 양상을 검토할 때, 치료자는 환자가 대인관계에서 일어난 사건, 감정과 우울 증상을 연결하도록 격려한다. 이 전략에서 사용하는 기술은 감정 탐색하기와 격려하기다.

청소년이 현재 어떤 지지나 대인관계를 갖지 못하고 과거의 관계도 부족한 경우가 특히 어렵다. 이러한 청소년의 경우, IPT-A 치료의 중요한 목표는 기존 관계와 지지를 파악하고 새로운 관계와 지지 체계를 개발하도록 돕는 것이다. 예를 들어, 치료자는 청소년에게 다음과 같이 이야기할 수 있다.

기분을 더 좋게 하기 위해 우리가 치료에 초점을 두어야 할 것 중 하나는 자신을 정서적으로, 그리고 삶에서 직면하고 있는 현실적인 문제를 지지해 줄 수 있는 사람을 찾아보는 거예요. 우리는 지난 회기에서 ○○ 님의 마음속에 두고 있는 사람 중에 이야기할 수 있는 사람이 있는지 혹은 학교에서 있었던 문제에 도움을 받을 수 있는 사람이 없을 때 어떻게 느끼는지에 대해 이야기했어요. 이런 지지를 받을 수 있는 관계로 발전할 수 있는 몇몇 사람에 대해 저와 함께 알아봤으면 해요. 이웃 중에 자신과 친구가 되었으면 하고 생각해 볼 수 있는 친구가 있나요? 수업이나 활동 중에 더 많이 알고 싶은 사람이 있나요? 과거에 ○○ 님에게 도움을 준 교직원이 있나요? 선생님이나 상담자가 있나요?

치료자는 이러한 주제를 계속 진행한 다음 몇 가지 잠재적인 지지자가 파악되면 이 장에서 논의된 전략을 사용하여 그 사람과 의미 있는 관계를 맺기 위해 필요한 기술을 개발하는 작업을 시작한다. 지지자를 파악할 수 없을 경우, 잠재적인 지지를 제공할 수 있는 집단이나 조직에 청소년이 참여할 수 있도록 도와줄 필요가 있다.

치료자와의 상호작용 탐색하기

청소년이 극도로 고립되어 있을 경우, 치료자는 청소년의 대인관계 결손을 탐색하기 위해 치료자와의 관계를 활용해야 한다. 치료자는 대인관계 또는 의사소통 문제가 치료자-환자 관계에서도 분명히 드러나는지 관찰해야 한다. 치료자는 새로운 기술을 훈련하도록 청소년을 도우면서 청소년의 대인관계 스타일과 그것이 치료자에게 미치는 영향에 관한 피드백을 청소년에게 제공한다. 치료자는 또한 치료 관계의 긍정적·부정적 측면을 논의하고 대인관계에서 보다 긍정적인 변화를 일으킬 수 있는 방법을 논의하도록 청소년을 격려한다. 대인관계의 특정 양상과 결손이 확인되면 치료자는 청소년의 대인관계 목록을 확장시키기 위해 교육과 역할 놀이를 시작할 수 있다. 치료자-환자 관계는 보다 적절하거나 만족스러운 관계를 수립하는 방법의 모델 역할을 할 수 있다(즉, 특정 유형의 관계에서의 적절한 기대와 행동은 무엇인지, 어떻게 감정과 기대를 보다 더 정확하게 전달하는지).

사 례

다나는 주요우울증과 대인관계 결손의 문제를 보이는 16세 소녀다. 그녀가 우울해지고 사회적으로 더 철수되기 전까지 학교에서 친구를 사귀고 지난해까지 다른 사람들과 친하게 어울린 경험이 있다. 그녀의 증상은 우울한 기분, 자살 사고, 피로감 증가, 무력증, 식욕 감퇴, 낮은 자존감, 무력감과 무망감이었다. 또래와의 관계에 대해 질문했을 때, 다나는 남자와 이야기하는 것이 불가능하고 남자는 여자를 절대로 잘 대해주지 않는다고 말하면서 남자에 대한 불편감을 설명했다. 대인관계 목록을 작성할 때, 다나의 우울증은 남자 친구와의 관계 문제로 촉발되었던 것으로 보였다. 다나는 우정이 어떻게 시작되고 어떻게 점차 깊어지는지, 그리고 자신을 만족시키지 못하는 관계(특히 남성과의 관계)에서 어떻게 소원해지게 되는지 알지 못했다. 그녀는 우정의 적절한 경계를 알지 못하거나 자신에게 편안한 관계에 대한 경계를 설정하는 방법을 알지 못했다. 예를 들어, 그녀는 남자아이에게 더 잘 알아 가고 싶다는 마음을 전달할 수 있는 다른 의사소통 방법을 몰랐기 때문에, 편안하든 불편하든 남자아이들과 성관계를 가지곤 했다. 치료의 초점은 우정을 발전시키고 관계에서 자기상을 향상시키고 관계에서 자신을 적절하게 주장하는 방법을 탐색하는 것이었다. 치료자는 여러 유형의 친밀감과 그것을 성취할 수 있는 적절한 방법에 대해 교육하였다. 회기에서 다나는 자신의 말에 대한 치료자의 관점과 그 말이 다나가 전달하고자 했던 메시지였는지를 논의하여 자신의 감정을 명확하게 표현하는 훈련을 하였다. 다나와 치료자는 성적 접근에 대해 "아니요."라고 말하는 방법, 자신이 그에 대해 더 잘 알고 싶다는 마음을 전달하는 방법, 회기 내 역할 놀이를 통해 그와 함께 시간을 보내고 싶다는 말을 전달하는 방법과 같은 보다 더 효과적인 의사소통을 연습하였다. 이러한 역할 놀이를 위해 치료자는 다나가 적절한 자기개방을 하도록 안내하면서 새 남자 친구와 만나는 연습을 하였다. 이 연습은 대인관계에서의 오해를 줄이고 치료 이외의 성공적인 상호작용의 횟수를 늘리면서 다나의 의사소통을 명확하게 하도록 도왔다.

역할 놀이 기술을 사용하여 치료자는 성관계로의 진행을 중단할 수 있었고 성관계를 할 당시 청소년이 느끼는 감정에 대해 논의할 수 있었다(제9장 참조). 또한 치료자는 성행동이 관계에서 상대방에게 미치는 영향에 대한 논의를 촉진시킬 수 있었다. 그렇게 하여 치료자는 대인관계에 대한 비현실적인 기대를 파악하고 청소년이 말하고 있는 단어의 의미를 이해하도록 돕고 의사소통의 문제를 바로잡을 수 있었다. 적절한 경우, 치료자는 더 광범위한 사회적 자신감과 사회 기술을 증진하기 위해 치료자와의 관계를 치료 밖의 다른 대인관계 문제와 연관시킨다.

IPT-A를 시행할 때 치료자에 대한 부정적인 감정은 전이 현상으로 이해되지만 이를 정신역동적 방식으로 다루지 않는다. 치료자는 환자의 감정을 자극하거나 완전히 방출하도록 유도하지 않는다. 대신 치료자는 환자의 현실적인 관점에 개입하고 검증할 것이다. 치료자는 다음과 같이 이야기할 수 있다.

> 오늘 화가 난 것처럼 보이네요. 화가 났나요? 누구에게 화가 난 건가요? 회기 중에 무슨 일이 있었나요? 만약 그렇다면 저는 그것에 대해 이야기하는 것이 중요하다고 생각해요. 함께 이야기하면서, 그 일이 어떻게 일어났는지 알 수 있고 가능한 한 오해를 풀고 우리의 관계를 분명히 하면 계속 효과적으로 작업할 수 있어요. 이런 종류의 오해가 다른 사람과의 관계에서도 일어났는지 궁금해요.

치료자는 지지적인 분위기에서 치료자에 대한 부정적인 감정을 살펴보도록 청소년을 격려해야 한다. 청소년의 감정에 대한 이러한 직접적인 탐색은 조기 종결로 이끄는 오해를 막을 수 있다. 이 경험은 또한 열린 토론과 유사한 형식으로 다른 중요한 관계에 대한 부정적인 감정을 어떻게 다룰 수 있는지에 대한 모델을 청소년에게 제공한다.

대인관계의 반복적인 양상과 문제를 파악하고 탐색하기

대인관계의 양상과 문제는 대인관계 목록을 작성하면서 드러난다. 치료 중기 동안 치료자는 이러한 양상과 문제를 분류하고 명료화한다. 한 관계에서 부적응적 의사소통과 같은 결손이 나타나면, 후속 회기에서 환자의 다른 관계에서도 동일한 대인관계 양상이 나타나는지 탐색할 수 있다. 치료 초점은 종종 하나의 특정 관계에 있지만 치료는 새로운 대인관계 기술을 다른 관계로 일반화하여 사용하는 방법에 대해서도 다룰 것이다.

문제가 있는 관계와 성공적인 관계를 비교하고 회기의 안과 밖에서 일어나는 언어적 상호교환을 분석하면 보다 효과적인 의사소통으로 대인관계를 바꾸는 방법을 청소년이 배우도록 도울 수 있다. 청소년이 나쁘게 느끼는 관계에 대해 이야기하기를 꺼릴 수 있지만, 미래의 대인관계가 어긋나는 걸 막기 위해 이야기하도록 격려해야 한다.

사례

다나와 함께 작업하면서 학교에서 여학생과 친구가 되기 시작할 때 비슷한 문제가 있었다. 예를 들어, 다나는 반 친구들이 먼저 대화를 시작하지 않으면 이야기하지 않았다. 그녀는 "안녕하세요, 어떻게 지내세요?"라고 말한 다음에 무슨 말을 해야 할지 몰랐다. 치료자는 그녀가 전학으로 인한 어려움과 새로운 사람을 만나는 것에 대한 불안을 연결시키도록 도왔다. 그녀는 관계를 시작할 때 겪는 어려움이 자신을 얼마나 우울하고 기분 나쁘게 만드는지에 대해 자주 언급하였다. 그녀는 사람들에게 자신이 어떤 사람인지 이해하도록 전달하는 데 무력감을 느꼈다. 논의의 초점은 자기개방 문제에 관한 것이었는데, 이는 얼마나 많이, 누구에게 자기개방을 하는 것이 적합한가였다. 자기개방의 수준을 이해하는 데 도움이 되도록 하기 위해 환자와 치료자는 다양한 대인관계 상호작용에 대한 역할 놀이를 하였다. 반복되는 주제는 관계에서 경계를 설정하는 방법과 이러한 경계가 다양한 유형의 관계에 따라 어떻게 달라지는지에 관한 것이었다. 가족, 친구, 교사, 지인, 심지어 치료자와의 관계를 비교해 보았다.

강점과 기술 강조하기

이 문제 영역의 명칭이 대인관계 결손이지만 치료는 결손보다 강점에 초점을 더 많이 둔다. 치료자는 청소년이 다른 대인관계에서 사용하는 기술을 어떻게 활용하는지 혹은 어려움을 겪고 있는 영역에 어떻게 적용하는지 파악하도록 청소년을 도울 수 있다. 예를 들어, 치료자는 환자가 회기에서 사용하는 기술을 파악하고 그것을 표시해 둘 수 있다.

> 우리가 이야기할 때 자신이 방금 한 일을 눈치챘는지 모르겠지만, 저는 그것이 다른 관계에서도 사용할 수 있는 기술이라고 생각하기 때문에 그것에 주목하고 싶어요. 어제 힘든 날을 보냈다고 했던 말을 살펴보았을 때, 저는 ○○ 님이 슬픔을 느끼고 있다고 생각했어요. ○○ 님은 그런 제 생각을 매우 적합한 방법으로 중지시키고 슬픈 것이 아니라 좌절되고 화가 난다고 분명히 말했어요. 제가 ○○ 님의 감정과 행동을 이해하도록 도와주었어요. 사람들과 함께하는 일이 항상 쉽지는 않지만, ○○ 님은 그 일을 했어요. 그것도 아주 잘 해냈지요. ○○ 님에게 어떤 일이 일어나고 있는지 제가 더 잘 알 수 있게 해 주었어요. 저를 말리지 않고 자신의 감정을 명료화하지 않았다면 저는 잘못된 인상을 받았을 거예요. 다른 대인관계에서 그 기술을 어떻게 사용할 수 있는지에 대해 우리가 생각해 볼 수 있을지 궁금해요. 그렇게 하면 삶에 있는 사람들이 ○○ 님이 어떻게 느끼는지 더 잘 이해할 수 있게 될 거예요.

이 책의 다른 부분에서 논의된 바와 같이, IPT-A는 청소년의 역량과 기술을 개발하는 데 목표를 둔다. 치료가 실패보다는 터득한 느낌을, 의존보다는 독립성을 발달시키는 방향으로 맞춰져 있기 때문에, 이러한 역량 중심의 교육적 접근은 청소년에게 중요하다. 치료 기간 내에 개선의 가능성을 높이기 때문에, 시간 제한적 치료에서 기술과 강점에 초점을 맞추는 것이 특히 중요하다.

대인관계 기술 개발하기

이 문제 영역을 위해 채택된 마지막 전략은 관계를 개발하고 진행시키는 맥락에서 대인관계 기술 개발하기다. 이 전략을 실행하는 데 가장 도움이 되는 기술은 의사소통 분석과 역할 놀이다. 의사소통 분석을 통해 언어적 상호교환으로 생긴 감정과 비교하여, 치료자는 청소년의 언어가 타인에게 미친 영향과 말로 전달되는 감정을 청소년이 이해하도록 돕는다. 역할 놀이는 새로운 의사소통 기술을 연습할 수 있는 안전한 방법을 청소년에게 제공하고, 배운 것을 외부 상황에 적용하기 전에 피드백을 받을 수 있다. 성공적인 역할 놀이는 청소년의 사회적 자신감을 증진시킬 수 있다. 역할 놀이를 시작하기 위해 치료자는 다음과 같이 제안할 수 있다.

> 방금 학교에서 집으로 돌아왔는데 아버지가 내일 하루 종일 가게에서 일을 해야 한다고 말씀하시는데, ○○ 님은 내일 오후에 친구와 함께 영화를 볼 계획을 세웠다고 가정해 봅시다. 이 계획을 아버지에게 어떻게 이야기할 수 있을까요? 언제 아버지에게 이야기할 수 있을까요? 대화를 어떻게 시작하겠어요?

혹은 의사소통 분석을 할 때 치료자는 다음과 같이 이야기할 수 있다.

> ○○ 님이 ______라고 이야기했을 때 다른 소녀는 어떻게 느꼈다고 생각

하나요? 그녀가 어떻게 느끼길 바라나요? 무슨 말을 하고 싶었나요? 어떻게 다르게 말할 수 있을까요? 그녀가 ○○ 님에게 ______라고 이야기했을 때 어떻게 느꼈나요? 그녀가 무엇을 느끼고 있다고 생각하나요?

역할 놀이와 의사소통 분석을 하는 방법에 대한 자세한 예는 제9장에 제시되어 있다. 단기치료의 특성 때문에 치료자는 제한된 시간 내에 진전을 이루기 위해 구체적인 사회적 상호작용을 시작하는 방법을 사용하는 것과 같이 제한된 대인관계 결손에 대해서도 조심스럽게 초점을 맞추어야 한다. 치료자가 기술 개발하기를 할 때 저지르는 가장 흔한 실수 중 하나는 구체적인 대인관계나 상황을 선택하지 않는 것이다. 작업이 너무 일반적이면 변화를 초래하기가 더 어렵다. 치료자는 환자에게 치료자와 환자가 작업하고 있는 것이 매우 사소하게 보여도 기술을 개발하기 위한 최선의 방법임을 전달하고 그 진가를 알려야 한다. 청소년이 이 특정 문제에 대한 확신을 갖기 시작하면, 청소년은 동일한 기술을 사용하여 다른 문제 상황을 다룰 것이다.

치료에서 가족의 역할

특히 청소년의 대인관계 결손이 가족 관계에 영향을 줄 때 가족이 치료에 참여할 수 있다. 이 경우, 보통은 핵심 가족이 한두 번 치료 중기 회기에 참여하는 것이 도움이 된다. 공동 회기에서 치료자는 문제의 내용을 다루기보다 매우 구체적인 상호작용 과정과 기술에 초점을 맞추어야 한다. 구체적인 기술을 익힌 후에 청소년과 가족 간의 좀 더 큰 상호작용 양상으로 초점을 맞추어야 한다. 의사소통 및 문제 해결 과정에 초점을 두면 회기를 좀 더 관리하기 쉽고 좀 더 긍정적으로 유지하는 데 도움이 된다.

심지어 청소년의 결손이 가족 관계에 특별히 영향을 준 것 같지 않아도 가족은 관련 분야의 기술을 개발할 때 청소년을 지원하고 장려하는 데 중요한 역할을 할 수 있다. 이런 상황에서 가족은 코치 역할을 하며 변화를 격려하고, 변화했을 때 칭찬한다. 부모가 청소년이 치료 환경 이외의 상황에서 치료 효과를 일반화하도록 돕는 데 얼마나 중요한 역할을 하는지 상기한다. 때로 가족이 청소년을 위한 효과적인 지지자로 기능하도록 하기 위해 직접 코칭을 해야 할 때도 있다. 이러한 상황에서 저자들은 가족(우선 선호하는 부모나 보호자)하고만 단독으로 짧게 만나거나 가족이 지지자 역할을 준비할 수 있도록 최소한 전화 통화를 하여 작업할 것을 추천한다. 치료자가 청소년의 감정에 대해 보다 직접적이고 효과적으로 의사소통을 하도록 돕기 위해 치료자는 부모와 따로 만나 치료 목표를 논의할 수 있다. 그 후 청소년이 이 기술을 사용하는 것을 부모가 알아차리면, 치료자는 부모가 청소년에게 그 부분을 짚어 주게 한다. 치료자는 가족에게 감정에 대한 직접적이고 명확한 의사소통으로 간주될 수 있는 예를 제공하고 청소년에게 구체적으로 말할 수 있는 것에 대해 생각하도록 부모를 도와야 할 수도 있다. 예를 들어, 치료자는 다음과 같이 이야기할 수 있다.

> 알다시피, 저는 더 만족스러운 관계를 유지하는 데 도움이 될 몇 가지 기술을 개발하기 위해 로비와 작업을 해 왔어요. 저의 믿음은 로비의 관계가 좋아지면 그의 우울증이 가라앉고 자기 자신을 더 좋게 여기게 될 거라는 거예요. 부모님과 로비가 함께 대화할 때 로비에 대해 제가 알게 된 것 중 하나는 다른 사람이 이해할 수 있는 방식으로 로비 자신이 어떻게 느끼고 있는지 다른 사람에게 전달하는 데 어려움을 겪고 있었다는 거예요. 예를 들어, 로비는 상처를 받거나 화가 날 때 무뚝뚝해지는 경향 혹은 부모님의 표현대로 '뿌루퉁'해지는 경향이 있어요. 그리고 로비는 "당신이 방금 나의 감정을 상하게 했습니다."라고 말하는 대신 사람들로부터 자신을 고립시켰어요.

로비는 자신의 감정을 더 직접적으로 전달하려고 노력하고 있고 회기에서 좋은 작업을 해 왔어요. 하지만 가족이나 친구와의 관계에서 이 작업을 하도록 배우는 것이 훨씬 더 중요해요. 이 일로 저는 부모님의 도움이 필요해요. 저는 로비가 자신의 감정을 직접 전달하고, 마음을 좀 더 열수 있도록 스스로를 격려하는 작업을 하고 있을 때 그것을 짚어 주는 부모님의 도움이 필요하다고 생각해요. 저는 로비가 자기주장을 하지만 공격적이지 않은 방식으로 자신을 표현할 수 있기를 바라요. 이해되셨나요? 가정에서 로비가 이렇게 행동하는 걸 본 적이 있나요? 예를 생각해 볼 수 있을까요? 우리가 몇 분 후에 로비와 만날 때, 회기에서 로비가 그런 것에 대해 작업할 때 부모님이 그에게 짚어 주는 것을 도와줄 수 있는지 궁금해요. 우리는 회기에서 부모님과 로비의 갈등거리인 통금 시간 문제를 초점에 두고, 로비가 이 기술을 연습할 수 있도록 도와줄 수 있는지 알아봐야겠다고 생각했어요.

치료자는 종종 부모가 이 기술을 사용하는 것을 알아차렸을 때 환자에게 짚어 주고, 명료한 의사소통이 어떻게 환자의 기분을 이해하는 데 도움을 주는지 짚어 주는 코치 역할을 하도록 요청한다. 치료 회기에서 이것을 처음 해 보면서, 치료자는 부모와 청소년을 지도할 수 있고 두 사람 모두의 성공 가능성을 높일 수 있다. 부모가 이러한 의사소통을 기꺼이 장려할 수 있고 지지할 수 있도록 이러한 유형의 개입을 시도하기 전에, 가족과 사전 논의를 하는 것이 매우 중요하다. 부모가 개입을 방해할 가능성이 있다고 판단되면 치료자는 가족이 참여하는 치료 계획을 바꿀 수 있다.

요약

치료자의 주요 초점은 청소년의 우울증을 악화시키고 지속시키는 역할을 할 수 있는 대인관계 결손에 둔다. 철저한 대인관계 목록 작성하기는 문제 영역을 파악하는 데 매우 중요하다. 치료 목표는 청소년의 사회적 고립을 줄이고 기존의 대인관계를 향상시키는 것이다. 이러한 목표를 달성하기 위해 채택된 전략은 의사소통 기술 향상시키기, 사회적 자신감 증진시키기, 더 많은 사회 활동에 참여하도록 격려하기다. 치료자는 실제 치료 회기에서와 외부 대인관계에서 나타날 수 있는 분명한 대인관계 곤란을 설명하기 위해 치료자-환자 관계를 사용한다. 의사소통 분석과 역할 놀이 기술은 새로운 사회적 기술을 연습하는 데 사용되는데, 이는 새로운 관계 및 개선된 관계의 개발을 촉진시킨다.

다음 사례는 생활 스트레스 요인이 감정 전달의 어려움 및 그에 따른 우울증과 같은 대인관계 결손을 어떻게 초래하는지, 그리고 우울증을 치료하기 위해 대인관계치료 기술을 어떻게 사용하는지 보여 준다.

사례

카르멘은 어머니, 아버지와 남동생과 함께 사는 14세 청소년이다. 그녀의 어머니는 카르멘이 가족과 친구로부터 철수되어 지내는 것을 매우 염려했으며 그녀가 치료를 받도록 데려왔다. 카르멘은 약 2년 전 아버지의 혼외정사로 인해 부모 사이에 문제가 생기기 시작한 이래로 우울한 기분이 들었다. 우울증 평가를 받기 3개월 전부터 그녀는 부모가 더 많이 싸우기 시작하고 아버지가 일주일 동안 사라지자 그녀의 기분은 더 나빠지기 시작했다. 비슷한 시기에 그녀는 몇 달 동안 사귀고 있었던 남자 친구와 헤어졌다. 카르멘의 부모는 카르멘에게 남자 친구가 있었던 사실을 몰랐기 때문에, 그녀는 부모의 허락 없이 사귄 것에 대한 죄책감과 이별에 대한 슬픔을 경험하고 있었다. 카르멘은 주요우울증을 보였다. 그녀가 보인 증상은 대부분 하루 종일 우울한 기분, 식욕 감소, 초 · 중기 불면증, 피로감 증가, 자살 사고, 두통, 눈물, 죄책감, 낮은 자존감이었다.

초기 회기(1~4)

초기 회기에서 카르멘은 치료자에게 자신의 감정을 이야기하는 것을 매우 어려워하였다. 카르멘을 걱정하고 자신에게 관심이 있는 친한 친구가 두 명 있다고 했지만, 이 사실을 아무에게도 털어놓지 않았다. 아버지의 사건으로 가정이 혼란에 빠졌을 때 카르멘은 자신의 감정에 대해 말할 수 없었다. 그녀는 부모 사이에 끼인 느낌이 들었고, 아버지의 일로 당혹스럽고 분노하고, 아버지와 함께 살기 원하는 어머니에게 화가 났다. 카르멘은 자신이 문제를 더하고 걱정을 끼치게 하고 싶지 않아 아버지와 대화를 중단했고 어머니에게도 털어놓지 않았다.

그녀는 가족으로부터 멀어져 소중한 느낌을 갖게 하고 지지를 제공하는 남자 친구에게로 마음을 돌렸다. 하지만 아버지의 사건이 비밀이었던 것을 비추어 볼 때, 카르멘은 자신의 비밀 연애에 대한 죄책감이 점점 더 커지기 시작했다. 그녀는 부모에게 그 관계에 대해 이야기할 수 있기를 원했지만 가족으로부터 철수했기 때문에 그렇게 할 수 없다는 무력감을 느끼게 되었다. 그녀는 가족과 다시 접촉하는 방법을 몰랐다. 부모와 소통할 수 없다는 것이 우울증의 바탕이 되는 고립감과 죄책감을 초래한 것으로 보였으므로 문제 영역은 대인관계 결손으로 파악되었다.

중기 회기(5~8)

카르멘의 대인관계 결손을 개선하기 위해 사용된 전략은 역할 놀이, 감정의 명료화, 관계를 시작하고 심화시키는 기술, 대인관계 문제 해결 기술이다.

중기 회기의 치료 초점은 카르멘이 자신의 감정을 분류하고 그것을 명명하는 단어를 찾도록 돕는 것이다. 치료자와 카르멘은 그녀가 대화를 시작하기가 어려웠던 점, 어머니에 대해 걱정하는 부분 혹은 그녀가 어떻게 느꼈는지 말할 경우 친구들이 생각하는 부분, 자신의 감정을 더 많이 표현할 경우 자신이 어떻게 느낄지에 대해 탐색하였다. 치료자는 사람들이 대인관계에서 협상하는 일반적인 방식에 대한 심리교육을 제공하였다.

처음에 카르멘은 이전에 발생한 사건과 그에 대해 어떻게 느꼈는지를 관련시키는 것도 어려워했다. 회기에서의 치료자와 카르멘의 대화를 사용하여, 치료자는 카르멘에게 자기개방이 어떻게 치료자와 자신의 가족과 다른 사람이 그녀의 요구를 잘 이해하고 반응하도록 도울 수 있는지 보여 주었고, 그 결과 카르멘은 자기 자신에 대해 더 나은 감정을 갖게 되었다. 카르멘은 어머니와 데이트하고 싶은 욕구와 관련하여 어머니와 하고 싶은 대화를 치료자와 함께 역할 놀이로 했다. 그녀는 어머니가 보일 수 있는 다양한 반응을 다루는 방법에 대해 논의하였다. 그녀는 또한 부모 간 관계에서 일어난 갈등과 그 갈등으로 인한 자신의 감정 및 그것이 부모와의 의사소통 능력에 미치는 영향에 대해서도 이야기하였다. 그녀는 자신이 완벽한 딸이 아니어서 부모 간 관계 스트레스를 악화시킬까 봐 두려웠다. 완벽한 이미지를 유지하기 위해 그녀는 자신에 대한 이야기를 절대 하지 않았다. 사건과 감정을 연결하여 치료자는 카르멘이 철수로 인해 부모와의 관계에 더 많은 문제를 만들고 자기 자신을 더 나쁘게 느끼게 한다는 것을 알도록 도왔다. 회기 사이에 카르멘은 자신의 감정을 어머니에게 더 많이 이야기하는 실험을 하였다. 여러 차례 대화를 나누는 동안 그녀의 어머니는 카르멘과 남자 친구 문제에 대해 성공적으로 논의할 수 있었고 카르멘은 합리적인 타협안을 협상하였는데, 이는 카르멘이 지속적으로 다른 사람에게 자신의 감정을 표현하도록 격려하였다. 카르멘과 치료자 간의 개방성도 두드러지게 개선되었다.

종결 회기(9~12)

의사소통 훈련을 계속하면서 카르멘과 치료자는 그녀의 대인관계에서의 친밀감과 지지의 증가, 우울의 감소에 대해 이야기했다. 그녀는 친구들과 더 많은 사회 활동을 하였고 일상생활에서 발생한 사건을 어머니와 아버지에게 더 많이 이야기하였다. 카르멘의 치료 결과와 치료에 기여하는 요인에 대해 논의한 결과, 그녀의 부모는 딸과의 관계에 대해 더 노력하겠다는 결심을 하였다. 어머니는 자신과 남편이 카르멘이 부모와의 의사소통을 향상시킨 것과 같은 동일한 방식으로 서로의 의사소통을 높이려는 노력을 하고 있다고 보고하였다. 치료자는 부부 상담을 하도록 권했으나 거절했다. 카르멘은 부모의 사이가 좋아진 것 같다고 말했다. 즉, 다툼이 줄었고, 아버지는 더 이상 외박하지 않았다.

마지막 회기를 하는 동안 카르멘은 자신에 대해 덜 비판적이었고 사회적 상호작용에서 자신을 더 잘 수용하는 사람을 찾고 있었다. 그녀는 새로운 사회적 자신감을 즐기고 있었다. 치료를 종결할 때 그녀는 슬픈 기분, 수면장애, 피곤함이나 자살 사고를 부정했고 자존감이 증가하고 죄책감과 자기비난은 감소했다고 보고하였다.

제14장

종결 단계

치료를 시작할 때 환자와 가족이 함께 종료일을 정한다. 치료자는 종료일이 되기 최소 2~4주 전에 청소년에게 알린다. 12주는 IPT-A의 효과성을 평가하는 임상 연구를 하기 위해 채택된 기간으로, 치료를 계속하기 싫어하는 청소년에게 합리적인 기간이다. 이는 환자에게 어떤 변화를 주기 위한 시간과 변화를 이루기 위해 노력할 수 있는 한정된 시간이다. 물론 이 기간은 어느 방향에서든 수정 가능하다. 치료 초기에 치료 계약을 맺을 때 해당 청소년에게 가장 적합한 기간을 정하여 치료의 시간 제한적 성격을 유지하는 것이 중요하다. 그런 다음 치료자는 치료의 여러 단계 간에 시간적 균형을 유지하면서 기간 내에 치료 작업을 해야 한다. 단기치료를 한 이후에 유지치료를 권한다. 청소년을 위한 지속 및 유지 치료의 효과성에 대한 경험적 자료는 아직 없지만, 성인을 대상으로 한 연구에서는 단기치료를 한 이후 1년 이상, 간헐적으로 회기에 참여하면 재발 예방에 도움이 된다고 한다(Frank, Kupfer, Wagner, McEachran, & Comes, 1991). 청소년을 대상으로 한 연구에서 단기 인지행동치료를 하고 나서 2년이 지난 후에 상당한 증상 재발이 있었는데, 이런 결과는 지속 및 유지 치료의 필요성을 시사한다(Birmaher, Brent, & Kolko, 2000). 시간 제한적 및 단기 치료는 증상이 사라지고 환자가 정상적인 삶으로 빠르게 되돌아갈 수 있다는 희망을 줄 수 있고 지속 및 유지 치료를 통해 개선을 유지하도록 도울 수 있다.

청소년과의 종결

치료의 종결 단계에서는 치료 과정에 대한 검토(즉, 학습한 전략, 달성하지 못한 변화와 달성한 변화), 종결 이후의 대인관계 스트레스를 다루기 위한 준비, 향후 치료의 필요 여부에 대한 평가를 한다. 치료자는 종결하기 몇 주 전부터 종결 문제를 제기하면서 확인된 문제 영역에 대한 논의를 계속한다.

종결 과제

치료자는 확인된 문제 영역에 대한 작업을 계속 촉진하면서 치료의 최종 단계에서 해야 할 과제를 진행한다. 주요 과제는 다음과 같다.

① 치료 종결에 대한 감정 이끌어 내기
② 우울 경고 증상 검토하기
③ 대인관계 자신감 파악하기
④ 구체적인 대인관계 전략 검토하기
⑤ 미래 상황에 대인관계 전략을 적용하기 위한 브레인스토밍

치료 종결에 대한 감정 이끌어 내기

환자가 직면하는 가장 어려운 문제 중 하나는 치료자와의 관계를 상실하는 것이다. 특히 청소년의 경우, 치료자는 지금까지 청소년의 삶에서 누락되었던 지도와 지원이 되고 대인관계 기능의 역할 모델이 되는 경우가 많다. 종결하기 몇 주 전에 치료자는 청소년에게 치료 작업이 종결되고 있다는 사실을 상기시키고 청소년이 치료 회기에 이제 나오지 않아도 된다고 상상하면 어떤 기분이 드는지 물어봐야 한다. 치료자는 치료적 지지가 없어질 경우 어떻게 할 것인지에 대한 청소년의 염려를 다루고 다른 지지원도 파악해야 한다. 그렇지 않으면 우울증이 재발할 가능성이 높아진다.

치료자는 치료 종결을 잠정적인 애도 시간으로 논의하고 환자에게 우울한 감정의 재발 가능성을 경고해야 한다. 때로 청소년은 자신에게 실제로 도움이 필요했고, 치료로 인해 성장할 수 있었고, 회기가 매주 즐거웠다는 사실을 인정하기 어려울 수도 있다. 이런 질문을 처음 했을 때 청소년은 자신의 감정을 겉으로 드러내길 꺼린다. 치료자가 청소년이 경험할 수 있는 몇 가지 감정을 언급하면서 이야기를 시작하면 청소년이 어떤 것이 사실인지 아닌지 파악하는 데 도움이 된다. 어떤 청소년은 글로 자신의 감정을 표현하는 것을 더 편하게 느끼기 때문에 치료 종결 회기에 치료자와의 관계와 치료에 대한 글을 써 오기도 한다. 이는 청소년이 단기치료를 하는 동안 가졌던 풍부한 정서적 애착을 글로 표현한 것이다. 어떤 청소년은 치료자에게 애착을 느끼거나 치료의 가치에 대한 인정하기를 주저하기도 한다. 특히 처음에 치료를 반대했다면 더욱 그러하다. 반면, 어떤 청소년은 치료가 종결될 때 슬픔을 느낄 수도 있는데 이를 우울증의 재발로 해석하기도 한다. 이들은 슬픔을 느끼면서 화를 내거나 치료자와의 관계가 좀 더 오래 유지되기를 바란다. 치료자는 우울증과 치료 종결시의 슬픔 간 차이를 청소년에게 교육해야 한다. 치료자는 청소년에게 다음과 같이 이야기할 수 있다.

치료를 종결할 때 슬픔, 걱정이나 심지어 분노를 느끼는 것은 흔한 일이에요. 이 감정을 느끼는 것은 정상이에요. 우리는 서로에 대해 알게 되었고 ○○ 님은 매우 개인적이고 중요한 일을 저에게 이야기했어요. 지금 ○○ 님이 경험하는 감정은 치료 작업을 시작할 때에 느꼈던 감정과는 달라요. 다시 우울해진 것은 아니에요. 이 감정은 아마도 편안하고 지지가 되었던 곳을 떠나는 데서 오는 일시적인 슬픔일 거예요. 치료 작업은 끝이 나겠지만 여기에서 배운 것을 자신의 것으로 만들고 다른 관계에서 사용하는 것이 중요해요.

치료자는 종결에 대한 감정과 특정 문제 영역을 연결하기 위해 모든 합리적인 시도를 해야 한다. 예를 들어, 종결에 대한 감정은 청소년이 역할 전환을 하기 전에 경험했던 감정이나 애도 반응에서 경험한 감정과 비슷할 수 있다.

치료자는 종결을 논의하는 과정에서 청소년이 새로 개발한 기술을 사용하도록 돕는다.

치료자: 치료 종결에 대해 어떻게 느끼는지 궁금해요.

환　자: 전 괜찮아요. 종결에 대해 그렇게 깊이 생각하고 있지 않아요.

치료자: 정말로요? ○○ 님이 어머니와 또다시 말다툼을 하고 그 문제에 대한 다른 방법을 함께 찾는 작업을 하기 위해 저와 다시 만나는 일이 없어질 때 어떤 기분이 들지 궁금하지 않으신가요?

환　자: 글쎄요. 그 문제에 대해서는 걱정이 좀 돼요.

치료자: 마지막 회기는 여러 감정을 느끼는 시간이 될 수 있어요. 우리가 논의했던 몇 가지 전략을 생각해 보는 것이 도움이 될 수 있어요. 치료 종결에 대해 이야기할 때, 그 전략이 자신에게 어떻게 도움이 될 수 있는지 생각해 볼 수 있어요. 치료 종결을 준비하는 데 도움이 될 수 있는 전략에 대해 이야기해 주세요.

환　자: 모르겠어요.

치료자: 지금 ○○ 님이 저와 직접적으로 자신의 감정에 대해 이야기하지 않았기 때문에 제가 ○○ 님의 염려를 알 수 있을지 모르겠어요. 자신이 느끼는 몇 가지 기분에 대해 이야기하지 않고 종결하거나 제가 ○○ 님의 기분을 이해하지 못했다고 매우 불쾌하게 느끼고 이곳을 떠날 수도 있어요. ○○ 님과 어머니 사이에 어떤 일이 일어나지 않았나요? 자신의 기분을 어머니에게 이야기할 수 없었나요? 우리 관계에서 그런 일이 일어나지 않게 하려면 무엇을 할 수 있을까요?

환　자: 제가 선생님에게 좀 더 이야기할 수 있을 것 같아요. 하지만 어렵네요.

치료자: 한번 시도해 보는 건 어때요? 정답이 없다는 사실을 기억하세요. 이번 치료 경험이 자신에게 어떠했는지, 종결에 대해 어떻게 느끼는지 회기가 종결되기 전에 ○○ 님이 논의하고 싶은 내용을 저에게 알려 주시면 돼요.

환　자: 글쎄요. 저는 치료가 끝난 후에 우리가 작업한 기술을 사용하지 못하고 잊어버릴까 봐 두려워요. 하지만 여기에 더 이상 오지 않아도 되는 것은 정말 행복해요. 저는 아직도 선생님과 이야기를 나누었던 방식으로 저희 가족과 이야기하는 것이 어려워요. 그래서 선생님과 더 이상 이야기를 나누지 못한다는 사실이 슬프기도 해요.

치료자: 그렇군요. 지금 치료 종결에 대한 복잡한 심정을 저에게 분명히 말해 주었어요. 이 감정은 매우 흔해요. 지금부터 ○○ 님과 저는 이 감정에 대해 이야기하고 그것을 어떻게 가장 잘 다룰지 결정 내릴 수 있어요.

이러한 상호교환을 통해 치료자는 청소년의 감정을 이끌어 낼 수 있을 뿐 아니라 대인관계 전략이 확인된 문제 영역에서 여러 상황으로 어떻게 일반화할 수 있는지 보여 줄 수 있다.

청소년은 기술을 사용하는 연습을 하고 기술의 사용으로 대인관계 보상을 경험한다. 때로 청소년은 전략이 대인관계와 상황에 어떻게 일반화될 수 있는지 파악하기 어려울 수 있다. 예를 들면 다음과 같다.

치료자: 그래서 우리는 사람들이 ○○ 님을 슬프게 하거나 화나게 하는 일을 했을 때 사람들이 자신이 어떤 감정을 느끼고 있는지 알고 있을 거라고 짐작하기보다 사람들에게 자신의 감정을 이야기해야 할 필요성에 대해 함께 나누었어요. 우리는 부모님과도 함께 연습했어요. 도움이 될 만한 또 다른 사람이 있나요?

환 자: 모르겠어요.

치료자: 음, 함께 생각해 봐요. 또 어떤 사람이 자신을 이해하지 못한다고 느끼나요?

환 자: 글쎄요. 가끔 저희 선생님이 그래요. 하지만 좀 달라요.

치료자: 어떻게 다른가요?

환 자: 음. 선생님은 그냥 제가 공부에 관심이 없다고 생각하는 것 같아요.

치료자: 그리고 선생님이 ○○ 님의 공부에 대해 어떤 것을 알아주었으면 하나요?

환 자: 제가 우울해서 공부를 하지 못해도 공부에는 관심이 있었어요. 그리고 기분이 좀 나아진 지금은 공부를 더 열심히 하고 있고요. 제가 나아진 부분에 대해 선생님이 무슨 말이라도 해 주셨으면 좋겠어요.

치료자: 좋아요. 사람들이 어떤 말이나 행동을 할 때 자신이 어떤 기분이 드는지 사람들에게 이야기하는 전략은 무엇인가요? 선생님이 ○○ 님을 더 잘 이해하고 학교에 대해 더 잘 알도록 돕기 위해 선생님에게 이 전략을 사용할 수 있다고 생각하나요?

치료자는 청소년이 상황을 어떻게 파악하고 그 상황에서 어떤 것이 도움이 될 수 있는지 알아내는 방법을 시연하고 있다. 치료자는 청소년에게 먼저 이 과정을 간략하게 요약하고 다른 사례에서 스스로 해결할 수 있는 청소년의 능력을 촉진시킬 수 있다.

우울 경고 증상 검토하기

초기 임상적 면담을 하면서 얻은 우울 증상 목록, 대인관계 목록, 치료에서 파악된 대인관계 갈등 영역을 검토하는 것이 중요하다. 치료자는 청소년에게 다음과 같이 이야기할 수 있다.

> 처음 치료를 시작했을 때 어떤 기분이었는지 기억하나요? 자신이 우울하다는 것을 어떻게 알았나요? 어떤 증상이 있었나요? 증상을 함께 검토해 봐요. 우울 증상에는 슬픈 기분, 수면 곤란, 식욕의 변화, 친구들과 함께 있고 싶지 않는 것, 많이 우는 것 등이 있어요. 치료를 시작했을 때 가졌던 우울 증상과 비슷한 증상이 아직도 있나요? 증상으로 인해 덜 힘드나요? 비슷한가요? 혹은 더 괴롭나요? 치료를 시작했을 때 가족이나 친구와 어떤 종류의 문제가 있었나요? 자신의 중요한 대인관계를 검토한 다음에 함께 알아보았던 문제 영역을 기억하나요? 그 문제는 개선되었나요?

치료자와 청소년은 이러한 증상과 갈등을 여러 범주, 즉 우울 증상, 정상적인 발달 과정의 일부로 부모와 청소년 간의 갈등 영역(예: 숙제를 다 하기 전에 친구들과 놀러 나가기), 치료 초점이 되는 확인된 문제 영역으로 분류한다. 각 범주는 치료 과정에서 이룬 진행 과정과 관련하여 검토되어야 한다. 우울한 청소년은 보통 성격장애가 있는 것처럼 보인다. 그러나 우울증이 완화되었을 때 이러한 여러 성격 특질은 두드러지지 않다.

대인관계 자신감 파악하기

종결 단계를 거치는 동안 치료자는 청소년과 치료 성과에 대해 논의하여 청소년이 자신의 자신감을 파악하도록 돕는다. 치료자는 초기에 설정한 치료 목표, 진행 상황 및 향후 청소년이 독립적으로 적용하기 위해 배운 전략에 초점을 두어야 한다. 치료자는 다음과 같이 청소년에게 질문한다.

> 우리가 초점을 두었던 확인된 문제가 무엇인가요? 치료하는 동안 이 영역에서 어떤 변화가 있었나요? 목표는 무엇이었나요? 목표를 달성하기 위해 함께 논의하고 사용한 전략은 무엇인가요? 다루지 않은 목표가 있나요? 그 목표는 무엇인가요? 치료가 끝난 후에 그 목표를 위해 어떻게 작업을 계속할 수 있을까요?

이 목표는 각 환자마다 매우 구체적이고 치료 과정에서 다양한 수준으로 달성된다. 각 문제 영역은 초기 목표 및 최종 성과의 맥락에서 논의된다. 치료의 주요 목적은 확인된 문제 영역을 해결하고 좀 더 긍정적인 대인관계 상호작용을 경험하도록 효과적으로 청소년을 도와 청소년의 자신감을 향상시키는 것이다. 치료 성과를 검토할 때 치료자는 치료 개선이 치료자의 노력뿐만 아니라 청소년 자신의 노력과 변화의 결과임을 알도록 청소년을 도와야 한다. 치료자는 다음과 같이 이야기할 수 있다.

> 저와의 만남이 종결되면 기분은 어떨 것 같나요? 치료가 종결되면 어떤 어려움이 있을까요? 어떤 것을 그리워할까요? 걱정하는 것은 무엇일까요? ○○ 님에게 지지와 지도를 제공할 분은 누구인가요? ○○ 님은 지난 회기들에서 정말 열심히 작업했어요. 그리고 많은 것을 배웠다고 생각해요. 치료가 끝난 후에 이러한 전략을 계속 열심히 사용하길 바라요. 회기 사이의 여러 상황에서 이 전략을 잘 활용했어요. 그것을 더 많이 활용하면 아마 자

신의 제2의 천성이 될 거예요.

치료자의 역할은 청소년이 치료가 종결된 후에도 대인관계 기술이 유지되도록 숙달감과 자신감의 달성을 강조하는 것이다. 이는 청소년의 성공적인 '가정에서 하는 과제' 경험을 검토하면서 이루어질 수 있다.

구체적인 대인관계 전략 검토하기

치료의 최종 단계 동안 청소년의 확인된 문제 영역을 성공적으로 논의하고 문제를 해결하기 위해 사용했던 전략을 강조하는 것이 중요하다. 청소년이 치료 중기에서 강조했던 전략을 유지하도록 하는 것이 보통 더 수월하다. 치료자가 사용할 수 있는 한 방법은 다른 사람에게 자신의 감정을 표현하기 위해 '나 전달법'을 사용하는 것이다. 종결하는 동안 치료자는 청소년이 치료에서 사용한 전략을 파악하고 설명할 것을 분명히 요청해야 한다. 치료자는 다음과 같이 이야기할 수 있다.

알다시피 지난 몇 주 동안 우리는 의사소통의 여러 가지 방식, 의사소통을 시작하는 방법, 중요한 대인관계에서 협상하는 방법에 초점을 두었어요. ○○ 님에게 효과가 있었던 구체적인 전략을 논의했어요. 우리가 함께 연습해 온 전략에 대해 이야기해 주실 수 있나요? 어떤 전략이 가장 효과가 좋았고, 어느 것이 가장 편하다고 생각하나요?

이러한 논의를 하면서 치료자는 청소년의 사회적 자신감에 대한 개념을 계속 발전시키고, 전략에 대한 청소년의 편안함과 익숙함을 증진시킨다. 이는 자연스럽게 확인된 문제 영역에 대한 논의를 계속 이어 가게 한다.

치료자: 우리가 논의한 전략을 ○○ 님이 확인해 볼 수 있다는 점이 정말

좋아요. [이름] 님과의 관계 문제를 해결하기 위해 이 전략을 어떻게 사용했는지 이야기해 주세요. 지난 일주일 동안 이 전략을 사용했거나 사용해야 한다고 생각했던 적이 있나요?

환 자: 네, 생각해 보니 여동생에게 한 번 사용했던 것 같아요.

치료자: 어떤 일이 일어났는지 이야기해 주세요.

환 자: 음, 여동생이 정말로 저를 귀찮게 했어요. 저는 폭발 직전이었지만 선생님과의 대화가 떠올랐어요. 그래서 심호흡을 하고 진정한 후에 여동생에게 “네가 계속 나를 그런 식으로 놀리면 정말 짜증 날 것 같아. 내가 기분이 나빠지게 될 것 같아. 그만 좀 할 수 있겠니?”라고 말했어요.

치료자: 그다음에는 무슨 일이 일어났나요?

환 자: 평소 같았으면 제가 폭발했겠지만, 여동생이 저를 쳐다보면서 “언니에게 무슨 일이 생겼구나?”라고 말하고는 절 놀리는 것을 멈췄어요.

치료자: 정말 대단하네요. 자신을 더 악화시키도록 화를 내며 이야기하는 것을 스스로 멈출 수 있었네요. 여동생에게 어떻게 느끼는지 이야기할 수 있었고요. 그리고 결국엔 기분이 나빠지는 걸 막고 기분이 더 좋아졌네요.

치료자는 이 전략이 청소년의 대인관계 목록에서 자연스러운 부분이 되도록 도와주고 있다. 치료자는 전략이 대인관계 상황에서 어떻게 사용되었거나 사용되어야 하는지 느긋하게 검토하도록 청소년을 격려한다. 이 과정은 일상생활에서 이러한 기술의 사용을 희망적으로 보여 주며 우울한 기분의 재발을 촉진시킬 수 있는 대인관계 문제를 예방하도록 도울 수 있다.

미래 상황에 대인관계 전략을 적용하기 위한 브레인스토밍

이러한 기술의 일반화와 청소년의 내면화를 촉진시키는 데 있어 치료자는 청소년이 스트레스를 받을 수 있는 구체적인 미래 상황을 파악하고 새로운 기술을 다른 상황에 적용하도록 격려해야 한다. 치료자는 다음과 같이 질문할 수 있다.

> 협상하기 어렵거나 스트레스를 받을 수 있겠다고 예상되는 상황은 무엇인가요? 치료하는 동안, 이런 상황에 도움이 되도록 배운 전략은 무엇인가요? 이 상황을 다루기 위해 취할 수 있는 조치는 무엇인가요?

이러한 유형의 검토는 청소년의 자존감을 높이고 미래의 대인관계 상황을 해결할 수 있도록 도와준다. 치료자는 청소년이 파악한 전략을 떠올리도록 돕고 청소년을 지지할 수 있는 사람을 찾아내도록 돕는다. 청소년이 지난 회기에서 논의한 전략과 그것이 도움이 되는 미래 상황을 연결하는 데 어려움을 겪는 경우가 있다. 예를 들면 다음과 같다.

치료자: 그러니까 연말에 다른 동네로 이사 갈 거라고 했어요. 때로 역할 전환이 어려울 수 있어요. 어디에선가 새롭게 시작해야 할 때 특히 그렇습니다. 치료를 하는 동안 역할 전환에 도움이 되도록 배운 전략은 어떤 것들인가요?

환 자: 모르겠어요.

치료자: 지난 몇 달 동안 우리가 함께 작업하면서 겪은 어려움을 다시 생각해 봅시다. 우리는 ○○ 님이 학교 활동에 참여하고 싶고 가족보다 친구들과 더 많은 시간을 보내고 싶은 욕구 때문에 부모님과 말다툼이 일어났으며 우울증이 이 일과 관련이 있다는 것을 알아냈어요. 말다툼을 해결하고 다른 사람과 다툼이 생기지 않도록 막기 위

해 우리가 어떤 이야기를 했나요?

환 자: 어떤 전략이 전학하는 데 도움이 될지 모르겠어요.

치료자: 부모님의 문제를 해결하는 데 도움이 된 것은 무엇이었나요?

환 자: 부모님에게 제가 어떻게 느끼고 있는지에 대해 이야기하는 것을 배우고 부모님의 관점을 이해하려고 노력한 거요.

치료자: 이 두 가지 전략이 전학하는 데 어떻게 도움이 될 것 같나요? 전학할 때 어떤 일이 생길 수 있을까요?

환 자: 많은 일이 생길 수 있겠지만 부모님과의 말다툼은 좋지 않겠지요.

치료자: 역할 전환 과정에서 때로 두 사람이 어떤 계획을 세울지, 전학이 일상생활의 일정에 어떤 영향을 미칠지에 대한 구체적인 결정과 같은 다양한 일에서 의견 차이가 있을 수 있어요. 이 상황에서 ○○님이 언급한 전략이 어떻게 자신을 도울 수 있을까요?

환 자: 모르겠어요.

치료자: 음, 제가 시작해 볼게요. 부모님에게 전학 가는 것이 얼마나 스트레스가 될 수 있는지, 그리고 전학한 후에 옛 친구들을 만나는 것에 대해 부모님과 이야기 나누고 싶다고 부모님에게 전달하면 전학하는 동안 기분이 더 좋아지는 데 도움이 될 수 있을까요?

청소년이 전략과 미래 사건을 연결하기 어려워하는 경우, 치료자는 환자가 연결하지 못하는 몇 가지 일부 연결고리를 생성하여 도울 수 있다. 이를 위한 몇 가지 제안이 환자가 자신의 연결고리를 만드는 데 있어 충분하다.

치료와 종결 과정을 통해 치료자는 확인된 문제 영역을 둘러싸고 행해진 치료 작업이 치료 밖의 관계에서 좀 더 성공적으로 이어진다는 점을 계속 강조한다. 치료자는 청소년기의 변화를 관찰하며 파악해야 한다. 즉, 변화 노력이 다른 사람과의 의사소통을 개선시키고, 다른 사람의 관점에서 보게 하고, 변화 시도가 새로운 관계를 형성하고, 상실에 성공적으로 애도하고, 관계에 대한 자신의 감정에 대한 통찰을 증진시키고, 역할 불화를 협상하게 하는 것이다. 치료자와 환자가 함께 특정 전략이 어떻게 확인된 문제 영역을 개선하였는지 강조한다. 확인된 문제 영역 파악하기에서 얻은 이차적 이익은 많은 중요한 관계와 새로운 관계의 발전에 대한 만족감을 증진시킨다. 치료자는 청소년이 대인관계 기능 향상과 기분의 개선 사이의 연관성을 파악하도록 도와야 한다. 청소년이 사용하는 구체적인 전략은 다른 유사한 상황에서도 적용될 수 있도록 해야 한다. 치료자는 이 전략들이 현재 확인된 문제 영역뿐만 아니라 미래의 가족, 친구, 학교, 직장에서 환자의 삶의 여러 측면에서 유용할 수 있는 훌륭한 기본 의사소통 기술 및 대인관계 문제 해결 기술이라고 강조한다.

사 례

14세의 앨리슨은 주요우울증을 앓고 있으며 귀가 시간과 데이트 문제로 인한 어머니와의 불화로 우울증이 유발된 것으로 보인다. 치료 초점은 어머니와 협상을 더 잘하기 위해 의사소통 기술을 향상시키는 데 맞추었다. 구체적으로 치료자는 귀가 시간 제한과 데이트에 대한 앨리슨의 기대를 명료화시키고 어머니의 관점과 기대를 분명히 이해하도록 하면서 앨리슨이 어머니와 좀 더 명확하게 대화할 수 있도록 도왔다. 예를 들어, 앨리슨은 어머니에게 친구들과 더 많은 시간을 보내고 싶다고 이야기했다. 어머니는 앨리슨이 자신의 감독을 받고 안전하게 행동할 것이라고 확신하는 친구들과 시간을 보내는 것은 괜찮다고 했다. 부모는 앨리슨이 친구 집에 있을 때 친구의 부모가 집에 있고 보호자의 감독하에 있다는 것이 확인되면 친구 집에 좀 더 오래 있을 수 있다는 데 동의하였다. 앨리슨이 이 정보를 모두 수집할 수 있게 되자, 치료자는 앨리슨과 어머니 두 사람 모두의 기분이 더 나아지게끔 타협하는 방법을 배울 수 있도록 도왔다. 타협을 협상하는 능력은 앨리슨의 우울한 기분과 교착 상태로 관계를 이끈 앨리슨의 이분법적 사고를 협상 능력으로 대체하였다.

귀가 시간의 제한과 친구들과의 저녁 활동에 대해 협상을 해 보는 '가정에서 하는 과제'에서는 향상되었지만, 앨리슨은 어떤 전략을 사용해야 할지 아이디어를 독립적으로 떠올려야 할 때는 여전히 우유부단했다. 앨리슨은 협상하고 전략을 짜내는 데 점점 더 능숙해졌다. 따라서 종결 단계에서 치료자의 목표는 치료자의 지도가 덜 필요한 불화에 대해 올바른 전략을 선택하는 앨리슨의 자신감을 증진시키는 것이었다. 또한 앨리슨과 치료자는 치료가 종결된 후에 앨리슨이 지도를 받을 수 있는 사람에 대해 상의했다. 지지원은 앨리슨의 여동생과 현재 남자 친구였다. 또한 치료자와 앨리슨은 빈도가 줄어든 채로 계속되는 연속 회기(즉, 지속 혹은 유지 회기)를 통해 어떻게 자신이 좋은 기분을 계속 유지할지, 새로운 대인관계 기술을 어떻게 더 익숙하게 사용할지에 대해 상의했다. 치료자는 청소년의 자신감을 강조하면서 종결한 이후에 독립적으로 문제를 해결할 수 있는 청소년의 능력을 촉진시킨다.

가족과의 종결

청소년의 치료가 종결되면 가족과의 작업도 종결해야 한다. 이상적으로는 청소년과 종결 회기를 갖고 난 다음에 치료자가 청소년과 가족을 위한 공동 종결 회기를 갖는 것이 좋다. 청소년에게 필요하거나 유익할 경우 가족하고만 만날 수도 있다. 가족과 만나기 전에 치료자는 청소년과 함께 청소년이 부모와 공유하고 싶은 정보와 공유하고 싶지 않은 정보에 대해 탐색하여 비밀을 보호한다. 가족을 위한 마지막 회기의 목표는 청소년을 위한 종결 회기의 목표와 유사하다. 논의 내용은 환자가 보이는 증상, 치료의 초기 목표, 목표의 달성 여부, 치료 결과로서 가족의 상호작용과 기능의 변화다. 종결 직후, 경미한 증상의 재발 가능성을 가족과 함께 논의하는 것이 중요하다. 추후 치료의 필요성과 향후 우울증 재발에 대한 관리도 논의되어야 한다.

가족 종결의 구조

가족과 함께하는 종결 과정의 구조는 청소년마다 다르다. 이상적으로 치료자는 이미 청소년과 개별적으로 개인 회기 종결을 진행하고 청소년과 가족이 마지막 회기를 함께 진행한다. 이것은 치료자가 청소년의 성취에 대해 가족이 지지하고 청소년의 자신감을 더 격려하는 느낌이 있을 때 더 유익하다. 가족이 회기에서 청소년을 지지하지 않으면 회기의 대부분은 가족하고만 진행한다. 그리고 향후 치료의 필요성과 가족과 청소년의 관계에서 계속 다루어야 할 문제를 회기가 끝날 때 간략하게 다룬다.

가족과 청소년이 함께 하는 경우

청소년이 치료를 받도록 처음에 제시했던 많은 확인된 문제에는 가족과의 관계가 있다. 청소년은 역할 전환, 불화, 관계 상실에 대한 애도 또는 가족 내 고립감이 있을 수 있다. 치료가 가족에 미치는 영향을 평가하기 위해 치료자는 가족에게 다음과 같은 질문을 할 수 있다.

> ○○ 님의 치료 결과로 가족은 어떻게 달라졌다고 생각하나요? ○○ 님이 이전과 다르게 하는 것은 무엇인가요? 서로에 대해 다르게 느끼는 것은 무엇인가요? 무엇이 개선되었나요? 이러한 변화를 가져오는 데 어떤 게 도움이 되었다고 생각하나요? 아직도 남아 있는 문제는 무엇인가요?

바라건대, 치료가 청소년의 가족 관계 방식에 큰 변화를 가져오고 가족이 청소년과 관계 맺는 방법에 영향을 끼쳤으면 한다. 또한 치료를 하는 과정에서 우울 증상이 호전됨에 따라 가족 관계 문제가 완화되었을 수도 있다. 치료자는 가족 상호작용에서 이러한 긍정적 변화를 검토하고 지지할 것이다.

물론 모든 청소년이 치료 과정에서 우울증으로부터 회복되는 것은 아니다. 이러한 경우 종결 단계는 치료자가 지금까지의 진행 과정과 계속되는 문제와 추후 치료를 통해 얻을 수 있는 문제를 검토하는 시간이다. 아마도 청소년이 어느 정도 진전을 했거나 치료자가 치료 초기에 부모와의 진전 여부를 검토하여 이미 치료 유형을 바꾸거나 약물치료를 병행하여 약간의 변화를 이루었을 것이다. 대부분의 경우, 이들은 증상이 완전히 관해되지는 않고 부분적인 증상을 경험하고 있을 것이다. 치료자는 일부 청소년이 지닌 우울증의 성격과 약물치료나 장기 심리치료와 같은 다른 유형의 치료나 지속치료가 도움이 되는지 검토해야 한다. 그 후 치료자는 가족과 함께 청소년의 증상 및 기능 손상의 상태에 따라 적절한 종결 계획을 세워야 한다.

가족하고만 하는 경우

가족이 지지하지 않아도 청소년의 우울증이 호전되고 치료 경험을 즐긴 경우도 있다. 가족이 지지하지 않을 경우에는 종결 회기를 가족하고만 하는 것이 더 낫다. 종결 회기의 목표는 청소년의 치료 성과와 앞으로 치료 작업이 필요한 관계를 재강조하는 것이다. 치료자는 치료와 청소년에 대한 가족의 염려를 경청하고 청소년을 위한 지속치료와 가족을 위한 치료가 필요할 수 있다는 권장 사항을 제공한다. 이는 청소년의 강점을 인식하고 지지하기 어렵게 만드는 만성적인 스트레스 요인을 인정하는 데 도움이 된다. 예를 들어, 치료자는 다음과 같이 이야기할 수 있다.

> 저는 빌의 치료 과정 동안 그가 집에서 많은 스트레스를 받고 있다는 사실을 알게 되었어요. 우리가 이전 회기에서 논의하였듯이, 이것은 때로 ○○ 님이 원했던 만큼 빌이 해냈어야 했던 긍정적인 일들에 대해 언급하지 못하도록 했어요. 제가 보기에 빌은 많이 좋아졌어요. ○○ 님도 그렇지요? 아버지와의 관계처럼 계속 어려운 영역이 있어요. 빌의 기분이 계속 나아지도록 제가 도울 수 있는 몇 가지 사항이 있어요. 가족이 겪고 있는 모든 스트레

스에 대한 지지를 받을 수 있는 곳이 있다면 ○○ 님과 빌의 기분은 더 나아질 거라고 생각해요. 빌이 가족 이외의 사람들로부터 더 많은 지지를 느끼고 있다면 가족과의 상호작용에 대해서도 더 좋은 느낌을 갖게 될 거예요. 빌이 또한 아버지와의 관계를 개선하고 새로운 기술을 계속 연습할 수 있도록 계속 치료받는 것이 유익할 수 있어요. 이것이 어떻게 들리세요?

이 의사소통의 목적은 지속적인 가족 스트레스와 그것이 가족에게 미치는 영향에 대해 아는 것이고, 개선이 지속될 수 있도록 추가 치료를 권장하면서 청소년의 성취를 인식하는 것의 중요성을 강조하는 것이다. 치료자는 치료를 마무리하기 위해 회기의 마지막 몇 분 동안 청소년의 성취에 대해 칭찬하는 방법을 부모에게 가르친다.

추후 치료의 필요성

치료자와 청소년이 바라는 만큼 개선되지 못했을 때 치료를 종결하는 것은 또 다른 경험이다. 보통 대부분의 청소년은 다소 개선되었을 것이다. 그렇지 않으면 치료 접근법이 이미 재평가되었을 것이다. 어느 정도 개선된 청소년은 치료가 끝나도 중증도의 증상은 여전히 있다. 치료자는 청소년과 부모와 함께 이 문제를 공개적으로 상의하는 것이 중요하다. 치료자는 치료 초기에 청소년이 어떻게 느끼고 있었는지 검토하면서 회기를 시작하고, 치료 종결을 할 때는 남아 있는 증상을 검토해야 한다. 확인된 문제 영역은 이미 달성한 개선과 이전에 논의는 되었지만 아직 이루지 못한 변화를 병행하여 논의해야 한다. 부모, 치료자와 청소년은 이러한 증상에 대해 추후 치료를 지속할지 여부, 치료 이후에도 그것이 계속 개선될 수 있을지 여부, 추후 치료의 이득과 손실에 대한 논의를 이어 가야 한다. 어떤 청소년은 치료를 잠시 중단하고 나

중에 다른 문제를 해결할 필요가 있다고 느낄 수 있다. 추후 치료에 대한 제안과 청소년의 우울증에 대한 치료자의 평가를 듣고 나서, 부모, 치료자와 환자가 함께 이에 대한 결정을 내려야 한다.

지속치료

우울증 치료를 위한 미국아동 · 청소년정신의학회(American Academy of Child and Adolescent Psychiatry practice parameters, 1998)에 따르면 임상가는 치료 반응을 견고히 하고 재발을 예방하기 위해 증상이 완전히 관해된 후 최소 6개월 동안 모든 환자에게 지속치료를 제공해야 한다. 이는 약물치료 혹은 심리치료 실시 여부와 상관없다. 소아 및 청소년을 대상으로 한 지속치료의 효과성에 대해서는 아직 적절하게 연구되지 않았지만, 지속치료의 효과성은 성인을 대상으로 한 연구에서는 밝혀졌다. 성인 대상 연구에서 심각한 부작용이 없는 한 증상 완화에 동일한 용량의 항우울제를 계속 유지하도록 하였다. 지속적인 약물치료 및 심리치료가 재발률을 감소시킬 수 있다는 사실을 보여 주는 추후 치료 연구에서 이는 소아 및 청소년에게서도 동일하다고 밝혔다(Birmaher et al., 1996b; Emslie et al., 1998). IPT-A에 대한 지속치료의 효과성을 밝힌 임상 연구는 없다. 따라서 향후 소아 및 청소년을 위한 지속치료의 효과성을 알아보기 위한 통제된 연구가 필요하다. 저자들의 임상 경험의 결과로, 저자들은 청소년의 개선을 견고히 하고 신속하게 재발 예방을 하도록 돕기 위해 IPT-A 실천 지침에 따라 격주로 약 3개월간 IPT-A 치료를 계속할 것을 권한다. 급성 단계의 치료에서 지속치료로 전환할 때, 치료자는 이러한 전환을 분명하게 해야 하고 새로운 목표와 새로운 시간적 틀에 대한 치료 계약을 재협상해야 한다.

유지치료

증상을 완전히 관해시키기 위해 청소년이 급성 및 지속 치료를 받은 이후, 또 다른 치료 대안은 IPT-A 유지치료로 전환하는 것이다. 실천 지침에는 우울증이 완전히 관해된 환자에게 유지치료를 권한다(American Academy of Child and Adolescent Psychiatry, 1998). 이러한 경우, 청소년은 약 일 년 동안 IPT-A 회기를 한 달에 한 번 지속한다. 우울한 성인의 재발 예방을 위한 유지치료의 효과성에 대한 자료가 있다(Frank et al., 1991).

청소년을 대상으로 한 유지치료 회기의 목적은 성인을 위한 것과 비슷한데, 재발 삽화의 비율을 줄이기 위해 효과적인 대인관계 전략을 지속적으로 사용하도록 충분한 지지를 제공하는 것이다. 심리치료는 우울한 청소년에게 널리 사용되는 치료지만 주요우울증의 급성 삽화에서 회복된 우울한 청소년의 추후 유지치료의 효과성을 평가한 통제된 임상 연구는 아직 발표되지 않았다. 초기 우울 삽화 치료를 마친 청소년을 자연스럽게 추적한 몇몇 연구가 있다. 이 연구 결과는 청소년이나 젊은 성인에게서 우울 삽화가 재발할 가능성이 상당히 높음을 나타낸다(Lewinsohn, Clarke, Seeley, & Rhode, 1994a; Macaulay et al., 1993).

IPT를 성인 유지치료(IPT-M)로 활용한 이력이 있다. 성인을 위한 장기 유지치료로 IPT를 고려하게 된 주요 이유는 증상이 완전히 관해되어도 우울증이 재발한 환자는 사회 적응에서 현저한 손상을 계속 보이기 때문이다(Frank et al., 1990; Klerman et al., 1974). 사회적 기능의 지속적인 손상은 우울한 청소년의 연구에서도 확인된다(Puig-Antich et al., 1985b, 1993; Weissman et al., 1999a, 1999b). 심리사회적 손상은 우울증의 취약성에 중요한 영향을 미칠 수 있으며 증상 자체보다 이러한 손상을 개선하는 데 더 오랜 시간이 걸린다. 청소년이 더 이상 우울하지 않아도 자신의 대인관계 환경을 협상할 수 없을 경우, 대인관계 성공 경험의 부족이 우울증 재발을 야기하거나 재발의 취약성으로 작용할 수 있다. 대인관계 문제 영역 내에서 대인관계 갈등, 스트레스와 성공적인 대처 전략에 초점을 맞춘 지속치료는 대인관계 문제를 논의하고 보다 다양한 상황에 대처 전략을 적용할 수 있는 기회를 제공하여 재발을 더 늦춘다. 성인을 위한 IPT 유지치료(IPT-M)는 환자의 초기 우울 삽화에서 대인관계 측면에 초점을 계속 맞추고 새로운 문제가 발생할 때 그것을 지속적으로 해결하여 회복을 유지하고 재발을 줄이도록 설계되었다. 치료자는 급성 기간에 배운 효과적인 전략을 강화하고 새로운 전략을 습득하도록 촉진하여 다른 우울 삽화로 이어질 수 있는 좌절감과 분노를 희망적으로 방지할 수 있다(Frank et al., 1991).

청소년 우울증의 이환율, 지속적인 사회적 손상, 높은 재발률에 근거하여, 저자들은 우울한 청소년을 위한 유지치료를 개발하고 시행에 대한 정보를 수집하는 것이 중요하다고 생각했다. 우울증으로 야기될 수 있는 발달적·사회적 지연을 줄여, 치료자는 청소년의 발달 과정을 토대로 핵심 포인트를 잡아 그들을 돕는다.

급성 무작위 통제 임상 연구의 일환으로 IPT-A에 참여하였고, 벡 우울척도(Beck Depression Inventory: BDI), 해밀턴 우울평정척도(Hamilton Rating Scale for Depression: HRSD)에서 회복 기준을 충족시킨 (BDI≤6; HRSD≤9) 4명의 청소년이 IPT-AM의 예비 연구에 참여하였다. 이들은 급성 삽화를 치료했던 치료자들과 12개월 동안 한 달에 한 번 만났다. 치료자들은 IPT-A 유지치료 매뉴얼에 따라 IPT-AM을 시행했다(Mufson, 미출판 연구). 모든 회기는 녹화되었고 치료자는 IPT-A 전문가에게서 정기적으로 슈퍼비전을 받았다. 네 명의 환자는 일 년 동안 정기적으로 매달 회기에 참석했다. 회기 빈도의 감소로 인한 염려를 만회하려고 회기 사이에 과도하게 전화를 하지 않았다. 환자들은 유지치료 회기가 유익하다고 하였다. 이 보고는 청소년과의 유지치료를 실행할 수 있는 가능성과 타당성을 제시한다. 그러나 치료 효능성을 평가하기 위해서는 대규모 임상 통제 연구가 필요하다. 다음은 IPT-AM의 사용을 증명하는 가상 사례다.

사 례

조안나는 우울해 보이고 학업에서 낙제했고 사회적으로 고립되어 있어서 학교지도 상담사가 그녀를 IPT-A 임상 시험 연구에 의뢰하였다. 조안나는 아버지, 어머니와 언니와 함께 살고 있었다. 조안나는 치료에 의뢰되기 2년 전에 남미에서 미국으로 이민을 왔다. 조안나는 2년 동안 우울했고 대부분의 시간 동안 만연된 슬픔, 빈번한 자살 사고, 초 · 중기 불면증, 경미한 무력감, 에너지 상실과 피로, 가벼운 무망감과 주의 집중 곤란의 증상을 보였다. 조안나는 또한 극도의 사회적 불편감과 학교에서 발표하는 어려움을 보고하였다. 그녀는 수업 시간에 선생님의 질문에 스스로 대답하는 일이 거의 없었다. 또한 친구가 있다고 했지만 누구와도 친하게 지내지 않았고 친구도 없었다. 조안나의 우울 증상과 사회적 불편은 잦은 결석으로 이어졌다. 조안나는 중증도 주요우울증과 사회공포증으로 진단을 받았고 역할 전환에 초점을 맞춘 12회기 대인관계치료를 하였다. 조안나의 가족이 미국으로 이민 왔을 때, 그녀는 세 가지 역할 전환에 직면했다. 그것은, ① 사춘기의 시작, ② 자신이 주요 통역자로서 가족의 의존도 증가, ③ 새로운 나라로의 이주였다. 가족이 이주한 직후 조안나의 언니는 심한 우울증을 앓았고 가족은 조안나에게 많이 의존하였다.

단기치료를 하는 동안 조안나는 학교에서 친구와 선생님에게, 그리고 회기에서 역할 놀이를 통해 연습한 새로운 의사소통 기술을 개발하는 데 중점을 두었다. 조안나는 부모와의 말다툼에서 더 잘 협상하고 부모와 또래에게 적절하게 자신의 의견을 주장하는 방법을 배웠다. 치료자와의 상호작용과 다른 상황에 대한 보고에서 조안나는 편안해졌다. 치료가 끝날 무렵에 조안나는 친한 친구가 몇 명 생겼고, 학교에 정기적으로 다녔고, 결석 시의 학업을 보충하기 위한 협상을 성공적으로 이루었고, 가족과 친구에게 자신의 기분에 대해 좀 더 솔직하게 이야기할 수 있었다.

단기치료를 종결한 후, 12개월 동안 한 달에 한 번 유지치료를 하였다. 유지치료에서 조안나는 새로운 의사소통 및 협상 기술을 다양한 생활 속으로 계속 통합시켰다. 네 번째 회기에서 조안나는 자신이 힘든 가정 문제로 어려움을 겪고 있다고 하였다. 언니의 우울증이 악화되면서 언니의 실패가 조안나에게 성공에 대한 압박감으로 다가 왔고 학교가 더 위협적이고 부정적으로 느껴졌다. 치료자는 조안나가 이러한 증상과 언니의 문제에 따른 가정에서의 자신의 역할 및 학교의 대인관계에 미친 영향을 연결하도록 도왔다. 조안나는 언니의 우울증이 자신의 감정, 성적과 출석에 어떤 영향을 주는지 가족에게 알려야 할 필요성을 파악했다. 조안나는 집에서 갖게 된 자신의 불편을 부모에게 전달하는 방법을 회기에서 다시 연습했다. 그녀는 역할 놀이에서 배운 기술을 부모에게 시도했다. 그녀의 부모는 적절하게 반응하였고 그녀에게 더 많은 지지를 하였다. IPT-AM을 한 지 6개월이 되었을 때, 조안나는 정서적 · 학업적으로 좋아졌다고 하였다. 남은 IPT-AM 월별 치료 기간 동안, 조안나의 우울 증상은 없었고 사회생활은 풍부해졌다. 그리고 아르바이트를 하면서 학업 성취도 좋았고 가족 관계의 갈등도 감소했다고 하였다.

우울 증상의 재발

많은 환자가 치료를 끝내는 데 어려움을 겪는다. 따라서 추후 치료에 대한 결정은 최근에 출현한 불편을 근거로 하지 않고 환자의 치료 과정과 임상 기록과 같은 보다 더 넓은 관점을 근거로 내려야 한다. 치료를 종결할 때 치료자는 퇴행 가능성에 주의를 두도록 가족에게 알려야 한다. 몇 주 안에 해결되는 퇴행과 증상의 재발을 구별해야 한다. 종결에 대한 염려로 인해 경미한 불편을 경험하는 청소년에게 치료자는 다음과 같이 이야기할 수 있다.

> 환자가 치료 종결로 불안을 느끼는 것은 매우 흔한 일이에요. 특히 치료가 환자에게 도움이 되었을 때 더욱 그래요. 제 경험으로, 이 불편은 보통 종결한 후 치료를 받고 있지 않아도 성공적으로 기능하는 자신의 능력을 인식하기 시작하면서 몇 주 이내에 사라져요. 그래서 제가 일반적으로 추가 치료를 의뢰하기 전에 4주 동안 대기 기간을 가질 것을 제안하는 거예요. 대기

기간을 가져 보는 것에 대한 느낌이 어떠세요? 염려는 무엇인가요? 가능하다면 대기 기간을 가지는 것을 시도해 보고 몇 주 후에 기분이 어떤지 살펴볼게요. 그 시간 동안 도움이 필요할 경우 언제든지 전화하면 더 많은 치료를 받을 수 있을 거예요.

이 과도기를 거치는 동안 가족은 청소년을 지지해야 한다. 대기 기간은 경미한 불편을 겪고 있는 사람에게는 실천 가능하지만 심각한 증상이나 기능장애가 지속되고 있는 청소년에게는 권하지 않는다.

부모에게 우울 삽화가 앞으로 언제든지 재발할 수 있다고 알려 줘야 한다. 특히 부모는 청소년이 스트레스를 받거나 변화할 때 재발할 수 있다는 것을 알아야 한다. 조기 경고 징후와 증상(즉, 우울증에 대한 일반적, 청소년에 대한 특정적)을 검토하고 다른 치료에 대한 의뢰를 포함한 적절한 관리에 대해 개략적으로 설명한다. 청소년의 증상이 몇 주 내에 해결되지 않을 경우 치료자에게 연락하여 추가 치료의 필요 여부를 결정해야 한다. 그렇지 않고 종결할 때 추가 치료의 필요 여부가 명백하다면, 이 시점이 적절한 의뢰를 주선할 때다. 의뢰가 필요한 경우 약물치료의 필요성, 개인 심리치료나 가족치료 등의 심리치료 유형을 결정하기 위해 정신의학적 평가를 해야 한다.

종결에 대한 치료자의 감정

치료 종결을 하는 것은 청소년뿐만 아니라 치료자에게도 어렵다. 비교적 짧은 기간 동안 작업해도 강한 치료자-환자 동맹 내에서 격렬한 치료 작업이 많이 발생한다. 치료자는 청소년의 지속적인 성장을 볼 수 없다는 것에 대해 슬픔을 느낀다. 환자와 작별하는 과정은 환자에게 관계가 잘못되었을 때만 끝내는 것이 아니라, 앞으로 나아가기 위한 이유만으로 좋은 관계가 어떻게 끝날 수 있는지 보여 줄 수 있다. 치료자는 청소년에게 그와 함께한 작업이 얼마나 즐거웠는지, 이러한 만남을 얼마나 그리워할지 표현할 수 있지만, 청소년이 앞으로 나아갈 준비가 되어 있고 잘 지내고 있어서 치료자가 행복하다는 사실을 전달하는 것도 중요하다. 치료자는 다음과 같이 이야기할 수 있다.

> 우리는 거의 3개월 동안 함께 작업을 해 왔어요. 우리가 작별을 준비하고 있다는 사실이 믿겨지지 않네요. 저는 ○○ 님과 함께 작업하는 것이 정말 즐거웠고 ○○ 님의 기분이 나아질 수 있도록 돕는 것이 정말 기뻤어요. 저는 이 회기들이 그리울 거예요. ○○ 님은 정말로 열심히 치료에 임했고, 기분이 좋아지도록 많은 변화를 이루었어요. 회기가 종결된 후에도 ○○ 님이 이 작업을 계속할 수 있게 되어 기뻐요.

치료자는 청소년에 대한 자신의 솔직한 감정을 표현할 수 있지만, 치료를 끝내고 치료자가 떠나는 것에 대해 청소년이 나쁜 감정을 느끼지 않게 한다. 대신 치료자는 이것이 두 사람 모두에게 긍정적인 관계라는 사실을 전달하여 지속적으로 청소년의 자신감을 촉진시킨다. 추가 회기(즉, 지속 및 유지 회기)가 청소년에게 도움이 될 수 있을지 여부를 결정할 수는 있지만(연구 프로토콜 이외), 이 결정은 청소년과의 관계를 끝내기 꺼리는 치료자의 입장이 아닌 청소년의 상황을 기반으로 해야 한다.

장기치료의 필요성

환자의 우울 증상이 치료 과정에서 해결되었어도 부수적인 문제로 장기치료가 필요할 수 있다. 어떤 환자는 치료 관계 밖의 사회적 지지가 부족할 때 지속적인 지지치료가 필요할 수 있다. 추가 치료는 일반적으로 경도 섭식장애, 학습장애의 교정, 성적·신체적 학대에 대한 대처, 혼란스러운 가정 문제에 대한 대처, IPT-A에서 다루지 않는 손상된 성격 특질을 경험하고 있는 청소년에게 권한다. 우울한 청소년이 또다시 우울 삽화를 경험할 가능성이 높다는 사실은 일반적으로 알려져 있다. 많은 청소년이 우울 삽화와 기능 장애를 일시적으로 많이 경험한다. 그러한 수많은 우울 삽화를 보이는 청소년에게는 장기치료가 기능을 안정시키는 데 도움이 될 수 있다. IPT-A는 환자를 안정시키고 급성장애를 치료하는 데 도움을 줄 수 있으며 청소년의 기능을 손상시키는 다른 정신의학적 문제를 보다 집중적으로 탐색할 수 있도록 돕는다.

사 례

17세의 캐런은 부모, 특히 어머니와의 불화로 인해 주요우울증을 겪었다. IPT-A의 12회기를 완료한 후, 대부분의 우울 증상은 완화되었다. 캐런은 남자 친구와의 관계를 염려하는 어머니의 관점을 알게 되었고, 남자 친구와의 활동에 어머니가 관여하도록 협상할 수 있었다. 캐런이 덜 우울하고 어머니와의 갈등이 줄어들면서, 몇 년 전 부상을 당했던 교통사고에 대한 감정을 재발의 주제로 꺼냈다. 그녀는 병원에서 몇 주를 보냈다. 그리고 어디든 자동차 여행을 가야 할 때마다 계속 걱정되었다. IPT-A의 결론에 따라 캐런, 치료자와 부모는 자동차 공포가 그녀의 기능을 방해하고 있는지 논의했다. 캐런과 부모는 그녀가 운전면허증을 딸 준비가 되는 내년에 좀 더 나빠질 수 있다고 염려했다. 그들은 캐런이 사고가 난 이후 자동차 타기에 대한 회피와 불안에 초점을 맞춘 추가 치료로 도움을 받을 수 있을 것이라고 결정했다.

이 사례에서 IPT-A는 캐런의 우울 증상을 효과적으로 치료하였고 그녀에게 있는 다른 어려움을 직면할 수 있었고, 다른 유형의 치료로 특정공포증을 다루었다. 다른 치료 대안에는 다른 진료소나 치료자에게 의뢰하는 것, 다른 치료 유형, 약물치료, 다른 문제에 초점을 두고 같은 치료자와 새로운 치료 계약을 맺는 것이었다. 이러한 결정은 치료자, 청소년 및 보호자와 함께 공동으로 이루어져야 한다.

결론

종결 단계에서 치료자의 목표는 종결 단계의 과제와 확인된 문제 영역에 대한 마무리 작업의 균형을 맞추는 것이다. 종결 단계의 대부분, 확인된 문제 영역에서 사용한 대인관계 전략을 검토하고 진행 중인 상황과 미래의 상황에 이 전략을 적용하는 것이 중요하다. 청소년이 이 전략을 사용하는 연습을 많이 할수록, 전략은 청소년의 제2의 천성이 된다. 그 결과, 대인관계에 대한 자신감이 증가하고 우울증을 재발하게 하는 대인관계 갈등 또는 실망감은 감소한다. 종결 단계 동안의 좋은 경험은 청소년에게 자신을 더 좋게 느끼도록 돕고 자신의 삶의 미래 시점에서 다른 대인관계의 성공적인 결말을 협상하도록 하기 때문에 매우 중요하다. 증상이 완전히 관해되지 않았거나 청소년의 손상에 기여하는 만성적인 다른 문제가 더 있을 경우에는 추가 치료가 필요하다. 종결 단계는 청소년과 부모에게 성취 및 추가 치료로 혜택을 볼 수 있는 영역을 파악하게 하는데, 이에 따라 추후 치료에 대한 결정을 내릴 수 있다.

제3부

청소년 치료의 특별한 문제

제15장

치료자-환자 관계의 임상적 문제

지금까지 IPT-A 모델에서 사용한 전형적인 치료 과정에 대해 설명했다. 저자들은 치료의 여러 시점에서 발생할 수 있는 몇 가지 문제를 주기적으로 다루었지만 치료에 영향을 줄 수 있는 몇 가지 다른 문제가 있다. 이러한 문제는 IPT-A에서만 국한되지는 않지만 IPT-A 치료적 틀 내에서 특정한 방식으로 다뤄진다. 이는 일반적으로 환자와 관련된 문제, 가족과 관련된 문제, 우울증과 관련된 문제로 분류할 수 있다.

환자와 관련된 문제

이 책의 IPT-A에 대한 설명 전반에 걸쳐 IPT-A 치료를 특징짓는 치료자-환자 관계의 유형에 대한 예를 제공한다. 그러나 우울증을 앓는 청소년과 함께 작업하며 치료 관계에서 발생할 수 있는 몇 가지 잠재적인 문제가 있다.

비밀보장

환자와 치료자 사이의 비밀보장은 치료 관계의 초석이다. 18세 미만 청소년은 법적으로 미성년자로 간주되며, 부모는 합법적으로 청소년이 하는 일을 알 권리가 있다. 그러나 청소년 및 가족과 함께 작업할 때 치료자는 청소년과의 대화가 비밀보장이 되면 치료가 더 효과적이라는 사실을 가족에게 강조해야 한다. 청소년과 가족은 그들 모두가 생명에 위협을 받지 않은 한 회기의 정보를 비밀로 유지하도록 교육받는다. 특히 치료자는 청소년이 자신에게 해를 입히거나 타인에게 해를 가할 위험이 있다고 느끼지 않는 한 비밀을 유지한다. 치료자가 부모와 함께 회기의 정보를 공유할 필요가 있다고 느껴지면 치료자는 먼저 청소년과 논의해야 하고, 청소년이 자신의 우려 사항을 표현하게 하고 청소년에게 부모와 상의해야 하는 이유를 설명하고 부모에게 전달하는 최선의 방법에 대한 계획을 함께 세워야 한다. 이런 방식으로 청소년 및 가족과 의사소통을 분명히 하는 것은 스트레스가 많은 상황에서도 효과적인 의사소통의 가치를 보여 주는 훌륭한 모델이 된다.

부모가 치료자에게 제공하기 원하는 어떤 정보라도 치료자는 반기고 치료자에게 유익하다는 사실을 부모는 알아야 한다. 그러나 부모로부터 나온 모든 전화 내용과 정보는 청소년과 공유한다. 부모와의 비밀보장이 청소년과의 치료 동맹을 위태롭게 할 수 있기 때문에 치료자는 부모와의 비밀보장을 유지할 수 없다. 회기 내용은 비밀이고 치료자가 부모와 대화를 나눌 것이라는 사실만을 청소년에게 전달하면 청소년은 치료 회기가 대화에 편안하고 안전한 장소로 느끼는 데 도움이 될 것이다.

가족이나 친구의 대리인으로서 치료자

치료자는 가족이나 친구와 소원해졌지만 여전히 그들의 도움이 필요한 우울한 많은 청소년을 위해 이러한 잃어버린 관계를 대신할 수 있다. IPT-A에서 이것은 특정 상황과 특정 범위 내에서만 허용된다. 종종 치료자는 청소년이 가족과의 관계를 다시 회복하려고 하거나 외부 지원을 찾으려고 할 때 교량 역할을 하기 위해 가족이 수행하는 역할을 맡는다. 예를 들어, 치료자는 옹호자 역할을 할 수 있는 부모가 없는 청소년의 경우 학교에 대해 청소년의 직무대리 역할을 한다. 그렇게 할 때 효과적인 지원 및 의사소통을 위한 대안적인 역할 모델을 청소년에게 제공할 수 있다.

IPT-A의 목표는 청소년이 자신의 대처 자원과 치료 종결 후에도 유지될 수 있는 치료 환경 밖의 지지를 개발하도록 돕는 것이다. 그러므로 치료 관계의 한계와 그것이 우정과 어떻게 다른지 청소년에게 분명히 전달하는 것이 필요할 때가 있다. 치료자는 청소년이 치료 관계 밖에서 적절한 지지 자원과 역할 모델을 찾도록 격려해야 한다. 치료자는 청소년이 이러한 관계를 형성하는 데 필요한 기술을 실천하도록 도울 수 있다고 설명해야 하지만, 이것을 치료 이외의 분야에서 필요로 하는 진정한 관계를 형성하기 위한 실천으로 설명해야 한다. 이러한 논의를 하는 동안 청소년의 감정 표현을 계속 격려하면 청소년이 자신의 감정을 파악할 수 있고 자신의 감정과 대인관계에서 발생하는 일을 연관시킬 수 있다.

지나치게 의존적인 환자

앞에서 설명한 상황과 유사하게, 우울한 청소년은 피로감이나 불쾌감을 자주 경험하기 때문에 어떤 주도적인 행동도 할 수 없고 스스로 결정을 내릴 수도 없다고 느낀다. 이들은 문제를 해결하는 방법에 대한 구체적인 조언을 구하거나 치료자가 청소년을 대신하여 부모, 교사 또는 또래와 협상을 하도록 요구할 수도 있다. 치료자는 청소년이 앞으로 사용할 대처 및 협상 기술의 개발 경험을 박탈하길 원하지 않으므로 너무 직접적으로 개입하는 것에 주의해야 한다. 청소년은 부모와 협상하거나 의사소통을 할 때 치료자의 추가 지원과 권한을 계속 필요로 한다. 이러한 경우 치료자는 특정 대인관계 목표를 향한 일련의 단계를 개발하도록 청소년을 도울 수 있다. 이 단계에서는 치료자의 역할이 점차 줄어들고 청소년이 보다 독립적으로 치료자의 기능을 하도록 해야 한다. 청소년이 해야 하는 작업이 부모 또는 교사와의 일이라면 청소년이 어떤 작업을 할 것으로 기대하는지 예상하고 치료 회기 이외의 청소년의 작업에 대한 지지와 지원을 할 수 있는 방법을 결정하도록 돕기 위해 제3자와 회기 일정을 잡는 것도 도움이 될 수 있다.

사 례

마리아는 어머니와 역할 불화를 겪고 있는 16세의 여자 청소년이다. 두 사람은 숙제하고 방 청소를 하고 친구들과 시간을 보내고 옷을 입는 방법을 포함한 거의 모든 일로 말다툼을 하였다. 마리아와 어머니는 비상사태를 제외하고 항상 서로 이야기하는 것을 피하고 있었다. 치료자는 마리아가 이 문제 중 한두 가지에 대해 자신이 원했던 것을 더 잘 표현하고 회기에서 자신의 어머니와 대화할 수 있는 방법을 실천하도록 도우려 했다. 회기에서 역할 놀이를 하는 것을 꺼렸지만 마리아는 결국 대화하는 방법을 실천할 수 있었다. 그러나 회기 사이에 그녀는 어머니와 함께 있는 상황에서 이 기술을 적용할 수 없었다. 대신 마리아는 치료자에게 전화하여 치료자가 어머니와 대신 이야기해 줄 것을 요청하였다. 마리아와 어머니의 대화를 촉진하기 위해 치료자는 마리아와 함께 치료 회기에 참여하도록 어머니를 불렀다. 치료자는 회기에서 마리아가 어머니에게 자신을 표현하도록 어머니가 마리아를 지도할 수 있기를 희망하였다. 하지만 마리아는 말하기를 거부했고, 치료자가 이전의 역할 놀이에서 그들이 연습했던 것처럼 자신의 감정과 의견을 표현해 주길 원했다.

마리아는 불화 상태에 있는 자신의 입장을 설명하고 협상하는 데 있어 치료자에게 지나치게 의존하였다. 치료자는 회기 초반에 적합한 대화 모델을 만들려고 시도했지만 그녀는 계속 그렇게 하지 않았다. 그녀가 계속 했더라면 마리아는 자신의 의사소통 및 협상 기술을 개발할 수 있는 기회를 얻었을 것이다. 치료자는 어머니에게 마리아가 보다 효과적인 의사소통 기술을 개발하여 자신이 어떻게 느끼고 있는지 그리고 무엇이 필요한지 어머니가 더 잘 알 수 있게 하는 작업을 하고 있다고 설명했다. 마리아의 어머니는 이것이 마리아에게 중요한 문제라는 데 동의했다. 그 후 치료자는 마리아를 향해 회기에서 더 이상 '어머니에게 대신 말하지' 않겠다고 했고, 어머니에게 마리아의 관점을 설명할 수 있도록 도와주겠다고 말했다. 어머니와 치료자는 마리아를 대화에 참여시킬 수 있는 방법에 대해 상의했다. 치료자는 마리아와 어머니에게 치료자가 협상을 대신해 주기보다 서로 협상하는 방법을 배우는 것이 중요하다고 교육했다.

치료자가 청소년을 위해 협상할 수 있도록 논의하는 중에 치료자에게 전화를 하거나 치료 장소 밖으로 함께 나가자고 조르는 것과 같이 치료자에 대한 청소년의 요구가 부적절한 경우, 치료자는 이러한 요구를 하는 이유를 탐색해야 하며 대인관계에서의 적절한 경계에 대해 청소년에게 설명해야 한다. 치료자는 다음과 같이 이야기할 수 있다.

환자가 치료자에게 친밀감을 느끼는 것은 드문 일이 아니에요. 그러나 ○○ 님의 우정과 저와의 관계에는 차이가 있다는 것을 기억하는 것이 중요해요. 저는 ○○ 님을 지지하고 치료 이외의 갈등과 상황에 대처하는 새로운 방법을 배우도록 돕기 위해 여기에 있어요. 그러나 저의 목표는 치료 밖에서 ○○ 님이 만족스러운 관계를 찾을 수 있고 자신의 긍정적인 대처 전략을 개발할 수 있게 하는 거예요. 아마도 우리는 ○○ 님이 이 활동에 참여할 수 있는 다른 사람과 어떻게 우정을 쌓을 수 있는지에 대해 이야기하거나 불화 상태에 있을 때 협상을 시작하기 위해 어떻게 초점을 맞춰야 할지에 이야기의 초점을 맞춰야 해요.

환자가 치료자를 공유하고자 할 때

때로 청소년이 가족이나 친구를 치료에 데려와 치료를 받게 할 수도 있고 치료자가 다른 사람을 치료해 줄 것을 원하기도 한다. 내재된 동기를 탐색하는 것은 IPT-A 치료자의 역할이 아니다. 치료자는 청소년에게 자신은 청소년의 치료자이며 청소년을 돕기 위해 있다는 사실을 설명해야 한다. 결과적으로 치료자는 청소년의 삶 속에 있는 다른 사람에게 관심은 있지만 다른 사람을 위한 치료 평가는 다른 치료자에게 의뢰해야 한다. 각 청소년이 서로 다른 청소년이 알리기 원치 않는 정보를 치료자와 공유할 경우, 환자와 환자의 친구를 치료하면 치료자에게 문제가 발생할 수 있다. 이러한 상황은 치료자가 비밀을 유지하고 환자에 대해 전문적으로 행동하는 것을 불가능하게 만드는 이해의 상충을 일으켜 치료자의 능력을 손상시킨다. 따라서 다른 임상가에게 환자의 친구를 의뢰하는 것이 가장 좋다.

환자에 의한 치료 결렬

회기 취소와 지각

IPT-A에서 청소년과 작업할 때 치료자는 약속을 어기거나 지각하는 것에 대해 성인과의 작업에서와는 다른 태도를 취한다. 치료자는 회기 일정을 보다 융통성 있게 잡을 수 있으며 회기 누락을 저항으로 해석하지 않는다. 적어도 회기 누락이 저항으로 해석될 때까지 그렇게 하지 않는다. 치료자는 청소년의 기분이 더 나빠져 집에서 나오지 못하여 회기에 참석하지 못했는지, 청소년의 삶 속에 있는 실제적인 문제(예: 교통, 재정적 문제, 어린 동생 돌보기와 같은 가사 책임)가 회기 참여를 방해했는지, 혹은 청소년의 기분이 더 나아져 회기 참여를 방해하는 또래 및 가족과의 활동에 다시 참여하게 되었는지 등을 조사해야 한다. 치료자는 관점에 대해서도 판단하지 않는다. 치료자는 다음과 같이 이야기할 수 있다.

지난 몇 주 동안 저는 ○○ 님이 회기를 놓치거나 지각했다는 것을 알고 있어요. 그리고 치료받으러 오는 것에 대해 어떻게 느끼는지 궁금해졌어요. 기분이 더 나아졌나요? 더 나빠졌나요? 어떻게 그렇게 됐나요? 이곳에 나오지 못하게 하는 것 혹은 지각하게 된 이유는 무엇이라고 생각하나요?

지각과 관련하여 우울 증상이 악화되지 않았을 경우, 치료자는 청소년과 함께 시간을 많이 가지면 가질수록 함께 성취할 수 있는 것이 많을 것임을 강조해야 한다. 청소년이 계속 회기에 참석하지 못할 경우, 치료자는 청소년의 치료를 방해하는 것에 대해 다시 탐색해야 한다. 환자가 현재 치료에 관심이 없을 가능성도 있다. 이러한 이유로 청소년이 회기에 나오지 않을 경우 치료가 효과적이지 않을 수 있기 때문에 치료를 조기 종결할 가능성이 있음을 청소년에게 알려야 한다. 이 결정은 치료자가 회기에 나오지 못한 이유를 확인한 후 사례에 따라 다루어야 한다. 누군가 또는 어떤 일이 청소년의 참여를 방해하는 경우에도 치료자는 청소년이 문제를 해결하고 치료 과정을 마치도록 도울 수 있다.

청소년을 치료할 때 치료자는 종종 초기 회기 사이에 혹은 회기를 놓쳤을 때 청소년과 연락하는 수단으로 전화를 사용한다. 치료를 시작할 때 전화 연락을 하는 것은 치료 동맹을 발전시키는 것으로 보인다. 청소년이 회기에 참석하지 못한 경우, 치료자는 청소년이 회기에 참석할 때까지 지속성을 유지하기 위해 전화로 단기 회기를 가질 수도 있다. 그러나 전화로 회기가 정기적으로 이루어지게 해서는 안 된다. 그러한 양상이 생기기 시작하면 치료자는 청소년이 치료의 어려움을 논의하기 위해 회기에 참석하도록 해야 한다.

치료에 대한 저항

치료 저항은 치료에 나오지 않고, 몸은 참석해 있지만 회기에는 참여하지 않고, 치료 회기에서 개발한 계획과 권고를 따르지 않는 것과 같이 여러 가지 다양한 방식으로 나타날 수 있다. 우선 치료자는 IPT-A가 청소년에게 적절한 치료법인지의 여부와 다른 치료가 청소년의 문제에 최적일 수 있으며 IPT-A가 환자를 돕지 못하고 있는지의 여부를 고려해야 한다. 치료자는 청소년과 가족과 함께 이러한 가능성에 대해 논의해야 하고, 그들이 동의할 경우 다른 유형의 치료로 의뢰해야 한다.

회기에 참여하여 수동적으로 순응하기는 하지만 실제 치료 과정에는 참여하지 않는 청소년도 있다. 이러한 경우 저자들은 치료자가 먼저 청소년을 위한 치료의 반응 양상을 강조하여, 청소년에게 치료가 필요한 이유와 치료가 효과적이기 위해 청소년이 그 과정에서 해야 할 역할에 대해 상기시켜 줄 것을 권한다. 또한 청소년이 치료에 대한 염려와 치료자가 회기에서 보다 적극적으로 도울 수 있는 방법에 대해 이야기할 수 있는 기회를 제공하는 것도 중요하다. 이것이 저항을 완화하는 데 도움이 되지 않는다면 단기치료의 성격과 청소년의 적극적인 참여에 대한 요구를 고려하여 IPT-A가 현재 해당 청소년에게 적합한지의 여부를 평가해야 한다.

'가정에서 하는 과제' 비준수

치료 저항과 부분적으로 관련된 것은 '가정에서 하는 과제', 즉 회기 사이에 새로운 대인관계 기술을 연습하는 것을 따르지 않는 것이다. IPT-A와 같은 단기치료의 성공 여부는 치료 환경 밖의 상황에서 배우거나 모델링한 기술의 일반화에 달려 있다. 그러므로 가정이나 학교에서 하는 과제 또는 청소년이 대인관계 기술을 연습하는 가정, 학교 혹은 다른 장면에서의 작업은 치료의 효과성을 위해 중요하다. 청소년이 이러한 과제를 따르지 못하겠다고 말하는 경우, 치료자는 과제 할당 개수를 고려해야 한다. 먼저 치료자는 이전 회기에서 제시한 과제에 대해 정기적으로 질문하여 이 작업이 중요하다는 메시지를 전달하는 것이 중요하다. 치료 초기에 치료자가 과제를 수행하지 않아 청소년이 실패하였다거나 치료자가 실망했다는 메시지를 줌으로써 청소년의 치료 저항을 일으키지 않도록 주의해야 한다. 가정에서 하는 과제를 하지 않으면 치료자는 과제를 하는 방식과 구체적인 장애물이 있는지 알아봐야 한다. 이는 아마도 청소년의 삶에서 중요한 다른 사람의 행동이나 청소년에게 새로운 것을 시도하지 못하게 하는 두려움이나 우울증 같은 감정의 결과일 수 있다. 과제를 주면서 회기를 하는 동안 청소년이 장애물을 예측하고 사전에 장애물을 관리하는 방법을 논의하도록 돕기 위해 가능한 장애물을 예상하고 논의하는 것이 실제로 가장 유익하다.

치료자는 또한 과제가 너무 어려운지 또는 청소년이 성공적으로 과제를 완수하는 데 필요한 기술을 충분히 연습하지 않았는지 결정해야 한다. 특히 치료 초기에 치료자는 과제를 하지 않는 책임을 부분적으로 받아들여 청소년이 다시 시도하길 꺼리지 않도록 하는 것이 도움이 된다. 이것은 청소년이 미래에 과제를 기꺼이 시도할 가능성과 과제가 너무 어렵다고 느끼면 솔직하게 치료자에게 알리게 될 가능성을 높인다. 다음 임상 사례는 이 방법이 치료 과정과 회기 밖의 과제 완수를 더 잘 촉진시키기 위해 어떻게 사용될 수 있는지 보여 준다.

사 례

브라이언은 축구에 관심이 없어진 14세 소년이다. 브라이언에 의하면 그의 아버지는 브라이언의 축구 실력에 큰 자부심을 가지고 있었고 자신의 아들이 더 이상 축구를 하고 싶어 하지 않는다는 사실에 화가 많이 날 거라고 하였다. 브라이언은 아버지와 이야기하는 것이 매우 불안하다고 보고하였다. 치료자는 회기에 앞서 몇 번 브라이언과 함께 이 대화에 대한 역할 놀이를 하였고, 집으로 돌아가서 아버지와 대화를 나눠 볼 것을 권했다. 브라이언은 마지못해 동의했지만 다음 회기에 왔을 때 그가 대화를 시도했으나 하지는 못했다고 말했다.

치료자: 좋아요. 무슨 일이 있었는지 이야기해 봅시다. 대화를 시도했다고 했는데 어떤 시도를 했나요?

환 자: 글쎄요. 어느 날 아버지가 직장에서 돌아오셨을 때 저는 아빠가 TV를 보고 있는 거실로 갔어요. 그리고 아빠에게 하고 싶은 말이 있다고 했어요.

치료자: 정확히 무슨 말을 했나요?

환 자: 어떤 일에 대해 아빠와 이야기할 수 있을까요?

치료자: 아빠는 어떻게 반응했나요?

환 자: 처음에 아빠는 아무 말도 하지 않았어요. 저는 아빠가 제 말을 진짜 듣지 못했거나 무시했다고 생각해요. 하지만 저는 다시 말했고, 아빠는 짜증 내면서 "뭐?"라고만 대답했어요.

치료자: 그때 ○○ 님은 어떻게 했나요?

환 자: 음, 저는 이야기하려고 했지만 아빠가 이미 화가 난 것 같았기 때문에 불안했어요. 그래서 "신경 쓰지 마세요."라고 말하고 끝냈어요.

치료자: 한 번 더 시도해 볼 기회가 있었나요?

환 자: 다시 시도하는 걸 잊어버렸어요.

치료자: 좋아요. 그럼 우리는 실제로 ○○ 님이 한 일에서 많은 것을 배울 수 있어요. 사실 어디에서 실수가 있었는지 알 것 같아요. 우리가 여러 번 연습했지만 대화를 설정하는 방법과 대화할 시간을 정하는 방법에 대해서는 충분히 이야기하지 않았어요. 우리는 그 부분을 연습해야 했네요. 또한 ○○ 님이 대화를 하려고 할 때 아빠가 보일 수 있는 여러 가지 반응에 대해 더 많이 생각하고 그것을 다루는 방법에 대해 생각해야 했어요. 자, 이 부분을 보완하는 몇 가지 작업을 해 보지요. 아빠에게 이야기하려는 시간 문제부터 시작해요. 아빠와 중요한 대화를 나눌 수 있는 좋은 시간은 언제인지, 그리고 좋지 않은 시간은 언제인지에 대해 생각해 보셨나요?

환 자: 아빠의 기분이 나쁠 때는 안 돼요. 아마도 퇴근 후에는요. 아빠는 정말로 느긋이 긴장을 풀고 싶어 해요. 아빠는 사람들의 문제와 불평을 듣는 타입이에요. 아빠가 진정으로 원하는 것은 편히 쉬는 거예요. 아마 주말이 더 좋을 것 같아요.

치료자: 좋은 생각 같아요. 어떤 사람은 자신과 상대가 함께 즐길 수 있는 일을 할 때가 가장 효과적이라고 해요. 그와 같은 일로 생각나는 게 있나요?

환 자: 음, 우리가 집과 관련된 일을 하고 있거나 햄버거 먹으러 나갔다거나 하는 거요.

치료자: 아빠와 이런 이야기를 하기에 좋은 시간인 것 같네요. 이제 우리는 언제 이야기를 꺼내면 좋을지에 대해 더 좋은 아이디어를 얻었어요. 아빠가 진지하게 ○○ 님의 이야기를 듣고 이 일이 얼마나 중요한지 알도록 어떻게 대화를 시작하면 좋을지에 대해 좀 더 이야기해요.

치료자는 이러한 맥락에서 계속 상호작용의 세부 사항을 더 많이 파악하고 잠재적인 장애물을 더 많이 알아보려고 시도한다. 청소년이 과제의 세부 사항과 과정을 다룰 준비를 더 많이 할수록 청소년은 다음번에 그 과제를 수행할 가능성이 더 높다.

조기 종결

청소년은 때로 치료 과정을 일찍 마치길 원한다. 때로 청소년은 치료 회기에 참석하지 않거나 회기에 지각하여 직접적으로, 때로는 좀 더 수동적으로 이러한 욕구를 표현하기도 한다. 일찍 종결하려는 청소년의 욕구에 반응하기 전에, 치료자는 환자가 그렇게 하고 싶어 하는 이유가 뭔지 조사해야 한다. 치료가 그의 필요성을 만족스럽게 충족시키지 못했기 때문에, 부모가 종결을 원하기 때문에, 혹은 청소년의 기분이 더 좋아졌기 때문에 등과 같이 청소년이 종결하려는 이유를 구분하는 것이 중요하다. 청소년은 종종 빠르고 자연스럽게 관해될 수 있는 우울증의 일시적 삽화를 보일 수도 있다. 이러한 경우 치료자가 청소년이 치료를 계속하고 환자 역할을 영속하게 하는 것은 잘못일 수 있다. 치료자는 청소년의 안녕을 지지해야 하고, 청소년이 치료를 받았을 때 일어날 수 있는 변화를 검토해야 하고, 안녕이 지속되지 않고도 치료를 더 받기 원할 때는 나중에 언제든지 치료를 다시 받을 수 있다는 사실을 알려야 한다.

치료자는 청소년이 치료를 계속하도록 강요할 수는 없지만 우울증이 재발할 가능성에 대해 청소년을 재교육하는 것이 중요하다. 치료자는 그가 지금 더 나아지고 있다고 느끼더라도 향후 재발을 막기 위해 기술을 좀 더 연습하는 것이 도움이 될 수 있다고 설명해야 한다. 이것은 특정적으로 임박한 스트레스를 파악할 수 있는 경우 혹은 건강으로의 도약이 주로 최근의 긍정적인 생활 사건에 대한 반응인 경우 특히 중요하며, 그 영향은 빠르게 사라질 수 있다. 후자의 일반적인 예로는 여름에 학교에 가지 않고 회기가 없을 때 많은 청소년이 경험하는 개선이다. 여름 동안, 대부분의 청소년에게 부과되는 요구는 훨씬 적다. 그러나 이러한 청소년의 경우 몇 달 후 학교로 돌아가면 상당한 스트레스를 받아 그것이 재발의 원인이 된다. 이러한 경우 역할 전환을 통한 지속적인 치료가 재발을 예방하는 데 도움이 될 수 있다. 이 과정의 일부로, 치료자는 청소년이 미래의 우울 삽화에서 자신을 보호하기 위해 무엇을 할 수 있는지, 그리고 특히 특정 스트레스 요인을 어떻게 관리할 수 있는지 파악하도록 도와야 한다. 여기에는 청소년의 우울 경고 징후에 대한 논의와 이러한 징후를 경험하기 시작할 경우 따라야 할 단계들이 포함되어야 한다.

청소년이 치료에 대한 불만족으로 종결을 원하는 경우, 치료자는 청소년이 표현한 욕구를 고려하여 치료 계약을 검토하고 가능하다면 계약을 재협상하거나 청소년의 욕구에 더 잘 부합되는 치료로 의뢰해야 한다.

가족과 관련된 문제

조기 종결에 대한 가족의 관여

부모가 청소년의 치료를 종결하기 원한다면 부모와 치료자의 만남을 마련한다. 부모가 참석을 거절할 경우 면대면 만남을 진행하기 위해 전화로 문제를 논의해야 한다. 부모는 여러 가지 이유로 자녀의 치료를 종결하고 싶어 할 수 있다. 치료자에게 위협을 받는 느낌, 부모의 역할이 경시되고 있다고 우려하기, 자녀가 치료를 받고 있어서 자신을 나쁜 부모라고 생각하기, 근친상간이나 알코올 남용과 같은 '가족의 비밀'이 드러날까 봐 염려하기, 치료로 인한 유익한 변화라 하더라도(예: 독립성 증가) 청소년의 변화로 인해 위협받는 느낌이 그에 해당한다. 치료자는 이러한 이유 중 어떤 것이 자녀의 치료를 종결하기 바라는 부모의 욕구인지 결정해야 한다.

특별한 이유에 따라 치료자는 부모의 개입을 환영하고 다른 가족을 위해 가족 또는 개인 치료를 의뢰할 수 있다고 명확하고 확신 있는 대답을 하고 안심시키는 반응을 해야 한다. 청소년은 계속 치료받기를 원하지만 부모가 저항적인 경우에 또 다른 유용한 전략은 청소년과의 효과적인 의사소통을 통해 부모에게 청소년이 치료를 계속하고 싶고 치료가 청소년에게 얼마나 도움이 되는지 알리는 것이다. 치료자는 청소년이 부모와 타협할 수 있는 방법을 회기에서 다룰 수 있다. 예를 들어, 몇 회기를 계속 이어서 할 수는 있지만 치료의 전 과정을 이어서 하지는 않는다.

부모가 치료를 중단하라는 요청을 계속하면, 치료자는 치료 종결이 방치에 해당하는 명백한 이유가 없는 한 치료를 종결할 의무가 있다. 방치에 해당하는 활용 가능한 지표는 자살 사고나 집에서 성적 또는 신체적 학대의 징후와 같은 심각한 우울 증상이다. 이러한 경우에 다른 치료자에게 의뢰하거나 아동보호 서비스 기관에 통보해야 한다.

가족 문제로 비난을 느끼는 환자

환자가 주로 외부적인 문제에 대한 책임을 자신에게 내재화하는 스타일이어서 가족 내의 문제에 대한 책임을 자신이 질 때 치료에서 또 다른 문제가 발생할 수 있다. 문제가 실제로 가족 전체의 문제 또는 특정 가족과 관련된 문제임에도 불구하고 환자가 가족 문제의 희생양이 되었을 때도 발생할 수 있다. 종종 비난의 가설은 이러한 요소들이 조합하여 발생한다. 치료자는 이런 일이 언제 발생하는지 인식하고 그것이 책임을 내면화하는 양상을 반영하는지 또는 가족이 이런 상황을 만들어 내는 행동을 하고 그렇게 말을 하는지를 판단하여 그 원인을 찾아내야 한다. 일단 문제의 원인이 밝혀지면 치료자는 문제를 다루기 위해 교육, 대인관계 의사소통과 협상 기술을 조합하여 사용할 수 있다.

좀 더 지시적인 기술이 필요할 때다. 환자의 부모 또는 보호자와 만나서 문제를 분명히 하고 환자를 대신하여 개입하는 것이 중요할 수 있다. 청소년이 가족 문제에 대한 책임을 내면화하는 경우, 부모는 청소년이 통제할 수 없는 일과 청소년과 관련 없는 일을 치료자가 명확하게 파악하도록 협력한다. 가족이 가족 문제를 청소년의 문제로 명명하는 경우, 치료자는 가족과 협력하여 이것이 어떻게 그러한 경우가 아닌지, 그리고 청소년에게 이런 부담을 주는 것이 얼마나 해로운지 가족과 함께 살펴볼 수 있다. 치료자는 가족치료로 들어가지 않도록 주의해야 하며 오히려 청소년을 대신하여 문제를 명확히 하고 그 문제를 다루기 위해 다른 제공자의 치료적 도움을 받을 수 있도록 도와야 한다. 물론 가족과의 상담과 개입은 치료자가 가족을 참여시키는 것에 대해 환자와 이야기를 나눈 후에 이루어져야 한다.

우울증과 관련된 문제

우울증의 무망감과 무력감으로 인한 문제

우울증과 흔히 관련된 두 가지 증상은 무망감(hopelessness)과 무력감(helplessness)이다. 이 두 가지 모두 어떤 종류의 치료에도 도전 과제가 된다. 청소년은 자신의 모든 삶에서 다른 어떤 것도 도움이 될 수 없고 어떤 것도 더 나아질 수 없으며 자신을 돕기 위해 아무것도 할 수 없다는 신념 때문에 치료에 완전히 참여하지 못할 수 있다. 치료자가 이러한 반응을 치료 저항과 다르게 보고 청소년의 우울 증상으로 이해하는 것이 중요하다. IPT-A 모델에 따라, 치료자는 청소년에게 이러한 증상과 그것이 치료 안과 밖에서의 동기와 기능에 미칠 수 있는 영향에 대해 교육해야 한다. 치료자는 이러한 증상을 반영하는 생각과 행동을 강조하고 치료에서 다루어질 수 있는 문제임을 강조한다. 이러한 증상을 해결하려면 청소년이 아주 작은 단계를 밟아 가는 데 초점을 맞추도록 돕고, 아주 작은 변화가 자신의 기분과 기능에 어떤 변화를 가져올 수 있는지 강조한다. 눈덩이 효과의 비유를 사용하면 한 가지 작은 변화가 다른 것과 어떻게 이어질 수 있는지 설명하고 그 결과가 더 크고 더 중대한 변화를 어떻게 초래하는지 설명하는 데 도움이 된다. 청소년이 자신에게 긍정적인 변화가 생긴 시기 혹은 자신이 인식하지 못하는 동안 긍정적인 일이 생긴 시기를 파악하는 것도 중요하다. 때로 변화나 사건이 작아서 간과할 수 있는데, 특히 우울한 청소년이 '회색' 안경으로 자신과 자신의 삶을 바라볼 때 그러하다.

기분부전증 딜레마

우울증의 성격에 의해 제기되는 치료의 마지막 도전 과제는 기분부전증과 함께 발생한다. 이는 기분부전증만 있는 환자 혹은 급성 주요우울증과 장기간 지속되는 기분부전증의 결합으로 이른바 이중 우울증이 있는 환자를 포함한다(Brent, Kolko, Birmaher, Baugher, & Bridge, 1999; Goodman et al., 2000). 기분부전증 환자는 보통 상당 기간 동안 경도-중등도 우울증을 경험하는 경우가 많다. 만성 우울증은 치료를 위한 손상의 심각성과 손상의 지속 기간을 예측한다(Kovacs et al., 1994). 그 정의에 따르면, 아동 및 청소년에서의 기분부전증 진단은 최소 일 년의 기간이 필요하다. 기분부전증의 증상은 대개 주요우울증에서 일반적으로 나타나는 증상보다 덜 심각하며 한동안 드러나지 않거나 잘못 진단될 수도 있다. 기분부전증 환자와 이중 우울증 환자는 흔히 자신의 증상의 시작을 정의하는 데 어려움이 있으며, 때로 다른 것을 경험했던 기억이 없기 때문에 자신의 증상조차 인식하지 못한다. 이런 환자는 증상의 변화를 진단하고 추적하는 것이 더 어려울 수 있다.

저자들의 임상 경험에 따르면, 기분부전증이 있는 청소년은 치료에 다소 어려움을 겪을 수 있다. 이들은 종종 좀 더 급성 증상의 동기나 기분이 더 나아질 수 있다는 인식도 갖고 있지 않다. 결과적으로 이들의 동기는 치료 '작업'에 필요한 수준보다 훨씬 더 낮다. 따라서 12주 치료 과정만으로는 충분하지 않을 수 있다. 이 환자는 자신의 증상을 인식하고 기분이 더 나아지도록 치료에 대한 동기를 이끌어 내기 위해 특별한 도움이 필요하다. 이 환자들 중 일부는 증상이 그들 성격의 일부로 보이고 종종 그들의 가족과 친구도 그러했다. 치료자는 청소년과 부모 모두 우울 증상에 대해 교육해야 한다. 일단 우울증이 완화되면 특질로 보이지 않는 것이 어떻게 그 하나로 보이는지에 대해 교육해야 한다. 청소년 성격의 지속되는 측면에서 우울증의 영향을 구별하도록 도와주면 치료자는 청소년과 부모가 치료에 효과적으로 참여하도록 할 수 있다. 작은 변화를 일으키는 능력을 강조하는 것은 동기를 향상시킬 수는 있지만, 일부 청소년에게는 더 긴 치료 과정과 부가적인 약물치료가 도움이 된다.

제16장

특별한 임상적 상황

이 장에서는 이전 장에서 구체적으로 논의되지는 않았지만 발생할 수 있는 특별한 임상적 상황을 설명한다. 해당하는 문제는 비핵가족, 부모의 우울증, 자살 시도, 폭력, 등교 거부, 물질 남용, 신체적 및 성적 학대의 경우 아동을 위한 특별 서비스 기관에 통보하기, 학습장애, 성관계 및 동성애다. 이러한 문제는 일부 청소년에게만 적용되지만 모든 문제 영역을 넘나들 수 있다. 약물치료에 대한 지표는 별도로 다른 장에서 논의할 것이다.

비핵가족

이혼율이 높고 한부모 가정의 증가로 인해 청소년이 다른 친척 가정, 위탁보호, 그룹홈 및 한부모 가정을 포함하는 비핵가족(non-nuclear families)에서 생활하는 경우가 종종 있다. 이러한 비상 대안을 마련하는 이유는 사망, 유기, 아동보호 서비스의 개입, 가족 간의 양립 불가능한 차이와 질병 때문이다. 조부모, 이모, 삼촌과 같은 다른 친척과 함께 사는 것이 흔한 대안이다. 잘 아는 친척과 함께 생활하는 것은 청소년에게 익숙한 가정을 제공하는 이점이 있다. 그렇다 해도 청소년은 기존의 가족 구조에 새로운 구성원이 되어 자신의 자리를 마련해야 한다. 위탁보호는 청소년이 자신과 생물학적 관계가 없고 익숙하지 않은 구성원으로 이루어진 가족에게 강제로 보내지는 것이다. 이러한 생활 환경이 얼마나 오래 지속될지, 결과적으로 기존 가족과 애착을 형성할 수 있을지, 가족 내에서 역할을 찾기 위해 어떤 노력을 해야 할지 모르는 청소년에게는 스트레스의 원인이 된다. 그룹홈에서 청소년은 자신의 일차적인 보호자는 없지만 그룹의 일원이 된다. 청소년은 부모의 도움 없이 그룹의 일원이 되는 법과 지역사회의 규칙을 배워야 한다. 이러한 청소년과 치료 작업을 하는 치료자의 과제는 부모가 관여하는 것처럼 친척, 위탁 가정이나 그룹홈의 리더로 관여하는 것이다. 특히 그룹홈에서 치료와 가정 사이의 연락을 담당하는 한 사람과 청소년의 옹호자 또는 지지자 역할을 할 사람을 파악하는 것도 중요하다. 이 사람들도 부모와 마찬가지로 청소년의 일상생활에 중요하며 우울증의 성격, 청소년의 회복을 돕는 방법에 대한 교육을 받아야 한다. 그리고 필요할 경우 청소년의 회복에 중요한 역할을 하는 가정환경의 변화를 촉진하기 위해 치료에 참여해야 한다. 치료자가 현재의 가정이 청소년의 회복에 적합하지 않다고 결정할 경우에는 다른 대안 환경을 마련해야 한다. 치료자가 이를 직접 해결하거나 이전을 촉진시킬 수 있는 다른 정신건강 요원과 함께 협력할 수 있다.

부모의 우울증

저자들의 임상 경험에서 우울한 청소년의 상당수는 부모 중 한 사람 혹은 두 사람 모두 현재나 이전에 우울증을 앓고 있는 가정에서 태어났다는 사실을 발견했다. 이는 임상 및 역학 연구에 의해 잘 뒷받침되는 결과다(Downey & Coyne, 1990; Lieb, Isensee, Hofler, Pfister, & Wittchen, 2002; Monck, Graham, Richman, & Dobbs, 1994a, 1994b). 치료자가 청소년과 함께 치료 작업을 할 때 청소년 부모의 정신의학적 상태는 부모 자신의 보고, 청소년이 제공한 설명, 학교 전문가, 사회 서비스 기관과 과거 치료 제공자와 같이 치료에 관여한 다른 사람의 보고로 드러난다. 부모의 우울증은 청소년 우울증의 대인관계 맥락과 치료 과정에 영향을 미친다. 청소년 부모의 정신건강 상태에 대한 인식과 이해는 청소년의 우울증을 이해하고 가장 효과적인 치료 계획을 세우는 데 매우 중요하다. 부모가 우울한 경우 치료자는 부모를 먼저 도운 후, 청소년을 도와야 한다. 이는 청소년의 치료를 온전하게 보존하고 부모와 그들의 상황을 존중하는 방식으로 이루어져야 한다. 치료자는 청소년의 치료자로서 부모의 역할에 대해 교육하고, 부모의 치료를 의뢰하기 위한 토대를 마련하기 위해 부모와 따로 만나는 것이 가장 바람직하다. 이 계획을 IPT-A 구조적 맥락 내에서 청소년에게 설명하는 것이 중요한데, 우울증이 부모의 대인관계 기능뿐 아니라 청소년의 대인관계 기능에 미치는 영향에 초점을 맞춘다. 부모의 우울증이 완화되면 청소년이 직면하고 있는 스트레스를 줄일 수 있다.

불행히도, 모든 부모가 자신이나 자녀를 위한 개입에 개방적이지는 않다. 때로 이는 부분적으로 부모의 우울증과 그에 따른 무망감 및 가족의 요구에 압도당하는 느낌 때문이다. 청소년의 치료에 대한 부모의 저항은 치료에 대한 정서적 지지가 부족하거나 예정된 회기에 참석하지 않거나 치료자의 전화에 연락을 주지 않거나 청소년의 회기 참여를 노골적으로 반대하는 것으로 나타난다. 부모가 회기에 참석할 수 없는 경우 청소년의 허락을 받아, 치료자는 부모를 직접 만나거나 전화로 개입을 시도해야 한다. 치료자는 부모와 함께 협동하고 심리치료에 대한 그들의 염려가 무엇인지 이해하려고 노력해야 한다. 종종 부모는 표현하는 데 어려움이 있고 죄책감을 느낀다. 이들은 자신의 우울증에 비추어 청소년의 어려움에 대한 책임을 느낀다. 어떤 때는 자신의 어려움을 부정하여 청소년 문제의 심각성을 인정하지 않는다. 공감적이고 비판단적인 접근과 심리교육을 사용하여, 치료자는 부모의 관점을 바꿀 수 있고 치료를 지지하게 할 수도 있다. 청소년에게 어려움을 주는 부모의 역할에만 초점을 두지 않고 청소년을 돕기 위해 부모가 할 수 있는 중요한 역할에 대해서도 듣는 것이 중요하다. 부모가 계속해서 치료자와 협동하지 않고 회기 참석에 저항하는 경우, 치료자는 수정된 치료 계획에 따라 청소년과 협력해야 한다.

우울한 부모는 보통 비효율적인 의사소통과 갈등 협상 기술에서부터 사회적 철수와 무력감에 이르기까지 다양한 범위의 우울한 대인관계 스타일의 모델이 된다. 따라서 이런 부모를 둔 청소년이 새로운 대인관계 기술을 연습하려고 할 때 힘든 싸움에 직면하게 된다. 청소년이 효과적으로 새로운 기술을 사용할 수는 있지만 가족의 반응은 그들 자신의 우울증에 의해 지배받고 있을 수 있으며, 결과적으로 치료 접근이 효과가 없거나 변화가 불가능하다는 메시지를 청소년에게 줄 수 있다. 치료자는 이러한 가능성을 알고 있어야 하고 청소년이 새로운 기술을 사용하려고 시도할 때 성공 경험을 할 수 있도록 도와야 한다. 치료자와 청소년은 회기 내에서 대인관계 전략을 더 많이 연습해야 할 뿐 아니라 청소년이 자신의 삶에서 이러한 기술을 실천할 수 있는 사람을 파악해야 한다. 또 다른 대안은 회기에 가족을 초대하여 치료자가 회기에서 모든 사람에게 기술을 연습시키는 것이다. 부모를 치료에 '코치'와 '협력자'로 참여시키면, 회기 중이나 밖에서 청소년의 새로운 기술 실험을 지지하려는 부모의 의지를 키울 수 있다. 청소년은 이 기술을 가정에서 연습할 때 생길 수 있는 장애물에 대해 잘 알고 있어야 한다. 가능한 모든 가족의 반응과 자신의 반응을 예상할 수 있도록 도우면, 어려움이 발생할 때 좌절감을 덜 느끼게 된다. 가족에게 부모 우울증의 역할을 잘 포착하고 우울증이 미치는 영향을 잘 이해하면 청소년과 치료자는 현실적인 치료 목표를 세우고 자신의 지지를 증진시키고 우울한 기분을 감소시키는 데 가장 큰 영향을 줄 수 있는 관계에 초점을 맞출 수 있다.

자살 시도

청소년이 자살에 성공한 경우는 드물지만 15~24세 백인 남성의 자살률은 세 배가량 증가하였다. 전반적으로 자살 발생률은 십 대의 연령마다 증가하며 23세에 정점을 찍는다. 지난 십 년 동안 중년 및 고령자의 자살률은 감소했지만 젊은 층의 자살은 더 흔해졌다. 청소년 사이에서 항우울제 처방률이 증가하여 최근 청소년의 자살률은 감소하고 있지만(Shaffer & Greenberg, 2002), 자살 시도와 자살 사고는 청소년에게 만연되어 있다(Shaffer, 1988; Shaffer & Greenberg, 2002). 자살 평가는 초기 평가의 중요한 부분인데 치료 전반에 걸쳐 자살 여부를 관찰해야 한다. 청소년에게 죽음에 대한 생각, 죽고 싶은 생각, 자살 계획에 대해 질문해야 한다. 치료자가 할 수 있는 구체적인 질문은 다음과 같다.

> 계속해서 삶의 가치가 없다는 것이 매우 나쁘게 느껴진 적이 있나요? 죽음에 대해 많이 생각하나요? 자신의 죽음에 대해 생각하나요? 죽음이 때로 삶의 안도감을 주는 것처럼 보이나요? 자살할 생각이 있나요?

청소년이 이러한 질문에 긍정적으로 대답하면 치료자는 청소년의 자살 시도 여부와 현재 자살 계획을 고려 중인지 여부를 물어봐야 한다. 치료자는 자살 사고, 계획 및 시도에 대한 구체적인 대답을 얻기 위해 청소년에게 매우 구체적으로 질문해야 한다. 치료자는 과거의 자살 시도와 미래 자살 계획의 의도와 치명성 평가를 해야 한다. 예를 들면 다음과 같이 질문할 수 있다.

혹시 자살을 시도한 적이 있나요? 언제? 무엇을 했나요? 어떤 일이 일어났나요? 진료를 받았나요? 누구에게 이야기를 했나요? 어떤 일이 일어날 거라고 생각했나요?

향후 자살 시도에 관한 질문은 다음과 같다.

자신을 해치는 것에 대해 지금 무슨 생각을 하고 있나요? 그럴 가능성은 얼마나 높나요? 무엇이 그것을 막았나요? 그러기 전에 누군가에게 말할 수 있나요?

치료자는 과거의 자살 시도, 현재의 자살 사고나 계획, 가정과 가족의 안정성에 대한 치료자의 평가를 토대로 청소년이 급성 자살의 위험이 있는지를 결정해야 한다. 치료자의 결정 여부가 불확실할 경우에는 다른 대안을 구해야 한다. 급성 자살 위험이 있는 청소년은 IPT-A에 적합한 후보자가 아니며 사실상 정신과 입원을 해야 한다. 자살 사고가 있는 청소년은 치료자와의 치료 동맹을 형성하고 유지할 수 있는 청소년의 능력에 따라 IPT-A에 적합한 후보자가 될 수도 있고 그렇지 않을 수도 있다. 치료 동맹의 토대는 청소년이 자살 시도를 하지 않을 것으로 치료자를 확신시키지만 자살 충동이 너무 강해지면 치료자에게 즉각 통보하게 한다. 치료자가 돌볼 수 없는 상황이라면 청소년을 즉시 응급실로 가게 해야 한다. 치료자의 과제는 청소년의 자살 여부를 관찰하는 것뿐만 아니라 자살이 부적절하게 활용하는 대처 기제인지를 다루는 것이다. 치료자는 환자의 자살 감정을 분노, 절망감, 좌절감, 무망감과 연결시킬 수 있다. 치료자는 다음과 같이 청소년에게 이야기할 수 있다.

자신의 상황을 바꿀 희망이 없다고 느껴질 때 스스로를 해하려는 생각을 하는 것 같아요. 또한 자신이 대우받는 방식에 대해 매우 화가 난 것처럼 보여요. 분노와 무망감 속에서는 목숨을 끊는 것 외에는 상황을 해결할 다른 대안을 찾아볼 수 없어요. 저에게는 이러한 감정을 다룰 수 있는 다른 방법이 있고 ○○ 님의 문제에 더 좋은 해결책이 있다고 믿어요. 다른 해결책을 찾도록 함께 노력해 봐요.

공격성

청소년이 매우 화가 나서 공격적이고 폭력적인 행동을 하는 것 이외에는 자신의 좌절감을 해소할 다른 방법을 모르는 경우가 있다. 타해 사고에 대한 평가는 자살 행동 평가와 함께 이뤄져야 한다. 치료자는 다음과 같이 질문할 수 있다.

다른 사람을 해칠 생각을 한 적 있나요? 그렇다면 누구인가요? 통제력을 잃고 누군가를 때린 적이 있나요? 자신이 그렇게 할 정도로 삶이 나빠질 수 있다고 느낀 적이 있나요? 어떻게 할 계획이 있나요? 그의 계획은 뭔가요?

자살 평가에서와 같이 치료자가 타해 행동의 의도와 실행 가능성에 대해 구체적으로 질문을 하는 것은 매우 중요하다. 평가를 근거로 치료자는 청소년이 다른 사람을 해칠 위험이 있는지 여부를 판단해야 한다. 타해 가능성이 있는 것으로 여겨질 경우, 치료자는 판결(Tarasoff; Tarasoff v. The Regents of the University of California, 1976)에 따라 환자를 입원시켜야 하며 환자의 위협을 받을 피해자에게 경고할 의무가 있다. 타살 행동의 위험이 심각한 청소년은 IPT-A의 적합한 후보자가 아니다. 타인에 대한 모호한 위협으로 분노와 적대감을 표현하는 청소년은 IPT-A의 적합한 후보자가 될 수 있다. 치료자와 치료 동맹이 형성될 수 있는 경우, 청소년이 공격적인 행동을 통제할 능력이 있는 경우, 치료 중에 청소년이 폭력을 하지 않겠다는 계약을 맺을 수 있는 경우, IPT-A의 적합한 후보자가 될 수 있다. 치료자는 또한 보다 적절한 문제 해결 방법과 분노 해소 방법을 청소년에게 교육해야 한다. 치료자는 다음과 같이 이야기할 수 있다.

> 그러한 위협을 가할 때(예: 아빠를 해치려는 경우), 매우 화가 나서 자신을 대하는 아빠의 행동을 바꾸고 싶었던 것처럼 들려요. 하지만 폭력은 대부분의 갈등, 격분과 분노에 대해 수용 가능한 해결책이 아니에요. [이름]님에 대한 자신의 분노를 해결할 수 있는 다른 방법은 어떤 것이 있나요? 어떤 갈등이 분노를 유발했나요? 갈등을 해결할 수 있는 다른 방법은 무엇인가요? 화가 났을 때 기분을 가라앉게 해 주고 자신의 감정을 보다 이성적으로 이야기할 수 있게 해 주는 것은 무엇인가요? (예: 음악 듣기, 산책하기, 친구에게 전화하기)

등교 거부

피로감, 집중력 저하, 무욕감으로 인해 우울한 청소년은 매일 학교에 등교하지는 못한다. 게다가 청소년이 1~2주 동안 학교를 가지 못하면 너무 뒤처져서 이제 따라잡을 수 없다는 결론을 내리고, 결석한 후에 다시 학교로 돌아가기가 민망해져서 결과적으로 오랜 기간 집에 머물러 있게 된다. 치료자가 초기 평가를 하는 동안 학교 출석에 대해 청소년과 부모에게 질문하는 것이 중요하다. 치료자는 다음과 같이 질문해야 한다.

> 학교에 다니고 있나요? 매일 가나요? 이번 달에 며칠 결석했나요? 정기적으로 지각하나요? 학교에서 수업을 빼먹나요? 얼마나 자주 빼먹나요?

성적은 어떤가요? 우울하기 전에 받은 성적과 비슷한가요, 아니면 더 좋은가요?

부모와 청소년의 허락을 받은 후, 치료자는 청소년의 보고를 확인하기 위해 학교에 연락해야 한다. 치료자의 역할은 청소년이 학교로 다시 가는 것의 중요성을 강조하고 이를 확실히 하기 위해 부모 또는 학교의 도움을 받는 것이다. 치료자는 청소년에게 학교로 다시 가는 것이 꺼려지고 당혹스러운 것은 일반적인 일이라고 설명해야 하고, 이러한 당혹감은 첫날 이후 없어지고 학교에서 생산적이 되면 청소년의 기분이 나아질 것이라고 설명해야 한다. 또한 청소년에게 우울증이 해소되면 집중력이 향상된다는 사실도 알려야 한다. 치료를 하는 동안 치료자는 청소년의 학교 출석과 성적을 지속적으로 점검하고 필요할 경우 학교와 연락해야 한다.

물질 남용

선별 검사와 병력 검사의 일부 사항에는 약물 · 알코올 사용 및 남용에 대한 기록이 수록되어 있어야 한다. 가족이 물질 남용에 대해 모르더라도 다른 가족도 약물 사용에 대한 면담을 받아야 한다. 예를 들어, 치료자는 다음과 같이 질문할 수 있다.

약물이나 알코올을 사용하거나 시도해 본 적 있나요? 마리화나를 사용한 적 있나요? 한 번 이상인가요? 코카인이나 크랙은 어떤가요? 환각제는요? 언제 처음 마리화나를 했나요? 얼마나 자주 마리화나를 사용했나요? 약물이 학교나 가족생활에 지장을 주나요? 마리화나를 끊으려고 한 적 있나요? 어떻게 되었나요? 마리화나 사용으로 평소 일어날 수 없었던 일들이

> 생긴 적 있나요? 예를 들어 이야기해 주세요. 마리화나 문제로 치료받아 본 적 있나요? 어떻게 되었나요? 친구들이 마리화나를 사용하나요? 가족이나 누군가가 약물이나 알코올을 사용하는 사람이 있나요?

필요한 경우 IPT-A를 시작하기 전에 청소년에게 약물치료를 의뢰해야 한다. IPT-A에 참여하기 위해 청소년은 어떤 물질을 남용하거나 사용해서는 안 되며 치료가 약물과 별도로 자신의 기분에 어떻게 영향을 주는지 파악하기 위해 치료를 하는 동안 물질을 사용하지 않겠다는 결심을 해야 한다. 치료자는 다음과 같이 이야기할 수 있다.

> 제가 ○○ 님과 함께 작업하고 우울증을 치료하기 위해 IPT-A를 사용하는 것은 ○○ 님이 치료받는 동안 약물을 하지 않는 것이 중요해요. 약물을 사용하면 치료가 효과적이지 않을 거예요. 때로 청소년은 기분이 좋아지길 원해서 약물을 사용하지만 대개 기분은 더 나빠져요. 만약 계속 약물을 조금씩 사용하면 치료가 도움이 되고 있는지 알아보기 어려울 거예요. 치료를 받는 동안 약물 없이 지낼 수 있나요? 자신이 약물을 거절하면 어떻게 느껴질 것 같나요? 만약 약물을 한다면 ○○ 님을 가장 효과적으로 도울 수 있도록 저에게 말하는 것이 중요해요. IPT-A는 지금 ○○ 님에게 적절한 치료가 아닐 수도 있어요. 약물을 하게 되었을 때 저에게 이야기해 줄 수 있나요?

어떤 청소년의 경우 치료자는 약물 남용 여부를 확인하기 위해 매주 약물 사용 검사를 제안할 수 있다. 환자가 치료자에게 약물 사용에 대해 이야기할 때 겪을 수 있는 어려움과 이런 정보를 치료자에게 공개하지 않은 것에 대한 죄책감이 유발되는 어려움을 줄이는 방법으로 약물 사용 검사를 제안한다. 치료자는 처벌적이지 않은 태도로 이러한 치료 방법을 제시한다. IPT-A를 하는 동안 청소년이 약물을 사용할 경우, 이는 IPT-A가 환자에게 이 문제에 필요한 도움을 제공하지 못하고 있다는 것을 분명히 보여 주는 것이며 다른 대안 치료를 제안해야 한다. 치료자가 약물 남용이 일차적인 문제이고 우울증이 약물 남용의 이차적인 문제라고 생각되면 청소년을 약물치료 센터로 의뢰해야 한다.

IPT-A 치료 체계 내에서 치료자는 청소년에게 약물 사용을 유도하는 또래 압력과 가족 역동을 다루고 가족이 청소년의 단약을 지지하는 지지원으로 치료에 참여하도록 돕는다. 치료자는 다음과 같이 질문할 수 있다.

> 또래 아이들이 약물을 하는 것을 보면 어떤 일이 일어날까요? 자신이 그 친구들과 합류했을 때 기분이 어떠한가요? 합류하지 않았을 때 기분은 어떠할까요? [물질명]은 어떻게 자신을 다르게 느끼도록 하나요? 누군가가 ○○ 님에게 약물을 권할 때 '아니요.'라고 말하기 어렵나요? 무엇 때문에 어렵나요? 약물을 하고 싶은 마음이 생길 때 집에서 어떤 일을 하게 되나요? 그러면 그 문제가 사라지나요? 이 문제를 해결할 수 있는 또 다른 방법은 무엇인가요? 약물 황홀감을 경험하고 싶은 충동을 느끼거나 화가 날 때 ○○ 님과 이야기를 나눌 수 있는 사람 중에 약물을 하지 않고 친하게 느껴지는 사람이 있나요?

보호 서비스 기관

보호 서비스 기관의 목적은 환경이 해로운 청소년의 복지를 보호하려는 것이다. 각 주는 보고서를 수락하고 처리하는 자체 기관과 사례를 보고하는 시기와 방법을 규율하는 자체 법률이 있다. 청소년이 치료를 시작할 때 이미 보호 서비스 기관의 관할에 있거나 치료 과정에서 청소년에게 발생할 수 있는 피해 정보가 제기될 경우 보호 서비스 기관에 신고하는 것이 치료자의 의무다. 보호 서비스 기관에 연락하면 청소년이나 부모와의 치료 동맹은 손상될 수 있다. 치료자는 이런 가능성에 주의를 기울여야 하며, 청소년과 부모와 함께 협동해야 하고, 조치에 대한 이유를 이해하도록 도와주어야 한다. 보고서는 부모와 청소년 모두에게 스트레스를 주는 상황을 완화시키고 도움을 주기 위한 내용으로 작성되어 있다고 전해야 한다. 치료자는 보호 서비스 기관이 가족이 더 잘 기능할 수 있도록 더 많은 사회적 지지를 가족에게 제공하는 수단임을 강조해야 한다.

성적 학대

치료자는 과거 성적 학대나 현재 성적 학대에 대해 신중하게 청소년을 평가해야 한다. 치료자는 다음과 같이 질문해야 한다.

> 누군가와 단둘이 있는 것이 불편하게 한 적이 있나요? 얼마나 자주 그런 일이 있었나요? ○○ 님과 [이름]이/가 단둘이 있을 때 무슨 일이 생기나요? [이름]이/가 불편하게 하는 방식으로 ○○ 님을 만진 적이 있나요? [이름]이/가 무엇을 했나요? 언제 그런 일이 있었나요? 몇 번이나 있었나요? 지금도 계속 그런가요? 언제 그런 일이 중단되었나요? 다른 누군가가 그 일에 대해 알고 있나요?

성적 학대의 과거 이력을 나타내는 빈번한 증상은 우울증, 자살 시도, 성적 문란, 품행장애다. 성적 학대를 평가하려면 민감성과 시간이 필요하다. 청소년이 치료를 위해 처음 방문할 때 성적 학대를 드러내지 않을 수 있지만 환자가 치료자를 신뢰하기 시작하는 치료 과정에서 그것이 드러날 수 있다. 현재 성적 학대가 계속되고 있는 경우, 치료자는 법에 따라 청소년이 가족과 함께 개입할 수 있도록 보호 서비스 기관에 연락해야 하고 가족과 청소년에게 적합한 사회 서비스를 제공해야 한다. IPT-A는 성적 학대의 단기적 · 장기적인 결과를 다루기 위해 개발된 것이 아니기 때문에, 현재 성적 학대가 있는 청소년의 경우 IPT-A 치료가 적합하지 않을 수 있다. 이런 경우 환자는 성적 학대와 관련된 문제를 치료하도록 개발된 치료로 의뢰되어야 한다. 과거에 성적 학대 경험이 있는 경우, 치료자는 가족 관계에 대한 정확한 그림을 그리기 위해 성적 학대가 발생한 대인관계 맥락에 대한 자세한 정보가 필요하다.

학습장애

우울증은 일반적으로 우울증의 급성 단계에서 가장 두드러지게 나타나는 인지 손상과 관련이 있다. 심리사회력은 오랫동안 지속되어 온 학습장애와 우울 삽화로 인한 이차적 손상을 감별하는 데 도움이 된다. 치료자는 다음과 같이 질문해야 한다.

> 언제부터 학교에서 어려움을 겪기 시작했나요? 어렸을 때 성적은 어땠나요? 수업에 집중하거나 숙제할 때의 어려움은 언제부터 시작되었나요? 우울한 기분을 경험한 이래로 학습 곤란이 더 악화된 것 같나요, 아니면 거의 비슷한 것 같나요? 학교 공부를 하는 데 무엇이 어렵나요? 공부에 집중하기 어렵나요, 이해하기 어렵나요? 예를 들어 주세요.

환자가 만성적인 우울 증상이 있거나 인지 손상이 있는 것처럼 보이는 성격일 때 학습장애와 우울증을 감별하는 일은 더욱 어렵다. 심리 혹은 교육 검사는 학습장애를 파악하는 데 유용하다. 학습장애로 진단되면 특수교육 자원이 필요하고, 치료자는 학교 시스템과 연계하여 이를 조정해야 한다. 우울증으로 인한 부수적 인지 손상은 우울 증상이 회복되면 해결된다. 아동과 부모는 아동의 손상 원인에 대해 이야기하고 그에 따라 자신의 기대를 수정해야 한다.

성관계

청소년기는 성적 감성과 행동이 증가하고 종종 친밀한 성행위가 시작되는 시기다. 치료자는 청소년에게 성관계를 가지는지 질문해야 하고, 만약 그렇다면 피임 기구를 사용하고 안전한 성관계를 가지는지 물어봐야 한다. 치료자는 임신과 성병과 같은 성적 문제에 대한 지식을 탐색해야 한다. 예를 들어, 치료자는 다음과 같이 질문할 수 있다.

> 지금 사귀는 사람이 있나요? 파트너와 성관계를 하나요? 피임을 하나요? 어떤 유형의 피임을 하나요? 성병이 어떻게 전염되는지 알고 있나요? 이런 일이 생기지 않도록 피임을 하고 있나요? 피임을 한다면 어떤 유형의 피임을 하나요? 피임을 하지 않는다면 그처럼 안전한 성관계를 하지 못하게 하는 요인은 무엇인가요?

성관계를 가지는 여자 청소년이 이런 지식이 부족하고 피임하지 않은 경우 산부인과나 소아과 전문의에게 의뢰하는 것이 중요하다. 또한 치료자는 남자 혹은 여자 청소년과 피임의 중요성에 대해 논의할 수 있다. 치료자는 성관계에 대한 청소년의 감정, 성적 환상 및 임신에 대한 환상을 탐색해야 한다. 치료자가 청소년에게 성관계에 대한 사실적인 정보를 전달하는 것도 중요하다. 하지만 치료자는 부모, 남자 또는 여자 친구와의 관계에 대한 청소년의 감정과 성적 느낌 및 성행동과 연결해야 하고, 청소년의 외로움과 자기가치와도 연결해야 한다. 이러한 방식으로, 치료자는 부적절하거나 위험한 성관계에 기여하는 대인관계 갈등이나 우울증을 파악하는 데 도움을 줄 수 있다.

동성애

청소년기는 이성의 파트너와 친밀한 관계를 형성하기 시작하는 시기다. 그런데 일부 청소년은 동성 파트너와 친밀한 관계를 맺기 시작한다. 서로 다른 파트너와의 성관계를 탐색하는 일은 흔하다. 자신의 성적 관심이 동성 파트너에게만 있다고 생각하는 청소년은 소외되어 있고 외로움을 느낄 수 있다. 또한 청소년이 자신의 성적 성향을 편안하게 받아들였을 가능성도 있다. 이런 상황에서 치료자는 그러한 결정을 지지해야 한다. 동성 파트너와 이성 파트너 모두에게 매력을 느끼는 청소년은 자신의 성적 성향에 대해 혼란스러워할 수 있다. 치료자의 역할은 비판단적 분위기에서 청소년이 자신의 성적 느낌과 성적 성향에 대한 염려를 탐색하도록 돕는 것이다. 더불어 청소년의 혼란 상태와 우울증 간의 관계를 파악하는 것도 적절할 수 있다.

제17장

위기 관리

우울한 청소년이 치료를 받는 동안에는 위기가 자주 발생한다. 위기는 청소년의 가족이나 사회 문제의 직접적인 결과일 수 있으며 청소년의 치료에 직접적인 위협이 될 수 있다. 청소년을 보호하고 치료를 지속하기 위해 위기를 신속하고 단호하게 처리해야 한다. 위기는 환자의 생활 환경, 대인관계, 가족관계 또는 정서적 안녕의 중대한 변화로 환자의 심리적 건강을 위태롭게 하고 상황에 대처할 수 있는 환자의 능력을 압도한다. 이 장에서는 위기를 관리하기 위한 IPT-A 치료자의 접근 방식을 제시하고 구체적인 위기 상황에 대해 논의한다.

위기 평가

IPT-A 치료자가 당면한 첫 번째 과제는 위기의 성격과 원인을 결정하는 것이다. 이것은 청소년과 관련 당사자가 나눈 대화로 이뤄져야 한다. 처음 접촉은 직접 해야 하지만 전화로도 할 수 있다. 종종 위기의 첫 소식은 전화로 전달된다. IPT-A 치료자는 위기를 둘러싼 사건을 밝히고 청소년의 반응과 위기에 대한 가족의 반응을 평가해야 한다. 먼저 위기가 치료자에 대한 반응인지 또는 치료에서 다뤄지고 있는 문제에 대한 반응인지 결정해야 한다. 치료자는 이러한 위기가 일어날 가능성이 있음을 알리는 조기 경고 신호를 놓쳤는가? 아니면 환자 또는 가족이 치료자가 위기를 예상하고 예방할 수 있는 정보를 숨겼는가? 그렇지 않을 경우, 사건은 예측될 수 없었던 일이고 사건에 대한 반응이 치료자, 환자 및 가족의 통제하에 있지 않은 것일 수도 있다.

치료자가 해야 할 다음 단계는 환자를 가능한 한 빨리 응급 회기로 데려오는 것이다. 자살 또는 타살 사고가 있는 사례에서 약속을 빨리 잡을 수 없는 경우 환자를 가장 가까운 응급실로 보내야 한다. 응급 회기에서 환자를 만날 때, 치료자는 가족 개입의 필요성과 수준을 결정해야 한다. 18세 미만의 청소년을 다룰 때, 치료자는 환자에게 중대한 위기가 있고 위기가 확인되면 부모에게 반드시 알려야 한다. 개입의 수준은 위기의 종류와 가족과 환자 관계의 성격에 따라 다르다. 치료자는 위기 촉진 요인과 그에 수반되는 감정과 관련하여 청소년으로부터 전체 이야기를 이끌어 내는 데 주의를 기울여야 한다. 전체 이야기를 듣고 나서 치료자는 환자가 상처를 입거나 다른 사람에게 상처를 입힐 위험 여부에 따라 입원치료의 필요성을 재평가해야 한다. 또한 치료자는 상황을 평가하거나 개입할 때 청소년을 위한 의료적·법적 자문 또는 보호 서비스를 제공하는 다른 기관이나 관계자를 참여시킬 필요가 있는지 평가해야 한다.

환자가 외래치료를 계속 받을 수 있다고 평가되면 IPT-A 치료 계약을 재검토하고 필요에 따라 수정해야 한다. 수정될 수 있는 계약 항목은 상담 빈도, 가족 참여, 치료자와 환자 간의 전화 통화 빈도, 치료 초점이 되는 확인된 문제 영역이다. 때로 위기는 심각한 문제 영역이 간과되었거나 두 가지 문제 영역 간의 상호작용일 수 있으므로 회기의 초점을 바꿔야 할 수도 있다. 치료자는 또한 위기가 발생한 후 몇 주가 지나고 환자의 상황이 안정될 때까지 더 자주 만나야 할 수도 있다.

개별 위기 관리는 상황에 따라 다르다. 치료자가 내려야 할 가장 중요한 결정은 환자를 입원시킬지 또는 IPT-A를 중단하고 다른 유형의 치료를 시작해야 할지다. 가족을 참여시키기로 결정했다면 문제를 어떻게 이해하고 어떻게 가장 잘 해결할 수 있는지 파악하기 위해 환자와 가족을 따로 만나는 것이 중요하다. 치료자는 가족과 함께 몇 번의 회기를 가짐으로써 급박한 갈등을 촉진시키는 요인을 해결하도록 돕고, 환자가 개인치료를 다시 시작할 수 있도록 돕는다. 보호 서비스 기관에 알릴 경우, 치료자는 해당 기관과 협력하여 환자가 더 이상 피해를 입지 않도록 환자의 상황을 조정해야 한다.

이 장에서는 가출, 임신, 환자나 가족의 질병, 법적 관여, 폭력, 환자의 조기 종결과 같은 특정 문제에 대한 관리 방법을 제공한다. 자살 행동과 타해 행동과 같은 위기 관리가 필요한 문제는 청소년과 관련된 특별한 문제를 다룬 장(제16장)에서 논의된다.

위기 유형

가출

가정에서 상당히 많은 갈등을 경험하고 있는 청소년이 가출하는 것은 드문 일이 아니다. 이러한 상황에서 치료자는 청소년의 의도와 예상되는 결과를 신중하게 평가해야 한다. 예를 들어, 치료자는 다음과 같이 질문할 수 있다.

> 가출할 생각인가요? 어디로 갈 생각인가요? 이전에 가출한 적이 있나

> 요? '예'라고 응답한 경우, 얼마나 오랫동안 그리고 어디로 갔나요? ○○ 님과 가족은 어땠나요? 지금 무슨 이유로 가출하려고 하나요? 가출하면 집에 무슨 일이 생길 거라고 생각하나요? 가출하면 자신에게 어떨 것 같나요? 어떤 것이 달라지길 희망하나요?

치료자는 환자가 실제로 가출할 가능성을 좀 더 잘 평가하기 위해 이전 가출 시도에 대한 기록을 얻어야 한다. 대안 행동을 찾도록 돕기 위해 치료자와 환자는 함께 대안 목록을 만들어야 한다. 이러한 대안은 환자가 스트레스를 받았을 때 전화할 수 있는 사람(예: 친구 또는 친척) 목록 작성하기, 환자가 '머리 식힐' 시간을 가지기 위해 갈 수 있는 친척집이나 친구 파악하기, 정신건강 전문가와 이야기를 나누기 위해 응급실 방문하기, 가출 청소년을 위한 핫라인에 전화 걸기(통화 가능하다고 가정), 산책하기, 감정 쓰기, 또는 청소년이 잠재적으로 파괴적인 방식으로 행동하기보다 대안적인 보살핌을 찾거나 감정을 해소하도록 도움을 주는 많은 제안 중 하나다. 또한 치료자는 치료 관계에 비추어 사건의 발생 가능성을 조사해야 한다. 치료자는 환자가 가출할 경우 어디로 갈 건지 치료자에게 말하도록 요청해야 하고, 가출할 경우 치료자와의 연락을 유지하도록 요청해야 한다. 치료자-환자 동맹이 좋은 경우 치료자는 청소년이 회기 사이에 가출하지 않겠다는 결심을 받아 내야 한다. 그런 결심을 한 다음, 치료자는 대인관계 역할 분화의 문제 영역 내에서 부적절한 의사소통 스타일로 작용하는 욕구를 이해하기 위한 작업을 시작할 수 있다. 가능한 경우 치료자는 가출을 수반하지 않는 문제에 대한 대안적 해결책을 만들어 내도록 환자를 도와야 한다. 치료는 환자가 보다 적응적인 의사소통 기술과 문제 해결 기술을 습득하도록 도와야 한다.

임신

청소년의 임신은 청소년이 원했던 사건일 수 있다. 또한 적절한 피임 도구를 사용하지 않았거나 강간 등과 같은 폭력적인 성행위에 의해 이뤄질 수도 있다. 임신에 대한 가족의 반응과 남자 청소년과의 관계의 질에 의해 상황은 더욱 복잡해질 수 있다. 어떤 유형의 상황이든 가장 먼저 해결해야 할 문제는 환자가 정말로 임신했는지다. 먼저, 임신 여부가 의심될 경우 산부인과 검진과 임신 검사를 의뢰해야 한다. 일단 임신이 확실한 경우 환자의 선택권을 평가할 수 있도록 돕는 것이 치료자의 역할이다. 이는 아기를 낳고 키우는 것, 아기를 낳고 입양시키는 것, 낙태하는 것 혹은 아이의 친부를 참여시키는 것이다. 환자의 감정을 감안하여 치료자는 임신이나 낙태가 청소년의 삶에 어떤 영향을 줄 수 있는지 논의해야 하고, 다양한 행동 조치와 관련된 감정도 탐색하고 논의해야 한다. 치료자는 또한 갓난아기를 돌보는 현실에 대해 청소년과 논의해야 한다. 치료자는 청소년에게 다음과 같이 이야기할 수 있다.

> ○○ 님의 나이에 아기를 갖는다고 하면 어떤 생각이 드세요? 그것의 좋은 점은 무엇인가요? 싫은 점은 무엇인가요? 친구들 사이에서 어떤 기분이 드나요? 친구와의 관계는 어떻게 바뀔 거라고 생각하나요? 가족과의 관계는 어떻게 바뀔 거라고 생각하나요? 아기의 아버지에 대해 어떻게 생각하나요? 그와의 관계에서 무엇을 기대하나요?

치료자는 또한 환자의 부모가 임신에 대해 알고 있는지와 만약 알고 있다면 환자에게 어떤 태도를 보이는지에 대해서도 논의해야 한다. 특히 환자가 임신을 선택하고 가족에게 지원을 받고자 기대할 경우 임신 초기에 부모에게 알리는 것이 보통 유익하다. 치료자는 누가 아이를 돌볼 것인지에 대한 부모와 환자 사이의 논의, 상황과 대안적인 해결책에 대한 각자의 우려에 대한 논의가 이루어지도록 도와야 한다. 환자는 아기가 자신의 삶에 어떤 영향을 미칠지에 대한 교육도 받아야 한다. 궁극적으로 아기를 낳을지 말지는 환자의 선택이다. 치료자의 역할은 환자의 그 선택이 교육을 받은 후의 결정인지 확인하는 것이다.

환자 혹은 가족의 질병

환자가 의학적인 질병이 있을 때, 치료자는 환자가 적절한 의료 서비스를 받고 있는지 확인하는 것이 중요하다. 치료자는 필요할 경우 치료를 조정하기 위해 담당 주치의와 상의해야 한다. 가족의 질병에 대처할 때도 비슷한 전략을 따른다. 치료자는 상황을 완전히 이해하기 위해 주치의와 상의하여 환자가 자신의 질병과 그것의 영향에 대해 더 잘 대처할 수 있게 한다. 치료는 환자의 질병과 감정 대처에 초점을 맞추고 가족과 함께 발생할 수 있는 모든 갈등을 집중적으로 다룬다.

법적 관여

IPT-A에서 법적 개입이 필요한 청소년의 반사회적인 행동은 치료를 위태롭게 한다. 감금은 분명히 치료를 즉각적으로 중단시킨다. 환자가 감금되지 않은 경우, 치료자는 사건을 둘러싼 모든 사실을 평가하기 위해 관련 법 집행 기관과 보호관찰관에게 자주 연락해야 한다. 치료자가 IPT-A를 지속할지 또는 거주치료나 입원치료를 포함한 다른 유형의 치료가 환자의 필요를 더 잘 충족시킬지 결정하기 위해서는 해당 법률의 심각성과 결과를 고려해야 한다. IPT-A가 계속될 수 있다고 판단되면 치료자는 청소년과 함께 반사회적 행동을 다루어야 하고 반사회적 행동이 치료를 더욱 방해하고 심각한 법적 결과를 초래할 수 있음을 환자가 이해하도록 돕는다. 치료자는 청소년에게 다음과 같이 질문할 수 있다.

> 이 일이 일어났을 때 어떤 기분이었나요? 무엇이 그 일을 초래했나요? 그 일이 끝났을 때 어떤 기분을 느꼈나요? 그 행동으로 어떤 결과를 기대했나요? 그 일이 또다시 일어날 수 있다고 생각하나요? 그런 일이 다시 일어난다면 앞으로 어떻게 할 건가요? 이 일이 우리가 치료에서 나누었던 문제와 어떤 관련이 있나요?

처음에 합의된 문제 영역은 이 시점에서 재평가되어야 하며, 새로운 문제는 관련 문제 영역에 포함시킨다. 치료는 감정 관리에 중점을 두는 것 이외에 보다 적응적인 문제 해결 및 의사소통 기술을 습득하는 데 초점을 두어야 한다.

폭력

대인 혹은 대상에 대한 청소년의 폭력적 행위는 법적 개입 없이도 발생할 수 있다. 이 경우에도 IPT-A 치료자는 청소년, 가족 및 다른 관련자(즉, 학교 관계자, 형제자매)와 이야기하여 사건을 철저히 평가해야 한다. 환자가 현재 가정에서 계속 살 수 있는가? 아니면 또 다른 폭력 행위가 발생할 수 있는가? 통제 불능 상태에 빠진 청소년은 입원치료 혹은 주거치료 시설에 두어야 한다. 치료자는 환자가 미래에 폭력을 휘두를 의도가 있는지, 그리고 구체적인 폭력 대상이 있는지를 평가해야 한다. 환자가 구체적인 의도와 대상을 보고하면 치료자는 청소년을 입원시켜야 한다. 청소년, 가족과 치료자는 환자가 폭력적인 충동을 조절할 수 있다고 생각하면 IPT-A를 계속할 수 있지만 반드시 치료 계약을 재협상해야 한다. 폭력 행위가 정의된 문제 영역 중 하나라는 맥락에서 청소년과 치료자는 이해해야 한다. 환자의 우울하고 화난 감정과 폭력 행위를 연결해야 한다. 구체적으로 환자, 치료자 및 가족이 또 다른 폭력 사건을 다루는 방법에 관한 명확한 행동 계획을 설명하고 합의해야 한다. 이 계획은 폭력 행위의 심각성에 따른 IPT-A 치료의 중단, 거주치료 의뢰 또는 두 번째 사건 이후의 입원치료다. 치료의 주요 초점은 비폭력 방식으로 감정을 전달하고 더 나은 문제 해결 기술을 습득하는 것이다.

부모에 의한 조기 종결

환자의 가족이 갑작스럽고 예상치 못하게 치료를 철회하여 치료를 방해할 때가 있다. 이런 경우 치료자는 가능한 한 환자의 가족과 만나 그들의 치료에 대한 염려를 물어보고 이때 종결하는 것이 적절한 결정이라고 생각하는지 논의하는 것이 중요하다. 치료자는 다음과 같이 이야기할 수 있다.

> [아들/딸]이 계속 치료를 받는 것에 대해 어떤 염려가 있는 것 같아 보여요. 이런 염려에 대해 우리가 이야기할 수 있다면 ○○ 님과 [아들/딸]에게 도움이 될 것으로 생각돼요. [아들/딸]을 치료하지 못하게 하는 이유는 무엇인가요? 치료의 어떤 점이 불편한가요? 치료의 어떤 점에 만족하나요? 치료를 종결한 후 [아들/딸]에 대한 계획은 무엇인가요? ○○ 님을 가장 잘 돕기 위해 어떻게 협력할 수 있을까요?

논의와 미팅을 통해 치료자는 종결의 원인이 될 수 있는 치료에 대한 잘못된 인식을 바로잡을 기회를 얻는다. 치료자가 가족의 결정을 바꿀 수는 없지만 환자가 자신이나 타인에게 해를 끼칠 위험이 없다고 생각하고 의료적 방치에 해당하지 않는다고 생각할 경우 가족의 결정에 따라야 한다. 치료자가 보기에 종결이 강요되고 환자에게 위험하다고 여겨지면 보호 서비스 기관에 사례를 보고하여 환자가 치료자 혹은 다른 정신건강 제공자에게 적절한 치료를 제공받을 수 있도록 해야 한다.

요약

단기치료를 받는 청소년에게는 위기가 발생할 수 있다. 치료자의 가장 중요한 결정은 청소년이 IPT-A에 남아 있을 수 있는지 혹은 청소년이 동일한 또는 다른 이용 시설에서 다른 유형의 서비스를 받아야 하는지다. 일단 청소년이 IPT-A에 남아 있도록 결정이 되면, 치료자의 첫 번째 개입 단계는 위기와 관련된 대인관계 문제를 보다 더 잘 해결하기 위해 치료 계약을 재협상하는 것이다. 새로운 치료 계약으로 치료자는 환자의 대인관계와 우울증의 맥락에 대한 새로운 정보를 다루는 방향을 향해 나아갈 수 있다.

제18장

IPT-A와 약물치료

IPT-A와 약물치료를 결합하여 시도한 임상 연구는 없다. 그러나 약물치료는 소아정신과 외래 병원에서 자주 사용된다. 대부분의 임상 연구는 다른 장애가 있는 청소년을 제외하고 전형적인 불안장애와 우울장애가 있는 청소년을 대상으로 한 동질적 표본이다. 병원에서 청소년은 IPT-A와 약물치료의 통합이 필요한 여러 공존 장애를 보일 수 있다. 학교 양호실에서 시행된 IPT-A에 대한 최근 연구에서는 우울한 청소년을 대상으로 한 이질적 표본을 모집하였다. 여기에는 주의력결핍 과잉행동장애(ADHD)와 물질 사용과 같은 기타 공존 장애가 있는 청소년을 포함시켰다(Mufson et al., 2004a). 결과적으로 저자들은 공존 장애의 맥락에서 청소년 우울증 치료에 대한 지식을 얻어가기 시작했다. 이 장에서는 우울증의 치료와 우울증의 공존 장애를 다루기 위해 약물치료와 IPT-A를 통합하는 것에 대해 살펴본다.

IPT-A와 항우울제 활용하기

IPT-A를 하는 동안 항우울제 사용을 금하지 않는다. 사실 치료의 초기 단계에서 증상이 완화되지 않는 중증 우울 청소년에게는 유용한 보조치료다. 청소년 우울증 치료에 선택적 세로토닌 재흡수 억제제(예: 플루옥세틴)의 효과성을 밝힌 좋은 증거가 있으며(Birmaher & Brent, 2002; Emslie et al., 1997, 2002), 이러한 평가는 청소년 우울증 치료를 위한 소아 · 청소년정신의학회의 실천 지침(1998)에 포함되어 있다. 이 장에서는 항우울제 사용 여부를 결정하는 데 사용되는 지침을 검토한다. 현재 우울한 청소년과 그 관리에 사용되는 항우울제 종류와 투약 방법에 대해 자세히 설명한다. 이 부분의 내용은 항우울제의 활용에 익숙하지 않은 청소년 임상가를 위해 작성하였다. 청소년 우울증에서 항우울제 사용에 대한 정보가 더 필요한 독자들은 Martin, Kaufman과 Charney(2000) 및 컬럼비아 의과대학의 청소년 우울증 치료 지침(Shaffer & Finkelson, 2002)을 참조하라.

항우울제 치료 결정

급성 치료 단계, 약물치료 또는 심리치료의 주요 목적은 우울 증상의 관해로 측정되며 시기적절하게 치료적 반응을 달성하는 것이다. 따라서 치료자가 먼저 선택한 심리치료에 바라는 만큼의 치료적 반응을 환자가 보이지 않을 경우 보조치료를 추가해 보는 것이 좋다. 저자들의 경우, 4주 동안 IPT-A를 한 후에도 증상 호전이 거의 없거나 전혀 관해되지 않으면 항우울제를 고려한다.

청소년 우울증의 치료를 위해 삼환계 항우울제(TCAs)를 사용한 초기 임상 연구 결과는 고무적이었다. 그러나 이후에 잘 설계된 무작위 통제 임상 연구에서는 플라세보 집단과 비교하여 TCAs의 효과성을 입증할 수 없었다(Birmaher & Brent, 2002). 새로운 항우울제인 선택적 세로토닌 재흡수 억제제(SSRls)의 개발은 부작용이 적고 과다 복용 시 치사율도 낮기 때문에 TCAs 보다 크게 개선되었다. 이 치료제의 활용 가능성은 우울증을 치료하기 위한 약물치료의 활용을 전반적으로 증가시키는 결과는 낳았고(Olfson, Marcus, Weissman, & Jensen, 2002), 청소년 연령대의 자살률을 감소시키는 한 요인이 되었다(Shaffer, 1988). 여러 무작위 통제 임상 연구에서 얻은 증거는 청소년의 우울증 치료를 위한 플라세보 집단과 비교하여 SSRIs의 효과성을 밝혔다(Emslie et al., 1997, 2002; Keller et al., 2001; Mandoki, Tapia, Tapia, & Sumner, 1997; Simeon, Dinicola, Ferguson, & Copping, 1990). 우울한 청소년 치료에서 파록세틴(paroxetine)의 효과성에 대한 증거는 있지만(Keller et al., 2001), 파록세틴과 청소년 자살률의 증가에 대한 우려가 있다. 결과적으로 영국은 우울한 청소년을 대상으로 플루옥세틴을 제외하고 파록세틴과 기타 SSRIs의 사용을 금지하고 있으며 미국 식품의약국(FDA)은 의료 당국이 이 연관성에 대한 연구를 마무리할 때까지 임상가가 우울한 청소년에게 플루옥세틴 이외의 SSRIs 처방을 자제하도록 제안하며 주의를 촉구하고 있다.

지금까지 성인을 대상으로 한 연구에서와 같이 심리치료와 약물치료를 비교하거나 약물치료, 심리치료와의 복합치료를 비교하여 발표한 연구는 없다. 청소년 우울증 치료의 다원치료 연구(TADS)가 현재 진행 중이며 그 결과는 약물치료의 유무와 관계없이 인지행동치료의 사용에 대한 중요한 정보를 제공할 것이다. 성인을 대상으로 한 연구 결과는 약물치료와 심리치료를 결합한 복합치료의 임상적 사용을 지지한다(American Psychiatric Association, 2000b; Keller et al., 2000). 자살을 시도하거나 정서장애가 심한 환자는 입원치료를 해야 한다. 그러나 SSRIs의 활용 가능성으로 인해 자살 시도의 경우 반드시 입원할 필요는 없다. DSM-IV의 주요우울증 진단 기준을 충족시키는 우울 증상이 있는 청소년은 약물치료나 심리치료의 시도를 고려해야 한다. 저자들의 외래 환자 임상 경험을 바탕으로 주요우울증의 징후와 증상으로 처음 치료를 받으러 온 청소년의 상당수가 몇 주 동안의 비특정적 심리치료를 받는 것으로도 호전되었다. 따라서 항우울제 처방을 시작하기 전에 외래치료를 받을 수 있는 대부분의 청소년을 몇 주 동안 꼼꼼하게 관찰한다.

치료자는 IPT-A를 받는 청소년에게 정기적으로 시행되는 자기보고 척도[예: 벡 우울척도(BDI)]와 임상가 평정 척도[예: 해밀턴 우울평정척도(HRSD)]를 통해 정기적으로 임상적 관찰을 한다. 이 정보는 4주마다 체계적으로 검토되고 정보가 더 필요할 경우 더 자주 검토한다. IPT-A를 받은 후 4~6주가 경과한 후에도 HRSD가 25점 이상(24개 문항 HRSD의 점수 범위는 0~40점)으로 뚜렷한 우울감이 계속 지속되고 있고 청소년의 학업 및 대인관계 영역에서 뚜렷한 손상이 남아 있을 경우, IPT-A에 대한 보조치료로 항우울제를 권한다. 만성적인 우울증(기분부전증이나 만성적 주요우울증)을 겪고 있는 청소년의 최근 치료 경험에 따르면, 약물치료는 치료 초기부터 이런 청소년에게서 두드러지는 무망감과 노곤함을 경감시키도록 돕고 심리치료에 더 적극적으로 참여할 수 있게 한다. 임상가는 약물치료를 고려하는 이유에 대해 청소년과 부모와 함께 상의해야 한다. 청소년이 우울증이나 상당한 무쾌감증과 무기력의 징후를 계속 보이고 있는 경우에는 약물치료가 도움이 될 수 있다고 부모와 청소년에게 설명해야 한다. 주요 임상가가 소아정신과 전문의가 아닌 경우 소아정신과 전문의에게 의뢰한다.

IPT-A와 약물치료 통합하기

약물치료와 IPT-A가 조화를 이루는 것이 중요하다. 현재 소아 및 청소년 정신과 전문의가 약물치료를 담당하고 심리사회적 치료는 의사가 아닌 다른 임상가에게 의뢰하는 것이 일반적이다. 청소년이 의사 이외 다른 전문가에게 IPT-A를 받고 있는 경우, 치료자와 정신과 전문의 간의 의사소통은 최적의 치료 준수와 관리를 위해 꼭 필요한 사항이다. 치료자는 청소년이 감정, 생각, 문제의 해결책에 대해 논의하는 치료를 시행할 것이다. 정신과 전문의는 약물을 처방하고 효능과 부작용을 관찰한다. 약물치료에 대한 모든 문제는 정신과 전문의에게 보고해야 한다. 이와 마찬가지로 정신과 전문의는 청소년에게서 드러난 사회적 · 심리적인 문제를 치료자에게 알려야 한다. 치료자와 정신과 전문의가 서로 정기적으로 의사소통한다는 사실을 청소년에게 알려야 한다. 청소년과 부모는 각 치료자가 치료에서 어떤 역할을 하는지 알아야 한다.

청소년의 치료 참여를 높이고 충만하고 활동적인 삶으로의 복귀를 극대화하기 위해 치료 예약을 잡아야 한다. 진료 임상가 간에 예약을 조정하여 청소년이 동일한 시간에 여러 예약을 잡지 않도록 해야 한다. 특정 주에 여러 번 방문하도록 임상적 결정이 내려진 경우를 제외하고는 같은 날 연속으로 예약을 잡는 것이 가장 좋다. 청소년이 심하게 우울하고 학교에서 최소한의 기능을 할 때는 특정 주에 여러 번 방문하도록 예약을 잡는다.

소아정신과 전문의는 임상가가 청소년과 다음 치료 약속을 잡기 전에 약물치료에 대한 정보를 임상가에게 전달해야 한다. 임상가는 청소년에게 처방한 약물의 용량, 알려진 부작용, 예상되는 개선 일정을 알아야 한다. 교대로 임상가는 청소년의 정신 상태 혹은 청소년의 약물 복용과 관련된 정보를 정신과 전문의에게 알려야 한다. 그러한 정보에는 기분이나 자살 사고의 변화, 약물 부작용, 복용 누락 또는 중단, 스트레스가 많은 생활 사건에 대한 정보가 포함된다. 정신과 전문의와 임상가 간의 의사소통은 매주 보통 전화 통화로 이뤄진다.

약물치료

의약품

청소년 우울증 치료에 사용되는 주요 약물은 선택적 세로토닌 재흡수 억제제(SSRIs), 혼합제, 항불안제 및 신경안정제다. 정신장애는 IPT-A 치료를 하지 않고 항정신병 약물치료가 필요하다. 항불안제로는 부스피론(부스파), 로라제팜(아티반), 클로나제팜(클로나핀)과 알프라졸람(자낙스)이 있는데, 약물치료의 초기에 항우울제와 함께 사용될 수 있다. 해당 증상은 신경과민, 흥분, 불안, 심한 불면증과 공황 발작이다. SSRIs에는 파록세틴(팍실), 플루옥세틴(프로작), 플루복스아민(루복스), 서트랄린(졸로푸트), 시탈로프람(셀렉사) 및 에스시탈로프람(렉사프로)이 있다. 벤라팍신(이펙사)은 세로토닌과 노르에피네프린 재흡수 억제제다. 부프로피온(웰부트린)은 노르아드레날린과 도파민 재흡수 억제제다. 네파조돈(세르존)은 혼합성 세로토닌이다. SSRIs는 이 장에서 검토된다. 독자는 SSRIs, 항불안제 및 신경안정제 사용에 관한 종합적인 논문을 참조하라(Birmaher & Brent, 2002).

항우울제 치료

청소년이 지난 3개월 이내 소아과 전문의로부터 건강 검진을 받았다면 약물치료를 시작하기 전에 소아과 전문의의 의료 허가를 받을 수 있다. 건강 검진을 받지 않은 경우 소아정신과 전문의의 재량에 따라 정신과 전문의에게 보낸 결과와 함께 임상 검사를 할지 혹은 소아과 전문의가 청소년을 평가해야 할지 결정한다.

청소년의 항우울제 치료가 의학적으로 허가되면 정신과 전문의는 청소년과 부모를 만나 예상되는 효과, 가능한 부작용, 치료 방법을 검토할 것이다. 적절한 투약 관리를 받는 부모나 다른 책임 있는 성인에게 처방전을 준다. 청소년은 자신의 약물치료에 대한 책임은 없다. 처방 준수와 일일 투약 감독은 부모의 지시하에 있다. 우울증은 심각한 이환율과 사망률과 관련이 있다. 현재 처방된 약물을 과다 복용하더라도 치명적이지 않지만 이를 막기 위한 예방 조치를 취해야 한다. 따라서 모든 의약품은 가정에서 우울한 청소년과 다른 아이들의 손이 닿지 않도록 잠긴 약상자에 보관한다.

항우울제 치료의 부작용과 합병증

SSRIs와 혼합제는 삼환계 항우울제(TCA)보다 부작용이 적다. 하지만 부작용이 있을 수 있다. 가장 흔한 부작용은 두통, 식욕 감퇴를 포함한 위장 장애, 흥분 및 탈억제를 포함한 중추신경계 효과, 발기 부전이나 절정감 장애를 포함한 성기능 장애다. SSRIs로 활성화될 수 있으며 이에 대한 치료는 상당히 다르기 때문에 경조증 또는 조울 삽화의 시작과 감별되어야 한다. 활성화는 복용량의 감소 또는 약물 중단으로 치료되지만 경조증은 기분안정제를 사용해야 한다. 많은 부작용은 며칠에서 일주일 사이에 가라앉거나 사라질 것이며, 약물 복용량을 줄이거나 중단하면 완전히 없어진다. 세로토닌 증후군은 드물지만 SSRIs 사용과 관련이 있고 고열, 혼란, 빠른 심박수와 근육 강직이 특징이다(Zajecka, Tracy, & Mitchell, 1997). 이는 즉각적인 의료 처치와 적극적인 개입이 필요하다. 적절한 효과를 보기까지 4~6주가 걸릴 수 있지만 치료 초기에 부작용이 생긴다. SSRI의 갑작스런 중단은 중단 증후군을 초래할 수 있다(Zajecka et al., 1997). 증상은 현기증, 불안, 설사, 피로, 두통, 불면증, 과민성, 메스꺼움, 떨림, 시각 곤란이다(Black, Shea, Dursun, & Kutcher, 2000). 이러한 증상은 치료 없이 하루에서 3주 사이에 해결되며 소량의 중단으로도 신속하게 사라진다. 따라서 약물 중단이 결정된 때에는 최소 2주에 걸쳐 천천히 약물을 줄여야 한다. 이는 또한 정신과 전문의와 임상가가 더 긴 치료 과정이 필요한 우울 증상의 재발을 주의 깊게 관찰하게 해 준다.

첫 번째로 선택한 약물이 효과적이지 않을 경우 청소년 우울증의 약물치료는 복잡해질 수 있다. 이런 경우 약물을 바꾸거나 보조 약물을 사용해야 한다. 미국아동·청소년정신의학회(1998)는 항우울제 사용 지침을 발표했으며 정신과 전문의가 치료 길이와 치료 반응에 따라 준수해야 할 결정 기준을 제시하였다. 우울한 청소년의 약물 사용을 조사하는 대부분의 임상 연구는 급성치료에 초점을 맞추고 있다. 따라서 지속 및 유지 약물치료에 대한 권고는 주로 임상 경험에 근거한다. 현재 권장 사항은 모든 환자가 증상이 관해된 이후 적어도 6개월 동안 계속 치료를 받아야 한다는 것이다. 천천히 관해되는 청소년(즉, 3개월 이상) 또는 합병증, 조기 우울증, 재발성 우울증 가족력, 가족 불화 등과 같은 재발성 혹은 지속성 우울증에 걸릴 위험이 있는 청소년은 적어도 일 년 이상 약물치료를 계속하여 증상의 재발을 막아야 한다(American Academy of Child and Adolescent Psychiatry, 1998; Birmaher & Brent, 2002). 일반적으로 항우울제는 청소년에게 심각한 부작용이 없는 한 성인을 대상으로 한 연구 결과에 근거하여 급성 증상을 경감시킬 정도와 동일한 복용량으로 유지한다(American Psychiatric Association, 2000b). 급성치료와 마찬가지로 지속치료의 중단도 금단 효과를 피하기 위해 천천히 진행되어야 한다.

항우울제 치료의 주요 관심사는 과다 복용이다. SSRIs의 치사량에 대한 보고는 없다. 그렇지만 앞에서 언급한 약물 보관 및 투약에 대한 지침을 준수하고, 환자가 자살 시도를 하기 전에 반드시 먼저 도움을 요청할 거라고 치료자가 확신하는 강한 치료 동맹을 유지하고 환자의 자살 가능성을 조심스럽고 지속적으로 평가하여 자살과 관련된 과다 복용 가능성을 최소화해야 한다. 과다 복용은 즉각적인 의료 관리를 요한다. 치료는 응급실에서 이루어진다.

공존 장애의 치료

치료 효과성을 평가하는 임상 연구의 표본은 일반적으로 공존 병리가 거의 없는 동질 집단의 우울한 청소년으로, 주요우울증 진단을 받은 소아 및 청소년의 40~70%는 두 번째 정신장애가 있고, 기타 20%는 우울증을 동반한 세 번째 정신장애가 있다(Birmaher, Ryan, Williamson, Brent, & Kaufman, 1996a). 이러한 공존 장애는 우울증의 진행 과정에 영향을 준다. 그렇다면 임상가는 어떤 장애를 먼저 치료해야 하는가 하는 질문이 생긴다. 대부분의 임상가가 따르는 지침은 현재 어떤 장애가 가장 큰 고통과 장애를 유발하는지 평가하여 치료 목표가 되는 주요 장애를 파악하는 것이다. 하지만 이는 항상 쉽게 구별되지 않는다. 그러나 먼저 시작한 장애를 주요 장애로 보고 치료 목표로 삼는 것이 훨씬 쉽고 좋다. 청소년이 어떤 증상이 먼저 시작되었는지 구분하는 것은 매우 어렵지만 치료가 제시되는 시점에서 어떤 증상이 가장 고통을 주고 있는지 말할 수는 있다. 이와 무관하게 우울증과 함께 발생하는 공존 장애는 치료되어야 한다.

대부분의 청소년 우울증 심리치료의 임상 연구는 불안 이외의 공존 장애가 있는 청소년을 배제했다(Brent et al., 1997; Mufson et al., 1999; Rosselló & Bernal, 1999). Mufson 등(1999)은 청소년이 IPT-A 치료에서 우울증이 회복되면 그들의 공존 불안장애도 일반적으로 완화된다고 밝혔다. 이와 유사하게, 우울증에 효과적이라고 밝혀진 약물이 불안에도 효과적이어서 SSRIs을 사용하면 두 가지 장애를 동시에 치료할 수 있는 것으로 밝혀졌다(Research Units of Pediatric Psychopharmacology Anxiety Group, 2001). IPT-A에 관한 최근 연구는 ADHD, 물질 사용 및 파괴적인 장애와 같은 다른 공존 장애가 있는 청소년을 포함시켰다(Mufson et al., 2004a). 각 장애가 있는 청소년의 수가 너무 적어서 진단 소집단별로 분석하기는 어렵다.

우울증과 공존 장애를 다루는 약물치료 연구가 있다. ADHD가 있는 우울한 청소년은 SSRIs 치료에 덜 반응적인 것으로 나타났다(Birmaher & Brent, 2002). 이는 경험적으로 검증되지는 않았지만 우울증과 ADHD가 공존할 때 일반적으로 ADHD를 먼저 약물로 치료하고 그다음 증상이 여전히 지속될 경우 SSRIs로 우울증을 치료하도록 권한다. 이 접근은, ① ADHD가 있는 청소년이 치료를 받지 않으면 회기에 집중하는 데 어려움을 겪고, ② 치료되지 않은 ADHD로 인해 학업 곤란이 심각하고 학교에서 또래와 선생님과의 갈등을, 집에서는 부모와의 갈등과 무망감을 초래하여 결국 우울증을 악화시킬 수 있다. 적절한 약물치료를 받으면 청소년은 우울 증상과 대인관계 문제를 해결하기 위해 IPT-A를 더 잘 활용할 수 있다.

IPT-A는 물질 남용 장애가 있는 청소년을 위한 치료가 아니다. 마라화나와 알코올 등의 물질을 가끔 사용하는 청소년과는 어떤 치료 작업을 해야 할지 분명하지 않다. 16장에서 언급한 바와 같이 IPT-A를 하는 동안 물질 사용을 자제하고 자신의 우울 증상을 스스로 다스리기 위한 용도로 물질의 역할을 설명하도록 청소년과 치료 계약을 맺는 것이 중요하다. 임상 경험에서 저자들은 특히 자신의 또래 집단이 모두 물질 사용자들로 구성되지 않은 경우에 일반적으로 치료를 하는 동안 물질을 덜 빈번하게 사용한 사람일수록 물질 사용을 중단할 가능성이 있음을 알게 되었다. 치료자가 청소년의 물질 사용과 우울한 감정을 지속적으로 연결시켜, 물질이 실제로 감정을 개선시키는 것이 아니라 어떻게 더욱 악화시키는지 보여 줄 때 가장 성공적이다. 확인된 문제 영역에 대한 자신감을 증진시키기 위해 대인관계 기술을 가르치는 것은 청소년의 물질 사용 필요성을 줄이는 데 기여할 수 있다.

적대적 반항장애와 품행장애와 같은 파괴적 행동장애도 흔한 공존 장애다. 적대적 반항장애 증상은 우울증과 관련된 과민성 및 갈등과 연결되어 있으며 우울증과 동시에 치료 목표가 될 수 있다. 품행장애는 다른 기관의 개입 및 부족한 치료 준수와 관련되어 더욱 복잡하다. 품행장애는 우울증에 선행할 수 있고, 기존 우울증의 합병증일 수도 있으며, 청소년의 기분이 개선되었을 때도 지속될 수 있다(Kovacs, 1996). 향후 IPT-A와 기타 심리사회적 및 약리학적 치료가 다양한 공존 병리에 비추어 우울증 치료의 어려움을 어떻게 다루는지에 대한 더 많은 연구가 필요하다. 이러한 공존 병리가 섭식장애 및 외상후 스트레스 장애와 같은 다른 정신장애와 함께 우울증의 치료 과정에 영향을 미친다는 연구 결과가 있다(Birmaher et al., 1996a, 1996b; Hughes et al., 1999). 따라서 우울증을 성공적으로 치료하기 위해서는 공존 장애를 평가하고 해결해야 한다. 우울증과 공존 장애 치료를 다룬 연구는 부족하므로 임상가에게 적절한 치료 지침을 제공하기 위해 훨씬 더 많은 연구가 필요하다.

결론

약물치료와 IPT-A를 함께 사용하기 위한 치침은 대학병원 기반 장면과 지역사회 장면에서 우울한 청소년을 치료하기 위해 IPT-A를 사용한 저자들의 임상 경험에서 발전하였다. IPT-A를 약물치료와 함께 사용하면 만성적으로 우울한 청소년, 부분적인 치료 반응자 및 공존 병리를 치료할 때 발생하는 어려움을 해결할 수 있다. 심리치료와 약물치료의 결합은 우울한 청소년을 효율적이고 비용 효과적으로 치료하고 재발을 예방하는 데 유익하다. 그러나 이러한 조건을 해결하기 위해서는 더 많은 연구가 필요하다. IPT-A의 효과성과 이러한 치료 문제를 해결하기 위해 약물치료에 관한 연구가 이루어지기를 기대한다.

제19장

IPT-A의 현재와 향후 연구

이 책의 초판이 출판된 지 10년이 지난 지금까지 IPT-A의 효능성과 효과성에 대한 연구가 활발히 진행되었다. 전 세계적으로 IPT-A가 청소년 우울증의 치료 개입으로 점차 알려지고 있으며 IPT-A 훈련에 대한 수요가 증가하고 있다. IPT-A는 여러 임상심리학과 정신과 레지던트 훈련 프로그램에 포함되어 있고 연구 기반이 계속 확대되고 있다. 이 장에서는 지난 10년의 IPT-A 연구 개요와 앞으로 우리가 나아갈 방향에 대해 살펴본다.

효능성 연구

이 책의 제1저자가 IPT-A의 개방 임상 연구와 통제 임상 연구를 모두 처음으로 시행했다. 개방 임상 연구는 IPT-A 사용에 대한 예비적 지원을 제공했다. 개방 임상 연구의 목적은 IPT-A에 대한 경험을 쌓고 치료가 청소년 대상군에게 실행 가능하고 수용 가능한지 결정하는 것이었다. 표본은 우울 증상으로 외래 환자 클리닉에 의뢰되었거나 청소년 우울증 치료를 위한 모집 광고에 응답한 12~18세 청소년 14명으로 구성되었다. 연구 결과, 청소년의 우울 증상과 심리적 · 신체적 스트레스 증상이 유의미하게 감소된 것으로 나타났다. 청소년은 또한 가정과 학교에서의 전반적인 기능이 크게 향상되었다. 마지막으로, DSM-III-R(American Psychiatric Association, 1987)을 기준으로 우울증 진단을 받고 치료를 마친 청소년이 치료를 종결한 후에는 우울증으로 진단받지 않았다(Mufson et al., 1994).

이러한 결과에 대한 전망이 좋더라도 무작위 할당과 비교 집단이 없어 유의미성 판단을 결정하기는 어려웠다. 또한 단 한 명의 유일한 치료자가 적용성을 위한 개발자였기 때문에 치료 효과는 치료 기술보다 특정 치료자의 기술 때문일 수 있다. 이 전제를 검증하기 위해 저자는 다른 치료자를 훈련하고 훈련된 치료자가 제공한 치료 효능성을 평가할 필요가 있었다.

그다음 연구는 클리닉에 의뢰된 우울한 청소년 표본에서 IPT-A와 임상 모니터링 집단을 비교한 무작위 통제 임상 연구였다(Mufson et al., 1999). 청소년은 임상가 평정 척도인 해밀턴 우울평정척도(HAMD)와 자기보고형 척도인 벡 우울척도(BDI)를 사용하여 파악하였다. 또한 두 가지 임상 면담인 학령기 아동용 정동장애 및 조현병 면담 일정(Schedule for Affective Disorders and Schizophrenia for School Aged Children: K-SADS; Chambers et al., 1985), 아동을 위한 진단면담 일정 2.3판(Diagnostic Interview Schedule for Children Version 2.3: DISC 2.3; Shaffer, Fisher, Dulcan, & Davies, 1996a)도 사용하여 파악하였다. 현재 자살 시도를 하거나 정신병적이지 않고 주요우울장애 진단을 받은 청소년과 만성적인 신체 질환, I 형 또는 양극성 II형장애, 품행장애, 물질 남용장애, 섭식장애 또는 강박장애로 진단되지 않은 청소년을 대상으로 하였다. 연구 대상자로 결정된 57명의 청소년 중 48명이 무작위 할당에 동의하였다.

청소년들은 IPT-A 또는 임상 모니터링 집단에 무작위로 할당되었다. 임상 모니터링은 원래 대기자 명단 조건과 가장 유사하게 설계되었고, '윤리적 대기자 명단'으로 간주되었다. 환자가 치료자에게 배정되고 한 달에 한 번 회기를 가졌고, 환자에게 다른 회기가 필요할 경우 전화 통화로 할 수 있었다. 환자에게 1회기 이상 필요한 경우 이 조건을 유지하지 못하는 것으로 간주하고 이 환자는 연구에서 제거하여 더 많은 치료를 받도록 의뢰하였다. 연구 자금을 지원받았지만 임상시험 심사위원회(IRB) 심사는 연구 조건을 많이 수정하도록 요구하였다. 임상 모니터링 조건에 있는 청소년은 한 달에 한 번 30분씩 회기를 가졌고, 매달 두 번째 회기를 선택하는 옵션을 주었다. 또한 청소년은 두 달에 한 번씩 독립적인 평가자를 만났다. 면대면 회기가 없는 한 달의 한 주 동안 치료자는 임상 상태와 안전성을 평가하기 위해 청소년과 전화 연락을 했다. 따라서 임상 모니터링 조건에 있는 청소년은 4주 중 적어도 3주 이상 치료를 받았다. 두 조건 모두 12주 동안 제공되었다.

치료자는 우울증 치료를 위한 국립 협력 연구 훈련 프로그램과 일치하는 IPT−A 훈련을 받았다(Elkin et al., 1989). IPT−A 집단에 속한 청소년은 치료 초기와 종결 단계 동안 매주 45분간 부모와 함께 추가 회기를 가졌고 중기 단계에서는 필요할 때 부모와 추가 회기를 가졌다. 이 연구에 참여한 청소년은 어느 조건이든 0주, 2주, 4주, 6주, 8주, 10주, 12주에 평가를 받았다. 평가 결과에는 진단과 증상 수준[HRSD, BDI, 전반적인 임상적 인상척도(CGI)], 전반적 및 사회적 기능(아동용 전반적 평가척도와 사회적응척도−각각 자기보고용), 부모−자녀 관계(부모유대감척도), 생활 사건 및 사회 문제 해결 기술(개정판 사회문제해결척도)이 포함되었다.

통제된 임상 연구 결과는 임상적 모니터링 집단과 비교하여 IPT−A가 효능성 측면에서 좋았다. 치료 결과는 여러 가지 방식으로 평가되었다. 첫째, 통제 집단(46%)보다 IPT−A 집단(88%)이 치료 성공률이 유의미하게 더 높았다. 특히, 통제 집단의 치료 비성공률을 감안하여 치료 성공 표본(N=32명)과 치료 참여 표본(N=48명)을 대상으로 후속 분석을 하였다. 또한 모든 분석은 기저선 평가 기준을 통제하면서 종결할 당시의 측정치들이었다.

치료 성공 표본과 치료 참여 표본 모두 IPT-A에 참여한 환자의 우울 증상이 유의하게 작았다. 우울증 치료에 관한 국립 협력 연구(Elkin et al., 1989)에서 제시한 회복 기준(standards for recovery)을 사용하여, 통제 집단과 비교한 IPT-A 집단의 환자가 주요우울증에 대한 회복 기준에 유의미하게 더 많이 부합했다. 연구 결과에서 통제 집단과 비교하여 IPT-A 치료 집단이 또래 관계 및 데이트 관계의 영역에서 향상된 기능을 보였고 전반적인 사회 기능이 향상된 것으로 나타났다. 많은 십 대가 가족 문제에 초점을 두고 치료를 받았지만, 이 문제 영역은 IPT-A로 유의미하게 개선되지 않았다. 이는 깊게 뿌리박힌 가족 관계 양상에 변화를 주기 위해서는 더 긴 시간이 필요하거나 더 큰 어려움이 있을 수 있기 때문이다. 가족 관계 개선의 부족은 부모와의 상호작용을 변화시키려는 청소년의 노력에 반응하는 부모의 행동과 의사소통 능력을 바꾸는 데 어려움을 줄 수 있는 부모의 높은 우울증 때문일 수 있다.

마지막으로, IPT-A를 받은 환자가 긍정적인 문제 해결 지향성 및 합리적인 문제 해결을 포함한 사회 문제 해결 기술의 특정 영역에서 통제 집단의 환자에 비해 더 좋은 기술을 지닌 것으로 밝혀졌다. 후자와 관련하여 IPT-A를 받은 환자는 대안 생성과 해결책 실행 및 검증에서 더 나은 성과를 보였다. 서로 다른 비교 집단과 집단 간 차이에 대한 추후 연구가 필요하지만, 이 무작위 통제 연구의 결과는 IPT-A가 청소년 우울증에 효과적인 치료임을 시사한다.

두 번째 연구 집단은 또한 푸에르토리코 문화에 맞춘 성인용 매뉴얼을 수정하여 우울한 푸에르토리코 청소년의 IPT에 대한 효과성 연구를 했다. Rosselió와 Bernal(1999)은 우울한 십 대에게 IPT vs. 인지행동치료(CBT) vs. 대기자 명단 조건에 대한 연구를 수행했다. 이들은 IPT와 CBT가 대기자 명단 조건에 비해 우울 증상이 감소하였다고 밝혔다. 또한 IPT는 대기자 명단 조건보다 자존감이 유의미하게 증가하고 사회적 적응이 더 개선되었다. 이 연구는 청소년 우울증에 대한 대인관계 접근의 효능성에 대한 추가적 지지를 제공하였다.

효과성 연구

저자들은 뉴욕에 있는 학교 기반 건강 클리닉에서 제공하는 치료와 비교하여 IPT-A에 대한 효과성 연구를 하였다. 이 연구는 임상 개입과 개입 연구의 공중보건 모델에 따라 진행되었다(Lebowitz, 2000). 공중보건 모델에 따라 수행된 연구는 실제 훈련 기관에서 이뤄지며 해당 기관과 기관 서비스를 받는 사람들의 모든 현실과 복잡성에 직면한다. 이 연구의 목표는 일반화 가능성과 실용성 부족을 포함하여 보다 전통적인 효과성 연구의 잠재적인 한계를 다루는 것이다. 공중보건 모델을 사용하는 것은 빈곤한 지역사회와 일반 청소년에게 제공되는 치료를 평가하는 데 특히 중요하다. 왜냐하면 이 두 집단 모두 병원이나 연구 클리닉 밖에서 서비스를 제공받을 가능성이 높기 때문이다.

학교 기반의 건강 클리닉이 정신건강 문제를 가진 청소년에게 중요한 치료 환경으로 부상했기 때문에 이 연구를 위해 학교를 선택하였다(Leaf et al., 1996). 학교는 특히 서비스 접근이 어렵고 비용이 많이 드는 현재의 건강 관리 환경에서 청소년에게 서비스를 제공하기 위해 대안적이고 특유한 형태로 활용 가능한 지역사회 기반 장면이다. 이 연구를 통해 IPT-A의 효과성, 일반화 가능성, 실현 가능성 및 비용 효과성에 대한 추가 지지를 얻길 원했다.

이 프로젝트는 지역사회 장면에서 청소년 우울증 치료를 위한 증거 기반 심리치료의 효과성을 실천하고 평가하려는 첫 시도 중 하나였다. 이 연구에서 IPT-A를 제공하도록 훈련받은 치료자는 청소년 우울증 치료나 IPT-A 치료에 전문가가 아닌 사회복지사, 심리학자를 비롯하여 학교 기반 클리닉에 이미 고용된 임상가였다. 연구 결과, 청소년 우울증에 대한 기존의 치료 방식(TAU)과 비교했을 때 IPT-A는 우울 증상을 감소시키고 전반적인 사회 기능을 향상시켜 그 효과성이 입증되었다(Mufson et al., 2004a). 이 연구는 IPT-A

가 학교 기반 건강 클리닉을 위해 실행 가능하고 효과적인 치료 모델임을 시사한다. 전문 임상가가 진행하는 실현 가능한 슈퍼비전의 양으로 클리닉에서 일하는 사회복지사와 심리학자가 배우고 성공적으로 시행할 수 있다. 이러한 연구 결과가 다른 사회 기반 시설 및 인종 집단에 기여하는 다른 학교 기반 건강 클리닉과 지역사회 장면에 일반화되는 정도를 평가하기 위해 향후 연구가 필요하다.

집단치료

집단치료는 보통 청소년에게 효과적인 치료 방법으로 여겨진다. 집단치료는 청소년과 비슷한 어려움을 겪고 있는 또래, 서로를 지지할 수 있는 또래, 그리고 서로에게 새로운 기술을 연습할 수 있는 기회를 제공할 수 있는 사람과의 접촉을 의미한다. 구체적인 목표는, ① 집단 구성원이 자신의 욕구와 유사성을 인식할 수 있게 하고, ② 특정 갈등에 대한 대안책을 마련하고, ③ 보다 효과적인 사회 기술을 습득하고, ④ 타인의 욕구와 감정에 대한 인식을 높이는 것이다(Corey, 1981). 이러한 목표는 대인관계치료의 목표와 일치한다.

우울한 청소년을 위한 집단치료로 CBT의 효과성을 이미 입증한 여러 연구가 있다. 우울한 십 대를 치료한 지 10년이 지난 지금, 저자들은 우울한 십 대가 새로운 의사소통 전략을 연습하고 치료 회기 밖에서 문제 해결 기술을 익히는 과정에서 직면한 도전에 끊임없이 깊은 인상을 받았다. 이 걸림돌을 극복하기 위한 한 가지 방법은 집단 장면 내에서 좀 더 다양한 실습 기회를 제공하는 집단치료를 하는 것이었다. 집단 장면을 통해 환자는 새로운 기술이나 전략을 즉각적으로 시도하고 대인관계 실험에서 다른 사람으로부터 피드백을 얻을 수 있다. 집단원은 서로 다른 의사소통 기술에 대해 역할 놀이를 할 수 있고 자신의 경험에 대한 검증 또는 다르게 반응한 것에 대한 조언을 받을 수 있다.

집단을 IPT−A에 적용하는 또 다른 중요한 요소는 집단에서 청소년을 치료하는 비용 효과성과 학교 기반 건강 클리닉과 지역사회 클리닉 등과 같은 다른 장면에서도 사용할 수 있어서다. 일반적으로 학교 기반 건강 클리닉과 정신건강 클리닉은 환자의 요구에 대한 인력이 부족하다. 그런데 집단치료는 추가 인력 없이도 더 많은 환자의 욕구를 충족시키는 한 방법이다. 따라서 IPT−A 집단치료(IPT−AG)가 우울한 청소년에게 효과적이며 수용 가능한 것으로 밝혀지면 부담이 많은 직원 및 클리닉, 특히 열악한 치료 장면에서 중요한 치료 대안이 될 것이다.

IPT는 원래 Wilfley, MacKenzie, Welch, Ayres와 Weissman(2000)에 의해 집단치료로 적용되었다. 특히 이 적용은 성인 폭식증 환자를 위한 집단치료였다. 집단 IPT−A는 IPT−A 원판 매뉴얼(Mufson et al., 1993)과 성인 집단 대인관계 심리치료 매뉴얼(Wilfley et al., 2000)을 모두 사용한 것이다. 개인치료와 동일한 IPT−AG의 주요 목표와 두 가지 추가 목표는, ① 청소년의 긍정적인 사회적 상호작용 경험을 향상시키고 사회적 고립을 줄이는 것, ② 지지적 집단 장면에서 대인관계 어려움에 대한 긍정적인 해결책을 증가시키는 것이다. 집단 구조는 부모와 청소년이 함께 참여하는 집단 전 개인 회기 두 번과 그 이후 90분 동안 12회기 집단치료로 구성된다. 초기 단계의 작업은 치료자가 청소년 우울 증후군과 중요한 관계에 대한 충분한 정보를 얻을 수 있도록 개인 회기 형식으로 진행된다.

중기 및 종결 작업은 주로 집단 장면에서 이루어진다. 치료는 또한 집단치료가 종결된 후 향후 치료의 필요를 다루기 위해 추가 회기를 두는 것과 유사하게, 집단치료 중간에 청소년과 부모가 함께 하는 한 회기가 추가되어 있다. 개인치료와 마찬가지로, 치료자는 자신에게 더 의존적인 관계를 촉진하기보다 자신감과 독립성의 개발을 강조한다. 집단 연습은 청소년이 보다 효과적으로 의사소통하고 문제 해결 기술을 사용할 수 있도록 도와준다. 또한 청소년은 '가정에서 하는 과제'에 대해 서로 보고하고 서로의 실수와 성공에 대해 배운다. 청소년의 각 문제 영역을 직접 다루는 작업은 적지만 동일한 문제 영역을 다루고 다른 집단 구성원의 어려움을 논의하며 더 많은 학습을 촉진한다(Mufson et al., 2004b).

저자들은 대학병원에 치료받으러 온 우울한 라틴계 및 아프리카계 미국인 청소년과 함께 대학병원에서 치료하기 위해 5개의 IPT-AG 시범 집단을 운영했다. 우울증이 있는 적응장애, 주요우울증, 기분부전증, 기분장애, 달리 분류되지 않은 우울증 진단을 받은 청소년들이 포함되었다. 각 집단에는 최대 8명에서 최소 4명의 청소년이 참여한다. 청소년들의 보고, 초기 임상적 인상과 한정된 자료를 토대로, IPT-AG가 청소년에게 흥미롭고 유익한 것으로 나타났다. 또한 청소년들은 우울 증상이 개선되었다고 보고하였다.

우울증 치료를 위한 IPT-A와 IPT-A 집단치료(IPT-AG)를 비교한 예비 무작위 임상 연구가 실시되었다. 결과가 아직 분석되지는 않았지만 연구 과정에서 치료가 청소년에게 수용 가능하다는 사실이 분명했다. IPT-AG는 그 효과성을 결정하기 위해 더 많은 연구가 필요하지만 과도한 업무 부담이 있는 직원과 진료소에 대한 비용 효과적인 치료 대안이 될 가능성이 있다. 치료가 효과적일 경우 보다 광범위한 임상 연구가 이뤄지길 바란다.

향후 연구

인용된 임상 시도에서 제안한 IPT-A의 전제에 근거하여 IPT-A 연구 프로그램이 확대되고 있다. Jami Young 박사와 Laura Mufson 박사는 우울 증상이 나타나기 시작한 청소년의 예방 개입으로 IPT-A의 잠재력을 조사하기 시작했다. 예방적 집단치료 IPT-A 개입(IPT-AST)이 개발되었으며, 수용 가능성과 효과성에 대한 예비 연구가 곧 진행될 예정이다. 컬럼비아 대학교의 Lisa Miller 박사는 임신한 우울 청소년을 위해 IPT-A 집단 매뉴얼을 채택했고, Dan Pilowsky 박사는 사춘기 전 아이들의 치료를 위한 IPT를 개발하는 과정에 있다.

치료자 훈련

매뉴얼 중심 훈련의 효과성이나 좋은 훈련 프로그램의 필수 구성 요소를 체계적으로 평가한 연구는 어떤 유형의 심리치료에서도 아직 수행되지 않았다(Rounsaville, Chevron, Weissman, Prusoff, & Frank, 1988). 특정 상황에서 특정 유형의 임상가를 훈련시키는 데 필요한 훈련 프로그램 구성 요소의 유형도 대부분 알려져 있지 않다. 그러나 다양한 프로그램이 다양한 장면에서 제공되도록 개발되었다. 치료 매뉴얼은 모든 훈련 모델의 기반을 제공하며 매뉴얼의 특수성과 유연성 수준은 다양한 장면에서 사용된 훈련 모델에 영향을 미친다. 목표는 임상 연구에 참여하는 치료자들 사이에 합의된 순서에 따라 공유된 언어와 특정 절차를 개발하는 것이다(부록 C 참조). 저자들은 IPT-A를 학교 기반 건강 클리닉과 일차 진료 장면과 같은 다양한 장면에서 실행하고 보급하도록 계속 연구하고 이러한 문제를 해결할 수 있는 새로운 훈련 프로그램을 개발하기 위한 연구를 계속할 것이다.

결론

특히 청소년 우울증의 재발 및 지속성에 대한 연구 결과를 고려할 때, IPT-A의 장기적인 영향력을 확립하려면 장기 추적 연구가 필요하다. 임상적 적용의 중요한 영역은 급성 우울 삽화에 대한 치료 후 지속 및 유지 치료로 IPT-A를 사용하는 것이다. 단기치료 모델과 함께 사용될 수 있는 지속 및 유지 관리 치료에 대한 수요가 증가하고 있다. 마지막으로, 청소년 우울증 치료를 위해 약물치료와 결합한 IPT-A의 효과성을 검증하는 것이 중요하다.

지난 10년간 저자들의 연구 프로그램은 클리닉과 지역사회 장면 모두에서 IPT-A의 효과성에 대한 지지를 제공하였다. IPT-A의 적용은 부분 치료 반응, 공존 병리, 재발 예방의 필요성, 효율적이고 비용 효과적인 치료의 필요성과 같은 청소년 우울증에 수반되는 치료 문제를 다루기 위한 것이다. 저자들은 IPT-A의 효과성과 새로운 적용성에 대해 연구하고 연구 장면과 일반적인 임상 실천에서 모두 IPT-A의 효과적인 사용이 촉진되기를 기대한다.

제20장

IPT-A 사례의 종합적인 설명

사례 개관

JT는 18세 소년으로 고등학교 2학년이다. 그는 부모와의 관계가 나빠진 지 5개월 만에 부모와 함께 마지못해 치료를 받으러 왔다. JT의 주 호소는 부모, 특히 아버지와의 다루기 힘든 갈등이었다. JT는 처음에 우울 증상을 부인했지만 슬프고 짜증스러운 기분, 집중 곤란, 초기 불면증, 피로감, 무망감을 경험하고 있다고 결국 인정했다. 그는 자살 충동은 부정했지만 때로 죽었으면 좋겠다고 하였다. 그는 언제가 자신이 사라지고 없으면 부모가 어떻게 반응할지 궁금하다고 했다.

JT가 고등학교 1학년(약 1년 반 전)일 때, 가족이 시내의 다른 지역에 있는 아파트로 이사했기 때문에 지금의 학교로 전학 왔다. 그는 항상 부모, 특히 아버지와 갈등을 겪었는데 전학하면서 갈등이 커졌고 지난 몇 달 동안 더 악화되었다. 그는 약 2년 전부터 일부 증상이 시작되었다고 했지만 지난 몇 개월 동안 증상들이 상당히 악화되는 경험을 하였다. 그는 증상의 악화를 고등학교 졸업 이후의 진학에 대한 논의를 하기 시작하면서 자신의 학업 성적에 대한 부모의 압력이 증가한 것과 연결시켰다. JT는 부모가 친구들과 시간을 보내도록 허락하지 않았기 때문에 부모에게 화가 났다고 했고, 부모가 자신의 친구들에 대해 '끊임없이 잔소리해댄다'고 하였다. JT는 실제로 부모의 제한으로 친구들과 거의 시간을 보내지 못했고 친구들과 더 많이 어울리려고 가끔 학교를 빼먹기 시작했다고 했다. JT는 새로 사귄 몇몇 친구가 이전 학교의 친구들과는 다르긴 했지만 새 친구들이 자신에게 나쁜 영향을 준다는 사실에 대해서는 부정했다. JT의 가족이 갖게 된 긴장의 또 다른 원인은 아파트 관리자인 아버지가 JT가 공부를 하지 않는 주말 내내 그리고 일주일에 몇 번씩 저녁마다 자신을 위해 일을 해야 한다고 우기는 것이었다.

JT는 자신의 우울증이 부모와의 관계, 특히 아버지와 관련이 있다고 믿었다. 그는 어머니와의 관계는 아버지보다 약간 더 좋은 편이었지만 어머니는 아버지의 '꼭두각시' 같았고 자신의 신념과 상관없이 항상 아버지의 의견을 따르는 게 아닌지 의심했다. JT의 치료 목표에 대해 물었을 때 그는 구체적으로 파악하는 데 어려움을 보였지만 결국 부모와 더 나은 관계를 맺을 수 있었으면 좋겠다고 말했다. 그리고 JT가 옳은 일을 할 수 있도록 부모가 자신을 더 믿어 주고 십 대만의 공간을 주는 것이라고 말했다. JT는 부모와 그들의 행동이 절대 변하지 않을 것이라고 단호하게 말했다.

JT의 부모는 JT가 모든 시간을 친구들과 함께 보내고 싶어 한다고 보고했다. JT는 가정 규칙을 따르지 않았는데, 특히 통금 시간을 지키지 않았고 종종 무단결석을 하였다. 지난 학기 동안 JT의 전체 성적은 B+에서 C+로 떨어졌다. JT의 아버지는 "그는 항상 힘든 아이였어요."라고 주장했다. 하지만 JT는 지난 몇 개월 동안 점점 더 많이 힘들어졌다. 부모는 JT가 집에 있을 때 종종 자기 방에서 혼자 시간을 보내고 부모나 어린 두 남동생(13세와 10세)과 함께 시간을 보내는 일은 거의 없었다고 했다. 부모의 치료 목표는 JT가 자신의 책임을 받아들이고 한 '가족처럼 행동하는 것'이었다. JT의 어머니는 자신이 아들의 기분이 나아지길 바라고 '그 자신을 더 좋게 여기길' 바란다고 덧붙였다. 부모와 청소년의 목표가 분명히 일치하지 않는 경우, 치료자는 목표 간의 공통점을 찾아야 한다. 이 경우 치료자는 JT가 부모와 더 나은 관계를 맺기를 원하고 가족의 일원이 되기를 바라는 부모와 더 나은 관계를 맺기를 원하는 JT의 바람을 연결 지을 수 있다. 더 많은 신뢰를 얻길 바라는 JT의 바람은 자기 자신을 더 좋게 여기길 바라는 어머니의 목표와도 관련될 수 있다. 이들의 목표를 통해 가족을 연결시키는 공통점이 치료를 시작할 수 있게 한다.

치료 초기 단계(1~4회기)

IPT-A 모델에 따라 JT의 전반적인 치료 목표는 우울 증상을 줄이고 대인관계 기능을 향상시키는 것이었다. 이 목표를 달성하기 위한 치료 초기 목표는, ① JT의 우울 증상을 좀 더 파악하고 JT와 부모에게 우울증에 대해 교육하기, ② 치료에서 JT와 부모의 역할을 포함하여 IPT-A 치료에 대해 JT와 부모에게 교육하기, ③ JT의 우울증과 그것이 발생하는 대인관계 맥락 연결시키기, ④ 대인관계 목록을 작성하여 현재 우울 증상과 이와 관련된 현재·과거의 대인관계 검토하기, ⑤ JT의 대인관계 문제 영역을 파악하고 치료 계약 맺기다. JT의 경우 치료 초기 단계는 첫 번째와 두 번째 회기 사이에 JT와 부모와의 한 번의 공동 회기를 포함하여 총 5회기 과정으로 이뤄졌다.

우울증 진단과 교육

JT는 치료 전 평가를 하는 동안 우울 증상을 인정하기를 꺼렸다. 치료 초기 단계가 시작되면서 JT는 증상의 정도와 심각성에 대해 더 많이 공개하였다. JT는 앞서 논의한 증상들을 상당히 자주 경험하고 있었고 자신을 괴롭히고 있다고 인정하였다. 그는 무가치감과 의학적 원인이 없는 복통과 두통을 포함한 추가 증상에 대해서도 인정하였다. 또한 주의 집중 곤란이 학업 기능에 영향을 준다고 털어놓았다. JT는 중증도의 주요우울증 진단을 받았다. 치료자는 JT의 정서적 · 신체적 경험이 우울증의 일부로 이해되도록 도왔다.

> JT, 슬프고 화가 난 감정과 더불어 수면 곤란, 피로감, 처지는 느낌과 기분이 절대로 더 나아지지 않을 것 같다는 생각은 모두 우울 증상이에요. 마찬가지로 JT가 부모님과 겪고 있는 갈등과 학교 성적 저하도 우울 증상이에요. 이 갈등이 우울증의 원인으로 영향을 주었을 수 있고 우울증이 악화되게 했을 수도 있어요. 우울증은 JT의 삶에 여러 측면으로 영향을 줄 수 있고, 따라서 가능한 한 빨리 도움을 받는 것이 중요해요. 동시에 우울증은 흔하다는 사실을 아는 것도 중요해요.

JT는 자신의 증상이 우울증의 일부라고 설명되어 안심하는 것 같았다. 치료자는 다른 십 대들도 우울증을 경험한다고 설명하였고 치료로 JT의 기분이 더 좋아지고 더 잘 기능하도록 도움이 될 것 같다는 치료자의 설명에 JT의 마음이 더 편해진 것처럼 보였다. 우울증의 의학적 모델에 대한 설명으로 JT는 제한된 환자 역할을 제안받았다. 치료자는 다음과 같이 설명하였다.

> JT와 부모님은 지난 몇 달 동안 JT가 학교에서 잘 지내지 못했다고 했어요. 사람들이 우울할 때 학교나 직장에서 어려움을 종종 겪을 뿐만 아니라

일반적으로 매우 좋아하는 활동에도 어려움을 겪을 때가 있어요. 사람들은 또한 이전에 관심 있었던 일에 대한 관심도 줄어들 수 있고요. 이것이 우울증이에요. 이런 일이 JT에게도 일어나고 있는 것 같아요. 저는 JT와 부모님에게 JT가 우울증으로 인해 평소처럼 기능하지 못할 수 있다는 사실을 받아들이라고 부탁할 거예요. 이 말은 JT가 열심히 노력하더라도 한동안 성적이 우울해지기 전의 성적과 같지 않을 수도 있다는 의미예요. 그렇다고 해서 학교나 다른 활동을 포기하거나 철회하라는 의미는 아니에요. 사실 JT가 학교생활과 활동을 계속해서 할 수 있는 한 열심히 하는 것이 매우 중요해요. 결국 증상이 호전되면서 자기 자신이 다시 기능을 더 잘하고 있다는 것을 알게 될 거예요.

치료자는 치료 초점과 치료에서 JT의 역할을 포함하여 IPT-A 치료에 대해 설명하였다. 마지막으로, 치료자와 JT는 부모의 치료 참여 가능성에 대해 함께 논의했다. 치료자는 그 주 후반에 JT와 부모를 함께 만났다. 그 회기의 절반은 부모와 함께 하고 나머지 절반은 JT와 부모가 함께 하는 공동 회기로 진행되었다. 부모에게 JT의 우울증과 그것이 그의 기능에 미친 영향에 대한 교육에 초점을 맞췄다. 또한 치료자는 IPT-A 모델과 치료에서 부모의 역할에 대해 설명했다. 치료자는 대부분의 치료는 JT와 단독으로 실시될 예정이고, 특정 의사소통 및 문제 해결 기술에 도움이 될 가능성이 있을 경우 치료 중간에 부모가 참여하도록 요청할 수 있다고 알려 주었다. 비록 부모가 JT와 자신의 치료 참여에 동의했지만 JT의 아버지는 JT의 문제가 정말로 우울증 때문이라고는 믿지 않는다고 말했다. 아버지는 JT의 문제를 게으름과 반항적 행동으로 보았다. 그러나 JT의 아버지는 치료 시간을 열린 마음으로 지켜보기로 동의하였다.

이 회기를 하는 동안, 치료자는 JT의 부모 간의 상호작용 양상을 목격했다. 그의 아버지가 대화를 확실히 주도하였고 어머니가 말할 수 있는 여지는 거의 없었다. 어머니는 온순하고 머뭇거리며 말했다. 어머니는 JT가 우울하다고 믿었으며 도움이 필요하다고 강하게 느꼈다고 말하긴 했지만 남편을 지지하는 언급을 많이 하였다. 어머니도 과거에 우울증에 시달렸으며 우울증이 얼마나 힘든지 잘 안다고 하였다.

대인관계 목록

이후 두 번의 개인 회기의 주요 초점은 대인관계 목록을 작성하는 것이었다. 이 과정은 JT에게 가장 중요한 관계와 그가 파악한 각 사람과의 친밀한 정도를 그림으로 표현하는 친밀의 원을 만들면서 시작하였다. 친밀의 원에 대해 JT는 부모, 두 남동생인 로버트(13세)와 찰리(10세), 사촌 게리, 로리 이모, 세 친구인 브래드, 칼, 이언을 가장 중요한 관계에 속한 사람이라고 하였다. 그림 [그림 20-1]은 JT의 친밀의 원이다.

그림과 같이 JT는 형제인 찰리와 친구인 브래드와 칼이 자신과 가장 친하다고 말했지만 이들에게 자신의 모든 것에 대해 말할 수는 없을 것 같다고 하였다. 그는 친구 이언과 로리 이모가 다음 원에 속한다고 하였고, 이들에게 자신의 개인적인 문제 몇 가지에 대해 이야기할 수 있고 이들과도 꽤 친하다고 말했다. 어머니와 사촌 게리와는 특정 문제에 대해서만 이야기할 수 있는 사람이라고 말했다. 끝으로, 그는 동생 로버트와 아버지를 가장 바깥 원에 두었고 이들과는 전혀 친하지 않다고 말했다.

친밀의 원을 완성하면서, 치료자는 JT와 함께 대인관계 목록을 작성하기 시작하였다. 그들은 각 관계를 체계적으로 검토하면서 관계의 긍정적·부정적인 측면, 관계에서 바라는 변화, 관계의 상호 기대, 관계의 상호작용 양상 및 JT의 우울증이 관계에 미치는 영향에 대해 탐색하였다. JT가 일반적이고 전반적으로 진술하는 경향이 있었기에 처음에는 이 과정이 그에게 어려웠다. 그는 자신의 관계를 전부 좋거나 전부 나쁘게 보는 경향이 있어서 자신의

[그림 20-1] JT의 친밀의 원

관계를 회색 영역에 놓아두고 보는 것을 어려워하였다. 예를 들어, 그의 아버지와의 관계에 대해 이야기할 때 JT와 치료자는 다음과 같이 정보를 교환하였다.

JT: 아버지는 그냥 얼간이예요. 어쨌든 아버지는 절대로 변하지 않을 것 같아요. 그래서 원 안에 넣지 말았어야 했어요.

치료자: 그럼 아버지와의 관계에 대해 좀 더 구체적으로 이야기해 보지요. 아버지와의 관계에서 부정적인 부분은 무엇인가요? [치료자는 부정적인 문제부터 시작하기로 선택하였는데, 그것이 JT의 분명한 논지였고 JT와 이야기하기 다소 쉬울 것 같았기 때문이다.]

JT: 너무 많아 셀 수 없어요. 우리는 정말 관계라는 게 없어요.

치료자: 때로 한동안 상황이 정말 나빴을 때 그 관계에서 구체적으로 무엇이 잘못되었는지 이해하기 어려워 보일 수도 있어요. 하지만 이것이 우리가 여기에서 다루어야 할 중요한 과제예요. 잠시 시간을 갖고 그 관계에서 JT를 괴롭히는 것들에 대해 구체적으로 생각해 봅시다.

JT: 아버지는 절대 다른 사람—저와 어머니—의 말을 듣지 않아요. 아버지는 항상 기분이 안 좋고 피곤해 해요. 항상 저에게 소리를 지르고 제가 제대로 할 수 있는 일이 없다고 생각해요.

치료자: JT가 지금 이 일에 대해 화가 나고 좌절감을 느끼는 군요. JT와 아버지가 다툴 수 있는 구체적인 예를 저에게 이야기해 주세요. 그리고 그 대화가 어떻게 진행되는지도 이야기해 주세요.

JT: 음, 방과 후나 토요일에 친구들과 시간을 보내요. 그러면 아버지는 항상 제가 일을 해야 한다고 생각해요.

치료자: 지난주에 이 일로 말다툼을 했던 때를 생각해 볼 수 있을까요? [치료자는 지난주에 있었던 사건에서 예를 들어 보게 한다. IPT의 '지금-여기'의 초점은 대인관계 목록을 작성하면서 시작된다.]

JT: 네, 이틀 전이에요.

치료자: 무슨 일이 있었는지 구체적으로 이야기해 주세요.

JT: 제가 학교에서 집으로 돌아와서 친구들과 몇 시간 동안 공원에 놀러갈 수 있는지 아버지에게 물어봤어요. 아버지는 저를 노려보기만 하고서 "제때 네가 할 일을 하는 게 더 나을 것 같다. 할 일이 없으면 아파트에 와서 도와줬으면 좋겠는데."라고 했어요.

치료자: 그래서 기분이 어땠나요?

JT: 미칠 것 같았어요. 아버지도 그걸 알았어요.

치료자: 그래서 뭐라고 말했나요? 혹은 어떤 행동을 했나요?

JT: 제 방으로 들어가서 음악을 틀었어요.

치료자: JT의 기분이 어땠는지 아버지에게 이야기해 본 적 있나요?

JT: 그래 봐야 아무 소용없어요. 아버지는 전혀 신경 쓰지 않는 것 같아요. 게다가 제가 어떻게 느끼는지도 알고요. [치료의 이 시점에서 치료자는 JT의 우울증과 관련된 대인관계 문제를 진단하기 위해 구체적인 정보를 수집하려고 한다. 지금은 특정 상호작용 양상에 개입할 때가 아니다. 개입은 정확한 평가를 하기 위해 필요한 정보가 모인 치료 중기 단계에서 한다.]

치료자: 아버지와 함께했던 시간 중에 이렇게 느껴지지 않았을 때가 있었나요?

JT: 아니요. 정말 그런 적 없어요. 글쎄요. 함께 재미있게 지냈던 적도 있지만, 그건 정말 오래전 일이에요. 아버지는 계속 절 바보 취급해요.

치료자: JT와 아버지가 함께 즐겼던 일은 뭔가요? [치료자는 부자 관계에서 즐거웠던 것에 대한 자세한 정보를 얻으려고 한다. 이는 치료자가 JT와 아버지가 함께 한 어떤 활동을 즐겼다는 사실을 상기시키는 치료 중기 단계에 도움이 될 수 있다.]

JT: 우리는 둘 다 야구를 많이 좋아했어요. 아버지가 제 경기에 오곤 했어요. 그리고 우리는 TV로 경기를 보기도 했지요. 하지만 우리가 이사할 당시, 제가 야구를 그만두기로 결정했을 때 모든 것이 변했어요. 아버지가 저의 학업에 대해 많은 것을 알게 되었고요. 아버지는 항상 저의 자유 시간에 자신을 위해 일하길 기대했어요. 제가 주말마다 아버지를 위해 열심히 일하게 했다고요!

치료자는 JT가 상호작용의 예를 제공하여 자세히 조사할 수 있도록 안내해야 한다. 이런 구체적인 정보는 치료자가 이 관계를 특징짓는 상호작용 양상을 파악하고 치료 초점이 될 수 있는 특정 문제를 확인하는 데 도움이 된다. 치료자는 두 번째 및 세 번째 개인 회기를 하는 동안 대인관계 목록을 작성하였다. 수집된 정보 중 일부는 다음에 제시한다.

직계가족 내에서 JT는 수많은 갈등 관계가 있었다. 이 중 가장 많은 갈등은 아버지와의 관계에서 발생했다. 겉으로는 아버지와의 관계가 중요하지 않다고 주장했지만, JT의 증상 정도와 아버지와의 갈등과 증상의 악화 간 관계를 비추어 볼 때 이는 분명히 사실이 아니었다. JT와 아버지는 서로 의사소통하는 데 상당한 어려움을 겪고 있었다. 그의 아버지는 다른 사람의 의견을 경청하는 데 어려움을 겪었고, 독단적이고 폐쇄적 태도를 보였다. JT는 아버지와의 상호작용에서 많은 분노를 경험했지만 이를 직접적으로 전달하는 경우는 거의 없었다. 대신 학교에 무단결석을 하거나 어떤 접촉이든 회피하면서 수동–공격적인 행동을 하였다. 그는 아버지와 적극적으로 의사소통하는 데 상당한 어려움을 겪었다. 아버지와의 갈등은 JT가 새 학교로 전학하는 과정에서 상당히 불거졌다. 그 당시 몇 가지 일이 일어났다. 이전 학교 야구팀에서 JT는 우수한 선수였지만 새 학교에서는 그렇지 않을 거라고 믿었기에, JT는 새 학교 야구팀의 선발 테스트에 나가지 않았다. 아버지는 JT의 이런 결정을 자신의 미래보다 친구들과 어울려 노는 사회생활에 더 관심이 있는 것으로 보고 JT가 포기해 버린 것으로 생각했다. 치료자와 함께 이런 결정과 아버지의 반응에 대해 이야기하면서, JT의 아버지는 프로 야구 선수가 되기를 정말 원했는데, 자신의 어린 동생들을 돕고 일을 하기 위해 학교를 일찍 그만두어야 했다. JT는 또한 이사하는 일로 아버지에게 화가 났다는 사실을 인정했다. 그는 이전 학교에서 안정되고 정착된 기분을 느꼈는데 아버지가 가족에게 갑작스럽게 이사 발표를 했다고 설명하였다. 전하는 바에 따르면 아버지가 최근 관리인이 된 아파트와 더 가까운 곳으로 이사를 왔다. JT는 아버지가 가족 중 누구에게도 이사에 대해 말할 기회를 주지 않았고 야구를 하지 않기로 한 결정도 부분적으로는 이사를 강요한 아버지에 대한 앙갚음이었다고 설명하였다.

치료자가 대인관계 목록을 통해 대화를 진행해 가면서 JT는 자신의 많은 관계에서 효과적인 의사소통에 어려움을 겪고 있다는 사실이 분명해졌다.

이는 어머니와의 상호작용에서도 뚜렷했는데, JT는 상당히 무례하고 좌절감을 드러내며 어머니와 소통을 하였다. JT는 어머니를 동네북으로 보았고, 어머니가 자신을 보호하지 못했기에 '상처받았다'고 했다. JT는 겉으로 보이는 어머니와의 갈등에 대해서는 부정했지만 서로 간의 접촉이 점점 줄었다고 설명했다. 이들은 JT의 삶에서 일어나는 일에 대해 이야기를 나누곤 했고 JT는 항상 어머니가 자신에게 관심을 보이는 것 같아서 좋았다. 그는 우울해지기 시작한 이후로 어머니에게서 멀어졌다. 어머니는 JT에게 말을 걸어 마음을 열려고 시도했지만 JT는 "저를 미치게 해요. 그래서 저는 종종 어머니에게 소리를 지르고 방에서 나가세요."라고 말했다. 어머니가 어떻게 반응하는지에 대해 묻자, JT는 어머니가 그냥 방을 나갈 뿐 자기에게 말은 걸지 않았다고 했다. 그는 어머니가 아마도 상처받았을 거라고 생각한다. JT와 치료자는 JT의 우울증에 덜 중심적으로 보이는 원 안의 다른 대인관계들을 간략하게 검토하였다. JT는 일반적으로 자신의 대인관계를 나타내는 몇 가지 관계를 골라 그 관계에서의 의사소통 또는 상호작용 양상에 대해 설명하였다.

치료자 의사결정: 문제 영역 선택하기

JT의 우울증과 관련된 몇 가지 대인관계 문제가 나타났다. JT는 분명히 아버지와의 관계에서 상당한 불화를 겪었다. 두 사람은 특히 감정에 대한 의사소통을 잘하지 못했고 서로에 대한 기대와 관계도 매우 달랐다. JT는 또한 새로운 학교로 전학하는 것을 시작으로 지금까지 증상들이 한 번도 줄어들지 않고 계속 악화되기만 하였다. JT는 대인관계 결손, 특히 자신의 감정을 효과적이고 확실하게 전달할 수 있는 능력의 결손이 두드러졌다. 치료자는 JT의 우울증과 관련된 주요 문제가 아버지와의 갈등이며 역할 전환 문제도 부수적으로 중요하다고 보았다. 그리고 이러한 문제들이 아버지와의 갈등을 거쳐 JT에게 가장 큰 영향을 주는 것으로 보였다. 따라서 선택된 문제 영역은 대인관계 역할 불화, 특히 아버지의 일방적인 결정과 전학이 JT에게 준 영향과 관련된 불화였다.

치료 계약 설정하기

초기 단계의 마지막 회기를 하는 동안 치료 계약을 맺었다. 여기에는 몇 가지 과제가 포함된다. 치료자는, ① 대인관계 문제와 우울증 간의 관계에 대한 JT의 관점을 검토하고 이 관계를 우울증 사이클로 설명했고, ② 대인관계 문제 영역을 파악하고 대인관계 진단에 관한 JT의 피드백을 받았으며, ③ 치료에서 JT의 역할을 포함하여 치료의 다음 단계의 구성 요소의 구조와 특성을 검토하였다.

치료자는 다음의 대화로 이 과정을 시작했다.

> 지난 몇 주 동안 우리는 JT의 대인관계와 우울증에 대해 상당히 자세하게 이야기했어요. JT는 자신의 대인관계에서 무엇이 원활하고 원활하지 않는지, 그리고 대인관계와 현재 경험하고 있는 우울증 간의 연관성을 이해하도록 저를 도와주었어요. 이 대화를 토대로 경미한 우울 징후는 일 년 반 전—이사하고 전학할 즈음—부터 시작되었던 것 같아요. 그러나 JT의 우울증은 대략 5개월 전 여름이 끝날 때쯤 혹은 올해 초에 악화되었어요. 증상의 증가는 아버지와의 갈등 증가와 우정과 학업 성적에 대한 아버지의 결정으로 인한 영향이 가장 밀접하게 관련되어 있는 것처럼 보였어요. 때로 사람들은 자신의 감정을 전달하지 않거나 다른 사람들에게 자신의 바람을 전달하지 않을 때 우울해져요. JT는 아버지와 새 친구들과 같은 특정 사람들에게 자신의 감정에 대해 이야기하는 것이 어려워 보여요. 두 사람은 이사에 대해서 말하지 않았고 JT에 대한 아버지의 기대가 JT를 어떻게 느끼도록 했는지에 대해서도 이야기하지 못했어요. 이사에 대한 아버지의 분노로 새

학교에서의 적응도 더 복잡해졌어요. 우울해진 결과로 JT는 사람들, 특히 가족으로부터 철수되었고 집과 학교의 상황이 개선될 거라는 희망이 점점 더 없어졌어요. 집중력이 감소하고 피곤해져서 성적에 문제가 생겼어요. 학업이 더 나빠질수록 자신에 대한 느낌도 더 나빠지고 부모님은 점점 더 JT에게 잔소리를 했어요. 자신의 우울증과 대인관계에서 일어나는 일들이 어떻게 상호작용하며 순환하는지 알 수 있나요? JT가 말한 내용을 근거로, 저는 JT가 갈등 순환에서 벗어나는 길을 찾는 데 어려움을 겪고 있다고 생각해요. 여기에 있는 그림은 이러한 일들이 어떻게 어우러지는지 보여 주는 거예요([그림 20-2]).

따라서 제가 보기에 우리는 치료에서 아버지와의 말다툼에 주로 집중해야 할 것 같아요. JT와 아버지가 의사소통을 더 잘 하고 서로를 이해하며 협상을 더 잘 할 수 있으면, JT가 여러 분야에서 기능을 더 잘 발휘하고 기분이 더 나아지는 데 도움이 될 거예요. JT는 이 말에 대해 어떻게 생각하나요? JT도 그렇게 생각하나요, 아니면 다른 생각이 있나요? 이 점에 대해 제가 이해한 것에 대한 질문이나 반대 여부를 저에게 알려 주고 공유하는 것은 정말 중요해요.

JT가 문제 영역의 구조를 이해할 수 있도록 하기 위해 치료자는 JT의 언어로 아이디어를 설명해 달라고 요청했다. JT는 이 문제에 대한 치료자의 개념화에 동의했지만, 아버지와의 관계에서 자신을 도울 수 있는 치료자의 능력에 대해 상당히 비관적인 모습을 드러냈다. 치료자는 JT의 망설임을 인정하였고 자신들이 어떻게 진행해 나갈지에 대해 구체적으로 설명하였다.

청소년이 문제를 해결할 방법이 없다고 느끼는 것은 흔해요. 여기에 정답은 없지만 우리가 어떻게 진행할 수 있을지에 대한 많은 선택지가 있고 우리가 문제를 개선할 수 있다고 믿어요. 발걸음이 작을 수도 있고 시간이 좀 걸

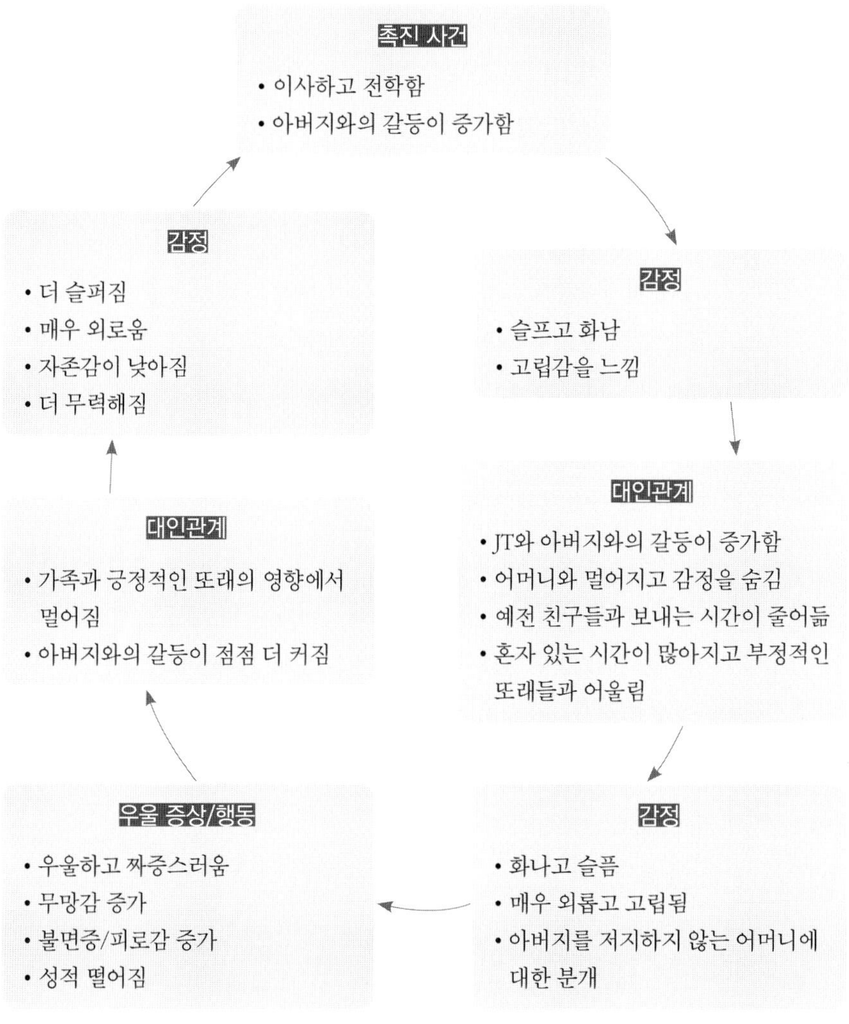

[그림 20-2] JT의 우울증 사이클

릴 수도 있지만 JT가 기회를 잡을 수 있기를 희망해요. 아버지와의 한두 가지 구체적인 문제나 불화에 대해 저와 JT는 함께 작업할 거예요. 그리고 우리는 JT가 아버지와 의사소통을 더 잘 하는 방법에 대해 작업할 거예요. 저는 JT가 부모님과 함께 이 문제들을 해결하도록 돕기 위해 아버지와 어쩌면 어머니와도 만날 수 있어요. JT가 알고 있듯이 이 치료는 12주 동안 하는 데 벌써 시작한 지 한 달이 되었어요. 하지만 이 문제를 해결할 시간은 충분해요. 저는 회기에서 JT가 열심히 했으면 좋겠어요. JT가 할 작업은 아버지와의 상호작용에 대한 구체적인 예를 가지고 와서 회기와 회기 사이에는 밖에서 아버지와 소통하고 협상하는 여러 방법을 연습하는 거예요. 이 과정의 일부로 우리는 또한 JT의 다른 대인관계 문제, 즉 잘 지내고 있는 관계와 어려움을 겪고 있는 관계에 대해서도 다룰 수 있어요. 하지만 우리의 주된 관심은 아버지와의 관계와 우정, 학업에서 발생하는 구체적인 갈등의 근원에 둘 거예요. 이 이야기가 JT에게 괜찮은가요?

JT는 치료 계약에 동의했다. JT는 치료 작업을 해내느라 긴장했지만 문제가 더 나아지길 희망했다. 치료자는 JT의 치료 변수와 기대치에 대해 좀 더 검토했다. 치료자는 제한된 환자 역할에 대해 다시 설명하였고, JT에게 학교에 출석하고 치료하는 동안 마리화나나 다른 어떤 물질도 사용하지 않을 것을 요청했다. 물질에 영향을 받지 않고 JT의 증상을 살펴보는 것이 중요했다. JT는 아버지와 말다툼을 한 후에 마리화나를 종종 피웠기 때문에 JT가 마리화나를 사용하는 이유 중 일부는 자기 스스로 우울증을 치료하는 한 방법이었을 것이다.

치료 중기 단계(5~8회기)

치료 중기 단계의 주요 초점은 아버지와 JT의 역할 불화였다. 중기 단계는 5~8의 개인 회기와 JT와 부모와의 한 번의 공동 회기로 구성되었고, 치료 작업은 종결 단계까지 지속되었다. JT와 아버지 간의 불화에 대한 예비 평가에서는 이들이 재협상 단계에 있는 것으로 나타났는데, 이들은 서로의 의견 차이를 해결하려고 시도하다가 매번 말다툼으로 끝났다. 따라서 목표는 우선 기대를 명확히 한 다음 의사소통과 기대를 수정하여 불화를 정의하고 해결하는 것이었다(제11장 참조). 중기 단계의 초반 회기는 불화의 단계와 목표를 더 명료화하는 데 할애하였다. 치료자는 JT와 아버지가 불화를 완전히 해결하기 위해 필요한 변화를 할 수 있을지 확신할 수는 없었지만 갈등의 빈도를 줄이기 위해 작은 단계들을 밟아 가면 좋을 것 같았다. 치료에서 사용된 일반적인 전략은, ① 불화 탐색하기, ② 불화의 양상 파악하기, ③ 불화 해결을 결정하기 위해 의사결정 분석하기, ④ 필요한 부분의 기대 수정하기, ⑤ 의사소통과 기술 향상하기다.

JT와 아버지 사이의 역할 불화에 대한 논의는 대인관계 목록을 작성하면서 시작하였다. 그러나 중기 단계에서 더 많은 세부 내용이 수집되었다. 치료자가 직면한 첫 번째 과제 중 하나는 JT와 아버지 간의 한두 가지 구체적인 갈등으로 회기의 초점을 좁히는 것이었다. 이는 청소년이 타인, 특히 가족과 갈등이 심한 관계에 있을 때 자주 생기는 문제다. JT는 아버지와의 관계에 대해 전반적으로 부정적인 언급을 많이 하는 경향이 있었다. 치료자는 이러한 경향에 주목해야 했고, JT가 자신의 관계에서 모든 것이 잘못되었다고 느끼고 있어 특정 문제에만 초점을 두는 것이 사소하게 느껴질 수도 있지만 변화를 가져오는 가장 좋은 방법이라고 JT에게 상기시켰다. 특정 영역에서 약간의 이득을 보면 다른 문제를 제자리로 돌려놓거나 다루기가 더 쉬워진다.

치료자 의사결정: 다루어야 할 구체적인 문제 선택하기

치료자: 저는 JT가 아버지와의 관계에 대해 매우 부정적인 감정을 가지고 있다는 사실을 알고 있고 JT는 이 관계에서 많은 것이 잘못되었다고 말하고 있지만 우리는 대화의 시작점을 선택해야 해요. 우리가 논의를 시작하려면 한 가지 주요 문제에 초점을 맞추는 것이 가장 좋아요. 저는 가장 어려운 문제가 아닌 작은 문제부터 시작하고 싶어요. 우리가

먼저 다루어야 한다고 생각하는 구체적인 갈등이나 문제가 있나요?

JT: 저는 아버지가 저를 더 신뢰하고 십 대가 될 수 있는 기회를 주고 학교와 공부에 대해 그만 좀 괴롭혔으면 좋겠어요.

치료자: 저는 그걸 다 이해하지만, JT는 방금 여러 가지 다양한 문제를 너무 많이 나열했어요. 저는 그 문제들이 전부 매우 중요하다는 것을 알지만 우리가 먼저 대화를 시작해 볼 만한 한 가지 문제를 생각해 보면 어떨까요?

JT: 저는 아버지가 저를 믿어 주기를 바라요. 제가 항상 말썽만 피우는 건 아니에요.

치료자: 좋아요. 우리가 문제를 좁히기 시작했지만 신뢰라는 주제도 여전히 큰 문제예요. 아버지가 JT를 믿지 않는다고 느끼게 한 일에 대해 말해 줄 수 있나요?

JT: 아버지는 친구들과 함께 놀러 나가지 못하게 해요. 글쎄, 낮에도 거의 나기지 못하고 밤에는 절대 나가지 못해요. 제가 놀러 나가면 저녁 10시까지 집으로 와야 해요. 심지어 주말에도요. 늦는 일은 한 달에 한 번도 안 되거든요.

치료자: 친구들과 더 많은 시간을 보내고 싶군요, 맞나요?

JT: 네, 기본적으로 그래요.

치료자: 좋아요. 이 문제에 대해 작업하도록 해요. 이 갈등에 대한 JT의 관점과 아버지의 관점에 대해 설명해 주실래요?

JT: 저는 친구들과 함께 시간을 보내며 쉬고 싶어요. 하지만 아버지는 제가 그저 일하길 원해요. 아버지는 제가 친구들과 함께 있으면 문제가 생기거나 게을러진다고 생각해요. 아버지는 자신이 십 대였던 적이 없었던 것 같아요.

여기에서 치료자의 과제는 치료가 생산적인 방향으로 진행되도록 치료와 개입의 초점을 특정 문제로 좁히는 것이었다. 선택할 수 있는 문제들은 많았다. 선택된 문제는 갈등이나 문제가 가능한 한 구체적으로 정의되고 성공적으로 해결될 잠재력이 있는 것보다 상황이 개선될 수 있다는 희망을 청소년에게 주는 것이 더 중요하다.

따라서 초기 단계의 치료 초점을 갑자기 이사하게 한 아버지에 대한 JT의 분노, 친구들과 더 많은 시간을 보내고 싶은 욕구와 그에 대한 아버지의 저항에 두었다. 중기 단계에서 처음 두 회기의 초점은 양측의 불화를 촉발시킨 이사와 친구들에 대한 감정과 아버지와 JT 간의 구체적인 의사소통 양상을 이해하는 데 두었다. 이 특별한 갈등의 주제는 치료자에게 또 다른 도전 과제였다. 전학한 이후 친구들과 함께 시간을 보내는 것에 대한 아버지의 저항이 두드러지게 커졌다. 그것은 아마도 야구를 그만두고 성적이 떨어진 것 때문이고, 십 대 행동에 대한 기대가 다르기 때문이고, JT가 선택한 친구들 때문일 것이다. 아버지의 저항은 JT의 새 친구들과 성적 부진으로 인한 정당한 염려, JT가 야구를 포기한 것에 대한 실망에 부분적으로 기인하는 것 같았다. 치료자는 또한 JT의 우정과 일부 활동에 대해 JT가 내린 결정과 선택이 염려되었고, 그래서 불화 탐색의 일부로 다루어야 했다.

치료자: 친구들과 시간을 보내는 것에 대한 아버지의 반대에 대해 JT가 어떻게 느끼는지를 분명히 이해하는 것이 중요해요. 새 학교로 전학하기 전부터 아버지가 반대했나요?

JT: 그렇게 반대하지 않았어요. 아버지는 항상 저에게 정말 열심히 하라고 엄하게 대하긴 했지만 제가 야구하는 친구들이나 사촌과 함께 시간을 보내는 것에 대해서는 크게 문제 삼지 않았어요. 저 또한 그때만큼은 나가고 싶지도 않았고요. 그 점이 달라요.

치료자: 음, JT도 이제 좀 더 나이가 들었으니 당연히 더 많은 자유를 찾고 있네요. JT는 이전에 아버지가 JT를 게으르다고 생각하고 JT가 긴장을

풀고 즐거운 시간을 보내는 걸 원치 않아서 외출하지 못하게 한다고 이야기했어요.

JT: 네. 음, 그런 면도 있어요. 제 말은 아버지가 일을 열심히 하라고 항상 그렇게 말을 했다는 의미예요. 특히 제가 장남이라서요.

치료자: 아버지가 그래야 했던 것처럼요?

JT: 네. 제 생각에 그런 면도 있어요. 아버지는 제가 아버지보다 더 잘되기를 바라는 것 같기도 하지만 아버지가 하는 만큼 저도 열심히 일하길 원해요. 때로 저는 아버지가 항상 일을 열심히 해야 했고 전혀 즐겁지 않았다는 말도 믿기지 않아요. 어쩌면 사실일지도 모르지만…….

치료자: 정말 이것이 이유라고 믿고 있나요? 아버지는 새 친구들과 시간을 많이 보내는 것과 야구에 그렇게 많은 시간을 보내는 것에 대해 무엇이 다르게 느껴지도록 했을까요?

JT: 모르겠어요.

치료자: 그건 알기 어렵군요. JT가 십 대가 되고 싶어 하는 것은 괜찮아요. 저는 JT가 전학한 이후 친구들과 어울리는 것에 대해 아버지가 보인 태도 변화가 궁금해요. 이런 변화의 원인은 무엇이라고 생각하나요?

JT: 아버지는 저의 새 친구들을 싫어해요. 아버지는 그 친구들이 모두 나쁘다고 생각하고 그 친구들에게 기회조차 주지 않았어요. 게다가 이사하는 것도 아버지의 결정이었고요. 이사하고 그 친구들을 만난 건 제 잘못이 아니에요.

치료자: JT가 이사로 인해 아버지에게 화가 났다고 들었어요. 저는 그 일로 돌아가 보고 싶어요. 하지만 우선 저는 아버지가 JT의 새 친구들과 안전에 대해 좀 염려하는 것 같은데, JT는 어떻게 생각하는지 궁금해요.

JT: 아마도 제가 제 미래를 던져 버린 것에 대해 좀 더 걱정했을 거예요. 하지만 아버지는 제가 중요한 순간에 제 일을 하지 않은 건 아니라는 걸 알아야 해요. 제 스스로 결정 내리지 못하는 것도 아니에요.

치료자: 음, 질문 하나 할게요. 지금 친구들 혹은 그중 일부가 나쁜 영향을 주었거나 어떤 활동은 자신의 안전이나 미래를 위험에 빠뜨린다고 생각하나요?

JT: 다시 말하지만, 제가 스스로 결정 내리지 못하는 게 아니에요.

치료자: 네, 하지만 제게는 JT가 사람들로부터 어떻게 멀어지고 무엇이 옳은지 때로 알기 어려운 것처럼 보여요.

JT: 네, 가끔요. 아버지의 염려 중 일부는 일리가 있어 보이지만……, 몇몇 친구는 정말 좋은 녀석들이에요.

JT는 처음에는 현재의 우정에 대해 방어적이었지만 결국 이러한 관계에 대한 자신의 양가감정을 인정하고 아버지의 시각으로 관계를 보았다. 이것은 앞으로 JT가 아버지와의 협상을 준비하는 데 매우 중요했다.

JT와 아버지 간의 의사소통 양상을 파악하기 위해 JT에게 회기 직전에 발생한 역할 불화와 관련된 상호작용의 구체적인 예를 제시해 줄 것을 요구하였다. 의사소통 분석을 사용하여 아버지가 말했던 것과 행동했던 것뿐만 아니라 상호작용에서 발생한 감정과 그런 상호작용이 JT의 우울 증상과 어떻게 관련되어 있는지를 포함하여, 치료자는 JT가 아버지와의 상호작용에 대해 매우 구체적으로 설명할 수 있도록 격려했다. 이 기술이 JT에게 어떻게 사용되었는지의 예는 다음과 같다.

치료자: 좋아요. 우리가 회기를 시작하면서 JT의 증상들을 재검토했을 때 증상이 다소 나아졌다고 했어요. 토요일 밤에 친구들과 외출하는 일로 아버지와 말다툼을 벌였던 이틀 전까지요. JT의 기분이 더 밝아졌고, 더 희망적이었고, 집중력도 더 좋아졌어요. JT가 말했던 것 그리고 JT와 아버지가 어떻게 느끼고 있었는지를 포함해서, 아버지와의 대화 내용을 떠올려 볼 수 있나요?

JT: 그럴 수 있을 것 같아요. 전부는 아니더라도요.

치료자: 가능한 한 자세하게 기억해 봐요. 제가 JT를 도울게요. 상호작용은 어떻게 시작되었나요?

JT: 저는 학교에서 집으로 돌아와서 토요일 밤에 매디슨 스퀘어 가든에서 열리는 레슬마니아를 얼마나 많은 남자애들이 보러 갈지에 대해 어머니와 이야기하고 있었어요. 저도 정말 가고 싶었어요. 그때 아버지가 불쑥 대화에 껴들더니 우리가 무슨 이야기를 하고 있는지 물었어요. 그래서 저는 아버지에게 아버지가 무슨 말을 하려고 하는지 모르겠다고 말했어요.

치료자: 그리고 JT는 아버지에게 정확히 어떻게 말했나요?

JT: 저는 몇몇 친구가 레슬마니아에 간다고 말했어요. 친구들이 저도 오라고 했고 저도 가고 싶다고 말했어요.

치료자: 그리고 아버지는 어떻게 반응했나요?

JT: 아버지는 "너는 못 갈 거야. 네가 시내에서 그 불량배와 무슨 문제가 생기는 걸 원치 않아. 넌 레슬링도 보지 못해. 게다가 이번 주말에 우리는 아파트 지하실에서 많은 일을 해야 해. 그리고 2주 후에 넌 대학진학적성시험(SAT)도 보잖아."라고 말했어요.

치료자: 그때 기분이 어떠셨나요?

JT: 열받았어요. 제 말은 아버지가 항상 판단을 내린다는 거예요. 레슬링을 보러 가는 녀석들은 문제를 일으키는 아이들이 아니에요. 제가 레슬링을 좋아하지 않는다는 걸 아버지가 어떻게 알겠어요? 우리가 더 이상 이야기를 하지 않는데 말이죠. 마치 제가 아버지의 노예인 것 같아요.

치료자: 또 어떤 느낌이 들었나요?

JT: 물론 저를 절대 믿지 않는 아버지에게 화가 났어요.

치료자: 좌절하고 상처받았군요. 아버지는 어떻게 느꼈을 거라 생각하나요?

JT: 아버지가 어떻게 느꼈을지는 모르겠어요. 화가 많이 난 것 같았어요.

치료자: 아버지가 JT에 대해 염려했을까요?

JT: 모르겠어요. 아마도요. 근데 누가 걱정하래요?

치료자: 음, JT가 신경 쓰지 않았는데, 그 일이 JT의 기분을 망쳐 놨군요. 말다툼을 하기 전에는 JT의 기분이 좀 나아졌었네요. JT는 아버지에게 무슨 말을 했나요?

JT: 저는 아버지에게 멍청이라고 말했어요. 그리고 바로 주방에서 나와 제 방으로 갔어요. 저는 그다음 날까지 아버지하고 말하지 않았어요.

치료자: 그러면, JT는 아버지에게 자신의 기분이 어떤지 말하지 않았나요?

JT: 아버지는 알고 있었어요.

치료자: 저는 아마 아버지도 JT가 화가 났다는 것을 알고 있었다는 걸 인정해요. 그건 분명해요. 때로 우리는 사람들이 우리의 행동으로 인해 우리의 감정을 진정으로 이해한다고 생각하지만 사실은 그렇지 않다고 생각해요. JT는 아버지가 JT를 신뢰하지 않는다는 느낌처럼, 저에게 말해 줄 수 있었던 모든 것을 아버지에게는 이야기한 적이 없어요. 아버지가 JT에게 한 말이 어떤 기분이 들게 하는지 아버지에게 전달하지 않으면 아버지가 알 수 있는 방법은 없어요. JT는 아버지에게 어떤 말을 할 수 있을까요?

JT: 모르겠어요.

치료자: 다른 대화를 하고 있다고 상상해 보세요.

JT: 저는 아버지가 그냥 안 된다고 말했을 때 화가 났다고 아버지에게 이야기할 수 있었어요. 그리고 아버지가 어떻게 저를 믿어 줄 수 있을지, 친구들이 무얼 하는지 아버지는 모르고 있다는 이야기를 할 수 있을 것 같아요.

치료자: 그것이 출발점처럼 들리네요. 아버지의 관점에 대해 잠시 생각해 봐요. JT가 아버지의 관점을 받아들일 필요는 없지만 의사소통과 협상

을 위해 보다 효과적인 방법을 찾을 수 있도록 아버지의 관점을 파악하기만 하면 돼요. JT가 처음 한 추측 이외에 아버지가 그런 식으로 반응했을 때 아버지의 마음은 어떠했을까요? 혹은 어떤 감정이었을까요?

JT: 음, 저는 아버지가 아파트 때문에 스트레스를 받고 있다는 것을 알고 있어요. 이것이 아버지 마음의 한 켠에 있어요. 아버지는 아마도 제가 도울 수 있다고 아버지에게 했던 말을 잊었다고 생각했을 거예요. 주말 동안 제가 다른 시간에 아버지를 도울 수 있거든요.

치료자: 좋은 지적이네요. 그러나 아버지는 JT가 다른 시간에 아버지를 도울 것인지 또는 공부하고 있을지 어떻게 알 수 있을까요?

JT: 저는 공부를 열심히 했어요. 아버지는 제가 얼마나 많은 공부를 했는지 모를 정도로 정말 열심히 했어요. 또한 여기에 오고 나서 성적도 올랐어요. 그리고 아버지도 그 사실을 알고 있어요. 하지만 아버지는 사태가 심각해지면, 거기에 초점을 두지 않아요.

치료자: 저는 다시 그 일로 돌아가고 싶어요. 그리고 그 일이 JT를 어떻게 느끼게 했는지에 돌아가고 싶어요. 하지만 저는 아버지가 그렇게 반응하도록 이끌었을 수도 있었던 일로 마무리하고 싶어요. 우리는 또한 JT와 어울리는 친구들에 대한 아버지의 걱정이 어떻게 타당한지에 대해 논의했어요. JT는 저에게 몇몇 친구와는 시간을 좀 덜 보낸다고 말했어요. 저는 아버지도 그 사실을 알고 있는지 궁금해요. 우리는 아버지가 JT에게 반응했을 때 아버지의 마음에 있었을지도 모르는 많은 것을 알아냈어요. 아버지의 구체적인 염려를 파악할 수 있는 것에 대해 어떻게 생각하나요? 그리고 JT의 활동과 계획들을 아버지에게 더 많이 이야기한다면 그중 몇몇 염려를 완화시킬 수 있다는 것에 대해 어떻게 생각하나요?

치료자는 JT의 아버지가 좀 더 긍정적으로 반응할 가능성을 높이는 방식으로 JT가 언제, 어떻게 이러한 문제를 해결할 수 있었는지 계속 탐색하였다. 후속 회기에서 JT와 함께 몇 가지 비슷한 상호작용을 탐색하면서, 치료자는 분명해진 상호작용 양상을 계속 강조했다. JT는 아버지의 염려를 다루지 않고 친구들과 무언가를 하고 싶다는 바람을 먼저 표현하여 아버지에게 부정적인 반응을 더 먼저 하도록 만들었다. JT는 아버지의 염려를 다루거나 자신의 감정을 표현하지 않고 화를 내고 속이 상해서 자기 방으로 갔다. 시간이 흐르면서 JT는 더 우울하고 좌절하게 되었다. 치료 과정을 통해 JT는 상호작용 및 의사소통의 대안적인 방법을 좀 더 적극적으로 파악하기 시작했다. JT는 아버지의 관점으로 보는 데 더욱 능숙해졌다.

공동 회기를 준비하면서 치료자는 회기에서 JT와 함께 역할 놀이를 하기 시작했다. 치료자와 JT는 JT와 아버지의 역할을 번갈아 맡았고 불화와 관련된 상호작용을 연습했다. JT는 다가올 학교 댄스파티에 참석하고 싶었지만 부모에게 아직 그 말을 꺼내지 못했다. 이는 많은 역할 놀이의 초점이 되었다. 역할 놀이의 한 가지 예는 다음과 같다.

치료자: 저는 JT가 학교 댄스파티에 꼭 가고 싶어 한다는 걸 알아요. JT는 아버지가 JT를 믿지 못해서 보내 주지 않을 것 같고 아버지는 JT가 집에서 공부하길 원할 것 같다고 저에게 말했어요. 그래서 이 문제에 대해 어떻게 아버지에게 이야기를 할지 생각해 봐요. 아버지와 이야기하기 좋은 시간을 결정하는 것부터 시작해 볼게요. 아버지에게 중요한 일에 대해 이야기하기에 가장 좋은 시간은 언제인가요? 아버지가 가장 잘 들어 줄 수 있는 때는 언제인가요?

JT: 스트레스를 받지 않을 때요. 하지만 아버지는 항상 스트레스를 받아요.

치료자: 아버지는 언제 가장 스트레스를 덜 받나요?

JT: 일요일이나 평일 저녁에는 경기나 다른 무언가를 보지 않는 한 저녁 식사를 한 후에 휴식을 취해요.

치료자: 좋아요. 그러면 아버지와 대화하는 연습을 해 봐요. 저녁 식사 후 평일 저녁이고 아버지는 그냥 거실에 앉아 쉬고 있다고 가정해 봐요. 어떻게 대화를 시작할까요?

JT: 모르겠어요.

치료자: 저는 JT에게 두 가지를 추천하고 싶어요. 첫째, JT가 아버지에게 정말로 하고 싶은 말이 있다는 것을 아버지에게 알리고 그 말이 아버지에게 중요하다고 알리길 바라요. 둘째, 대화하기 좋은 때인지 아버지에게 물어보세요. 아버지가 동의할 경우 아버지와 이야기를 계속 나눌 수 있어요. 이걸로 역할 놀이를 해 봐요. JT는 자신이나 아버지 중 어떤 역할을 하고 싶나요?

JT: 아버지 역할을 할게요.

치료자: 좋아요, 제가 JT가 될게요. 아버지에게 하고 싶은 중요한 이야기가 있어요. 지금 시간 괜찮으세요?

JT: 뭐라고?

치료자: 음, 2주 후 토요일 밤에 학교에서 댄스파티가 열려요. 저는 정말로 가고 싶어요. 제가 낮에 더 열심히 공부하고 저의 모든 일을 끝내야 한다는 걸 알고 있어요. 그렇게 할게요.

JT: 왜 춤 추러 가야 해? 네가 말썽을 일으키지 않을 거라는 걸 내가 어떻게 알아?

치료자: 아버지가 저를 믿을 수 있도록 제가 지금 말하고 있으니까요. 채드와 카일도 함께 갈 거예요. 새 친구들이고요. 좋은 녀석들이에요. 학교에서 공부도 열심히 하고 말썽도 일으키지 않아요. 춤추러 가고 싶어요. 밤 11시에 끝나서 아버지가 원하면 끝나자마자 곧장 집으로 올게요.

JT: 난 모른다.

치료자: 아버지, 적어도 이 일에 대해 생각은 해 주실래요? 저는 정말로 가고 싶어요. 그리고 제 일을 확실히 전부 끝내도록 할게요.

역할 놀이를 중단한다.

치료자: JT, 아버지의 역할을 정말 잘했어요. 저는 JT의 역할을 했을 때 힘들었어요. 제가 한 역할에 대해 어떻게 생각하나요?

JT: 선생님이 하셨던 말 중에 몇 가지는 좋았어요.

치료자: 그럼 좋지 않은 말은 뭐였나요?

JT: 밤 11시까지 곧바로 집으로 갈 거라고 한 거요.

치료자: 몇 시가 적당했나요?

JT: 적어도 11시 30분은 되어야 할 것 같아요.

치료자: 귀가 시간을 11시 30분으로 해 줄 것을 아버지에게 물어볼 수 있을까요?

회기의 시점에서 역할 놀이는 JT의 아버지가 자신의 신뢰 부족에 대해 어떻게 느꼈는지를 알리고 신뢰를 형성하기 위해 어떻게 협상할지에 직접적으로 초점을 맞추었다. JT는 기본 협상 기술을 빨리 습득했지만 자신의 감정을 표현하는 데 더 애를 썼다. 치료자는 JT가 자신의 감정을 좀 더 직접적으로 이야기하도록 배운다면 아버지와의 관계에 얼마나 도움이 될 수 있는지 알도록 도와주었다.

치료자 의사결정: 역할 놀이 vs. 가정에서 하는 과제

역할 놀이와 '가정에서 하는 과제'는 효과적인 의사소통 및 협상 전략을 훈련하기 위해 역할 불화와 함께 사용되는 일반적인 기술이다. 이 경우에 치료자는 JT와 아버지가 상호작용을 협상하는 데 도움이 필요하다고 느껴, 중기 단계의 처음 몇 회기 동안 역할 놀이만 하기로 결정했다. 따라서 치료자는 회기를 계속 진행하면서 필요할 경우 치료자의 도움과 중재로 JT가 의사소통 및 협상 기술을 연습할 수 있도록 하기 위해 JT와 부모의 공동 회기를 계획했다.

공동 회기에 대비하여 치료자는 JT의 부모에게 전화하여 참석 여부를 두 사람에게 이야기하였고 회기의 목적을 설명했다. JT의 아버지는 회기에 오는 것에는 동의했지만 전화에 대해서는 다소 부정적이었다. 어머니는 좀 더 우호적이었는데, JT가 조금 더 좋아 보이는 것 같고 자신에게 좀 더 개방적이고 덜 은둔적인 것 같다고 하였다.

전화 통화에서 JT의 아버지의 반응을 볼 때 치료자는 JT의 노력을 지지하도록 준비하기 위해 먼저 부모와 단독으로 만나는 것이 최선이라고 결정했다. 치료자는 JT와 이야기를 나누었다. JT는 공동 회기를 준비하기 위해 몇 번의 회기를 가졌지만 부모는 준비하지 못했고 치료자가 공동 회기를 위해 부모를 준비시킨다면 일이 더 잘 진행되는 데 도움을 줄 수 있다고 설명했다. JT는 이에 동의하였다. 치료자는 공동 회기를 하기 전 약 30분 동안 부모와 만났다. JT의 부모와 이야기를 나누면서 치료자는 다음과 같이 이야기했다.

JT는 자신이 느끼는 것을 직접 말하고 자신에게 중요한 것에 대해 생각하는 새로운 방법을 배우려고 치료 회기에서 열심히 노력했어요. JT는 정말 훌륭하게 작업했어요. 하지만 가장 중요한 것은 실생활에서 치료 회기 이외의 시간에 이러한 기술을 사용하는 방법을 배우는 거예요. 저는 여러분 모두 어려운 시기를 함께 겪어 온 것을 알고 있어요. 그래서 저는 JT가 부모님과 함께 새로운 기술을 사용할 수 있도록 부모님을 여기에 모시고 싶었어요. 이 기술은 새로운 것이어서 특히 JT가 긴장하거나 스트레스를 받으면 어려울 수 있어요. 그래서 저는 우리가 먼저 함께 이야기하고 우리가 JT를 도울 수 있는 최선의 방법을 찾아내길 바랐어요. 제가 진심으로 두 분에게 요구하는 바는 JT가 의사소통을 시도하도록 JT의 코치가 되어 지지해 주시는 거예요. 학교에서 JT가 참여하고 싶은 행사에 대해 부모님과 이야기하고 싶은 것을 오늘 대화 주제로 선택했어요. 이 말이 우리가 다른 주제로 이

> 야기를 나눌 수 없다는 것을 의미하지는 않아요. 하지만 이 주제를 부모님이 수용하실 수 있으면 이 주제로 시작할 거예요. JT는 보다 직접적이고 명료하게 자신의 감정을 전달하도록 연습해 왔어요. 그래서 JT가 그런 행동을 하는 것을 두 분이 알아차렸을 때 JT에게 전달해 주면 좋을 것 같아요. 두 분이 JT에게 긍정적인 반응을 보일수록 JT는 좀 더 개방적으로 말하려고 노력할 가능성이 높아요. 이것이 부모님에게 괜찮은 이야기인가요? 다른 염려나 질문이 있으신가요?

JT의 부모에게 그들이 가지고 있는 어떤 걱정이나 질문을 말할 수 있는 기회를 주고 치료자는 부모가 개입을 방해하지 않고 지지할 수 있을지에 대한 부모의 이해를 얻는 것이 매우 중요했다. JT의 어머니는 이에 적극 동의했다. 아버지도 동의했지만, 예를 들어 JT의 학업과 같은 큰 문제를 다루는 것에 대한 우려를 표현했다. 치료자는 부모에게 이 문제의 중요성을 인식하고 이 영역에서 어떤 변화가 있었던 걸 눈치챘는지 질문하였다. 양쪽 부모 모두 그 문제가 조금 나아졌다는 데 동의했다. 부모는 JT가 학교에서 계속 열심히 공부하고 있는 것에 동의하고 이 문제가 부모에게 얼마나 중요한지 논의했고, 이 문제가 생산적인 방식으로 공동 회기에서 어떻게 통합될 수 있는지에 대해 논의했다.

공동 회기의 초점은 학교에서 열리는 댄스파티에 참여하려는 JT의 요청에 대해 협상하고 이 요청에 대해 가족 개개인이 가진 감정을 소통하는 것이었다. 부모와 미리 만나 준비 회의를 한 덕분에 JT의 부모는 공동 회기에서 상당히 반응적이고 지지적이었다. 그의 아버지는 자신의 걱정을 강하게 언급하였고 성적과 같은 특정 문제에 대해서는 물러서지 않았지만, 기꺼이 타협하면서 JT가 부모에게 자신의 감정을 공유하려는 시도에 꽤 적극적으로 반응했다. 아버지는 학교에 대한 JT의 감정에 대해 언어적으로 인정하고 가능한 해결책에 기꺼이 귀 기울일 용의가 있다고 말했다. JT의 어머니는 JT가 내놓은 몇 가지 긍정적인 변화에 재빨리 주목했다. JT는 치료자가 알려 준 상기 사항을 떠올리며, 어머니, 혹은 아버지가 자신의 기분을 더 좋게 만드는 말을 했을 때 부모에게 그것을 되짚어 주었다. 특히 JT의 아버지가 자신에게 급한 특정 문제에 집중해 있어서 치료자는 부모의 대화를 유지하기 위해 열심히 애써야 했다. 회기가 끝날 무렵, 부모는 JT가 집에서 매일 일정 시간 동안 공부하면서 보내고 한 달에 두 번, 일요일마다 아파트 관리 일로 아버지가 도움을 요청할 때 돕기로 약속한다면 JT가 학교 댄스파티에 참석할 수 있다는 합의에 도달했다. 치료자는 이들에게 다른 시간에 다루어야 할 다른 문제가 있다는 사실을 상기시켜 주었다. 이들은 이 한 가지 목표를 달성하는 데 성공했으며 미래에 발생할 수 있는 감정과 갈등을 해결하기 위해 가족 모두가 사용할 수 있는 효과적인 전략을 배웠다.

치료 중기 단계의 나머지 부분은 JT가 가족과 함께 이야기할 수 있는 다른 문제와 친구들과 겪는 비슷한 어려움을 파악하면서 보냈다. 치료자는 JT가 학교 댄스파티 문제를 해결하기 위해 사용했던 기술을 다양한 상황과 관계에 일반화하도록 도왔다. 예를 들어, JT의 사촌과의 관계 문제, 특히 사촌과의 신뢰가 깨지는 것에 대한 자신의 감정을 정직하고 직접적으로 소통하는 방법에 대해 간략히 다루었다. 사촌을 차단하는 대신, 사촌과 개방적으로 대화하는 데 이 전략을 사용하였다. JT는 소통을 차단하고 나가 버리고 싶은 자신의 충동과 계속 싸웠지만, 이 충동이 언제 올라오는지 그리고 이런 양상과 우울증 간의 연관성을 파악하는 데 훨씬 더 빨라졌다.

치료 종결 단계(9~12회기)

JT와의 마지막 4개 개인 회기의 초점은 일차적으로 종결과 관련된 문제에 두었다. 특히 9회기는 주로 중기 단계부터 계속 이어 온 작업에 초점이 맞춰져 있다. 9회기와 10회기의 주요 초점은 JT의 치료 효과를 다른 상황과 대인 관계로 일반화하는 작업을 지속하는 데 있었다. 첫 번째 과제는 JT의 치료 효과를 구체적으로 파악하는 것이었다.

JT는 이 작업에서 약간의 도움과 코칭이 필요했다. 그는 자신의 증상이 분명히 개선되었다고 보고했다. 그는 기분 개선, 수면 개선, 피로 감소, 자존감 증진을 보고했다. 또한 죽음에 관한 생각이 상당히 줄었고 미래에 대한 희망이 증가했다고 보고했다. 그는 주기적으로 아버지로 인해 좌절감을 느끼고 아버지와 관련된 모든 문제를 해결하는 데 어려움을 겪었지만, 지난 몇 주간을 검토해 봤을 때 아버지와의 갈등이 더 적어지고 덜 심각해졌다고 하였다. 그는 아버지와의 관계에서 자신의 기대가 바뀌었다고 보고했다. 그는 더 이상 아버지와의 갈등과 아버지에 대한 기분이 책임으로 느껴지지 않았다. JT는 자신이 훨씬 더 효과적인 방식으로 자신의 감정을 전달하고 갈등 주제를 협상하는 방법을 배웠다는 치료자의 말에 동의했다. 때로 특히 아버지와의 대화 중에 여전히 철수되고 차단하였지만 이는 훨씬 덜 빈번해졌다. 그는 자신의 감정을 표현하였고 자신의 삶의 타인들, 특히 어머니와 친구들과 더욱 효과적으로 의사소통하고 있었다. 치료자는 그의 삶의 타인들, 특히 그의 형제와 사촌과 함께 이 문제를 계속해서 작업하도록 격려했다. 그는 치료자와 협력하여 이러한 관계에서 다른 문제를 해결하기 위해 자신의 기술을 사용하는 방법을 알아냈다. 이러한 논의를 증진시키기 위해 역할 놀이와 가정에서 하는 과제를 조합하여 사용하였다.

JT는 그의 삶에서 아버지뿐만 아니라 다른 중요한 사람과 미래에 일어날 수 있는 잠재적 갈등과 문제를 파악할 수 있었다. 그는 이러한 상황을 관리하기 위해 배운 기술을 어떻게 활용할지 논의했다. JT는 대학에 관한 결정을 내리고 자신이 지원하려는 대학에 대한 아버지의 반응을 다루는 과정에 대해서 특히 걱정했다. JT는 브래드와의 관계를 청산하기를 원했는데, 그 이유는 적어도 그가 자신에게 불편한 활동으로 벗어나는 쪽으로 기울어졌기 때문이었다. 그는 브래드와의 관계를 바꾸는 것에 대한 상당한 불안을 표현했고 자신이 이 관계를 어떻게 다룰지에 대해 염려했다. JT는 또한 '나 자신이 아버지의 의견에 그냥 굴복하고 있어.'라는 생각을 하지 않으려고 애쓰고 있었다.

마지막 회기들을 하는 동안에는 JT의 경고 증상을 파악하고 향후 치료에 대한 JT의 필요를 검토하고 치료 종결에 대한 그의 감정을 논의하는 데 초점을 두었다. JT는 처음에 치료 종결에 대해 좋게 생각한다고 보고했다. JT는 상당한 이득을 얻은 것처럼 느꼈고 미래에 문제가 발생했을 때 문제를 다룰 수 있는 자신의 능력에 대해 훨씬 더 큰 자신감을 가지고 있다고 말했다. 그러나 몇몇 논의에서 그는 치료 종결에 대한 불안감과 앞으로 닥쳐올 문제를 다룰 수 있을지 자신의 능력에 대한 불안정감을 인정했다. 그는 자신의 경고 증상을 파악할 수 있었지만 슬프게 느껴지면 이전 양상으로 돌아가서 도움을 구하는 대신 사람으로부터 멀어지게 될까 봐 걱정했다. 치료자는 JT가 예전 양상으로 빠지지 않는 가장 중요한 조치 중 하나는 그가 지금 순조롭게 했던 그 양상을 알아차리는 것이라고 강조했다. JT는 치료 관계가 끝나는 것에 대한 슬픔을 느낄 수 있었는데, 이때가 자신의 삶에서 처음으로 어른의 도움을 받았던 시간이었다. 치료자도 JT에 대한 자신의 감정을 인정했다.

> JT와 함께 작업하게 되어 정말 좋았어요. JT는 정말 열심히 치료에 임했고 치료 과정에서 많은 이득을 얻었어요. 저는 우리의 만남을 고대해 왔고 이제 마무리되고 있어서 그리울 거예요. 동시에 저는 JT와 했던 작업에 만족해요. 그리고 JT가 새롭고 매우 가치 있는 기술을 배웠다고 확신해요. JT는 아버지와의 관계에서 일어난 일을 해결하기 위해 중요한 단계를 기꺼이 밟아 왔어요. 그 관계가 JT가 원하는 대로 된 것은 아니지만 훨씬 개선된 것 같아요. 또한 저는 JT가 치료에 긍정적인 경험을 했다는 이야기를 듣고 기뻤어요. 우리가 논의했듯이 미래에 언젠가 다시 우울하게 느낄 수도 있어요. 이러한 치료에 대한 긍정적인 경험을 바탕으로 향후 JT의 우울증상이 더욱

심해지기 전에 자발적으로 치료받기를 희망해요. 그러면 JT의 학업이나 삶의 다른 부분에서 좋은 효과가 있을 것 같아요.

치료자와 JT는 치료가 끝난 후에도 JT가 치료에서 얻은 이득을 유지할 수 있는 자신의 능력에 대한 자신은 없었지만 노력하는 것이 중요하다는 데 동의했다. JT는 자신의 삶에서 종종 자신의 능력에 대해 의문을 제기했고, 그러고 나서 상황을 다룰 수 있게 되어 스스로 놀랐다고 했다. 그는 지금 치료를 마무리하고 싶다고 했지만 향후 치료가 필요할 경우 치료자에게 연락하기로 했다. 치료자는 JT가 자신의 치료적 이득을 유지하고 재발을 예방하기 위해 계속해서 치료에 올 수 있지만 빈도를 줄인 치료를 추천했다. 이 치료 대안이 JT의 마음에 들었고, 6개월 동안 한 달에 한 번 만나서 그의 증상과 기능을 재평가한 후에 치료를 완전히 끝내기로 결정했다.

이 사례는 IPT-A 치료의 많은 핵심 구성 요소를 강조한다. 치료자가 치료 초점을 어느 방향으로 맞추어야 할지 결정해야 하는 몇몇 부분과 이러한 결정과 관련된 문제에 대해 주의를 요한다. IPT-A 접근과 인지행동적 접근은 청소년 대상군에게 가장 효과적인 치료다. 치료자들은 흔히 저자들에게 청소년 우울증을 치료하기 위한 IPT-A 접근과 인지행동적 접근의 차이를 설명해 줄 것을 요청한다. 이 두 가지 치료는 청소년 대상군에 가장 효과적이라는 연구 결과가 있다. 다음은 IPT-A 치료자와 인지행동치료자가 JT와 가족이 제시한 문제를 다루는 방식의 차이점과 유사점에 대한 논의다. 저자들이 제2장에서 논의한 바와 같이 인지행동치료(CBT)에서 기인된 치료 접근법은 다양하고 그것을 여기에서 쉽게 단순화시킬 수는 없다. 이때 저자들은 이 두 가지 관점에 대한 포괄적인 견해나 이해를 제시하려고 하지 않으며 이 치료법들에 대한 전문가라고 주장하지도 않는다. 오히려 이런 논의는 CBT 접근법과 IPT-A의 핵심적인 유사점과 차이점을 단순하게 강조하기 위한 것이다.

JT의 치료에 대한 인지행동 접근과 IPT-A 접근 비교

JT의 치료는 청소년 우울증 치료에 대한 CBT와 IPT-A 접근의 유사점과 차이점을 모두 보여 준다. CBT 접근은 우울증 완화에 긍정적인 보상과 즐거운 활동의 역할에 대한 Lewinsohn(1980)의 이론과 Beck(1967)의 부정적 인지 삼제(cognitive triads)에 초점을 두고 있다. IPT-A와 CBT 치료자는 모두 확인된 문제에 치료 초점을 두고 우울증과 관련된 문제를 해결하기 위해, 청소년과 협력하기 위해 치료 회기에 적극적으로 참여한다. 이들은 또한 청소년이 다른 관점에서 자신이 문제를 바라보도록 돕고 치료자의 코칭과 지도에 따라 해결책을 개발하도록 열린 질문과 구체적인 질문을 사용하는 방법도 유사하다. IPT-A와 CBT는 '지금-여기'를 강조하고 문제 해결 기술을 가르치는 부분도 비슷하다. 그러나 CBT와 비교하여 IPT-A는 특히 대인관계 문제 해결에 더 많은 초점을 두고 있다. CBT는 일반적인 문제 해결에 초점을 둔다. 그렇지만, 청소년을 치료할 때 CBT 치료자가 대인관계 문제 해결에 상당히 많은 시간을 할애할 수도 있다.

JT의 경우, CBT 치료자는 연령에 맞는 방식으로 우울증의 인지 모델을 JT에게 설명하면서 치료를 시작할 수 있다. 즉, 치료자는 생각과 행동과 감정이 서로 연결되어 있어서 만약 JT가 이 시스템의 한 가지 구성 요소를 바꿀 수 있으면 나머지 구성 요소도 같이 변하게 될 것이라고 설명한다. 감정은 바뀌기 어렵기 때문에(즉, '우울하지 않게' 되기는 어렵다), 치료자는 나머지 두 가지 행동과 생각을 바꾸어 우울증을 치료하려고 한다. 치료자는 JT가 우울하지 않을 때의 행동과 사고에 대한 예를 이끌어 낼 것이다.

다음 단계는 JT와 부모가 치료 목표를 알게 하는 것이다. 이전 공동 회기에서 만나 치료자가 부모에게 우울증에 대한 심리교육을 제공하였고 치료에 협력하도록 요청했다. 일단 목표가 정해지면, 치료자는 JT에게 자신의 기분을 관찰하도록 가르칠 것이다. 치료자는 기분과 사건 간의 관계를 JT에게 보여주기 위해 간단한 기분 척도와 도표를 사용하고 초기 단계 회기를 하는 동안 기분을 관찰하는 과제를 주었다. 차트 작성과 일기를 이용한 구조화된 과제는 치료 과정에서 배운 기술을 계속해서 증진시킬 수 있다.

치료자는 기분 관찰을 하면서 수집한 정보를 활용하여 JT에게 긍정적인 기분이 즐겁고 숙달감을 주는 활동과 어떻게 함께 가는지, 그리고 부정적인 기분이 불쾌하고 부정적인 활동과 어떻게 함께 가는지 설명한다. 치료자는 행동 변화가 JT의 기분에 영향을 미치는 방식으로, 소위 행동 활성화라고 불리는 기술로 즐거운 활동을 증진시키는 것의 중요성을 지적할 것이다. 이를 위해 치료자는 JT와 협력하여 합법적이고 실용적이고 실현 가능한 활동을 강조하면서 재미와 자신감 쌓기 목록을 만들 것이다. JT가 특별히 무쾌감을 드러내지는 않았기 때문에 행동 활성화는 간단할 것이고 학업 문제로 인한 실패의식을 극복하는 활동을 숙달하도록 강조할 것이다.

JT는 친구들과 함께 시간을 보낼 수 있도록 허락을 받는 것으로 아버지와 상당한 어려움을 겪고 있었기 때문에 치료의 대부분은 JT에게 문제 해결 기술을 가르치는 데 초점을 맞출 것이다. 구체적으로 JT는 문제를 정의하고, 부모의 허락을 받기 위해 대안을 만들고, 가장 실현 가능한 대안을 선택하고, 그에 따라 행동을 실천하는 방법들을 배우게 될 것이다. 필요할 경우 치료자는 부모와 함께 문제 행동에 대한 접근뿐만 아니라 행동 활성화를 이해하도록 돕기 위해 협력할 것이다.

치료 단계에 따라 치료자는 JT의 부적응적인 인지를 변화시켜 그의 기분이 더 나아지도록 돕는 데 초점을 돌릴 것이다. 치료자는 JT가 자동적 사고를 파악하도록 돕고 염세적 · 자기비난적 · 재앙적 사고 유형과 우울증 간의 관계를 밝히도록 돕는다. 치료자는 JT가 이러한 부적응적 사고에 '반응'하고 그에 보다 더 정확하고 유용한 사고로 대체하도록 코치할 것이다. 예를 들어, JT는 '아빠는 내가 외출할 수 없다고 소리를 질렀어. 아빠는 나를 전혀 믿지 않고 내가 말썽만 피운다고 생각해.'라고 생각하기보다 '아빠는 아파트 문제 때문에 기분이 좋지 않아. 그리고 내가 곤경에 처해질까 봐 불안해.'라고 생각을 바꿀 수 있다. 남은 회기의 대부분의 과제는 JT의 부적응적 인지를 변화시켜 그의 기분을 개선하는 것을 강조할 것이다.

앞서 제시한 논의는 CBT 치료자가 JT의 치료에 어떻게 접근했는지를 간략하게 보여 준다. 각기 다른 강조점을 둔 다양한 CBT 유형이 있다. Beck과 Lewinsohn의 모델을 바탕으로 청소년에게 공통적으로 사용되는 기술은, ① 기분 관찰, ② 행동 활성화, ③ 문제 해결 기술 교육하기, ④ 부적응적 인지 변화시키기, ⑤ 기분 조절하기다. IPT-A 치료자와 유사하게 CBT 치료자도 역할 놀이를 사용하여 변화를 일으킬 것이다.

JT의 사례에서 볼 수 있듯이 IPT-A의 고유한 특성은, ① 우울증을 의학적 질병으로 개념화하기, ② 제한된 환자 역할 부여하기, ③ 대인관계 진단 평가 또는 대인관계 목록 작성하기, ④ 감정, 대인관계 및 우울증 간의 연관성에 초점 맞추기다. JT의 치료 중기 단계에서 활용된 주요 IPT-A 기술은 관계에 대한 기대, 감정 관리와 격려, 역할 놀이와 같은 행동 변화 기술, 문제가 되는 상호작용의 의사소통 분석이다. 차트와 일기를 사용한 CBT의 할당 과제와 대조적으로, IPT-A의 '가정에서 하는 과제'는 일반적으로 미리 정해진 좋은 치료 과제 목록에서 비롯되기보다 회기의 내용에서 자연스럽게 발생하고, 기분과 역기능적 사고를 관찰하기보다 다른 대인관계 상호작용을 촉진하는 데 초점을 두는 경향이 있다.

두 치료 접근의 가장 중요한 차이점 중 하나는 CBT 치료자가 기분과 행동을 변화시키기 위해 사고를 목표로 삼는 반면, IPT-A 치료자는 기분과 행동을 변화시키기 위해 정서를 목표로 삼는다는 것이다. 또한 IPT-A는 CBT에서 사용하지 않는 구조적 틀인 대인관계로 우울증에 접근하는 네 가지 문제 영역(즉, 애도, 역할 불화, 역할 전환, 대인관계 결손) 중 한 가지를 파악한다. CBT와 IPT-A는 이런 다른 관점에서 우울증에 접근하지만 앞서 설명한 바와 같이 몇 가지 근본적인 차이점과 유사점을 공유하고 있는 두 가지 시간 제한적 치료다. 이 논의는 우울증 치료에 대한 CBT 치료자의 접근 방식에 대한 간략한 개념과 어떤 치료 접근이 어떤 환자에게 도움을 주는지 생각하기 시작하는 초기 구조적 틀을 제공한다. 그러나 이 질문에 대답하기 위해서는 더 많은 연구가 필요하다.

부록 A

친밀의 원

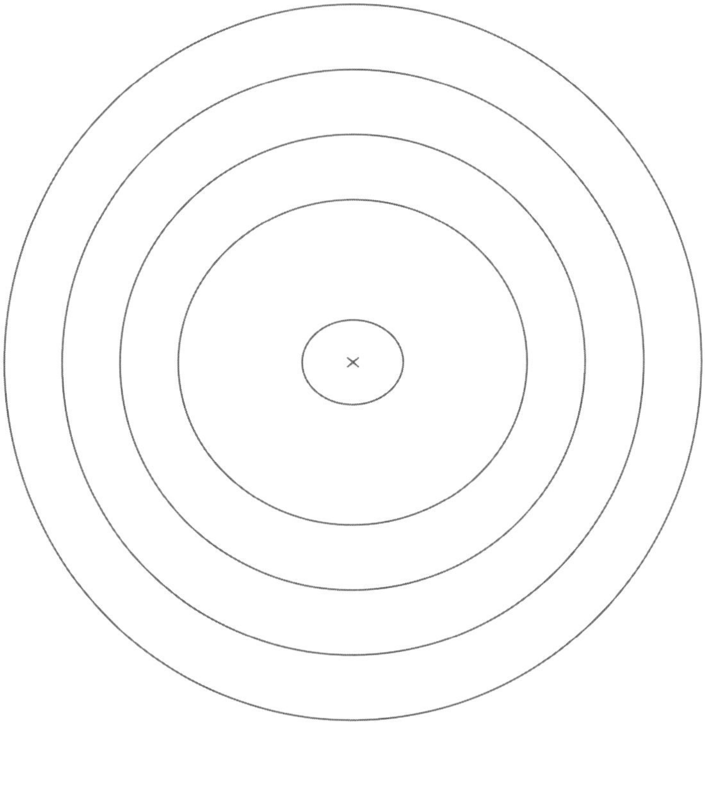

부록 B

대인관계 목록: 관계에 대해 질문하는 방법

일반적인 도입 질문

1. 저는 ○○ 님 삶의 중요한 사람, 어머니와 아버지, 형제자매, 절친, 여자 친구나 남자 친구, 다른 가까운 친척이나 친구와 같은 사람들에 대해 이야기하기 위해 지금 시간을 좀 갖고 싶습니다.
2. 이런 사람들이 누구인지 먼저 목록을 만들어 보겠습니다.
3. 우울증이 가장 가까운 사람들과의 관계에 영향을 주었나요? 어떻게 주었나요?
4. 이제 우리는 각 사람들과 ○○ 님의 관계에 대해 구체적으로 이야기할 겁니다. 그리고 우울증이 그 관계에 어떻게 영향을 주었는지 혹은 그 관계가 우울증에 어떻게 영향을 주었는지에 대해 구체적으로 이야기할 겁니다.

다음은 치료자가 대인관계 목록을 작성하는 데 사용할 수 있는 질문 유형에 대한 지침이다. 명심해야 할 것은 대인관계에서 발생하는 관계와 상호작용에 대한 매우 구체적인 세부 사항을 수집하는 것이다. 대부분의 청소년은 전반적이고 일반적인 진술을 하는 경향이 있는데, 세부 사항을 이끌어 내는 것이 치료자의 일이다.

특정 관계에 대한 초기 질문

- ◯◯ 님은 ________ 님의 어떤 점을 좋아하나요?
- ◯◯ 님은 ________ 님의 어떤 점이 마음에 들지 않나요?
- 자신이 어떻게 느끼는지 ________ 님에게 말한 적이 있었나요?
- 무엇이 자신을 멈추게 했나요?
- 어떤 일이 일어날 거라고 생각하나요?
- 어떻게 느끼나요?
- ◯◯ 님과 ________ 님이 함께 있을 시간이 있나요? 그리고 그 시간은 괜찮나요?
- 예를 하나 들어 주실 수 있나요?
- 자신의 관계에서 긍정적인 면은 무엇인가요?
- 자신의 관계에서 바꾸고 싶은 것이 있나요?
- 그 일이 달라지면 ◯◯ 님은 어떻게 느낄까요?
- 계속 그대로 유지하고 싶은 일은 무엇인가요?
- 그 관계에서 어떤 점이 마음에 드나요?
- ◯◯ 님이 ________ 님과 함께 있을 때 기분이 어떠세요?

대인관계 역할 불화와 관련된 질문

- ◯◯ 님과 삶의 다른 중요한 사람 간에 의견이 일치하지 않는 일이 있나요?
- 그 일이 무엇인가요?
- 그 일에 대해 대화할 때 두 사람 사이에 어떤 일이 생기나요?
- 그때 기분은 어떤가요? 어떤 행동을 하나요?

- ○○ 님은 ________ 님과 어떻게 지내나요?
- ○○ 님이 그렇게 화를 내면 ________ 님은 무슨 말을 하나요? 혹은 어떤 행동을 하나요?
- 무엇 때문에 갈등이 생기나요? 얼마나 자주 갈등이 생기나요?
- 무슨 일이 생기나요? 어떤 행동을 하나요?
- 그 일이 일어날 때 기분은 어떤가요?
- 자신의 기분이 어떤지 ________ 님에게 이야기할 수 있나요?
- ○○ 님이 어떻게 느끼는지에 대해, 무엇이 ________ 님에게 이야기하지 못하는 이유는 무엇인가요?
- ○○ 님이 어떻게 느끼는지에 대해, 무엇이 ________ 님에게 이야기하도록 돕나요?
- ○○ 님은 ________ 님을 이해할 수 있나요?

대인관계 결손과 관련된 질문

- 친구를 사귀는 데 어려움이 있나요? 어떤 어려움이 있나요?
- ○○ 님이 친구를 선택하나요, 아니면 친구들이 ○○ 님을 선택하나요?
- 새로운 사람을 만나는 것에 대해 어떻게 생각하나요?
- 새로운 사람을 만나는 것에 대해 어떤 어려움이 있나요?
- 새로운 사람을 만나고 대화하는 것에서 무엇이 괜찮은가요?
- 새로운 사회적 상황에서 어떻게 느끼나요?
- 자신의 개인적인 이야기를 할 수 있나요? 누구에게요?
- ________ 님과 ○○ 님이 개인적인 이야기를 나눈 후에 기분은 어떤가요?
- 관계에서 불편감을 자주 느끼나요? 어떻게 느끼나요?
- 여자 친구/남자 친구가 있나요?

- 그 관계에 대해 어떤 것을 바꾸고 싶나요?
- 데이트에 대해 어떻게 느끼나요?

애도와 관련된 질문

- 최근에 돌아가신 분을 아시나요?
- ○○ 님과 ________ 님은 얼마나 친한가요?
- ○○ 님에게 어땠나요?
- 그것이 자신에게 어려운 점은 무엇인가요?
- 자신의 기분이 더 나아지게 하는 데 도움이 된 분이 있었나요?
- 그것이 현재 기분에 영향을 준다고 생각하나요?
- 자신의 감정에 대해 이야기를 나눌 사람이 있나요? 지금 있나요 혹은 과거에 있었나요?

역할 전환과 관련된 질문

- 최근에 가족에게 어떤 변화가 있었나요?
- 새로운 학교나 새로운 이웃과 같이 새로운 일에 스스로 적응해야 했나요?
- 그들은 어땠나요?
- ○○ 님에게 그것은 어땠나요? 긍정적? 부정적? 어떤 식이었나요?
- 변화가 자기 자신에 대해 어떻게 느끼도록 했나요? 가족에 대해서는 어떻게 느끼도록 했나요?
- 그 변화가 자기 ○○ 님이 가족과 어울리는 방식에 어떤 영향을 주었나요?
- 자신의 삶의 다른 영역에서 변화가 있었나요?
- 변화에 대해 무엇이 어려웠나요?

〈표 B-1〉 대인관계 목록의 흐름도

1. 삶에서 중요한 사람은 누구인가요?
   - 각 대인관계 검토하기–한 번에 한 가지씩
2. 세 가지 질문 유형
   - 사실이나 대안에 대한 질문
   - 대안과 관련된 사건에 대한 질문
   - 관계의 다른 측면과 관련된 감정에 대한 질문

예시: 어머니와의 관계

사실/대안에 대한 질문	사건에 대한 질문	감정에 대한 질문
엄마의 어떤 점이 좋은가요?		
엄마의 어떤 점이 싫은가요?		
어떻게 지내나요?	엄마가 어떤 말이나 행동을 할 때 화가 나나요?	자신의 감정이 어떠한지 엄마에게 말한 적이 있나요?
	무엇으로 갈등을 겪나요? 얼마나 자주? 무슨 일이 일어났나요? 어떤 행동을 했나요? 예를 들어 주실래요?	그 일이 생겼을 때 어떻게 느껴지나요? 자신이 어떻게 느끼는지 엄마에게 알리는 데 도움이 되는 것은 무엇인가요?
자신의 관계의 긍정적인 면은 무엇인가요?	어떤 종류의 활동을 함께 즐기나요?	이런 활동을 엄마와 함께할 때 어떻게 느끼나요?
다른 상황에서 ○○ 님이 어떻게 느끼는지 엄마가 이해할 수 있다고 생각하나요?	엄마가 이해했다고 보여 준 상황을 예를 들어 설명해 주실래요?	어떤 기분이 들었나요?
바꾸고 싶은 관계가 있나요?	그 상황이 어떻게 다른지 예를 들어 주실래요?	상황이 달라지면 어떻게 느껴질까요?
그대로 유지하고 싶은 것은 무엇인가요?	→	상황이 달라지면 어떻게 느껴질까요?

부록 C

우울한 청소년을 위한 대인관계치료 회기 체크리스트

초기 단계

1회기

- 치료 계획 및 IPT-A에 대한 소개 검토하기
- 우울 증상을 검토하고 진단 내리기
- 관련 심리사회력 검토하기
- 우울증에 대한 심리교육: 증후군과 치료 방법 설명하기
- 제한된 환자 역할 할당하기
- 부모와 만나기 및 우울증과 치료에 대한 심리교육 제공하기
- 회기 및 다음 회기 계획 검토하기

2회기

- 지난 한 주 동안 현재 우울 증상 검토하기
- 기분 평정 척도 사용하기
- 친밀의 원 그리기
- 우울증과 청소년 생활의 현재 문제와 연결시키기
- 대인관계 목록 작성 시작하기

- 각 관계가 기분에 미치는 영향과 기분이 관계에 미치는 영향 평가하기
- 회기 및 다음 회기 계획 검토하기

3회기

- 지난 한 주 동안 현재 우울 증상 검토하기
- 기분 평정 척도 사용하기
- 대인관계 목록 계속 작성하기
- 중요한 관계의 긍정적 및 부정적 측면 검토하기
- 회기 및 다음 회기 계획 검토하기

4회기

- 지난 한 주 동안 현재 우울 증상 검토하기
- 기분 평정 척도 사용하기
- 대인관계 목록 작성 마무리하기
- 특정 문제 영역 설명하기와 파악하기
- 분명한 환자-치료자 계약 맺기
- 확인된 문제 영역에 동의하기
- 회기에서 청소년의 역할 구체화하기
- 회기에서 치료자의 역할 구체화하기
- 놓치거나 취소된 회기 혹은 지각한 회기 빈도에 관한 방침 언급하기
- 치료에서 부모나 다른 중요한 사람의 역할 구체화하기
- 회기 및 다음 회기 계획 검토하기

중기 단계

5~8회기

- 현재 우울 증상 검토하기(기분 평정 척도 사용하기)
- 확인된 문제 영역에 초점 맞추기
- 지난주에 있었던 대인관계 문제에 대해 물어보기
- 우울증/짜증과 관련된 대인관계 사건에 대해 자세히 논의하기

일반적인 IPT-A 기술

- 감정 표현 격려하기
- 지시적 기법들(교육하기, 충고하기, 제한 설정하기, 모델링)
- 감정과 대인관계 사건 연결하기
- 달성 가능한 변화 탐색하기
- 역기능적 의사소통 파악하기
- 새로운 의사소통 전략 연습하기(의사소통 분석)
- 문제에 대한 대안책 만드는 연습 하기
- 의사결정 과정 연습하기(의사결정 분석)
- 대안적 대인관계 상호작용 역할 놀이
- 환자-치료자 관계를 활용하여 대인관계 피드백 제공하기
- 회기에 중요한 타자 참여시키기

애도

- 촉진 요인
  - 비정상적 애도 혹은 정상적 애도를 초래하는 사랑하는 사람의 죽음

- 문제 제시
  - 만성적 · 지연적 혹은 왜곡된 애도 반응
  - 지나친 무가치감, 정신운동 지체 및 기능 손상 등의 증상
  - 마치 현실같이 사망을 생생하게 다시 체험하기
  - 심각한 사회적 철수나 행동화
- 목표
  - 애도 과정 촉진시키기
- 전략
  - 청소년이 애도에 대해 상세하게 생각하도록 격려하기
  - 고인과의 관계에 대해 자세하게 검토하기
  - 현재 행동과 죽음을 둘러싼 감정 연결하기
  - 의사소통 기술 개선하기
  - 지지적 관계 개발하기
  - 사회적 환경 속으로 재통합하기

대인관계 역할 불화

- 촉진 요인
  - 중요한 관계에서의 갈등
  - 비상호적 기대(즉, 데이트, 통금 시간, 돈, 가치관 또는 책임에 관한 규칙을 놓고 부모와 갈등하기)
  - 생활의 다양한 측면에서 서로 다른 역할 수행의 어려움(즉, 학교에서는 학생 vs. 집에서는 부모화된 아이).
- 문제 제시
  - 부모 및 친구와의 언쟁
  - 상호작용 회피
  - 비밀리에 금지된 활동 참여

–관계에서 분노와 불신 증가

- 목표

–불화에 대한 정의 내리기와 해결하기(재협상 및 난국 단계)

–상실한 관계 애도하기(파국 단계)

- 전략

–불화 탐색하기

–불화 패턴 파악하기

–관계와 불화의 진행 방법에 관한 의사결정 분석하기

–의사소통과 협상 기술 향상하기

대인관계 역할 전환

- 촉진 요인

–예상 혹은 예상치 못한 삶의 전환

–예: 가족의 이혼, 별거, 질병 혹은 죽음으로 인한 가족 구조의 변화, 중학교에서 고등학교로의 진학을 포함한 새로운 학교로의 이동, 이성 관계에 대한 첫 경험, 가족으로부터 자율성과 독립성 추구하기, 청소년 임신

- 문제 제시

–십 대가 가족 내에서 부적절한 책임 지기

–가족 체계 내에서 부적절한 의사소통

–손상된 부모나 부모의 부재로 인한 지지 상실

–부모가 양육할 여력이 부족함

–십 대가 새로운 역할과 관련된 과제로부터 철수하거나 행동화하기

- 목표

–이전의 역할 포기하기와 새로운 역할 수용하기

–새로운 역할에 대한 숙달감 개발하기

- 전략
  - –역할 전환에 대한 교육
  - –이전의 역할과 새로운 역할 검토하기: 감정과 기대
  - –사회 기술 평가와 개발
  - –사회적 지지 체계 개발

대인관계 결손

- 촉진 요인
  - –우울증이 대인관계 기술 지연 혹은 사회적 철수 초래
  - –우울증 또는 생활 사건으로 악화된 경미한 또는 제한된 결손 존재
- 문제 제시
  - –사회적 혹은 의사소통 기술 결손
  - –예: 관계 시작에 대한 무능력, 관계 유지에 대한 무능력, 언어적으로 혹은 효과적으로 자신을 표현하기 어려움, 의사소통 형성에 필요한 정보를 타인으로부터 이끌어 내기의 어려움
- 목표
  - –사회적 고립 감소
  - –기술 향상과 사회적 자신감 증진으로 대인관계 향상 및 증진하기
- 전략
  - –현재와 지난 관계 검토하기
  - –치료자와의 상호작용 탐색하기
  - –대인관계에서의 반복 패턴과 문제 파악하기
  - –기술과 강점 강조하기
  - –관계 기술 개발하기

종결 단계

9~12회기

- 지난주 우울 증상 검토하기(기분 평정 척도 사용하기)
- 우울 경고 증상 검토하기
- 확인된 문제 영역 검토하기
- 치료에서 사용된 확인된 전략 검토하기
- 대인관계 성공과 변화 노력 검토하기
- 향후 상황에 대한 전략 일반화에 대해 논의하기
- 치료 종결에 대한 감정 논의하기
- 재발 가능성 및 향후/추후 치료 필요성 논의하기
- 관계를 긍정적으로 마무리하는 연습하기/모델 제시하기
- 부모와 만나 치료 경과와 향후 치료 계획 검토하기

참고문헌

Alessi, N. E., & Robbins, D. R. (1984). Symptoms and subtypes of depression among adolescents distinguished by the dexamethasone suppression test: A preliminary report. *Psychiatry Research, 11*, 177-184.

Alessi, N. E., Robbins, D. R., & Dilsaver, S. C. (1987). Panic and depressive disorders among psychiatrically hospitalized adolescents. *Psychiatry Research, 20*, 275-283.

Altmann, E. O., & Gotlib, I. H. (1988). The social behavior of depressed children: An observational study. *Journal of Abnormal Child Psychology, 16*, 29-44.

Amato, P. R., & Keith, B. (1991). Parental divorce and the well-being of children: A meta-analysis. *Psychological Bulletin, 110*, 26-46.

American Academy of Child and Adolescent Psychiatry. (1998). Practice parameters for the assessment and treatment of children and adolescents with depressive disorders. *Journal of the American Academy of Child and Adolescent Psychiatry, 37* (Suppl. 10), 63S-83S.

American Psychiatric Association. (1987). *Diagnostic and statistical manual of mental disorders* (3rd ed., rev.). Washington, DC: Author.

American Psychiatric Association. (2000a). *Diagnostic and statistical manual of mental disorders* (4th ed., text rev.). Washington, DC: Author.

American Psychiatric Association. (2000b). Practice guideline for the treatment of patients with major depressive disorder (rev.). *American Journal of Psychiatry, 157*(Suppl. 4), 1-45.

Angold, A. (1988). Childhood and adolescent depression: II. Research in clinical populations. *British Journal of Psychiatry, 153*, 476-492.

Angold, A., Costello, E. J., & Erkanli, A. (1999). Comorbidity. *Journal of Child Psychology and*

Psychiatry, 40, 57-87.

Angold, A., Weissman, M. M., John, K., Merikangas, K. R., Prusoff, B. A., Wickramaratne, P., et al. (1987). Parent and child reports of depressive symptoms in children at low and high risk of depression. *Journal of Child Psychology and Psychiatry, 28*(6), 901-915.

Angst, J., Merikangas, K., Scheidegger, P., & Wicki,W. (1990). Recurrent brief depression: A new subtype of affective disorder. *Journal of Affective Disorders, 19*, 87-98.

Baker, V. E., & Sedney, M. A. (1996). How bereaved children cope with loss: An overview. In C. A. Corr & D.M. Coor (Eds.), *Handbook of childhood, death and bereavement* (pp. 109-129). New York: Springer.

Balk, D. E., & Corr, C. A. (2001) Bereavement during adolescence: A review of research. In H. Stroebe & S. Stroebe (Eds.), *Handbook of bereavement research* (pp. 199-218). Washington DC: American Psychological Association.

Balk, D. E., & Vesta, L. (1998). Psychological development during four years of bereavement: A longitudinal case study. *Death Studies, 22*, 23-41.

Beardslee, W. R., Bemporad, J., Keller, M. B., Klerman, G. L., Dorer, D. J., & Samuelson, H. (1983). Children of parents with major affective disorder: A review. *American Journal of Psychiatry, 140*, 825-832.

Beck, A. T. (1967). *Depression: Clinical, experimental, and theoretical aspects*. New York: Harper & Row.

Beck, A. T., Rush, A. J., Shaw, B. F., & Emery, G. (1979). *Cognitive therapy of depression*. New York: Guilford Press.

Bemporad, J. (1988). Psychodynamic treatment of depressed adolescent. *Journal of Clinical Psychiatry, 49*(Suppl. 9), 26-31.

Bemporad, J., & Lee, K. W. (1988). Affective disorders. In C. Kestenbaum & D. Williams (Eds.), *Handbook of clinical assessment of children and adolescents* (Vol. II, pp. 626-650). New York: New York University Press.

Bernstein, G. A., & Garfinkel, B. D. (1986). School phobia: The overlap of affective and anxiety disorders. *Journal of the American Academy of Child and Adolescent Psychiatry, 25*, 235-241.

Biederman, J., Munir, K., Knee, D., Armentano, M., Autor, S.,Waternaux, C., et al. (1987).

High rate of affective disorder in probands with attention deficit disorder and in their relatives: A controlled family study. *American Journal of Psychiatry, 144*, 330-333.

Birmaher, B., & Brent, D. A. (2002). Pharmacotherapy for depression in children and adolescents. In D. Shaffer & B. D. Waslick (Eds.), *The many faces of depression in children and adolescents* (pp. 73-103).Washington, DC: American Psychiatric Publishing.

Birmaher, B., Brent, D. A., & Kolko, D. (2000). Clinical outcome after short-term psychotherapy for adolescents with major depressive disorder. *Archives of General Psychiatry, 57*, 29-36.

Birmaher, B., Ryan, N. D.,Williamson, D. E., Brent, D. A., & Kaufman, J. (1996a). Childhood and adolescent depression: A review of the past 10 years. Part I. *Journal of the American Academy of Child and Adolescent Psychiatry, 35*, 1427-1439.

Birmaher B., Ryan, N. D.,Williamson, D. E., Brent, D. A., & Kaufman, J. (1996b). Childhood and adolescent depression: A review of the past 10 years. Part II. *Journal of the American Academy of Child and Adolescent Psychiatry, 35*, 1575-1583.

Black, K., Shea, C., Dursun, S., & Kutcher, S. (2000). Selective serotonin reuptake inhibitor discontinuation syndrome: Proposed diagnostic criteria. *Journal of Psychiatry and Neuroscience, 25*(3), 255-261.

Blos, P. (1961). On adolescence. New York: Free Press of Glencoe.

Boszormenyi-Nagy, I., & Krasner, B. R. (1986). *Between give and take: A clinical guide to contextual therapy*. New York: Brunner/Mazel.

Bowlby, J. (1978). Attachment theory and its therapeutic implications. *Adolescent Psychiatry, 6*, 5-33.

Brent, D. A., Holder, D., Kolko, D., Birmaher, B., Baugher, M., Roth, C., et al. (1997). A clinical psychotherapy trial for adolescent depression comparing cognitive, family, and supportive therapy. *Archives of General Psychiatry, 54*(9), 877-885.

Brent, D. A., Kolko, D. J., Birmaher, B., Baugher, M., & Bridge, J. (1999).Aclinical trial of adolescent depression: Predictors of additional treatment in the acute and follow-up phases of the trial. *Journal of the American Academy of Child and Adolescent Psychiatry, 38*, 263-270.

Brent, D. A., Perper, J. A., Montz, G., Liotus, L., Schweers, J., Roth, C., et al. (1993). Psychiatric impact of the loss of an adolescent sibling to suicide. *Journal of Affective*

Disorders, 28, 249-256.

Brody, G., & Forehand, R. (1990). Interparental conflict, relationship with the noncustodial father, and adolescent post-divorce adjustment. *Journal of Applied Developmental Psychology, 11*, 139-147.

Brown, D.,Winsberg, B. G., Bialer, I., & Press, M. (1973). Imipramine therapy and seizures: Three children treated for hyperactive behavior disorders. *American Journal of Psychiatry, 130,* 210-212.

Brown, G.W., & Harris, T. (1978). *The social origins of depression:Astudy of psychiatric disorders in women*. New York: Free Press.

Brown, G. W., Harris, T., & Copeland, J. R. (1977). Depression and loss. *British Journal of Psychiatry, 130*, 1-18.

Burns, B. J. (1991). Mental health service use by adolescents in the 1970s and 1980s. *Journal of the American Academy of Child and Adolescent Psychiatry, 30*(1), 144-150.

Carlson, G., & Cantwell, D. (1980). Unmasking masked depression in children and adolescents. *American Journal of Psychiatry, 137*, 445-449.

Carlson, G., & Strober, M. (1979). Affective disorders in adolescence. *Psychiatric Clinics of North America, 2*, 511-526.

Chambers,W. J., Puig-Antich, J., Hirsch, M., Paez, P., Ambrosini, P. J., Tabrizi, M. A., & Davies, M. (1985). The assessment of affective disorders in children and adolescents by semistructured interview: Test-retest reliability of the schedule for affective disorders and schizophrenia for school-age children, present episode version. *Archives of General Psychiatry, 42*, 696-702.

Cherlin, A. J., & Furstenberg, F. F. (1994). Stepfamilies in the United States: A reconsideration. *Annual Review of Sociology, 20,* 359-381.

Christie, K. A., Burke, J. D., Reiger, D. A., Rae, D. S., Boyd, J. H., & Locke, B. Z. (1989). Epidemiologic evidence for early onset of mental disorders and higher risk of drug abuse in young adults. *American Journal of Psychiatry, 145*, 971-975.

Clark, D., Pynoos, R., & Goebel, A. (1994). Mechanisms and processes of adolescent bereavement. In R., Haggerty (Ed.), *Stress, risk, and resilience in children and adolescents: Processes, mechanisms, and interventions* (pp. 100-145). Cambridge, UK: Cambridge

University Press.

Clarke, G. N., Hawkins, W., Murphy, M., & Sheeber, L. B. (1995). Targeted prevention of unipolar depressive disorder in an at-risk sample of high school adolescents: A randomized trial of group cognitive intervention. *Journal of the American Academy of Child and Adolescent Psychiatry, 34*, 312-321.

Clarke, G. N., Hops, H., Lewinsohn, P. M., & Andrews, J. (1992). Cognitive-behavioral group treatment of adolescent depression: Prediction of outcome. *Behavior Therapy, 23*, 341-354.

Clarke, G. N., Rohde, P., Lewinsohn, P. M., Hops, H., & Seeley, J. R. (1999). Cognitive-behavioral treatment of adolescent depression: Efficacy of acute group treatment and booster sessions. *Journal of the American Academy of Child and Adolescent Psychiatry, 38*, 272-279.

Corey, G. (1981). *Theory and practice of group counseling* (2nd ed.). Monterey, CA: Brooks/Cole.

Costello, E. J., Angold, A., Burns, B. J., Stangl, D. K., Tweed, D. L., Erkanli, A., et al. (1996). The Great Smoky Mountains Study of Youth: Goals, design, methods, and the prevalence of DSM-III-R disorders. *Archives of General Psychiatry, 53*, 1129-1136.

Costello, E. J., Erkanli, A., Federman, E., & Angold, A. (1999). Development of psychiatric comorbidity with substance abuse in adolescents: Effects of timing and sex. *Journal of Clinical Child Psychology, 28*(3), 298-311.

Costello, E. J., Pine, D., Hammen, C., March, J. S., Plotsky, P. M., Weissman, M. M., et al. (2002). Development and natural history of mood disorders. *Biological Psychiatry, 52*, 529-542.

Coyne, J. (1976). Towards an interactional description of depression. *Psychiatry, 39*, 28.

Cytryn, L., & McKnew,D.H. (1972). Proposed classification of childhood depression. *American Journal of Psychiatry, 129*, 63-69.

Cytryn, L., & McKnew, D. H. (1985). Treatment issues in childhood depression. *Psychiatric Annals, 15*, 401-403.

Cytryn, L., McKnew, D. H., Zahn-Waxler, C., & Gershon, E. S. (1986). Developmental issues in risk research: The offspring of affectively ill parents. In M. Rutter,C. E. Izard, & P. B.

Read (Eds.), *Depression in young people: Developmental and clinical perspectives* (pp. 163-189). New York: Guilford Press.

Diamond, G. S., Reis, B. F., Diamond, G. M., Siqueland, L., & Isaacs, L. (2002). Attachment-based family therapy for depressed adolescents: A treatment development study. *Journal of the American Academy of Child and Adolescent Psychiatry, 41*(10), 1190-1196.

Diamond, G. S., Serrano, A. C., Dickey, M., & Sonis,W. A. (1996). Current status of family-based outcome and process research. *Journal of the American Academy of Child and Adolescent Psychiatry, 35*(1), 6-16.

Diamond, G., & Siqueland, L. (1995). Family therapy for the treatment of depressed adolescents. Psychotherapy: Theory, *Research, Practice, Training, 32*(1), 77-90.

DiMascio, A., Weissman, M. M., Prusoff, B. A., New, C., Zwilling, M., & Klerman, G. L. (1979). Differential symptom reduction by drugs and psychotherapy in acute depression. *Archives of General Psychiatry, 36*, 450-456.

Downey, G., & Coyne, J. (1990). Children of depressed parents: An integrated review. *Psychological Bulletin, 108*(1), 50-76.

Edelbrock, C. S., Costello, A. J., Dulcan, M., Kalas, R., & Conover, N. C. (1985). Age differences in the reliability of the psychiatric interview of the child. *Child Development, 56*(1), 265-275.

Eissler, K. R. (1958). Notes on problems of technique in the psychoanalytic treatment of adolescents. *Psychoanalytic Study of the Child, 13*, 223-254.

Elkin, I., Shea, M. T.,Watkins, J. T., Imber, S. D., Sotsky, S. M., Collins, J. F., et al. (1989). National Institute of Mental Health Treatment of Depression Collaborative Research Program: General effectiveness of treatment. *Archives of General Psychiatry, 46*, 971-983.

Emery, G., Bedrosian, R., & Garber, J. (1983). Cognitive therapy with depressed children and adolescents. In D. P. Cantwell&G. A. Carlson (Eds.), *Affective disorders in childhood and adolescence: An update* (pp. 445-471). New York: Spectrum.

Emslie, G. J., Heiligenstein, J. H., Wagner, K. D., Hoog, S. L., Ernest, D. E., Brown, E., et al. (2002). Fluoxetine for acute treatment of depression in children and adolescents: A placebo-controlled randomized clinical trial. *Journal of the American Academy of Child and Adolescent Psychiatry, 41*(10), 1205-1214.

Emslie, G. J., Rush, A. J., Weinberg, W. A., Kowatch, R. A., Carmody, T., & Mayes, T. L. (1998). Fluoxetine in child and adolescent depression: acute and maintenance treatment. *Depression and Anxiety, 7*, 32-39.

Emslie, G. J., Rush, A. J., Weinberg, W. A., Kowatch, R. A., Hughes, C. W., Carmody, T., et al. (1997). A double-blind, randomized, placebo-controlled trial of fluoxetine in children and adolescents with depression. *Archives of General Psychiatry, 54*(11), 1031-1037.

Erikson, E. (1968). *Identity, youth and crisis.* New York: Norton.

Fendrich, M.,Warner, V., & Weissman, M. M. (1990). Family risk factors, parental depression, and psychopathology in offspring. *Developmental Psychology, 26*(19), 40-50.

Fergusson, D. M., Horwood, L. J., & Lynskey, M. T. (1995). Maternal depressive symptoms and depressive symptoms in adolescents. *Journal of Child Psychology and Psychiatry, 36*, 1161-1178.

Fine, S., Forth, A., Gilbert, M., & Haley, G. (1991). Group therapy for adolescent depressive disorder: A comparison of social skills and therapeutic support. *Journal of the American Academy of Child and Adolescent Psychiatry, 30*(1), 79-85.

Fine, S., Gilbert, M., Schmidt, L., Haley, G., Maxwell, A., & Forth, A. (1989). Short-term group therapy with depressed adolescent outpatients. *Canadian Journal of Psychiatry, 34*, 97-102.

Frank, E., Kupfer, D. J., Perel, J. M., Cornes, C., Jarrett, D. B., Mallinger, A. G., et al. (1990). Three-year outcomes for maintenance therapies in recurrent depression. *Archives of General Psychiatry, 47*(12), 1093-1099.

Frank, E., Kupfer, D. J.,Wagner, E. F., McEachran, A. B., & Cornes, C. (1991). Efficacy of interpersonal psychotherapy as a maintenance treatment of recurrent depression: contributing factors. *Archives of General Psychiatry, 48*,1053-1059.

Freud, A. (1958). Adolescence. *Psychoanalytic Study of the Child, 16*, 225-278.

Fristad, M. A., Gavazzi, S. M., & Soldano, K. W. (1998). Multi-family psychoeducation groups for childhood mood disorders. *Contemporary Family Therapy, 20*, 385-402.

Furman, W., & Buhrmester, D. (1992). Age and sex differences in perceptions of networks of personal relationships. *Child Development, 63*, 103-115.

Garber, J., Kriss, M. R., Koch, M., & Lindholm, L. (1988). Recurrent depression in adolescents: A follow-up study. *Journal of the American Academy of Child and Adolescent Psychiatry,*

27(1), 49-54.

Garfield, S. L. (1986). Research on client variables in psychotherapy. In S. L. Garfield& A. E. Bergin (Eds.), *Handbook of psychotherapy and behavior change* (3rd ed., pp. 213-256). New York: Wiley.

Geis, H., Whittlesey, W., McDonald, N., Smith, K., & Pfefferbaum, B. (1998). Bereavement and loss in childhood. In B. Pfefferbaum (Ed.), *Childhood and adolescent psychiatric clinics of North America: Vol. 7. Stress in children* (pp. 73-85). Philadelphia: Saunders.

Geller, B., Zimmerman, B.,Williams, M., Bolhofner. K., & Craney, J. L. (2001). Bipolar disorder at prospective follow-up of adults who had prepubertal major depressive disorder. *American Journal of Psychiatry, 158,* 125-127.

Ghali, S. B. (1977). Culture sensitivity and the Puerto Rican client. *Social Casework, 58*, 459-468.

Goodman, S. H., Schwab-Stone, M., Lahey, B. B., Shaffer, D., & Jensen, P. S. (2000). Major depression and dysthymia in children and adolescents: Discriminant validity and differential consequences in a community sample. *Journal of the American Academy of Child and Adolescent Psychiatry, 39*, 761-770.

Gould, M. S., King, R., Greenwald, S., Fisher, P., Schwab-Stone, M., Kramer, R., et al. (1998). Psychopathology associated with suicidal ideation and attempts among children and adolescents. *Journal of the American Academy of Child and Adolescent Psychiatry, 37*, 915-923.

Gray, R. E. (1987). Adolescent response to the death of a parent. *Journal of Youth and Adolescence, 16*(6), 511-525.

Haley, J. (1976). *Problem-solving therapy: New strategies for effective family therapy*. New York: Jossey-Bass.

Hall, G. S. (1904). *Adolescence: Its psychology and its relations to physiology, anthropology, sociology, sex, crime, religion, and education*. New York: Appleton.

Hammen, C. (1999). The emergence of an interpersonal approach to depression. In T. Joiner&J. C. Coyne (Eds.), *The interactional nature of depression: Advances in interpersonal approaches* (pp. 21-37). Washington DC: American Psychological Association.

Hammen, C., Burge, D., Burney, E., & Adrian, C. (1990). Longitudinal study of diagnoses in children of women with unipolar and bipolar affective disorder. *Archives of General Psychiatry, 47*, 1112-1117.

Hammen, C., Rudolph, K.,Weisz, J., Rao, U., & Burge, D. (1999). The context of depression in clinic-referred youth: Neglected areas in treatment. *Journal of the American Academy of Child and Adolescent Psychiatry, 38*(1), 64-71.

Hardy-Fanta, C., & Montana, P., (1982). The Hispanic female adolescent: A group therapy model. *International Journal of Group Psychotherapy. 32*, 351-366.

Harold, G. T., Fincham, F. D., Osborne, L. N., & Conger, R. D. (1997). Mom and Dad are at it again: Adolescent perceptions of marital conflict and adolescent psychological distress. *Developmental Psychology. 33*, 333-350.

Harrington, R. C., Fudge, H., Rutter, M., Pickles, A., & Hill, J. (1990). Adult outcomes of childhood and adolescent depression. *Archives of General Psychiatry, 47*, 465-473.

Harrington, R., Whittaker, J., & Shoebridge, P. (1998). Psychological treatment of depression in children and adolescents: A review of treatment research. *British Journal of Psychiatry, 173*, 291-298.

Hersen, H., & Van Hasselt, V. B. (Eds.). (1987). *Behavior therapy with children and adolescents: A clinical approach*. New York: Wiley.

Hetherington, E. M. (1989). Coping with family transitions:Winners, losers, and survivors. *Child Development, 60*, 1-14.

Hetherington, E. M. (1997). Teenaged childbearing and divorce. In S. S. Luthar, J. A. Burack, D. Cicchetti, & J.Weisz (Eds.), *Developmental psychopathology: Perspectives on adjustment, risk, and disorder* (pp. 350-373). New York: Cambridge University Press.

Hetherington, E. M., Bridges, M., & Insabella, G. M. (1998). What matters? What does not?: Five perspectives on the association between marital transitions and children"s adjustment. *American Psychologist, 53*, 167-184.

Hoberman, H. M. (1992). Ethnic minority status and adolescent mental health services utilization. *Journal of Mental Health Administration, 19*(3), 246-267.

Holahan, C. J., Moos R. H., & Bonin, L. A. (1999). Social context and depression: An integrative stress and coping framework. In T. Joiner&J.C. Coyne (Eds.), *The interactional nature of depression: Advances in interpersonal approaches* (pp. 39-65). Washington, DC: American Psychological Association.

Horowitz, L. M. (1996). The study of interpersonal problems: A Leary legacy. *Journal of Personality Assessment, 66*(2), 283-300.

Horowitz, M. (1976). *Stress response syndromes.* New York: Jason Aronson.

Howard, K. I., Kopata, S. M., Krause, M. S., & Orlinsky, D. E. (1986). The dose- effect relationship in psychotherapy. *American Psychologist, 41*, 159-164.

Hughes, C.W., Emslie, G. J., Crismon, M. L.,Wagner, K. D., Birmaher, B., Geller, B., et al. (1999). The Texas Children"s Medication Algorithm Project: Report of the Texas Consensus Conference Panel on medication treatment of childhood major depressive disorder. *Journal of the American Academy of Child Psychiatry, 38*(11), 1442-1454.

Hussong, A. (2000). Perceived peer context and adolescent adjustment. *Journal of Research on Adolescence, 10*, 391-415.

Kandel, D. B., & Davies, M. (1986). Adult sequelae of adolescent depressive symptoms. *Archives of General Psychiatry, 43*, 255-262.

Kashani, J. H., Burbach, D. J., & Rosenberg, T. K. (1988). Perceptions of family conflict resolution and depressive symptomatology. *Journal of the American Academy of Child and Adolescent Psychiatry, 27*(1), 42-48.

Kashani, J. H., Carlson, G. A., Beck, N. C., Hoeper, E. W., Corcoran, C. M., McAllister, J. A., et al. (1987). Depression, depressive symptoms, and depressed mood among a community sample of adolescents. *American Journal of Psychiatry, 144*(7), 931-941.

Kashani, J. H., Orvaschel, H., Burke, J. P., & Reid, J. C. (1985). Informant variance: The issue of parent-child disagreement. *Journal of the American Academy of Child Psychiatry, 24*(4), 437-441.

Kashani, J. H., Rosenberg, T. K., & Reigh, N. C. (1989). Developmental perspectives in child and adolescent depressive symptoms in a community sample. *American Journal of Psychiatry, 146*, 871-875.

Kaslow, N. J., & Thompson, M. P. (1998). Applying the criteria for empirically supported treatments to studies of psychosocial interventions for child and adolescent depression. *Journal of Clinical Child Psychology, 27*, 146-155.

Kazdin, A. E., French, N. H., Unis, A. S., & Esveldt-Dawson, K. (1983). Assessment of childhood depression. *Journal of the American Academy of Child and Adolescent Psychiatry, 22*, 157-164.

Keller, M. B., Beardslee,W. R., Lavori, P.W., & Wunder, J. (1988). Course of major depression in nonreferred adolescents: A retrospective study. *Journal of Affective Disorders, 15*, 235-243.

Keller, M. B., Lavori, P.W., Beardslee,W. R.,Wunder, J., & Ryan, N. (1991). Depression in children and adolescents: New data on the ""undertreatment"" and a literature review in the efficacy of available treatments. *Journal of Affective Disorders, 21*, 163-171.

Keller, M. B., McCullough, J. P., Klein, D. N., Arnow, B., Dunner,D. L., Gelenberg, A. J., et al. (2000). A comparison of nefazodone, the cognitive behavioralanalysis system of psychotherapy, and their combination for the treatment of chronic depression. *NewEngland Journal of Medicine, 342*(20), 1462-1470.

Keller, M. B., Ryan, N. D., Strober, M., Klein, R. G., Kutcher, S. P., Birmaher, B., et al. (2001). Efficacy of paroxetine in the treatment of adolescent major depression: A randomized, controlled study. *Journal of the American Academy of Child and Adolescent Psychiatry, 40*, 762-772.

Kessler, R. C., & Walters, E. E. (1998). Epidemiology of DSM-III-R major depression and minor depression among adolescents and young adults in the national comorbidity survey. *Depression and Anxiety, 7*, 3-14.

Kestenbaum, C. J., & Kron, L. (1987). Psychoanalytic intervention with children and adolescents with affective disorders: A combined treatment approach. *Journal of the American Academy of Psychoanalysis, 15*(2), 153-174.

Kiesler, D. J. (1979). An interpersonal communication analysis of relationship in psychotherapy. *Psychiatry, 42*, 299-311.

Kiesler, D. J. (1983). The 1982 interpersonal circle: A taxonomy for complementarity in human transactions. *Psychological Review, 90*, 185-214.

King, N. J., & Berstein, G. A. (2001). School refusal in children and adolescents: A review of the past 10 years. *Journal of the American Academy of Child and Adolescent Psychiatry, 40*, 197-205.

Klein, D. N., Lewinsohn, P. M., Seeley, J. R., & Rohde, P. (2001). A family study of major depressive disorder in a community sample of adolescents. *Archives of General Psychiatry, 58*, 13-20.

Klerman, G. L., DiMascio, A., Weissman, M. M., Prusoff, B., & Paykel, E. S. (1974). Treatment of depression by drugs and psychotherapy. *American Journal of Psychiatry, 131*(2), 186-194.

Klerman, G. L.,Weissman, M. M., Rounsaville, B. J., & Chevron, E. (1984). *Interpersonal psychotherapy for depression*. New York: Basic Books.

Kovacs, M. (1979). The efficacy of cognitive and behavioral therapies for depression. *American Journal of Psychiatry, 137*, 1495-1501.

Kovacs, M. (1996). Presentation and course of major depressive disorder during childhood and later years of the life span. *Journal of the American Academy of Child and Adolescent Psychiatry, 35*(6), 705-715.

Kovacs, M. (1997). Depressive disorders in childhood: An impressionistic landscape. *Journal of Child Psychology and Psychiatry, 38*, 287-298.

Kovacs, M., Akiskal, H. S., Gatsonis, C., & Parrone, P. L. (1994). Childhood-onset dysthymic disorder: Clinical features and prospective naturalistic outcome. *Archives of General Psychiatry, 51*, 365-374.

Kovacs, M., Devlin, B., Pollack, M., Richards, C., & Mukerji, P. (1997a). A controlled family history study of childhood-onset depressive disorder. *Archives of General Psychiatry, 54*, 613-623.

Kovacs, M., Feinberg, T. L., Crouse-Novak, M. A., Paulauskas, S. L., & Finkelstein, R. (1984). Depressive disorders in childhood I: A longitudinal prospective study of characteristics and recovery. *Archives of General Psychiatry, 41*, 229-237.

Kovacs, M., Gatsonis, C., Paulauskas, S. L., & Richards, C. (1989). Depressive disorders in childhood IV: A longitudinal study of comorbidity with and risk for anxiety disorders. *Archives of General Psychiatry, 46*, 776-782.

Kovacs, M., Obrosky, D. S., Gatsonis, C., & Richard, C. (1997b). First-episode major depressive and dysthymic disorder in childhood: Clinical and sociodemographic factors in recovery. *Journal of the American Academy of Child and Adolescent Psychiatry, 36*(6),

777-784.

Kupfer, D. J., Frank, E., & Perel, J. M. (1989). The advantage of early treatment intervention in recurrent depression. *Archives of General Psychiatry, 46*, 771- 775.

Leaf, P. J., Alegria, M., Cohen, P., Goodman, S. H., Horwitz, S. M., Hoven, C.W., et al. (1996). Mental health service use in the community and schools: Results from the four-communityMECAstudy. *Journal of the Academy of Child and Adolescent Psychiatry, 35*, 889-897.

Lebowitz, B. D. (2000).Apublic health approach to clinical therapeutics in psychiatry: Directions for new research. *Dialogues of Clinical Neuroscience, 2*(3), 309-313.

Leon, G. R., Kendall, P. C., & Garber, J. (1980). Depression in children: Parents, teacher, and child perspectives. *Journal of Abnormal Child Psychology, 8*(2), 221-235.

Levy, J., & Deykin, E. Y. (1989). Suicidality, depression, and substance abuse in adolescence. American Journal of Psychiatry, 146, 1462-1467.

Lewinsohn, P. M., Antonuccio, D. O., Steinmetz, J., & Teri, L. (1984). *The coping with depression course: A psychoeducational intervention for unipolar depression*. Eugene, OR: Castalia.

Lewinsohn, P. M., & Clarke, G. N. (1999). Psychosocial treatments for adolescent depression. *Clinical Psychology Review, 19*, 329-342.

Lewinsohn, P. M., Clarke, G. N., Hops, H., & Andrews, J. (1990). Cognitive-behavioral treatment for depressed adolescents. *Behavior Therapy, 21*, 385- 401.

Lewinsohn, P. M., Clarke, G. N., Rohde, P, Hops, H., & Seeley, J. R. (1996). A course in coping:Acognitive-behavioral approach to the treatment of adolescent depression. In E. D. Hibbs & P. S. Jensen (Eds.), *Psychosocial treatments for child and adolescent disorders: Empirically based strategies for clinical practice* (pp. 109-135). Washington DC: American Psychiatric Press.

Lewinsohn, P. M., Clarke, G. N., Seeley, J. R., & Rohde, P. (1994a). Major depression in community adolescents: Age at onset, episode duration, and time to recurrence. *Journal of the American Academy of Child and Adolescent Psychiatry, 33*(6), 809-818.

Lewinsohn, P. M., Roberts, R. E., Seeley, J. R., Rohde, P., Gotlib, I. H., & Hops, H. (1994b). Adolescent psychopathology II: Psychosocial risk factors for depression. *Journal of*

Abnormal Psychology, 103(2), 302-315.

Lewinsohn, P. M., Rohde, P., Klein, D. N., & Seeley, J. R. (1999). Natural course of adolescent major depressive disorder: I. Continuity into young adulthood. *Journal of the American Academy of Child and Adolescent Psychiatry, 38,* 56-63.

Lewinsohn, P. M., Weinstein, M., & Shaw, D. (1969). Depression: A clinicalresearch approach. In R. Rubin & C. Frank (Eds.), *Advances in behavior therapy* (pp. 231-240). New York: Academic Press.

Lieb, R., Isensee, B., Hofler, M., Pfister, H., & Wittchen, H. (2002). Parental major depression and the risk of depression and other mental disorders in offspring: A prospective-longitudinal community study. *Archives of General Psychiatry, 59,* 365-374.

Liebowitz, J. H., & Kernberg, P. F. (1988). Psychodynamic psychotherapies. In C. J. Kestenbaum & D. T. Williams (Eds.), *Handbook of clinical assessment of children and adolescents* (Vol. II, pp. 1045-1065). NewYork: NewYork University Press.

Lowenstein, A. (1986). Temporary single parenthood: The case of prisoners" families. *Family Relations, 35,* 79-85.

Mandoki, M.W., Tapia, M. R., Tapia, M. A., & Sumner,G. S. (1997). Venlafaxine in the treatment of children and adolescents with major depression. *Psychopharmacology Bulletin, 33*(1), 149-154.

Marriage, K., Fine, S., Moretti, M., & Haley, B. (1986). Relationship between depression and conduct disorder in children and adolescents. *Journal of the American Academy of Child and Adolescent Psychiatry, 25*(5), 687-691.

Martin, A., Kaufman, J., & Charney, D. (2000). Pharmacotherapy of early onset: Update and new directions. *Child and Adolescent Psychiatric Clinics of North America, 9,* 135-137.

Marx, E., & Schulze, C. (1991). Interpersonal problem-solving in depressed students. *Journal of Clinical Psychology, 47,* 361-367.

Matson, J. L. (1989). *Treating depression in children and adolescents.* New York: Pergamon Press.

McCauley, E., Myers, K., Mitchell, J., Calderon, R., Schloredt, K., & Treder, R. (1993). Depression in young people: Initial presentation and clinical course. *Journal of the American Academy of Child and Adolescent Psychiatry, 32,* 714-722.

McGoldrick, M., & Walsh, F. (1991). A time to mourn: Death and the family life cycle. In F.Walsh&M. McGoldrick (Eds.), *Living beyond loss: Death in the family*. New York: Norton.

Meyer, A. (1957). *Psychobiology: A science of man*. Springfield, IL: Thomas.

Middleton, W., Moylan, A., Raphael, B., Burnett, P., & Martinek, N. (1993). An international perspective on bereavement-related concepts. *Australian and New Zealand Journal of Psychiatry, 27*, 457-463.

Minuchin, S. (1974). *Families and family therapy*. Cambridge, MA: Harvard University Press.

Mitchell, J., McCauley, E., Burke, P. M., & Moss, S. J. (1988). Phenomenology of depression in children and adolescents. *Journal of the American Academy of Child and Adolescent Psychiatry, 27*(1), 12-20.

Monck, E., Graham, P., Richman, N., & Dobbs, R. (1994a). Adolescent girls: I. Self-reported mood disturbance in a community population. *British Journalof Psychiatry, 165*, 760-769.

Monck, E., Graham, P., Richman, N., & Dobbs, R. (1994b). Adolescent girls: II. Background factors in anxiety and depressive states. *British Journal of Psychiatry, 165*, 770-780.

Moretti, M. M., Fine, S., Haley, G., & Marriage, K. (1985). Childhood and adolescent depression. *Journal of the American Academy of Child and Adolescent Psychiatry, 24*, 298-302.

Mueller, C., & Orvaschel, H. (1997). The failure of "adult" interventions with adolescent depression: What does it mean for theory, research, and practice? *Journal of Affective Disorders, 44*, 203-215.

Mufson, L., Pollack Dorta, K., Wickramaratne, P., Nomura, Y., Olfson, M., & Weissman, M. M. (2004a). A randomized effectiveness trial of interpersonal psychotherapy for depressed adolescents. *Archives of General Psychiatry, 61*, 577-584.

Mufson, L., Gallagher, T., Pollack Dorta, K., & Young, J. F. (2004b). Interpersonal psychotherapy for adolescent depression: Adaptation for group therapy. *American Journal of Psychotherapy, 58*(2), 220-237.

Mufson, L., Moreau, D., Weissman, M. M., & Klerman, G. L. (1993). *Interpersonal psychotherapy for depressed adolescents*. New York: Guilford Press.

Mufson, L., Moreau, D., Weissman, M. M., Wickramaratne, P., Martin, J., & Samoilov, A.

(1994). The modification of Interpersonal Psychotherapy with Depressed Adolescents (IPT-A): Phase I and II studies. *Journal of the American Academy of Child and Adolescent Psychiatry, 33*(5), 695-705.

Mufson, L., & Velting, D. M. (2002). Psychotherapy for depression and suicidal behavior in children and adolescents. In D. Shaffer & B. D. Waslick (Eds.), *The many faces of depression in children and adolescents* (pp. 37-72).Washington DC: American Psychiatric Publishing.

Mufson, L.,Weissman, M. M., Moreau, D., & Garfinkel, R. (1999). The efficacy of interpersonal psychotherapy for depressed adolescents. *Archives of General Psychiatry, 56*, 573-579.

Nichols, M. (1984). *Family therapy: Concepts and methods*. New York: Gardner Press.

Nissen, G. (1986). Treatment for depression in children and adolescents. *Psychopathology, 19*(Suppl. 2), 152-161.

Offer, D. (1969). Adolescent turmoil. *The psychological world of the teenager: A study of normal adolescent boys* (pp. 174-193). New York: Basic Books.

Offer, D., Ostrov, E., & Howard, K. (1982). The mental health professional concept of the normal adolescent. In S. Chess & A. Thomas (Eds.), *Annual progress in child psychiatry and development* (pp. 593-601). NewYork: Brunner/Mazel.

Olfson, M., Marcus, S. C., Weissman, M. M., & Jensen, P. S. (2002). National trends in the use of psychotropic medications by children. *Journal of the American Academy of Child and Adolescent Psychiatry, 41*, 514-521.

Orvaschel, H. (1990). Early onset psychiatric disorder in high risk children and increased familial morbidity. *Journal of the American Academy of Child and Adolescent Psychiatry, 29*(2), 184-188.

Osterweis, M., Solomon, F., & Green, M. (Eds.). (1984). *Bereavement: Reactions, consequences, and care* (pp. 99-145). Washington, DC: National Academy Press.

Parker, G. (1979). Parental characteristics in relation to depressive disorders. *British Journal of Psychiatry, 134*, 138-147.

Pine, D. S., Cohen, P., Gurley, D., Brook, J. S., & Ma, Y. (1998). The risk for early adulthood anxiety and depressive disorders in adolescents with anxiety and depressive disorders. *Archives of General Psychiatry, 55*, 56-64.

Puig-Antich, J. (1982). Major depression and conduct disorder in prepuberty. *Journal of the American Academy of Child and Adolescent Psychiatry, 21*(2), 118-128.

Puig-Antich, J., Goetz, D., Davies, M., Kaplan, T., Davies, S., Ostrow, L., et al. (1989). Acontrolled family history study of prepubertal major depressive disorder. *Archives of General Psychiatry, 46*, 406-418.

Puig-Antich, J., Kaufman, J., Ryan, N. D.,Williamson, D. E., Dahl, R. E., Lukens, E., et al. (1993). The psychosocial functioning and family environment of depressed adolescents. *Journal of the American Academy of Child and Adolescent Psychiatry, 32*, 244-253.

Puig-Antich, J., Lukens, E., Davies, M., Goetz, D., Brennan-Quattrock, J., & Todak, G. (1985a). Psychosocial functioning in prepubertal depressive disorders I. *Interpersonal relationships during the depressive episode. Archives of General Psychiatry, 42*, 500-507.

Puig-Antich, J., Lukens, E., Davies, M., Goetz, D., Brennan-Quattrock, J., & Todak, G. (1985b). Psychosocial functioning in prepubertal depressive disorders II: *Interpersonal relationships after sustained recovery from affective episode. Archives of General Psychiatry, 42*, 511-517.

Raphael, B. (1983). *Anatomy of bereavement.* New York: Basic Books.

Raphael, B. (1997). The interaction of trauma and grief. In D. Black, M. Newman, J. H. Hendricks, & G. Mezey (Eds.), *Psychological trauma: A developmental approach* (pp. 31-43). London: Gaskell.

Rao, U., Hammen, C., & Daley, S. (1999). Continuity of depression during the ransition to adulthood: A 5-year longitudinal study of young women. *Journal of the American Academy of Child and Adolescent Psychiatry, 38*, 908-915.

Rao, U., Ryan, N. D., Birmaher, B., Dahl, R. E.,Williamson, D. E., Kaufman, J., et al. (1995). Unipolar depression in adolescents: Clinical outcome in adulthood. *Journal of the American Academy of Child and Adolescent Psychiatry, 34,* 566-578.

Rao, U., Weissman, M. M., Martin, J. A, & Hammond, R.W. (1993). Childhood depression and risk of suicide: A preliminary report of a longitudinal study. *Journal of the American Academy of Child and Adolescent Psychiatry, 32,* 21-27.

Reinecke, M. A., Ryan, N. E., & DuBois, D. L. (1998). Cognitive-behavioral therapy of depression and depressive symptoms during adolescence:Areview and meta-analysis.

Journal of the American Academy of Child and Adolescent Psychiatry, 37(1), 26-34.

Reinherz, H. Z., Gianconia, R. M., Pakiz, B., Silverman, A. B., Frost, A. K., & Lefkowiatz, E. S. (1993). Psychosocial risks for major depression in late adolescence: A longitudinal community study. *Journal of the American Academy of Child and Adolescent Psychiatry, 32*, 1155-1163.

Reinherz, H. Z., Stewart-Berghauer, G., Pakiz, B., Frost, A. K., Moeykens, B. A., & Holmes, W. M. (1989). The relationship of early risk and current mediators to depressive symptomatology in adolescents. *Journal of the American Academy of Child and Adolescent Psychiatry, 28*(6), 942-947.

Research Units of Pediatric Psychopharmacology Anxiety Group. (2001). Fluvoxamine for anxiety in children. *New England Journal of Medicine, 344*, 1279- 1285.

Reynolds, C., & Imber, S. (1988). *Maintenance therapies in late-life depression* (MH #43832). Bethesda, MD: National Institute of Mental Health.

Reynolds, W. M., & Coats, K. I. (1986). A comparison of cognitive-behavioral therapy and relaxation training for the treatment of depression in adolescents. *Journal of Consulting and Clinical Psychology, 44*, 653-660.

Rohde, P., Lewinsohn, P., & Seeley, J. R. (1991). Comorbidity of unipolar depression: II. Comorbidity with other mental disorders in adolescent and adults. *Journal of Abnormal Psychology, 100*, 214-222.

Rosselló, J., & Bernal, G. (1999). The efficacy of cognitive-behavioral and international treatments depression in Puerto Rican adolescents. *Journal of Consulting and Clinical Psychology, 67*(5), 734-745.

Rounsaville, B. J., Chevron, E. S., Weissman, M. M., Prusoff, B. A., & Frank, E. (1986). Training therapists to perform interpersonal psychotherapy in clinical trials. *Comprehensive Psychiatry, 27*, 364-371.

Rutter, M. (1979). *Changing youth in a changing world.* London: Nuffield.

Rutter, M., Graham, P., Chadwick, F. D., & Yule,W. (1976). Adolescent turmoil: Fact or fiction? *Journal of Child Psychology and Psychiatry, 17*, 35-56.

Ryan, N. D., Puig-Antich, J., Ambrosini, P., Rabinovich, H., Robinson, D., Nelson, B., et al. (1987). The clinical picture of major depression in children and adolescents. *Archives of*

General Psychiatry, 44, 854-861.

Sandler, I. N., Miller, P., Short, J., & Wolchik, S. A. (1989). Social support as a protective factor for children in stress. In D. Belle (Ed.), *Children"s social networks and social supports* (pp. 207-307). New York: Wiley.

Sanford, M., Szatmarc, P., Spinner, M., Munroe-Blum, H., Jamieson, E.,Walsh, C., & Jones, D. (1995) Predicting the one-year course of adolescent major depression. *Journal of the American Academy of Child and Adolescent Psychiatry, 34*, 1618-1628.

Schilling, R., Koh, N., Abramovitz, R., & Gilbert, L. (1992). Bereavement groups for inner-city children. *Research on Social Work Practice, 2*, 405-419.

Schocket, I., & Dadds, M. (1997) Adolescent depression and the family: A paradox. *Clinical Child Psychology and Psychiatry, 2*, 307-312.

Schoeman, L. H., & Kreitzman, R. (1997). Death of a parent: Group intervention with bereaved children and their caregivers. *Psychoanalysis and Psychotherapy, 14*(2), 221-245.

Shaffer, D. (1988). The epidemiology of teen suicide: An examination of risk factors. *Journal of Clinical Psychiatry, 49*(Suppl. 9), 36-41.

Shaffer, D., & Finkelson, J. (Eds.). (2002). *Columbia treatment guidelines. Depressive disorders* (version 2). New York: Columbia University, Department of Child and Adolescent Psychiatry.

Shaffer, D., Fisher, P., Dulcan, M. K., & Davies, M. (1996a). The NIMH Diagnostic Interview Schedule for Children version 2. 3 (DISC-2. 3): Description, acceptability, prevalence rates, and performance in the MECA study. Methods for the epidemiology of child and adolescent mental disorders study. *Journal of the American Academy of Child and Adolescent Psychiatry, 35*(7), 865-877.

Shaffer, D., Gould, M. S., Fisher, P., Trautman, P., Moreau, D., Kleinman, M., et al. (1996b). Psychiatric diagnosis in child and adolescent suicide. *Archives of General Psychiatry, 53*, 339-348.

Shaffer, D., & Greenberg, T. (2002). Suicide and suicidal behavior in children and adolescents. In D. Shaffer & B. D. Waslick (Eds.), The many faces of depression in children and adolescents. *Review of Psychiatry, 21*(2), 129-178.

Simeon, J. G., Dinicola, V. F., Ferguson, B. H., & Copping,W. (1990). Adolescent depression: A placebo-controlled fluoxetine study and follow-up. *Progress in Neuro-Psychopharmacology and Biological Psychiatry, 14*, 791-795.

Sklar, F., & Hartley, S. F. (1990). Close friends as survivors: Bereavement patterns in a "hidden" population. *Omega-Journal of Death and Dying, 21*(2), 103-112.

Slesnick, N., & Waldron, H. B. (1997) Interpersonal problem-solving interactions of depressed adolescents and their parents. *Journal of Family Psychology, 11*, 234-245.

Sloane, R. B., Stapes, F. R., & Schneider, L. S. (1985). Interpersonal therapy versus nortriptyline for depression in the elderly. In G. D. Burrow, T. R. Norman, & L. Dennerstein (Eds.), *Clinical and pharmacological studies in psychiatric disorders* (pp. 344-346). London: Libbey.

Southard, M. J., & Gross, B. H. (1982). Making clinical decisions after Tarasoff. *BNew Directions for Mental Health Services, 16*, 93-101.

Stader, S., & Hokason, J. (1998). Psychosocial antecedents of depressive symptoms: An evaluation using daily experiences methodology. *Journal of Abnormal Psychology, 107*, 17-26.

Sullivan, H. S. (1953). *The interpersonal theory of psychiatry*. NewYork: Norton.

Swift, W. J., Andrews, D., & Barklage, N. E. (1986). The relationship between addiction disorder and eating disorder: A review of the literature. *American Journal of Psychiatry, 143*(3), 290-299.

Task Force on Promotion and Dissemination of Psychological Procedures. (1996). Training in and dissemination of empirically validated psychological treatments: Report and recommendations. *Clinical Psychologist, 8*, 3-24.

Velez, C., & Cohen, P. (1988). Suicidal behavior and ideation in a community sample of children: Maternal and youth reports. *Journal of the American Academy of Child and Adolescent Psychiatry, 27*, 349-356.

Vernberg, E. M. (1990). Psychological adjustment and experiences with peers during early adolescence: Reciprocal, incidental, or unidirectional relationships? *Journal of Abnormal Child Psychology, 18*, 187-198.

Wagner, K. D., Ambrosini, P., Rynn, M.,Wohlberg, C., Yang, R., Greenbaum, M. S., et al. (2003). Efficacy of sertraline in the treatment of children and adolescents with major depressive disorder: Two randomized controlled trials. *Journal of the American Medical Association, 290*, 1033-1041.

Walker, M., Moreau, D., & Weissman, M. M. (1989). Parents "awareness of children"s suicide attempts. *American Journal of Psychiatry, 147*(190), 1364- 1366.

Warner, V., Weissman, M. M., Fendrich, M., Wickramaratne, P., & Moreau, D. (1992). The course of major depression in the offspring of depressed parents: Incidence, recurrence and recovery. *Archives of General Psychiatry, 49*, 795-801.

Waslick, B. D., Kandel, R., & Kakouros, A. (2002). Depression in children and adolescents. In D. Shaffer & B. D.Waslick (Eds.), *The many faces of depression in children and adolescents* (pp. 1-36). Washington, DC: American Psychiatric Publishing.

Weissman, M. M., Bland, R., Joyce, P. R., Newman, S.,Wells, J. E., & Wittchen, H. U. (1993). Sex differences in rates of depression: Cross-national perspectives. *Journal of Affective Disorders, 29*, 77-84.

Weissman, M. M., Gammon, D., John, K., Merikangas, K. R.,Warner, V., Prusoff, B. A., et al. (1987a). Children of depressed parents: Increased psychopathology and early onset of major depression. *Archives General Psychiatry, 44*, 847-853.

Weissman, M. M., Klerman, G. L., Paykel, E. S., Prusoff, B., & Hanson, B. (1974). Treatment effects on the social adjustment of depressed patients. *Archives of General Psychiatry, 30*(6), 771-778.

Weissman, M. M., Leckman, J. F., Merikangas, K. R., Gammon, D., & Prusoff, B. A. (1984a). Depression and anxiety disorders in parents and children. *Archives of General Psychiatry, 41*, 845-851.

Weissman, M. M., Markowitz, J. C., & Klerman G. L. (2000). *A comprehensive guide to interpersonal psychotherapy*. Albany, NY: Basic Books.

Weissman, M. M., Prusoff, B. A., DiMascio, A., Neu, C., Goklaney, M., & Klerman, G. L. (1979). The efficacy of drugs and psychotherapy in the treatment of acute depressive episodes. *American Journal of Psychiatry, 136*, 555- 558.

Weissman, M. M., Prusoff, B. A., Gammon, G. D., Merikangas, K. R., Leckman, J. F., Kidd, K. K., et al. (1984b). Psychopathology in the children (ages 6-18) of depressed and normal parents. *Journal of the American Academy of Child and Adolescent Psychiatry, 23*, 78-84.

Weissman, M. M., Rounsaville, B. J., & Chevron, E. S. (1982). Training psychotherapists to participate in psychotherapy outcome studies: Identifying and dealing with the research requirement. *American Journal of Psychiatry, 139*, 1442-1446.

Weissman, M. M., Warner, V., Wickramaratne P., Moreau, D., & Olfson, M. (1997). Offspring of depressed parents: Ten years later. *Archives of General Psychiatry, 54*(10), 932-940.

Weissman, M. M., Warner, V., Wickramaratne, P., & Prusoff, B. A. (1988). Early onset major depression in parents and their children. *Journal Affective of Disorders, 15*(3), 269-278.

Weissman, M. M., Wickramaratne, P., Warner, V., John, K., Prusoff, B. A., Merikangas, K. R., et al. (1987b). Assessing psychiatric disorders in children: Discrepancies between mothers" and children"s reports. *Archives of General Psychiatry, 44*, 747-753.

Weissman, M. M.,Wolk, S., Goldstein, R. B., Moreau, D., Adams, P., Greenwald, S., et al. (1999a). Depressed adolescents grown up. *Journal of the American Medical Association, 281*, 1707-1713.

Weissman, M. M., Wolk, S., Wickramaratne, P., Goldstein, R. B., Adams, P., Greenwald, S., et al (1999b). Children with prepubertal onset major depressive disorder and anxiety grown up. *Archives of General Psychiatry, 56*, 794- 801.

Weller, R., & Weller, E. (1991). Depression in recently bereaved prepubertal children. *American Journal of Psychiatry, 148*, 1535-1540.

Wilfley, D. E., MacKenzie, K. R., Welch, R. R., Ayres, V. E., & Weissman, M. M. (2000). *Interpersonal psychotherapy for group.* New York: Basic Books.

Williamson, D. E., Birmaher, B., Frank, E., Anderson, B. P., Matty, M. K., & Kupfer,D. J. (1998). Nature of life events and difficulties in depressed adolescents. *Journal of the American Academy of Child and Adolescent Psychiatry, 37*(10), 1049-1057.

Wu, P., Hoven, C., Bird, H., Cohen, P., Alegria, M., Dulcan, M., et al. (1999). Depressive and disruptive disorders and mental health service utilization in children and adolescents. *Journal of the American Academy of Child and Adolescent Psychiatry, 38*, 1081-1092.

Zajecka, J., Tracy, K. A., & Mitchell, S. (1997). Discontinuation symptoms after treatment with serotonin reuptake inhibitors: A literature review. *Journal of Clinical Psychiatry, 58*(7), 291-297.

찾아보기

인명

내용

저자 소개

Laura Mufson 박사는 뉴욕 주립 정신의학연구소 임상심리 소장이고 컬럼비아 의대 정신의학 임상심리 교수다. 청소년에게 대인관계치료(interpersonal psychotherapy: IPT)를 처음으로 적용하였고 지난 10년 동안 우울한 청소년을 대상으로 대인관계치료에 관한 연구를 진행해 왔다. Mufson 박사는 여행을 두루 다니며 IPT 치료 기법을 임상가에게 훈련시키고 있다.

Kristen Pollack Dorta 박사는 최근에 개업한 임상심리학자다. 학교 기반 정신건강 클리닉에서 우울한 청소년에게 대인관계치료를 시행하였고 학교 기반 임상가를 훈련시키는 데 중요한 역할을 했다.

Donna Moreau 의사는 컬럼비아 의대 정신의학 임상 교수이고 뉴욕 장로교 아동 병원 아동 불안 및 우울증 클리닉 소장이다.

Myrna M. Weissman 박사는 대인관계치료의 개발자 중 한 사람으로 컬럼비아 의대 및 Joseph L. Mailman 공중보건 대학 정신의학 및 역학 교수다. 또한 뉴욕 주립 정신의학연구소의 임상 유전자 역학 소장이고『대인관계치료 종합 매뉴얼』의 공동 저자(John C. Markowitz와 Gerald L. Klerman과 함께)이며 대인관계치료에 관한 서적을 광범위하게 출판하였다.

역자 소개

신수경(Shin Soo Kyoung)
백석대학교 기독교학부 기독상담학 교수
임상심리전문가, 중독심리전문가, 범죄심리전문가
동기면담 국제 훈련가

우울한 청소년을 위한
대인관계치료
Interpersonal Psychotherapy for
Depressed Adolescents (2nd ed.)

2020년 9월 25일 1판 1쇄 인쇄
2020년 9월 30일 1판 1쇄 발행

지은이 • Laura Mufson · Kristen Pollack Dorta
Donna Moreau · Myrna M. Weissman
옮긴이 • 신수경
펴낸이 • 김진환
펴낸곳 • (주)학지사
04031 서울특별시 마포구 양화로 15길 20 마인드월드빌딩
대표전화 • 02-330-5114 팩스 • 02-324-2345
등록번호 • 제313-2006-000265호

홈페이지 • http://www.hakjisa.co.kr
페이스북 • https://www.facebook.com/hakjisa

ISBN 978-89-997-2211-0 93180

정가 22,000원

이 도서의 국립중앙도서관 출판시도서목록(CIP)은 서지정보유통지원시스템 홈페이지(http://seoji.nl.go.kr)와 국가자료공동목록시스템(http://www.nl.go.kr/kolisnet)에서 이용하실 수 있습니다.
(CIP 제어번호: CIP2020038346)